学/者/文/库/系/列
西安培华学院学术文库

新时代知识产权法
理论与实践研究

郭淑君　高　燕　张丽莎　著

哈尔滨工程大学出版社
Harbin Engineering University Press

内容简介

我国知识产权法律实践起步晚、发展快,缺乏时间的积累和思想的沉淀,如何实践我国知识产权战略发展纲要等问题受到越来越多的关注。本书针对知识产权法关注的热点展开分析和讨论,深入浅出地对知识产权法理论与实践进行分析,能够给相关专业的专家、学者及研究人员带来一些有用的理论知识,具有一定的参考价值。

图书在版编目(CIP)数据

新时代知识产权法理论与实践研究/郭淑君,高燕,
张丽莎著.—哈尔滨:哈尔滨工程大学出版社,2024.1
ISBN 978-7-5661-4272-6

Ⅰ.①新… Ⅱ.①郭… ②高… ③张… Ⅲ.①知识产
权法-中国 Ⅳ.①D923.4

中国国家版本馆 CIP 数据核字(2024)第 042284 号

新时代知识产权法理论与实践研究
XINSHIDAI ZHISHI CHANQUANFA LILUN YU SHIJIAN YANJIU

选题策划　刘凯元
责任编辑　张　曦
封面设计　李海波

———————————————————————

出版发行　哈尔滨工程大学出版社
社　　址　哈尔滨市南岗区南通大街 145 号
邮政编码　150001
发行电话　0451-82519328
传　　真　0451-82519699
经　　销　新华书店
印　　刷　哈尔滨午阳印刷有限公司
开　　本　787 mm×1 092 mm　1/16
印　　张　16.5
字　　数　424 千字
版　　次　2024 年 1 月第 1 版
印　　次　2024 年 1 月第 1 次印刷
书　　号　ISBN 978-7-5661-4272-6
定　　价　85.00 元
http://www.hrbeupress.com
E-mail:heupress@ hrbeu.edu.cn

———————————————————————

前　言

　　新时代知识产权法的研究具有重要的意义。首先,知识产权是当今世界上最为重要的法律领域之一,它涉及人类创造力的保护、创新的推动以及经济的发展。其次,对新时代知识产权法的研究可以促进知识产权法的发展和完善。随着社会的发展和科技的进步,知识产权法也需要不断更新和完善,以适应新时代的需求。我们可以通过对新时代知识产权法的研究,发现其中存在的问题和不足,提出相应的改进措施,促进知识产权法的发展和完善。最后,对新时代知识产权法的研究可以促进知识产权的保护和运用,这对于国家、企业和个人都具有重要的意义。通过对新时代知识产权法的研究,我们可以更好地了解知识产权保护和运用的规则与方法,提高知识产权保护和运用的能力,促进知识产权的创造、保护和运用,推动经济的发展和社会的进步。因此,研究新时代知识产权法具有重要的意义,对于促进知识产权法的发展和完善、提高知识产权法的保护和运用能力、推动经济的发展和社会的进步都具有重要的作用。

　　本书旨在探讨知识产权法的理论和实践问题,为读者提供全面、深入的知识产权法相关知识,包括知识产权的概念、种类、保护范围、侵权行为、诉讼程序等方面的内容,同时还涉及知识产权在数字经济、跨境贸易等领域的应用和保护。本书旨在为广大读者提供一份系统、全面、深入的知识产权法学习资料,帮助读者更好地理解和应用知识产权法,提高知识产权保护和运用的能力。本书适合法律专业的学生、从业人员,以及知识产权从业人员等专业人士阅读,也适合广大读者了解知识产权法的基本知识和实践应用。最后,感谢西安培华学院给予的出版资助,同时感谢读者对本书的关注和支持,希望本书能够为您提供有益的帮助和指导。

著　者

2023 年 12 月

目　　录

第一章　知识产权概论

第一节　知识产权基础知识

一、知识产权的概念

(一)知识产权的普遍定义

知识产权是人们对于自己的智力活动创造的成果和经营管理活动中的标记、信誉依法享有的权利,英文为"intellectual property",其原意为"知识(财产)所有权"或者"智慧(财产)所有权",也称"智力成果权"。

根据《中华人民共和国民法典》的相关规定,知识产权属于民事权利,是基于创造性智力成果和工商业标记依法产生的权利的统称,知识产权是民事主体所享有的支配创造性智力成果、商业标志以及其他具有商业价值的信息,并排斥他人干涉的权利。这一定义的特点是:

(1)突出知识产权的主体是民事主体,昭示知识产权的私权性质;

(2)指出知识产权的保护对象是智力成果、商业标志和其他具有商业价值的信息;

(3)明确揭示出知识产权的支配权属性,表明其具有支配权的一般属性和特点,以便与请求权相区别;

(4)表明这种支配权既包括权利的原始取得人对保护对象的全面支配权,也包括通过转让、许可使用或其他方式继受取得权利的人对保护对象的全面或受限制的支配权,从而解决了被许可人的权利性质问题。

(二)知识产权现有定义存在的问题

长期以来,我国的学术研究中有两种有代表性的关于知识产权的定义:一种将知识产权定义为人们对其创造性的智力成果依法享有的专有权利;另一种将知识产权定义为人们对其创造性的智力成果和商业标记依法享有的专有权利。然而这两种定义都没有准确反映知识产权的本质特征。

1. 将全部知识产权的保护对象都概括为创造性智力成果是不科学的

第一种定义将所有知识产权保护的对象都界定为创造性智力成果是不科学的。商标、商号和其他商业标志在知识产权法中是作为商业活动的标志而不是作为创造性智力成果受到保护的。1992 年,国际保护工业产权协会在《东京大会报告》中将知识产权分为"创造性成果的权利"和"识别性标记的权利",识别性标记的权利包括商标权、商号权和其他与制止不正当竞争有关的识别性标记权。总之,将所有知识产权的保护对象都概括为创造性智力成果的定义,没有正确反映保护对象共同的本质特征,在理论上是不科学的,在实践中是行不通的。

2. 将知识产权的主体限定为智力成果的创造人与实际不符

上面所列举的几种有代表性的定义对知识产权的权利人的限定可分别表述为,"人们对于自己的智力活动创造的成果"或"智力成果的创造人",尽管具体的表述方法有所不同,但都是明示主体为智力成果的创造人。撇开知识产权的保护对象是否都属于创造性智力成果不论,仅就创造性成果而言,将其权利主体限定为成果的创造人也不符合我国和世界各国知识产权保护立法的实践。首先,我国专利法和大多数国家的专利法一样,规定对于职务发明、申请和取得专利权的权利属于单位(雇主)而非发明人和设计人,我国著作权法规定,某些职务作品的著作权归单位,电影作品的著作权归制片人,即专利权和著作权的原始主体不必一定是智力成果的创造人。其次,继受取得知识产权的人,肯定不是智力成果的创造人。至于商标,其设计人和商标权人在大多数情况下是不一致的。因此,这些定义缩小了知识产权主体的范围,不利于对权利人的保护,也不符合我国和世界各国的立法实践,因而是不可取的。

3. 未能揭示出知识产权的权利性质

作为一个法学概念,必须揭示出其所定义的事物的本质特征,以便与其他事物相区别。上述定义或者根本不涉及知识产权的性质,或者按照我国习惯的用语,将知识产权表述为专有权。没有揭示权利的性质和特点,就好像说某种权利是权利,等于什么也没有说,最多只是说明了这种权利是对什么享有的权利。但是,在同一对象上,可以有多种权利,例如,在同一标的物上,可以同时存在所有权、使用权、抵押权,还可能存在债权。所以,如果仅说知识产权是对智力成果享有的权利,或对智力成果和商业标志享有的权利,都不能说明知识产权的性质。以专有权来表达知识产权的特点也是不科学的。民事权利,包括像债权这样的请求权都是专有的,否则就不能称其为权利。唯如此,立法和法学研究才必须明确谁是权利主体,谁可以行使该权利,司法实践中才必须审查原告有无诉权,等等。因此,"专有"不是知识产权特有的,不能作为知识产权的特点。

二、知识产权的范围

(一)广义的知识产权范围

广义的知识产权包括著作权及其邻接权(相关权)、商标权、商号权(企业名称权)、商业秘密权(未公开信息权)、产地标记权(地理标志权)、专利权、集成电路布图设计权等各种权利。

(二)狭义的知识产权范围

狭义的知识产权即传统意义上的知识产权,应包括著作权(含邻接权)、专利权、商标权三个主要组成部分。

(三)知识产权的国际化范围

国际上通常将知识产权分为工业产权和版权(即著作权)两大类。

工业产权包含专利权、商标权和反不正当竞争权。《保护工业产权巴黎公约》(以下简称《巴黎公约》)第一条第二款规定:工业产权的保护对象是专利权、实用新型、工业外观设计、商标、服务商标、商号、产地标记或原产地名称以及制止不正当竞争。第三款规定:工业产权应作最广义的理解,不仅适用于工商业本身,而且应同样适用于农业和采掘业以及一切制成品或天然产品,例如酒类、谷物、烟叶、水果、牲畜、矿产品、矿泉水、啤酒、花卉和面粉等。

版权(著作权)的内容包括作者权与著作邻接权——发表权、署名权、修改权、保护作品完整权、使用权和获得报酬权。《世界版权公约》第一条规定:缔约各国议定,要充分有效地保护文学、科学、艺术作品——包括文字、音乐、戏剧、电影作品,绘画、雕刻、雕塑——之作者及其他版权所有者的权利。

三、知识产权的性质与特征

(一)知识产权是一种新型的民事权利

知识产权是一种有别于财产所有权的无形财产权,是一种私权。权利客体的非物质性是知识产权区别于财产所有权的本质特性。知识产品的无形是相对于动产、不动产的有形而言的,它具有不同的存在形态:第一,不发生有形控制的占有;第二,不发生有形损耗的使用;第三,不发生消灭知识产品的事实处分与有形交付的法律处分。

(二)知识产权的基本特征

1. 知识产权的专有性

知识产权的专有性表现为在一定时间内的独占排他权,即知识产权所有人的智力劳动成果未经其本人许可,任何人都不得使用和占有,知识产权只能授予一次。主要表现为:第一,独占性,即知识产权为权利人所独占,权利人垄断这种专有权利并受到严格保护,没有法律规定或未经权利人许可,任何人不得使用权利人的知识产品;第二,排他性,即对同一项知识产品,不允许有两个或两个以上同一属性的知识产权并存。知识产权是一种专有性的民事权利,相对债权而言,它与所有权一样,具有排他性和绝对性的特点。关于知识产权的这一属性,法国学者曾展开过纯学术性的近乎刻板的"学究似的讨论",有的学者认为,知识产权是一种"产权"(所有权),即"知识所有权",但多数学者质疑知识产权是否为真正的所有权。

知识产权与所有权在专有性效力方面也是有区别的。首先,所有权的排他性表现为所有人排斥非所有人对其所有物进行不法侵占、妨害或毁损,而知识产权的排他性则主要是排斥非专有人对知识产品进行不法仿制、假冒或剽窃。其次,所有权的独占性是绝对的,即所有人行使对物的权利,既不允许他人干涉,也不需要他人积极协助,在所有物为所有人控制的情况下,无地域和时间的限制;而知识产权的独占性则是相对的,这种垄断性权利往往要受到权能方面的限制(如著作权中的合理使用、专利权中的临时过境使用、商标权中的先用权人使用等)。同时,该项权利的独占性只有在一定的空间地域和有效期限内才发生效力。

2. 知识产权的地域性

一般认为,地域性是知识产权独有的特性,其实,历史上民事权利的许多领域都存在过地域性。据国际私法学者的研究,在侵权之债领域,侵权诉讼曾长期由侵权行为地法院管辖,适用侵权行为地法;在合同之债领域,法律的地域性也曾造成法律适用的僵化和判决难以在域外执行。产生这一现象的原因是:这些权利产生之初,各国大都处于封建闭锁状态,对外经贸往来稀少,偶尔发生的涉外纠纷可以通过其国内法解决,因此没有必要诉诸权利的域外效力。知识产权作为一种专有权在空间上的效力并不是无限的,而是受到地域的限制,即具有严格的领土性,其效力只限于本国境内。

到20世纪下半叶,由于地区经济一体化与现代科学技术的发展,知识产权的立法出现了现代化、一体化的趋势,由此,知识产权严格的地域性也受到了挑战。这主要表现在以下两个方面。

(1)跨国知识产权的出现,地区经济一体化,使得一些国家联合起来,实现了商品、资本、人员和劳务在统一大市场内的自由流通,从而推动相关国家在知识产权保护方面走向统一。为了实现经济一体化的目标,欧洲联盟采取的重要行动之一,就是在工业产权与著作权领域建立一个广泛的欧洲保护制度,即在地区经济一体化的推动下努力实现着"欧洲共同知识产权的幻想"。

(2)涉外知识产权管辖权与法律适用的发展。长期以来,涉外知识产权纠纷一般由权利要求地法院专属管辖。由于卫星技术、网络技术、录制技术的发展,涉及现代技术的侵权行为可能在几个,甚至十几个国家发生,对权利的要求也会相应增加,如果权利人依此在这些地方一一提起诉讼将会带来极大不便。于是一种全新的管辖权理论应运而生,即一国法院不仅有权管辖其地域内的知识产权纠纷,而且有权管辖在其他地域发生的相关纠纷。与此相联系,以对权利的要求作为知识产权的立法准则也相应发生了变革。

涉外知识产权纠纷的非专属管辖权与知识产权法律适用的多元化,都会对这一权利的地域性特点产生重大影响。总之,在当今社会,知识产权的地域性特点依然存在,但已受到巨大的挑战,这一自封建法到现代法固有的法律特征能否完全被打破,尚有待继续观察与研究。

3. 知识产权的时间性

时间性特点是知识产权与所有权的主要区别之一。众所周知,所有权不受时间限制,只要其客观事物没有灭失,权利即受到法律保护。消灭时效或取得时效所产生的法律后果,也只涉及财产权利主体的变更,而财产(有体物)本身作为权利客体的地位并不会发生变化。关于所有权的这一特征,罗马法学家将其概括为"永续性",即"所有权之命运与其标的物之命运相终始"。它既不像有设定期限的他物权(如抵押权、地役权),也不像具有消灭命运之本质的债权(如合同债权)。

知识产权的时间性与他物权、债权的时间性也有着完全不同的意义。他物权的设定发生在特定主体之间,如地役权中的供役地所有人与需役地所有人之间,抵押权中的担保物权人与出质人之间。此外,他物权的设定以所有权的存在为前提,它无法脱离所有权而单独存在,至于债权则涉及债权人与债务人之相对人的利益。债以履行、清偿为目的,法律当然不承认债权的永久性。而知识产权的时间性不同,按照西方学者的解释,知识产品所有人有权在一定时期内享有垄断使用的利益,但有义务将其智力性成果向公众公开。这是一种社会契约,即以国家面貌出现的社会同知识产品所有人签订的特殊契约。

知识产权仅在法律规定的期限内受到保护,一旦超过法律规定的有效期限,这一权利就自行消灭,相关知识产品即成为整个社会的共同财富,为全人类所共同使用。

四、知识产权的主体

(一)知识产权主体的定义

知识产权的主体可以是自然人、法人、其他组织,也可以是国家。知识产权的主体需具备何种资格,享有何种权利,这是由国家法律直接规定的。主体资格是民事主体在民法上(包括知识产权制度)的法律人格,是自然人及其组织成为民事主体的法律前提。知识产权主体制度的平等精神,既在本质上等同于一般意义上的私法平等原则,又有着自身的法律品性。这主要表现在两个方面。首先,知识产权制度中的平等,是一种主体从事创造性活动的自由选择,是一种取得创造者权利的机会的均等。现代民法奉行的是一种程序意义上的平等观,即只要社会向人们提供了平等的机会,便做到了平等。知识产权的原始取得主要来源于主体的创造性行为(包括创作、发明等)。创造性行为属于事实行为,而不是一般民事法律行为,它不受民事法律行为能力的限制,主体只要以自己的创造性行为完成知识产品,即可以以创造者的身份依法取得权利。其次,知识产权制度中的平等,是一种当事人权利、义务关系的协调,是对社会精神财富的合理分享。知识产权制度的历史发展,经历了从单一权利主体扩充为多元权利主体的过程。由于知识产品的社会性和非物质性特点,使得多数主体利用这种智力性成果成为可能。知识产权制度保障和促进社会分配的公平与正义,并把这种分配原则上升为法律层面上的权利与义务,从而对精神资源进行权威性的公正分配。可以通过以下内容认识知识产权的主体制度具有的特点。

(二)知识产权的原始取得

知识产权的原始取得以创造者的身份资格为基础,以国家认可或授予为条件。财产所有权的原始取得,有生产、孳息、先占等方式,其原始取得既无主体的特定身份要求,除不动产及个别动产外,亦无须国家机关特别授权。知识产权的原始取得则不同,其权利产生的法律事实包括两个方面,即创造者的创造性行为和国家机关的授权行为。知识产权主体制度的身份原则具有两个特点。第一,创造者的身份一般属于从事创造性智力劳动的自然人,但在有的情况下也可能归属于组织,主持创造活动并体现其意志或承担相应责任的法人。与古代社会的家长身份以及现代社会的消费者身份、雇佣劳动者身份不同,自然生命体与社会组织体都有可能取得创造者的身份。第二,创造者的身份与一般身份所依存的血缘关系、婚姻关系或其他社会关系无关,它既是智力创造性活动这一事实行为的结果,又是行为人取得知识产权的前提。在有关权益的纠纷中,创造者身份的确认对判定权源、划分权属有着重要的意义。

(三)知识产权的继受取得

知识产权的继受取得往往是不完全取得或有限制取得,从而产生数个权利主体对同一知识产品分享利益的情形。在财产所有权制度中,根据一物一权主义的原则,不能在一个物件上设立两个或数个内容相同的所有权。就继受取得的情形而言,一方让渡了权利,即意味着丧失了权利主体资格;另一方继受了权利,则标志着其成为新的财产所有权主人。此外,根据这一原则,一物之上虽可以存在数个物权(如用益物权或担保物权),但各个物权之间不得相互矛盾。换言之,就一个物件或该物件的某一部分而言,不能设定数个性质相同且彼此独立的物权。

在知识产权领域,基于继受取得的原因,同一知识产品之上拥有若干权利主体的情形却普遍存在,可以大致分为以下三类。

第一,某类权利主体对其知识产品既享有财产权利又享有人身权利时,发生继受取得的权利只能是其中的财产权,即继受主体不能取得专属于创造者的人身权利。这样,就同一知识产品所产生的人身权和财产权便会为不同的主体所分享。

第二,某类知识产权仅是不完全转让的,继受主体只能在约定的财产权项上享有利益。如同所有权与其权能分离一样,在原始主体依然存在的情况下,还会产生一个或数个拥有部分权利的不完全主体,即财产权的诸项权能为不同主体所分享。当然,这种权利与权能的分离,对知识产权与所有权来说有着完全不同的内容和意义。所有权的标的物为独立的特定物,在一定时空条件下只能为某一特定主体所控制利用。

第三,某类知识产权的转让同时在不同地域范围进行时,例如著作权人分别在数国转让其版权、专利权人在不同国家出卖其专利,就会出现两个或两个以上独立的权利主体。但是,若干受让人只能在各自的有效区域内行使权利,即主体地位独立,权利互不相涉。在这种情况下,原知识产权所有人虽丧失了主体资格,但在不同的地域却可能产生若干相同的新的知识产权所有人,即各个继受主体彼此独立地对同一知识产品享有同一性质的权利。

(四)知识产权法对外国人的主体资格奉行的原则

知识产权法对外国人的主体资格主要奉行"有条件的国民待遇原则",有别于一般财产法所采取的"有限制国民待遇原则"。各国对外国人原则上给予其与本国人同等的待遇,但对外国人所享有的权利范围则有所限制,如外国人不准取得土地权、采矿权、捕捞权,不准从事只有本国公民才能从事的某种职业等,这即是有限制的国民待遇原则。

知识产权制度关于外国人的主体资格有不同的规定。著作权法的通行规定是,外国人创作的作品在一国境内首先发表的,应当享受与该国国民作品同等的保护;不在该国境内首先发表的,则根据相关国家之间的双边条约或共同参加的国际公约,或在互惠基础上给予保护。工业产权法的通行规定是,在本国境内有经常居所或营业所的外国人享有与本国人同等的待遇;在境外的外国人,依照其所属国与本国缔结的双边条约或共同参加的国际公约,或按照互惠原则办理。这些规定说明,知识产权制度主要采用有条件的国民待遇原则,即只要符合上述规定的情形之一,外国人就可以与本国人享有同等的权利,而在权利的范围和内容上不加限制。

国民待遇原则是国际知识产权制度的基本原则。这一原则包括两个方面的含义:一是在知识产权的保护上,国际公约的成员国必须在法律上给予其他成员国的国民以本国国民所享有的同样待遇;二是对非成员国国民,只要其作品在国际公约的成员国境内首先发表(著作权法),或在该国有经常居所,或有实际从事工商业活动的营业所(工业产权法),也应当享有同该成员国国民相同的待遇。国民待遇原则打破了知识产权地域性效力的限制,使一国的权利人在其他国家也受到保护。允许外国人与本国人享有同等的民事地位,旨在保护本国人在国外的知识产权利益不受侵犯,同时也是为了吸引外国先进技术和优秀文化。因此,这一原则得到世界各国的确认。

五、知识产权的客体

(一)知识产权客体的定义

知识产权的客体特指人们在科学、技术、文化等知识形态领域中所创造的精神产品。这是与物质产品(即民法意义上的有体物)相并存的一种民事权利客体。近代德国法哲学家黑格尔曾对物与精神的关系做过精辟的分析。他认为,物是与精神相分离的外在的东西,属于客观的自然界的概念。为此,物就成了意志的定在的外部领域,也就是实现作为主体权利的领域。除此之外,还有一种"通过精神的中介而变成的物",诸如精神技能、科学知识、艺术以及发明等,都可以成为帮约的对象,而与买卖中所承认的物同一视之。

(二)知识产品的类别

1. 创造性成果,包括作品及其传播媒介、工业技术

作品及其传播媒介,泛指文学艺术领域中以不同表现形式出现并且具有原创性的智力成果(著作权客体),以及在传播作品过程中产生的与原创作品有关联的各种产品、物品或其他传播媒介(邻接权客体)。作为著作权客体的作品,可以概括地分为文学作品、艺术作品和科学作品;作为邻接权客体的传播媒介,主要包括艺术表演、音像录制品、广播节目。

工业技术,一般是指在工业、农业、商业等产业领域中能够物化于物质载体上的知识和技能。它是根据科学原理和生产实践经验而发展形成的工艺操作方法与技能,以及与这些方法和技能相适应的生产工具和其他物质设施。在法律上,工业技术可以表现为取得工业产权的各类专利技术,也可以表现为取得其他知识产权的技术秘密,以及受到新型知识产权即工业版权保护的工业产品。

2. 工业标志

工业标志,一般是指在工业、农业、商业等产业领域中能够表示产品来源和厂家的区别标记。包括商标、商号、产地名称等在内的工业标志,是人们生活中所见最多的标志。工业标志能在多种场合使用,不但可以用在商品或者包装材料上,还能用在多种宣传媒介的制作上。工业标志作为工业产权和其他知识产权的客体,是企业重要的无形财产。

3. 经营性资信

经营性资信,指工商企业在经营活动中所有的经营资格、经营优势以及在社会上所获得的商业信誉,包括特许专营资格、特许交易资格、信用以及商誉等。从经营性资信的构成来讲,其内在因素是主体的经营能力。经营能力是一个很广的概念,包括经济状况、生产能力、产品质量、市场占有份额等,这种经营能力形成了特定主体高于同行业一般企业获利水

平的超额盈利能力;其外在因素表现在两个方面:一方面是来自某一组织或机关授予的资格;另一方面是来自社会公众给予的评价和信赖。该类权利客体所涉及的资格、能力与信誉,包含明显的财产利益因素,但也有精神利益的内容。与文学艺术作品、工业技术、工业标志不同,经营性资信的财产价值尚未完全为人们所认识,相关立法保护显见不足。正因为如此,有学者将此类客体称为正在开发中的无形财产。

(三)知识产品的特点

1. 创造性

创造性是知识产品取得法律保护的条件,就某类具体的知识产品来说,其创造性程度的要求各不相同。一般来说,专利发明所要求的创造性最高,它必须是该项技术领域中先进的科学技术成就,它所体现的技术思想、技术方案必须使某一领域的技术发生质的飞跃。著作权作品所要求的创造性次之,它要求作品必须是作者创造性劳动的成果,但任何作品只要是独立构思和创作的,不问其思想内容是否与他人作品相同或类似,均可取得独立的著作权。而商标所要求的创造性仅达到易于区别的程度即可,即商标应当具有显著特征,便于识别。

2. 非物质性

非物质性是知识产品区别于有形财产所有权客体的主要特征。所谓非物质性,即知识产品的存在不具有一定的形态(如固态、液态、气态等),不占有一定的空间,人们对它的"占有"不是一种实在和具体的控制,而是表现为认识和利用。

3. 公开性

知识产品必须向社会公示、公布,使公众知悉,技术秘密例外。

六、知识产权的侵害与救济

(一)知识产权的保护范围

作为知识产权客体的精神产品是一种无形财产,它的保护范围无法依其本身来确定,而是要求法律给予特别的规定。在限定的保护范围内,权利人对自己的知识产品可行使各种专有权利,超出这个范围,权利人的权利失去效力,即不得排斥第三人对知识产品的合法使用。

(二)知识产权侵害行为的对象与属性

知识产权的侵权行为,一般认为包括对著作权、商标权、专利权、商业秘密权、反不正当竞争权等智力成果权的侵害行为。知识产权法相对于民法来讲,属于特殊法。民法概括性地规定了侵权行为的认定标准或条件,知识产权法则更加具体地规定了知识产权侵权行为的表现形式。我们不但要依据民商法、侵权行为法从总体上把握侵权行为的表现形态和认定标准,还要依照各部知识产权法具体地掌握对每一类侵犯知识产权行为认定的规格和要点,明确知识产权侵权纠纷案件中的法律适用。

（三）知识产权侵害赔偿的归责原则

归责原则是确认不同种类侵权行为所应承担民事责任的标准和规则，它决定着一定侵权行为的责任构成要件、举证责任的负担、免责条件、损害赔偿的原则和方法等。知识产权侵害赔偿的归责原则，在采用过错责任原则的基础上补充适用过错推定责任原则。

（四）侵犯知识产权的法律救济

1. 民事救济措施

民事救济措施具有维护权利状态或对权利人所受损害给予补偿的作用。一般来说，民法对所有权的保护是通过赋予权利人以请求确认所有权、排除妨害、恢复原状、返还原物、赔偿损失等请求权的方法来实现的。但知识产权所有人一般不能援用请求恢复原状、返还原物的传统民事救济措施。侵犯知识产权的损害赔偿额，主要有两种计算方法：一是按侵权人在侵权期间因侵权行为所得的利润计算；二是按权利人在被侵权期间因被侵权所受到的损失计算。如果权利人的实际损失和侵权人的非法所得不能确定的，则可以适用法定赔偿的有关规定。

2. 刑事救济措施

根据刑法规定，对侵犯知识产权罪可处以有期徒刑、拘役、管制、罚金等各种刑事处罚。

3. 行政救济措施

行政救济措施包括训诫（警告）、责令停止制作和发行侵权复制品、没收非法所得、没收侵权复制品和制作侵权设备以及罚款等。

七、知识产权制度的体系

现代知识产权制度的体系可由如下权利构成：文学产权、工业产权（主要有专利权、外观设计权、商标权、商号权、地理标记权、反不正当竞争权）、知识财产专有权（主要有植物新品种权、集成电路布图设计权、商业秘密权）、商誉权、信用权。其中，文学产权、工业产权、知识财产专有权构成创造性成果权与经营性标记权，商誉权、信用权构成经营性资信权。

八、知识产权制度的和谐价值目标

知识产权领域的不和谐问题，如商标抢注、权利滥用和垄断、权利冲突等，引起了人们对知识产权法的深刻反思和探讨。这些问题要得到较好的解决，必须重新审视知识产权法的价值。在知识产权全球化的背景下，和谐应该成为知识产权法的终极价值目标。知识产权法应该以和谐价值为指引，完善相关法律规则，使创造者（所有者）、传播者、使用者和社会公众的利益得以协调，更使人、社会和自然之间保持和谐状态。正义与效益应是整个知识产权制度的立法目的和功能目标。

（一）知识产权制度和谐价值的正当性

对于知识产权法的价值定位，理论上有以下几种不同的观点。

第一种观点认为，知识产权法的价值应定位于"创新"，创新是人类的追求之一，有着技术首次商业化等丰富的内涵。创新作为知识产权制度的独立的主导性价值,不仅是知识产权制度在知识经济时代背景下制定和存在的原因及追求的目标,同时在对这一目标的追求中,知识产权制度也实现了自身的创新。

第二种观点认为,知识产权法以公平、效率为其普遍价值,以实现利润最大化作为基础价值,以刺激创新作为目标价值,从而形成知识产权法的价值体系,或者认为,公平与效率的统一应是新时期知识产权保护的价值取向。知识产权法律制度应在知识的生产和知识的利用与传播,即知识产权人的个人利益和社会的整体利益之间进行调解,在强调有效及充分保护知识产权的同时,也应重视社会公众的利益,力求在二者之间达到合理的平衡。

第三种观点认为,正义和效益是知识产权法的双重价值目标。作为法律制度的知识产权,其立法目的在于保护智力创造者的权利,维系社会正义;促进知识广泛传播,有效配置智力资源。知识产权的各项制度,围绕着上述各项法律价值目标,发挥着保护权利、衡平利益、促进科技进步和经济增长的社会功能。正义是社会制度的首要价值,实现正义亦是知识产权制度创设的第一目标。

(二)我国知识产权制度和谐价值的实现

知识产权法的价值冲突发生在知识产权法的价值实现的各个环节,既有正义与效益的冲突,也有各相关利益主体价值观念的冲突,如同一主体基于不同因素的考虑或不同主体基于各自切身利益对同一法律价值产生不同的认识和价值期求。在知识产权法的形成与制定阶段,它集中反映在对知识产权法的价值认识不同的立法者的不同的立法主张上,这种主张有两个方面的内容:某一法律是否制定及某一具体法律规范如何进行规定。可见,如果要解决知识产权法的价值冲突,保证知识产权法和谐价值的实现,就必须把和谐价值的理念贯穿于知识产权法的制定和实施的全过程中。

九、知识产权制度的民法定位

多数学者认为,知识产权法属于民法的范畴。从世界范围看,关于知识产权制度的立法体例,主要有以下三种做法:一是编入民法典;二是单行立法;三是编纂专门法典。作为WTO 的三大支柱之一,知识产权在现今国际和国内经济生活中的地位日益突出。

(一)知识产权在民法中的地位

以科学技术为代表的知识产品日益凸显其巨大的作用,超过土地、机器等传统生产和生活资源,成为社会财富增长的新引擎,同时改变了人们对知识的价值观念,使人们对知识的理解从"知识就是力量"迁移到"知识就是财富"。社会财富构成的变化,必然触及相应社会关系的架构,也必然引发相应的政治法律制度的深刻变革,反射到对财产及与之相关的社会关系进行调整的法律部门中,就突出地表现为民事法律关系客体范围的扩大和权利内容的丰富。

1. 知识产品的财产性

在传统民法中,物作为民事法律关系客体的一个重要特征是"物必有体有形"。这种以有体物为中心构建的财产权法律体系的制度惯性地保持到了第一次工业革命时期。作品、商标、专利技术、未公开的信息等知识产品的产生,主要发生在智力创造活动与工商经营活动中,它们均不具有传统物权法中"形"与"体"的特征,且具有稀缺性,其虽然无形,但可以进入交易领域,并且通过运用它们,确实能够带来有形财产的增加。例如,对专利与商标的使用,可以为商品带来高额的附加值,使该商品的所有人在市场竞争中处于一种相对有利的地位。这种附加值的来源就是知识产品的财产性。知识产品是来源于人类智力创造活动的、数量较为有限且能够带来精神与物质双重价值的智力创造成果,符合财产的判断标准与要求。与知识产品有关的财产关系,当然应归属于民法的调整对象与范围之列。

2. 知识产品的非物质性

与民事法律关系中的物相比,知识产品在存在、利用与处分形态方面表现出其独有的特征。

(1)不发生有形控制的占有。知识产品不具有物质形态,人们对它的占有只是一种对某种知识、经验的认识与感受,作为其表现形式的物化载体,可以为他人具体占据,但对于作为智力活动产物的知识产品来说,他人不可能进行这种实在而具体的占据与控制。

(2)不发生有形损耗的使用。知识产品要获得民事法律保护,就必须向社会公示、公布,这是知识产权产生的一个重要前提条件。人们从中得到有关知识即可使用。在一定的时空条件下,知识产品可以被若干主体共同使用,并且不会像有形物那样发生损耗。如果无权使用人擅自使用了他人的知识产品,也无法适用恢复原状的民事责任形式。

(3)不发生消灭知识产品的事实处分与有形交付的法律处分。即知识产品不可能因实物形态的消费而导致其本身消灭的情形,其存在仅会因法定保护期的届满而产生专有财产与社会公共财富的区别。同时,有形交付与法律处分并无联系。可见,知识产品是一种不同于有体物的无形财产。

3. 知识产权的私权性

知识产权的私权性由知识产品的财产性与非物质性所决定,知识产品成为民事法律关系中一类较为独立的财产权客体。按学者曾世雄的理解,财产权分为有体和无体,并非指权利而言,是指权利控制的生活资源,即依该权利享有的生活资源究竟有无外体。知识产品的无体财产性决定了与之相关的权利的特殊性。按照学界的一般理解,相较于所有权而言,知识产权具有专有性、地域性和时间性的特征,它们与知识产品的无体财产性相结合,使知识产权呈现出一种无形财产权的性质。

公法与私法是一种基本的法律分类。以权利所依据的法律为区分标准,可将权利划分为公权与私权。私法的基础乃是市场经济体制,其中心为财产权。民法为私法,民法上的权利属于私权。知识产权作为知识产品的创造者所享有的各种财产权利和人身权利,其产生并非单纯依靠创造者的创造行为,而是依据民法中民事法律关系产生的规定。著作权、专利权等各个组成部分关于权利取得的相关规定,不过是对民法基本原则与基本制度的具体化而已,其行使也要遵循民法中关于权利不得滥用、公序良俗等原则而进行。至于知识产权的保护方式,也与其他民事权利相同,即当受到不法侵害时,均须行使请求权以恢复到权利受侵害前的状态。这是由于请求权在权利体系中居于枢纽地位,同时更是由知识产权的民事权利特性即私权性所决定的。可以说,离开了民事权利体系,知识产权制度就会面目全非、无法存在,私法主体就会失去获取知识财产的途径。

知识产权各部门含有行政乃至刑事性质的规定,糅合了实体性乃至程序性的规定,强制性规定与任意性规定并存,国内法规范与涉外规定并处,这种状况在其他民事权利的立法中是不多见的。权利的产生、变更、管理,与权利本身的性质毕竟是两个不同的概念,尽管知识产权中包含行政乃至刑事规定,但知识产权的私权性不仅没有因此而改变,反而在相关的国际公约中得到强化,受到了国际社会的普遍认同。

(二)知识产权法立法与民法典

知识产权的私权性决定了其是民法的有机组成部分,尽管如此,范式民法典大多没有将之纳入固有的体系之中。知识产权制度是近代法制史上新的一页,体系化的民法典如何对社会现实作出法律反应,则有一个认识上的过程。

1. 知识产权的立法体系

一般认为,1623 年英国制定的《垄断法规》是世界上第一部专利法;1709 年英国制定的《为鼓励知识创作而授予作者及购买者就其已印刷成册的图书在一定时期内之权利的法》(即《安娜法令》)是世界上第一部著作权法;1785 年法国制定的《关于以使用原则和不审查原则为内容的制造标记和商标的法律》是世界上第一部商标法。可以说,在诞生的时间上,作为单独立法的知识产权法律制度要晚于古罗马的法典,但又早于近代法国、德国的民法典。即便如此,知识产权与近代范式民法典还是表现出了体系不兼容的状况。除了知识产权的无集体财产特征外,另一个重要的原因在于,其诞生之初就表现为封建特许权的形式,使得制度的受益者并非知识产品的创造者,而是颁发特许令的统治者和印刷商、书商以及企业主。知识产权的最初形式并非作为私权的法定之权,而是一种公权色彩极为浓烈的特许之权,这决定了早期知识产权法的公法色彩和工具性功能。这一状况持续至资产阶级革命时期才有所改观。随着封建王朝的衰落与市民阶级私有观念的进化,知识产权不再是封建时期公法中的特许之权,而是一种私法上的法定之权,即私法上的具有一定国家强制力的有限制的独占权利。从此,知识产权法才走出背离保护知识产品创造者利益的公法束缚,回归到调整平等主体之间财产关系和人身关系的私法之中,为其私权性找到了制度归宿。大陆法体系民法的开放性对知识产权也予以接纳,如法国民法典就规定了商标。正如谢怀先生所言:"随着时代之发展,民事权利的种类、各种权利的性质和内容都在发展和变化,民事权利的体系从而也就不断地扩张。"如果说在农业社会和工业社会,知识的作用发挥有限,受民法典关注的程度不够,那么在现代信息社会里,知识经济的迅猛发展,使社会的经济生活条件发生了极大的改变,这就要求法律部门作出回应。

关于民法典与知识产权法之间的关系,还可以尝试对民法与商法之间的关系史进行考察,从中发现一些具有借鉴意义的资料。商法起源于中世纪地中海的商业习惯,其开始只限于一个地区、一个城邦与一个国家,海上贸易的特殊性使这种规则的影响超越了地理范围的限制。商人们通过中世纪的职业行会形成了具有一定稳定性交易习惯与商事裁判制度。这些面向现实需要的制度,在罗马法体系的形成时期就已经得到了长足的发展。商法作为适用于商业活动(商法的客体)而非适用于商人的法律发展起来了,商事裁判作为司法裁判的组成部分也不可避免地加入了民法与商法的分合之争。按斯奇巴尼教授的观点,正是这种分合之争促使民商合一的时机逐渐成熟。对于知识产品这一特殊的客体与民法典编纂之间的关系,可以从民法典对商事活动吸纳的做法中吸取经验。即在民法典中作出一般性的规定,允许特别法存在并为特别法提供指导原则与逻辑体系支持,这既有利于各特别法适应不断变化的社会经济生活条件而适时修改,同时也有利于保持民法典的稳定性,以维护法律的权威和社会生活的安定。在处理二者关系时,另一个考虑因素是知识产权的国际化及其国内立法转化问题。众所周知,知识产权与科技和经济之间存在着直接的联系与互动模式。其自诞生之日至今也不过三四百年的时间,但该领域的立法变动最为剧烈。随着经济全球化和国际经济一体化程度的加剧,知识产权领域的区际公约与国际条约不断涌现。以欧洲专利条约和《与贸易有关的知识产权协定》(Agreement on Trade-Related Aspects of Intellectual Property Rights,TRIPs)为例,均要求成员全部接受,不允许有任何保留,这反映了国际社会在知识产权保护问题上的共识,同时,这也是对各成员相关立法的范围与权力在一定程度上的限制,这种趋势在相当长的一段时期内还会加剧。正如有的学者所言,知识产权是一类"正在形成中的权利",在其类型、内容、保护方式等问题上,尚未完全达成一致,如果将知识产权的现行有效规定全部迁入民法典,必然影响民法典的稳定。而民法典作为民众社会生活的最高准则,频繁变动则势必降低其权威性和民众的法感情,综合成本非常高。

2. 知识产权与民法典编纂

模式一:知识产权制度的民法典归化。因为作品、专利、商标等知识财产有其各自的特殊性,所以对其进行的法律调整与保护,各国一般采取特别法的立法体例。

模式二:知识产权制度的法典化。既然在民法典中完全规定知识产权法没有成功的先例可资借鉴,那么,可否在民法典之外以法典形式另行规定知识产权呢?这一问题的提出系因法国知识产权法典而起。采取法典的形式来规制个性多于共性的各种知识产权制度尚需进一步探索。

模式三:特别立法。即在民法典之外以特别法的形式规范知识产权,这一模式被当今大陆法系中的大部分国家所采用,英美法系采取了单行法的形式。

(三)关于知识产权双重立法模式的思考与建议

采取双重立法模式能够较好地解决知识产权立法与民法典编纂的问题,即在民法典中对知识产权做出一般性的规定,对知识产权各项具体制度则采取单独立法形式,保留知识产权制度的基本形态。

第一,从权利形态来看,知识产权是一种以请求权为核心救济手段的私权,知识产权法律制度当属民法的有机组成部分,如果不在民法典中予以反映,这样的民法典至少在权利体系的建构上是有缺陷的,同时,这样的知识产权制度也缺乏立法依据,即缺乏上一位阶法律的原则指导和支撑。我们完全可以这样表述:缺乏知识产权的民法典是逻辑不周延的民法典;缺乏民法典支持的知识产权制度是基础与前提不合法的知识产权制度。民法典当然应成为知识产权的制度根基与立法起点,除此以外,别无其他任何奠基。体系化是大陆法系民法典的生命,只有完整的权利体系,才能充分地发挥制度的"体效应"。民法典旨在构建一个完整的民事权利体系,知识产权当然不能被人为地割裂出去。民法典可以而且应该就知识产权作出规定,但考虑到知识产权本身的特殊性与民法典对稳定性的要求,这种规定只能是一般性的规定。

第二，从知识产权产生与存在的社会经济生活条件来看，人类社会已经进入知识经济时代，以信息的生产、加工为主导的产品与产业在经济生活中扮演着日益重要的角色。

第三，知识产权是一个独立而综合的法律制度，体系相对完整，内容涵盖不限于民事实体权利部分，将这些规定全部写入民法典，确实有冲淡民法典私权性之嫌，有违私法的纯正性。虽然知识产权是私权，但通过对制度变迁过程的考察可以看出，知识产权是私权，但又不仅仅是私权，其制度背后蕴含着丰富的社会、经济乃至伦理价值因素，这些影响制度形成与变迁的变量在不同时期与不同地区的表现形式各异，对制度的最终确定有一定的决定作用，这是制定制度时不应忽视的。

第四，知识产权受科学技术与商品经济影响较为直接，因而变动较为剧烈，必须不断地适应社会需要而及时修改。这一特征决定了其不宜整体迁入一部需要保持相对稳定性的民法典中。同时，当今社会仍处于技术革命方兴未艾的时期，新的知识产权客体不断涌现而且尚未完全定型化，诸多问题在技术与理论层面均未形成共识与定论，将之写入民法典与社会生活现实条件不相吻合。而特别法形式较为灵活，是保持知识产权立法乃至民法典体系开放性的理想模式。借用某学者的话来说，我们对中国当代民法规范体系的追求应该是：从精确开始，到开放为止。诚如斯，在知识产权立法问题上，"民法典—知识产权特别法"的双重立法模式将是一种较为理想的方案。

第二节　著作权制度概述

一、著作权的概念

著作权又称为版权，是指自然人、法人或者其他组织对文学、艺术或科学作品依法享有的财产权利和人身权利的总称。著作财产权是无形财产权，是基于人类智慧所产生之权利，是知识产权的一种。著作权自作品创作完成之日起产生，在中国实行自愿登记原则。

著作权是知识产权的一个重要组成部分，著作权制度是现代社会发展中不可缺少的一种法律制度。现代知识产权保护制度三百多年前起源于西方，著作权对促进知识的积累与交流，丰富人们的精神生活，提高全民族的科学文化素质，推动经济的发展和社会进步起到了极其重要的作用。知识产权保护制度是随着科学技术的进步而不断发展和完善的，著作权保护不仅仅能够促进文化事业的发展，同时，版权产业也已经成为经济发展的动力。

著作权调整的范围很广，涉及调整作者、集体、国家之间的利益问题，平衡创作者和使用者的关系，既要充分保护作者的合法权益，又必须给作者以限制，满足公众的需要，可以说，著作权已经渗透到生活的每一个角落。但是现在仍有许多人，包括法官、律师等，对著作权法尚存争议，更多的民众缺乏著作权法律常识和版权意识。

二、著作权制度的产生与发展

著作权制度18世纪首次在欧洲出现，18世纪末到19世纪初是著作权的完善阶段，19世纪中叶开始了现代版权保护，著作权保护进入了国际化阶段。

我国在北宋年间,就曾以禁令的形式保护著作权。我国的第一部著作权法是《大清著作权律》,虽未实施,但影响深远。中华人民共和国成立后,我国制定了一系列关于新闻出版及版权保护方面的法律制度,1990年颁布了现行的《中华人民共和国著作权法》(以下简称《著作权法》)后,又经过三次修订,现在我国的著作权保护法律制度已完全与国际接轨。

(一)著作权制度的起源

著作权的保护制度最早起源于我国宋朝,而首开世界著作权成文法之先河的是1709年英国颁布的《安娜法令》,随后,著作权法律制度随着传播技术的应用与发展而产生并进一步发展。

(二)西方诸国著作权法律制度的沿革

在欧洲,16世纪时的英国政府为了迎合出版商的利益,并且为了检查出版物的思想内容,实行了书刊出版的特许证制度。这种制度保护的是复制发行行为,并不保护作者的利益,造成本该是受益者的作者却成了这项制度的局外人的怪现象。直到1709年,英国议会在广大作者的强烈要求下,被迫通过了《安娜法令》。这是一部以保护作者的权利为主要目的的法律,是人类历史上第一部著作权法。到了18世纪末,欧洲大陆的各个国家也都陆续建立起了著作权保护制度。受资产阶级启蒙思想家的影响,他们认为作品首先是作者人格的反映,在著作权法中人格权是首要的,其次才是财产权,于是大陆法系国家把著作权法称为"作者权法"。作者权法使著作权的概念更为明晰,内容更为充实、丰富。至此,著作权法形成鲜明的法律体系分野:一个是以英国和美国为代表的普通法体系,也就是版权法体系;另一个是以法国和德国为代表的大陆法体系,即作者权法体系。在如今全球化的大趋势下,两大法系之间呈现相互借鉴、相互交融的态势。

三、我国著作权制度的发展与变革

(一)我国近现代著作权法律制度

1910年,清政府颁布了中国第一部著作权法——《大清著作权律》。

(二)中华人民共和国成立后著作权制度的发展

1990年9月7日,《中华人民共和国著作权法》经第七届全国人民代表大会常务委员会第十五次会议审议通过,并于1991年6月1日正式实施,同一时间(1991年6月1日),《中华人民共和国著作权法实施条例》开始施行。

(三)著作权法的修正概况

1. 第一次修正

为了进一步完善我国的著作权保护制度,促进经济、科技和文化的发展繁荣,并适应我国加入世界贸易组织的进程,与知识产权协议接轨,中华人民共和国第九届全国人民代表大会常务委员会第二十四次会议于2001年10月27日通过《中华人民共和国著作权法修正案(草案)》,并于同日公布施行。

这次修改,使得著作权法从以下几个方面得到了完善。

(1)给予外国人国民待遇,改变现存"内外有别"的制度。修正后的《著作权法》遵循《伯尔尼保护文学和艺术作品公约》(以下简称《伯尔尼公约》)和 TRIPs 的精神,给予外国人以国民待遇,同时提高本国人所受到的著作权保护待遇,达到内外平衡,协调发展。

(2)扩大著作权保护的客体范围。修正后的《著作权法》将实用美术作品、杂技艺术作品等纳入保护范围;将计算机程序作为文字作品予以保护,延长其保护期限,取消以存记作为取得著作权要件的规定;将"电影、电视、录像作品"扩大解释为"电影作品和以类似摄制电影的方法创作的作品"。

(3)增加了著作权人的权利内容。修正后的《著作权法》增加了对电影作品、计算机程序的著作权人的出租权的规定;拓宽了"表演权"的外延,将其解释为"公开表演作品,以及用各种手段公开播送作品的表演的权利";规定了信息网络传播权,将其解释为"以有线或者无线方式向公众提供作品,使公众可以在其个人选定的时间和地点获得作品的权利";将"摄制权"解释为"以摄制电影或者以类似摄制电影的方法将作品固定在载体上的权利"。

(4)规定了出版者的版式设计权。版式设计权是与著作权相关的一项独立的民事权利。修正后的《著作权法》增加了对版式设计的保护内容,规定出版者有权许可或禁止他人使用其出版的图书、报纸、期刊的版式设计。

(5)增加了著作权的利用方式。修正后的《著作权法》不仅规定了著作权许可使用合同,而且规定了著作权转让合同。

(6)完善了有关著作权限制的规定,平衡著作权人的利益和社会利益。对合理使用中的个人复制、表演、播放、公务使用、翻译等行为给予一定的限制。借鉴其他国家的规定,将为编写出版教科书而使用他人作品的行为列为法定许可的种类之一,以促进科教兴国战略的实施。

(7)增加了权利人可以通过依法成立的社会组织行使著作权的规定。目前,在著作权制度比较完善的国家,一般都规定了权利人通过著作权集体组织代为行使权利的制度。修正后的《著作权法》第八条规定的就是著作权集体管理制度。

(8)增加了对著作权人的救济措施,加大了对侵权行为的惩处力度。明确规定侵犯著作权的法定赔偿额;在归责原则上采取过错责任与"过错推定原则"相结合的归责原则,以加强对受害人的法律救济。在对侵权行为予以查处时,增加规定著作权人的诉讼保全制度等。

2. 第二次修正

2010 年 2 月 26 日,第十一届全国人民代表大会常务委员会第十三次会议决定对《中华人民共和国著作权法》做如下修改。

(1)将第四条修改为:"著作权人行使著作权,不得违反宪法和法律,不得损害公共利益。国家对作品的出版、传播依法进行监督管理。"

(2)增加一条,作为第二十六条:"以著作权出质的,由出质人和质权人向国务院著作权行政管理部门办理出质登记。"

3. 第三次修正

2020 年 11 月 11 日,第十三届全国人民代表大会常务委员会第二十三次会议决定对

《著作权法》进行修改,并于2021年6月1日起施行。

(1)将第二条、第九条、第十一条、第十六条、第十九条、第二十二条中的"其他组织"修改为"非法人组织"。

将第九条、第十一条、第十六条、第十九条、第二十一条中的"公民"修改为"自然人"。

(2)将第三条中的"包括以下列形式创作的文学、艺术和自然科学、社会科学、工程技术等作品"修改为"是指文学、艺术和科学领域内具有独创性并能以一定形式表现的智力成果,包括"。

将第六项修改为:"(六)视听作品"。

将第九项修改为:"(九)符合作品特征的其他智力成果"。

(3)将第四条修改为:"著作权人和与著作权有关的权利人行使权利,不得违反宪法和法律,不得损害公共利益。国家对作品的出版、传播依法进行监督管理。"

(4)将第五条第二项修改为:"(二)单纯事实消息"。

(5)将第七条、第二十八条中的"国务院著作权行政管理部门"修改为"国家著作权主管部门"。

将第七条中的"主管"修改为"负责","各省、自治区、直辖市人民政府的著作权行政管理部门"修改为"县级以上地方主管著作权的部门"。

(6)将第八条第一款中的"著作权集体管理组织被授权后,可以以自己的名义为著作权人和与著作权有关的权利人主张权利"修改为"依法设立的著作权集体管理组织是非营利法人,被授权后可以以自己的名义为著作权人和与著作权有关的权利人主张权利";将"诉讼、仲裁活动"修改为"诉讼、仲裁、调解活动"。

增加两款,作为第二款、第三款:"著作权集体管理组织根据授权向使用者收取使用费。使用费的收取标准由著作权集体管理组织和使用者代表协商确定,协商不成的,可以向国家著作权主管部门申请裁决,对裁决不服的,可以向人民法院提起诉讼;当事人也可以直接向人民法院提起诉讼。

"著作权集体管理组织应当将使用费的收取和转付、管理费的提取和使用、使用费的未分配部分等总体情况定期向社会公布,并应当建立权利信息查询系统,供权利人和使用者查询。国家著作权主管部门应当依法对著作权集体管理组织进行监督、管理。"

将第二款改为第四款,修改为:"著作权集体管理组织的设立方式、权利义务、使用费的收取和分配,以及对其监督和管理等由国务院另行规定。"

(7)在第十条第一款第五项中的"翻拍"后增加"数字化"。

将第一款第七项修改为:"(七)出租权,即有偿许可他人临时使用视听作品、计算机软件的原件或者复制件的权利,计算机软件不是出租的主要标的的除外"。

将第一款第十一项、第十二项修改为:"(十一)广播权,即以有线或者无线方式公开传播或者转播作品,以及通过扩音器或者其他传送符号、声音、图像的类似工具向公众传播广播的作品的权利,但不包括本款第十二项规定的权利;

"(十二)信息网络传播权,即以有线或者无线方式向公众提供,使公众可以在其选定的时间和地点获得作品的权利"。

将第十条第一款第十项中的"电影和以类似摄制电影的方法创作的作品"、第十三项中的"电影或者以类似摄制电影",第四十七条第六项中的"电影和以类似摄制电影",第五十三条中的"电影作品或者以类似摄制电影的方法创作的作品"修改为"视听作品"。

（8）将第十一条第四款改为第十二条第一款，修改为："在作品上署名的自然人、法人或者非法人组织为作者，且该作品上存在相应权利，但有相反证明的除外。"

增加两款，作为第二款、第三款："作者等著作权人可以向国家著作权主管部门认定的登记机构办理作品登记。

"与著作权有关的权利参照适用前两款规定。"

（9）将第十三条改为第十四条，增加一款，作为第二款："合作作品的著作权由合作作者通过协商一致行使；不能协商一致，又无正当理由的，任何一方不得阻止他方行使除转让、许可他人专有使用、出质以外的其他权利，但是所得收益应当合理分配给所有合作作者。"

（10）增加一条，作为第十六条："使用改编、翻译、注释、整理、汇编已有作品而产生的作品进行出版、演出和制作录音录像制品，应当取得该作品的著作权人和原作品的著作权人许可，并支付报酬。"

（11）将第十五条改为第十七条，修改为："视听作品中的电影作品、电视剧作品的著作权由制作者享有，但编剧、导演、摄影、作词、作曲等作者享有署名权，并有权按照与制作者签订的合同获得报酬。

"前款规定以外的视听作品的著作权归属由当事人约定；没有约定或者约定不明确的，由制作者享有，但作者享有署名权和获得报酬的权利。

"视听作品中的剧本、音乐等可以单独使用的作品的作者有权单独行使其著作权。"

（12）将第十六条改为第十八条，在第二款第一项中的"地图"后增加"示意图"。

第二款增加一项，作为第二项："（二）报社、期刊社、通讯社、广播电台、电视台的工作人员创作的职务作品"。

（13）将第十八条改为第二十条，修改为："作品原件所有权的转移，不改变作品著作权的归属，但美术、摄影作品原件的展览权由原件所有人享有。

"作者将未发表的美术、摄影作品的原件所有权转让给他人，受让人展览该原件不构成对作者发表权的侵犯。"

（14）将第十九条改为第二十一条，将第一款中的"依照继承法的规定转移"修改为"依法转移"。

（15）将第二十一条改为第二十三条，将第二款、第三款修改为："法人或者非法人组织的作品、著作权（署名权除外）由法人或者非法人组织享有的职务作品，其发表权的保护期为五十年，截止于作品创作完成后第五十年的12月31日；本法第十条第一款第五项至第十七项规定的权利的保护期为五十年，截止于作品首次发表后第五十年的12月31日，但作品自创作完成后五十年内未发表的，本法不再保护。

"视听作品，其发表权的保护期为五十年，截止于作品创作完成后第五十年的12月31日；本法第十条第一款第五项至第十七项规定的权利的保护期为五十年，截止于作品首次发表后第五十年的12月31日，但作品自创作完成后五十年内未发表的，本法不再保护。"

（16）将第二十二条改为第二十四条，在第一款中的"姓名"后增加"或者名称"；将"并且不得侵犯著作权人依照本法享有的其他权利"修改为"并且不得影响该作品的正常使用，也不得不合理地损害著作权人的合法权益"。

删去第一款第三项中的"时事"。

将第一款第四项中的"作者"修改为"著作权人"。

在第一款第六项中的"翻译"后增加"改编、汇编、播放"。

在第一款第八项中的"美术馆"后增加"文化馆"。

在第一款第九项中的"也未向表演者支付报酬"后增加"且不以营利为目的"。

删去第一款第十项中的"室外"。

将第一款第十一项中的"汉语言文字"修改为"国家通用语言文字"。

将第一款第十二项修改为："（十二）以阅读障碍者能够感知的无障碍方式向其提供已经发表的作品"。

第一款增加一项，作为第十三项："（十三）法律、行政法规规定的其他情形"。

将第二款修改为："前款规定适用于对与著作权有关的权利的限制。"

（17）将第二十三条改为第二十五条，修改为："为实施义务教育和国家教育规划而编写出版教科书，可以不经著作权人许可，在教科书中汇编已经发表的作品片段或者短小的文字作品、音乐作品或者单幅的美术作品、摄影作品、图形作品，但应当按照规定向著作权人支付报酬，指明作者姓名或者名称、作品名称，并且不得侵犯著作权人依照本法享有的其他权利。

"前款规定适用于对与著作权有关的权利的限制。"

（18）将第二十六条改为第二十八条，修改为："以著作权中的财产权出质的，由出质人和质权人依法办理出质登记。"

（19）将第四章章名修改为"与著作权有关的权利"。

（20）将第三十七条改为第三十八条，删去第一款中的"（演员、演出单位）"和第二款。

（21）将第三十八条改为第三十九条，在第一款第五项中的"发行"后增加"出租"。

（22）增加一条，作为第四十条："演员为完成本演出单位的演出任务进行的表演为职务表演，演员享有表明身份和保护表演形象不受歪曲的权利，其他权利归属由当事人约定。当事人没有约定或者约定不明确的，职务表演的权利由演出单位享有。

"职务表演的权利由演员享有的，演出单位可以在其业务范围内免费使用该表演。"

（23）将第四十二条改为第四十四条，将第二款修改为："被许可人复制、发行、通过信息网络向公众传播录音录像制品，应当同时取得著作权人、表演者许可，并支付报酬；被许可人出租录音录像制品，还应当取得表演者许可，并支付报酬。"

（24）增加一条，作为第四十五条："将录音制品用于有线或者无线公开传播，或者通过传送声音的技术设备向公众公开播送的，应当向录音制作者支付报酬。"

（25）将第四十三条改为第四十六条，将第二款中的"但应当支付报酬"修改为"但应当按照规定支付报酬"。

（26）将第四十五条改为第四十七条，修改为："广播电台、电视台有权禁止未经其许可的下列行为：

"（一）将其播放的广播、电视以有线或者无线方式转播；

"（二）将其播放的广播、电视录制以及复制；

"（三）将其播放的广播、电视通过信息网络向公众传播。

"广播电台、电视台行使前款规定的权利，不得影响、限制或者侵害他人行使著作权或者与著作权有关的权利。

"本条第一款规定的权利的保护期为五十年，截止于该广播、电视首次播放后第五十年的 12 月 31 日。"

（27）将第四十六条改为第四十八条，修改为："电视台播放他人的视听作品、录像制品，应当取得视听作品著作权人或者录像制作者许可，并支付报酬；播放他人的录像制品，还应当取得著作权人许可，并支付报酬。"

（28）将第五章章名修改为"著作权和与著作权有关的权利的保护"。

（29）增加一条，作为第四十九条："为保护著作权和与著作权有关的权利，权利人可以采取技术措施。

"未经权利人许可，任何组织或者个人不得故意避开或者破坏技术措施，不得以避开或者破坏技术措施为目的制造、进口或者向公众提供有关装置或者部件，不得故意为他人避开或者破坏技术措施提供技术服务。但是，法律、行政法规规定可以避开的情形除外。

"本法所称的技术措施，是指用于防止、限制未经权利人许可浏览、欣赏作品、表演、录音录像制品或者通过信息网络向公众提供作品、表演、录音录像制品的有效技术、装置或者部件。"

（30）增加一条，作为第五十条："下列情形可以避开技术措施，但不得向他人提供避开技术措施的技术、装置或者部件，不得侵犯权利人依法享有的其他权利：

"（一）为学校课堂教学或者科学研究，提供少量已经发表的作品，供教学或者科研人员使用，而该作品无法通过正常途径获取；

"（二）不以营利为目的，以阅读障碍者能够感知的无障碍方式向其提供已经发表的作品，而该作品无法通过正常途径获取；

"（三）国家机关依照行政、监察、司法程序执行公务；

"（四）对计算机及其系统或者网络的安全性能进行测试；

"（五）进行加密研究或者计算机软件反向工程研究。

"前款规定适用于对与著作权有关的权利的限制。"

（31）增加一条，作为第五十一条："未经权利人许可，不得进行下列行为：

"（一）故意删除或者改变作品、版式设计、表演、录音录像制品或者广播、电视上的权利管理信息，但由于技术上的原因无法避免的除外；

"（二）知道或者应当知道作品、版式设计、表演、录音录像制品或者广播、电视上的权利管理信息未经许可被删除或者改变，仍然向公众提供。"

（32）将第四十七条改为第五十二条，将第八项修改为："（八）未经视听作品、计算机软件、录音录像制品的著作权人、表演者或者录音录像制作者许可，出租其作品或者录音录像制品的原件或者复制件的，本法另有规定的除外"。

将第十一项中的"权益"修改为"权利"。

（33）将第四十八条改为第五十三条，修改为："有下列侵权行为的，应当根据情况，承担本法第五十二条规定的民事责任；侵权行为同时损害公共利益的，由主管著作权的部门责令停止侵权行为,予以警告,没收违法所得,没收、无害化销毁处理侵权复制品以及主要用于制作侵权复制品的材料、工具、设备等,违法经营额五万元以上的,可以并处违法经营额一倍以上五倍以下的罚款;没有违法经营额、违法经营额难以计算或者不足五万元的,可以并处二十五万元以下的罚款;构成犯罪的,依法追究刑事责任:

"(一)未经著作权人许可,复制、发行、表演、放映、广播、汇编、通过信息网络向公众传播其作品的,本法另有规定的除外;

"(二)出版他人享有专有出版权的图书的;

"(三)未经表演者许可,复制、发行录有其表演的录音录像制品,或者通过信息网络向公众传播其表演的,本法另有规定的除外;

"(四)未经录音录像制作者许可,复制、发行、通过信息网络向公众传播其制作的录音录像制品的,本法另有规定的除外;

"(五)未经许可,播放、复制或者通过信息网络向公众传播广播、电视的,本法另有规定的除外;

"(六)未经著作权人或者与著作权有关的权利人许可,故意避开或者破坏技术措施的,故意制造、进口或者向他人提供主要用于避开、破坏技术措施的装置或者部件的,或者故意为他人避开或者破坏技术措施提供技术服务的,法律、行政法规另有规定的除外;

"(七)未经著作权人或者与著作权有关的权利人许可,故意删除或者改变作品、版式设计、表演、录音录像制品或者广播、电视上的权利管理信息的,知道或者应当知道作品、版式设计、表演、录音录像制品或者广播、电视上的权利管理信息未经许可被删除或者改变,仍然向公众提供的,法律、行政法规另有规定的除外;

"(八)制作、出售假冒他人署名的作品的。"

(34)将第四十九条改为第五十四条,修改为:"侵犯著作权或者与著作权有关的权利的,侵权人应当按照权利人因此受到的实际损失或者侵权人的违法所得给予赔偿;权利人的实际损失或者侵权人的违法所得难以计算的,可以参照该权利使用费给予赔偿。对故意侵犯著作权或者与著作权有关的权利,情节严重的,可以在按照上述方法确定数额的一倍以上五倍以下给予赔偿。

"权利人的实际损失、侵权人的违法所得、权利使用费难以计算的,由人民法院根据侵权行为的情节,判决给予五百元以上五百万元以下的赔偿。

"赔偿数额还应当包括权利人为制止侵权行为所支付的合理开支。

"人民法院为确定赔偿数额,在权利人已经尽了必要举证责任,而与侵权行为相关的账簿、资料等主要由侵权人掌握的,可以责令侵权人提供与侵权行为相关的账簿、资料等;侵权人不提供,或者提供虚假的账簿、资料等的,人民法院可以参考权利人的主张和提供的证据确定赔偿数额。

"人民法院审理著作权纠纷案件,应权利人请求,对侵权复制品,除特殊情况外,责令销毁;对主要用于制造侵权复制品的材料、工具、设备等,责令销毁,且不予补偿;或者在特殊情况下,责令禁止前述材料、工具、设备等进入商业渠道,且不予补偿。"

(35)增加一条,作为第五十五条:"主管著作权的部门对涉嫌侵犯著作权和与著作权有关的权利的行为进行查处时,可以询问有关当事人,调查与涉嫌违法行为有关的情况;对当事人涉嫌违法行为的场所和物品实施现场检查;查阅、复制与涉嫌违法行为有关的合同、发票、账簿以及其他有关资料;对于涉嫌违法行为的场所和物品,可以查封或者扣押。

"主管著作权的部门依法行使前款规定的职权时,当事人应当予以协助、配合,不得拒绝、阻挠。"

(36)将第五十条改为第五十六条,修改为:"著作权人或者与著作权有关的权利人有证据证明他人正在实施或者即将实施侵犯其权利、妨碍其实现权利的行为,如不及时制止将会使其合法权益受到难以弥补的损害的,可以在起诉前依法向人民法院申请采取财产保全、责令作出一定行为或者禁止作出一定行为等措施。"

(37)将第五十一条改为第五十七条,修改为:"为制止侵权行为,在证据可能灭失或者以后难以取得的情况下,著作权人或者与著作权有关的权利人可以在起诉前依法向人民法院申请保全证据。"

(38)将第五十三条改为第五十九条,增加一款,作为第二款:"在诉讼程序中,被诉侵权人主张其不承担侵权责任的,应当提供证据证明已经取得权利人的许可,或者具有本法规定的不经权利人许可而可以使用的情形。"

(39)增加一条,作为第六十一条:"当事人因不履行合同义务或者履行合同义务不符合约定而承担民事责任,以及当事人行使诉讼权利、申请保全等,适用有关法律的规定。"

(40)增加一条,作为第六十五条:"摄影作品,其发表权、本法第十条第一款第五项至第十七项规定的权利的保护期在2021年6月1日前已经届满,但依据本法第二十三条第一款的规定仍在保护期内的,不再保护。"

(41)将第六十条改为第六十六条,删去第二款中的"和政策"。

(42)删去第三十五条、第四十条第二款、第四十四条、第五十四条、第五十六条。

四、中国现行著作权法渊源

(一)《著作权法》及其附属法律

《著作权法》《互联网著作权行政保护办法》《计算机软件著作权登记办法》《著作权法实施条例》。

(二)其他基本法律法规

《著作权集体管理条例》《音像制品管理条例》《著作权行政处罚实施办法》等。

(三)国际条约

《世界知识产权组织版权条约》《伯尔尼公约》等。

五、著作权与相关民事权利的区别

(一)著作权与所有权

所有权是指所有权人对自己的财产所享有的占有、使用、收益和处分的权利,属于民法上的物权范畴。所有权与著作权虽然都具有绝对性、排他性等共性,但它们之间仍存在着不同,主要表现如下。

1. 著作权是一种无形财产权,所有权客体是有形财产

所有权客体的转移,通常意味着所有权的转移或其权能的丧失。著作权是一种无形财产权,其客体是以文字、符号、颜色、声音、形象等表现某种思想情感或反映某一客观事物的作品。著作权的客体作为一种无形物,往往依附于作为所有权客体的有形物上,即作品依附于作品的载体。但作品不等于作品的载体,作品载体的所有权不影响作品的著作权,作品载体所有权的转移,并不意味着作者著作权的转移,著作权人对作品的著作权可以与作品载体的所有权相分离。《中华人民共和国民法典》第六百条规定:"出卖具有知识产权的标的物的,除法律另有规定或者当事人另有约定外,该标的物的知识产权不属于买受人。"在经营中对著作权的上述特点要格外予以关注,不要将所有权的转移误当成知识产权的转移,从而实施侵犯他人知识产权的行为。

2. 著作权的使用具有广泛性

著作权的使用不局限于单个人,它可以通过表演、展览、播放、复制等多种形式为多数人同时利用和分享,具有广泛性。财产所有权是有形财产的绝对支配权,它本身的特征表明,一项财产只能设定一项所有权,无法同时为多数人所使用。

3. 著作权的有限性

著作权依法具有一定的保护期限,表明它的存在不具有永恒意义,法定保护期届满作者即丧失著作权,其客体进入公共领域,最终成为人类共有的财富。从社会公共利益出发,法律还规定了在行使著作权时的合理使用、法定许可等项制度,即使在保护期内,也可以合理使用部分作品。而财产所有权具有永恒性,只要有形财产不灭失,财产权将永远存在。由此,企业在制作邮资票品时,如能充分利用法律对著作权人权利的种种限制,就可以做到既能合理使用他人的作品,又能防范著作权的侵权风险。

4. 著作权具有人身依附性

著作权具有人身和财产的双重属性,著作权人可以通过创作活动享有使用权并获得经济报酬,而且同时享有因作品的智力活动而产生的人格、身份等没有直接经济内容的人身权。财产所有权则仅仅具有财产权的单一性质,而不包含所谓因财产所有权而产生的人身依附关系。

(二)著作权与商标权

著作权与商标权虽然都属于知识产权,但二者也存在着较大的差别。最明显的差别体现在权利客体上,此外也表现在取得保护的方式和期限上。

商标权的取得需要经申请注册,而著作权一般是随作品的完成而自动产生的;商标权保护期满可以续展,实际上没有时间限制,而著作权所表现的时间限制十分明确具体;商标须经审批才能使用,而著作权即使有标记,也不必经过注册和批准;著作权与商标权有时会就同一知识产品发生交叉关系,即商标设计图案可以作为商标受商标法的保护,也可以构成一件艺术作品受著作权法的保护。商标设计的图案经商标注册后,可以受商标法的保护,商标权归注册人享有。但商标设计图案本身亦可以作为一件作品受著作权法的保护,其著作权归设计者所有;著作权法与商标法对商标图案的保护有时也存在保护冲突,一个商标图案不经注册不受商标法的保护,但该商标图案如果构成作品,则著作权法又对它提供保护;著作权与商标权可能发生抵触,当商标注册人未经他人同意以他人作品作为商品标志,则导致对他人著作权的侵犯。

实际工作中,协调著作权与商标权的关系,可以采取"绝卖"的办法,即当书法、绘画或摄影等作品用于商标时,著作权人必须将该作品在商标(最好既包括同类或类似商品的商标,也包括非同类或类似商品的商标,以防日后延伸注册时,再遭遇著作权与商标权的抵触)上使用的权利全部转让给商标权人。权利转移后,商标图案在上述商品上使用不再作为作品受著作权法保护。

(三)科技作品著作权与专利权

科技作品著作权与专利权保护的都是人类脑力劳动的成果,有许多相同或相似之处,但也存在着许多区别。

著作权并不保护作品的思想,而只保护作品的表达方式。专利权所保护的是作者创造的思想内容。如果发明人就一项技术成果获得专利,其他人未经他的许可,不能随便在生产中实施这项技术。从《著作权法》的角度来看,表现形式不同的两件科技作品可能反映的是同一科技成果。因此,一般说来,科技成果权的保护效果要强于著作权的保护效果。

著作权并不要求保护的作品是首创的,而只要求它是独创的。任何作品只要是独立创作的,不论其是否与已经发表的作品相似,均可获得独立的著作权。而对于同一内容的发明,专利权只授予先申请人,这是"首创性"与"独创性"的区别。

(四)著作权与肖像权

肖像是指以一定的物质形式再现出来的自然人的形象,肖像权就是自然人所享有的以自己的肖像上所体现的人格利益为内容的一种人格权。

在绘画、雕塑、摄影和影视作品中,如果作品载有自然人的肖像,就会发生著作权与肖像权冲突的问题。该作品的著作权为著作权人享有,而作品中人物的肖像权归属于该肖像权人。在发生冲突时,就涉及哪种权利优先的问题。肖像权是民法规定的一种人身权,是自然人的基本权利之一,著作权毕竟是一种人身权派生的权利,其行使不应侵犯基本的人身权。因此,著作权无力对抗肖像权,著作权人行使著作权不得侵犯肖像权人的肖像权。

企业在经营中经常涉及这类问题,主要表现在邮资票品的开发、明信片的制作、中邮专送广告上。例如,某服装厂为宣传新近设计的时装,委托某市邮送广告服务中心发布中邮专送广告。广告的资料由服装厂提供,资料包括三幅模特的照片,广告夹寄在该市晚报中发布。三个月之后,广告所使用的模特之一吴某向法院提起诉讼,诉称某服装厂和某市邮政局在未征得本人同意的情形下,擅自使用其肖像发布广告,侵犯了其合法权益。

(五)著作权与名誉权

名誉权是指民事主体就自身属性和价值所获得社会评价和自我评价的保有和维护的人格权,名誉权的主体既包括自然人,也包括法人和其他民事主体。名誉权的内容主要包括:名誉保有权——民事主体有权保持自己的名誉不降低、不丧失,在知悉自己的名誉处于不佳状态时,有权凭借自己的实际行动来改进这种状态,他人不得干预;名誉维护权——名誉权人对于他人侵害自己名誉权的行为,可以寻求司法保护,既可以要求司法机关对侵权人施以民事制裁,也可以要求司法机关责令侵权人赔偿自己遭受的损失;名誉利益支配权——名誉权人对于名誉权所体现的利益享有支配权,可以利用自己良好的名誉,与他人进行政治、经济、文化等方面的广泛交往,使自己获得更好的社会效益和更大的经济利益。

同肖像权一样,名誉权也是民法规定的基本人身权利之一,著作权人行使著作权不得侵犯他人的名誉权。在一些涉及现实人物甚至历史人物的纪实性、传记性作品中经常会发生名誉权纠纷。在某些情况下,有些人也会以创作为手段抨击他人,甚至对他人的名誉进行诽谤、侮辱。《最高人民法院关于审理名誉权案件若干问题的解答》对侵犯名誉权的种种行为进行了认定,为审理此类案件提供了法律依据。

综上,在管理与经营中,如果能够解决好著作权与其他相关民事权利的关系,使用他人著作权时就不会出现问题,不会使自己在法律上处于被动地位,从而既解决了业务发展需使用他人著作权的问题,又不会出现侵权行为,为企业的发展创造良好条件。

第三节 专利制度概述

一、专利、专利权与专利法

(一)专利的含义

从字面上讲,"专利"即专有的利益和权利。专利是世界上最大的技术信息源,据实证统计分析,专利包含了世界科技信息的95%~97%。如此巨大的信息资源远未被人们充分地加以利用。事实上,对企业组织而言,专利是企业的竞争者之间唯一不得不向公众透露而在其他地方都不会透露的某些关键信息。因此,企业竞争情报的分析者,通过细致、严谨、综合的分析,可以从专利文献中得到大量有用的信息,而使公众的专利资料为本企业所用,从而实现其特有的经济价值。

在我国,专利的含义有两种:第一种是口语中的使用,仅仅指的是独占,如"这不是你的专利";第二种是知识产权中的使用,主要有三种意思,比较容易混淆。

第一,专利权的简称,指专利权人对发明创造享有的专利权,即国家依法在一定时期内授予发明创造者或者其权利继受者独占使用其发明创造的权利,这里强调的是权利。专利权是一种专有权,这种权利具有独占的排他性。非专利权人要想使用他人的专利技术,必须依法征得专利权人的授权或许可。

第二,指受到专利法保护的发明创造,即专利技术,是受国家认可并在公开的基础上进行法律保护的专有技术(所谓专有技术,是享有专有权的技术,这是更大的概念,包括专利技术和技术秘密。某些不属于专利和技术秘密的专业技术,只有在某些技术服务合同中才有意义)。"专利"在这里具体指的是技术方法——受国家法律保护的技术或者方案。专利是受法律规范保护的发明创造,它是指申请人就一项发明创造向国家审批机关提出专利申请,经依法审查合格后向专利申请人授予的在该国内规定的时间内对该项发明创造享有的专有权,并需要定时缴纳年费来维持这种国家的保护状态。

第三,指专利局颁发的确认申请人对其发明创造享有的专利权的专利证书或指记载发明创造内容的专利文献,这里指的是具体的物质文件。

日常生活中,人们通常会把"专利"和"专利申请"两个概念混淆使用,比如有些人在其专利申请尚未授权的时候即声称自己有专利。其实,专利申请在获得授权前,只能称为专利申请,如果其能最终获得授权,则可以称为专利,其申请人对所请求保护的技术范围拥有独占实施权,如果其最终未能获得专利授权,则永远没有成为专利的机会了,也就是说,申请人虽然递交了专利申请,但并未就所请求保护的技术范围获得独占实施权。很明显,这两个概念所代表的两种结果之间的差距是巨大的。

专利的前两个意思虽然意义不同,但都是无形的,第三个意思才是指有形的物质。"专利"这个词语可以仅仅指其中一个意思,或者包含两个以上的意思,具体情况必须联系上下文来看。对"专利"这一概念,生活中人们一般笼统地认为:它是由专利机构依据发明申请所颁发的一种文件,由这种文件叙述发明的内容,并且产生一种法律状态,即该获得专利的发明在一般情况下只有得到专利所有人的许可才能利用(包括制造、使用、销售和进口等)。

由于专利涉及利益,因此世界各国与专利相关的知识、法律和规定相当多且细致,甚至各不相同,要了解各个细节可查询相关具体法律、条文或者国际条约。

专利的两个最基本的特征就是"独占"与"公开",以"公开"换取"独占"是专利制度最基本的核心,这分别代表了权利与义务的两面。"独占"是指法律授予技术发明人在一段时间内享有排他性的独占权利;"公开"是指技术发明人作为对法律授予其独占权的回报而将其技术公之于众,使社会公众可以通过正常渠道获得有关专利信息。据 WIPO(World Intellectual Property Organization,世界知识产权组织)的有关统计资料表明,全世界每年 90% ~ 95% 的发明创造成果都可以在专利文献中查到,其中约有 70% 的发明成果从未在其他非专利文献上发表过,在科研工作中经常查阅专利文献不仅可以提高科研项目的研究起点和水平,而且可以节约 60% 左右的研究时间和 40% 左右的研究经费。

(二)专利权

专利权简称"专利",是发明创造人或其权利受让人对特定的发明创造在一定期限内依法享有的独占实施权,是知识产权的一种。我国于 1984 年颁布专利法,1985 年颁布该法的实施细则,并对有关事项做了具体规定。

(三)专利法

专利法是确认发明人(或其权利继受人)对其发明享有专有权,规定专利权人的权利和义务的法律规范的总称。

专利法是部门法律,是国家法律体系的组成部分,它具有以下一些法律特征。

1. 专利法是国内法

各国的专利法是根据本国的具体情况而制定的国内法律,只能在本国地域内生效,而不能在本国地域以外施行。专利法的效力受到国家领域的限制,称为"无域外效力"。专利申请人的国籍或住所并不太重要,无论申请人是本国人还是外国人,也无论申请人是住在本国还是外国,他在一个国家申请专利时,这个国家的专利法和国内法律就对他适用。如果一个国家的发明人要到另一个国家去申请专利,他就得按另一个国家的专利法和有关法律行事。

2. 专利法是特别法

特别法是只适用于特定的人物、行为或地区的法律,如民族自治法、战时法等。而一般法则是没有这一限制的,它对一般人、一般事物都适用。例如,民法是一般法,而专利法是特别法。一般法与特别法的关系是,在特别法中有规定时,优先适用特别法;在特别法中没有规定时,适用一般法。

3. 专利法是实体法,也是程序法

实体法是决定权利和义务发生、变更、消失等必要条件的法。各国专利法都规定了专利权的产生、变更、消失等必要条件及申请人、专利权人的权利和义务等,所以专利法是实体法。程序法是为实现实体权利和义务而规定的关于方法、手续等程序方面的法。各国专利法都规定了有关专利权的申请、审查、批准等手续,以及有关实施专利和公开发明内容的方法、方式等,所以说,专利法也是程序法。

二、专利制度的概念与特征

(一)专利制度的概念

专利制度是依据专利法而形成的保障发明创造人的利益,鼓励发明创造,促进发明创造成果推广应用,从而推动技术进步和经济发展的法律制度。

专利制度是科技进步和商品经济发展的产物,它是依照专利法的规定,通过授予发明创造专利权来保护专利权人的独占使用权,并以此换取专利权人将发明创造的内容公之于众,以促进发明创造的推广应用,推动科技进步和经济发展的一种法律制度。

(二)专利制度的特征

1. 法律保护

以法律手段保护符合专利条件的发明创造,是专利制度的中心环节。

2. 科学审查

科学审查是指对申请专利的发明创造是否符合授予专利权的条件所进行的全面审查。

3. 技术公开

技术公开是指专利申请人必须以说明书等专利申请文件充分公开申请专利的发明创造,专利局也应向社会公开通报申请专利的发明创造,使社会了解申请专利的发明创造、监督专利权的授予,同时也为公众提供发明创造的信息和利用发明创造的途径。

4. 国际交流

国际交流是指国与国之间,可以通过共同加入的国际公约或双边协议,依照互惠、对等的原则,进行专利技术情报的交换、专利技术的贸易或合作。

三、我国专利制度的产生与发展

(一)我国专利制度的产生

1984年3月12日,第六届全国人民代表大会常务委员会第四次会议通过了《中华人民共和国专利法》(以下简称《专利法》)。该法自1985年4月1日起施行。1978年,我国修订了《中华人民共和国发明奖励条例》,1979年发布了《中华人民共和国自然科学奖励条例》,1984年发布了《中华人民共和国科学技术进步奖励条例》,并再次修订了《中华人民共和国发明奖励条例》,从而形成了专利制度与发明奖励制度并存的发明创造保护体系。

(二)1992年对《专利法》的修改

1. 修改背景

随着我国科技水平在短期内的迅速提高,《专利法》存在的某些缺陷制约着技术发展,使我国许多行业的正常发展受到限制;随着国际技术贸易的发展,我国的《专利法》客观上需要与国际专利制度接轨,以保证我国能够履行已加入的国际公约所要求的义务。

2. 修改内容

1992年9月4日,第七届全国人民代表大会常务委员会第二十七次会议通过并颁布了《关于修改〈中华人民共和国专利法〉的决定》,定于1993年1月1日起施行。《专利法》修改的内容如下。

扩大了专利保护的范围。延长了专利保护期限。强化了对专利权的保护。对方法专利的保护延伸到以该方法直接获得的产品,增加了专利权人的进口权,修改了强制许可的条件,完善了对冒充专利的处罚规定。完善了专利权审批程序,增设国内优先权,进一步明确了专利申请文件修改的范围,修改授权前的异议程序为授权后的撤销程序,明确了专利权被宣告无效的法律后果。

(三)2000年对《专利法》的修改

1. 修改背景

经济和科学技术的发展与改革开放不断深化的需要;加入WTO,与TRIPSs接轨的需要。

2. 修改内容

2000年8月25日,第九届全国人民代表大会常务委员会第十七次会议通过了《专利法》的第二次修正案。修改后的《专利法》于2001年7月1日施行。

2000年《专利法》修改的主要内容如下。

确定专利立法为促进科技进步与创新服务,为深化改革创造更好的条件。修改了全民所有制单位"持有"专利权的规定。对职务发明的标准及奖励和报酬进行了修改。

明确了对职务发明人应当给予奖励和报酬。加大了专利保护力度,完善了司法和行政执法规定。增加禁止许诺销售行为的规定。限制未经许可而制造的专利产品的"合法"销售、使用。增加诉前的临时措施。增加关于侵权赔偿数额计算标准的规定。规定对假冒他人专利行为的行政处罚。明确了省、自治区、直辖市人民政府管理专利工作的职能。

（四）2008 年对《专利法》的修改

1. 修改背景

改革开放四十多年来，尤其是加入 WTO 后，中国的经济和科技实现了突飞猛进的发展，知识产权的国际国内形势发生了深刻变化。面对新情况和新问题，知识产权法律法规，尤其是专利法律法规需要进一步进行完善。

（1）《专利法》的第三次修改是实施国家知识产权战略、建设创新型国家的需要。随着改革开放和经济社会的深入发展，我国对自主创新重要性的认识更加充分。《中华人民共和国国民经济和社会发展第十一个五年规划纲要》指出，要把科技进步和创新作为经济社会发展的重要推动力，努力建设创新型国家；《国家中长期科学和技术发展规划纲要（2006—2020 年）》也明确将进入创新型国家作为战略目标。2008 年 6 月，《国家知识产权战略纲要》正式颁布，中国知识产权事业进入了一个崭新的历史发展阶段，这对各项知识产权工作提出了新的要求。作为《国家知识产权战略纲要》正式颁布后首部修改的知识产权法律，《专利法》的修改为知识产权战略的顺利实施提供了有力的法律保障。

（2）《专利法》的第三次修改是适应中国国情和国家发展的需要。新的历史阶段，我国经济社会发展呈现出一系列新的阶段性特征：经济实力显著增强，但生产力水平总体上还不高，自主创新能力还不强，长期形成的结构性矛盾和粗放型增长方式尚未根本改变；社会主义市场经济体制初步建立，但影响发展的体制机制障碍依然存在，改革攻坚面临深层次矛盾和问题。随着全社会自主创新意识和能力的增强，中国在科学技术方面已经具备了更加强劲的实力，甚至在很多领域已经走在了世界前列。同时，中国在承担知识产权保护的国际义务方面已经达到要求，现在面临的问题是如何进一步体现中国特色，因此，有必要根据国家的阶段性发展特征、利益和需求对专利政策进行调整。

（3）《专利法》的第三次修改是应对知识产权国际发展态势的需要。随着国际知识产权制度的发展，知识产权在国家经济发展和企业竞争中的作用越来越突出。2000—2005 年，从发达国家在我国专利申请数量的大幅度增长可以清楚地看出国外跨国公司抢占我国知识产权资源高地的意图。当前，欧美企业的专利、商标申请仍然活跃，欧美、日韩的内部专利申请也大都保持较快增长。这进一步表明，在应对经济波动的过程中，专利作为一种战略资源，作为占据市场竞争优势地位的一个重要工具，其地位和作用更加凸显。《专利法》的第三次修改为中国企业和发明创造主体增强创新活力、获得知识产权优势、应对国际竞争提供了更加有力的法律保障。

2. 修改过程

《专利法》于 1985 年 4 月 1 日起施行，1992 年 9 月 4 日和 2000 年 8 月 25 日进行过两次修订。其后，我国提出了提高自主创新能力、建设创新型国家的目标，国务院制定了《国家知识产权战略纲要》。

2005 年，国家知识产权局立项启动专利法修改课题研究。2006 年 4 月，国家知识产权局条法司编辑、出版《〈专利法〉及〈专利法实施细则〉第三次修改专题研究报告》。2007 年，国家知识产权局立项启动专利法实施细则修改课题研究。2008 年 6 月，国家知识产权局条法司编辑、出版《〈专利法实施细则〉修改专题研究报告》。2006年8月形成了《中华人民共和国专利法修订草案(征求意见稿)》;2006年12月形成了《中华人民共和国专利法(修订草案送审稿)》;2008年2月形成了《中华人民共和国专利法(修改稿)》;2008年6月形成了《中华人民共和国专利法修正案(草案)》;2008年7月30日国务院常务会议通过;2008年8月25日提交第十一届全国人民代表大会常务委员会第四次会议审议;2008年12月27日,第十一届全国人民代表大会常务委员会第六次会议通过了《全国人民代表大会常务委员会关于修改〈中华人民共和国专利法〉的决定》,修改后的《专利法》于2009年10月1日开始施行。

3. 修改内容

基于上述背景,《专利法》在第三次修改中进一步调整了立法指导思想和价值取向,从立足科技进步到立足经济社会全面发展,从注重专利数量到注重专利质量,第三次修改的《专利法》从各个方面对于专利立法功能和定位进行再次选择,对于专利制度本质特点和运行规律的认识不断深化,在改革开放和经济社会发展形势对专利制度提出的新要求下,日益适应国情。围绕上述价值取向,《专利法》主要对以下内容进行了修改。

(1)突出提升创新能力

鼓励创新能力提高和加强对专利权的保护,是这次《专利法》修改的主旋律,贯穿于专利法的始终。2000年《专利法》第二次修改时规定:"为了保护发明创造专利权,鼓励发明创造,有利于发明创造的推广应用,促进科学技术进步和创新,适应社会主义现代化建设的需要,特制定本法。"该条与之前的《专利法》相比,主要是突出了"科学技术创新"的重要意义和作用,使"创新"在中国《专利法》中获得了前所未有的地位。本次修改《专利法》则进一步提升了专利立法促进创新的重大意义和使命,规定:"为了保护专利权人的合法权益,鼓励发明创造,推动发明创造的应用,提高创新能力,促进科学技术进步和经济社会发展,制定本法。"与2000年《专利法》相比,本次修改主要是强调了"提高创新能力",同时将"有利于发明创造的推广应用"修改为"推动发明创造的应用",强化了《专利法》在促进发明创造应用方面的功能和作用,与"提高创新能力"一脉相承。这一修改具有深厚的现实原因,证实中国已将提高自身创新能力、建设创新型国家作为国家政策和战略举措。

(2)注重提升专利质量

《专利法》实施初期,基于当时经济、科技和社会发展水平的相对落后,以及发明创造和自主创新能力的不足,为了鼓励发明创造,保证专利申请和授权量的原始积累与后期增长,我国对于专利授权条件采取了较低的标准。比如,在发明、实用新型和外观设计专利新颖性标准上没有采用多数国家的绝对新颖性标准,而是采取了更为宽松的相对新颖性标准,即对现有技术和现有设计规定了不同的地域范围。这种相对新颖性标准既减少了专利审查员审查专利申请的负担,又适当增加了专利数量,在一定程度上提高了人们申请专利的积极性,并增加了专利权的稳定性。

在我国的专利申请和授权的绝对数量已跻身世界前列的同时,从对有效专利持有量、关键技术专利掌握情况等专利质量衡量指标的分析可知,我国与世界专利强国仍有较大差距。《专利法》面临的问题已经转变为如何提高专利质量、如何充分发挥专利制度促进自主创新,因此有必要通过严格制定专利授权标准等措施促进专利质量的优化。

在《专利法》第三次修改中,将专利新制性标准由相对新颖性改为绝对新颖性;同时,对外观设计专利制度进行了改革,增加了类似发明和实用新型专利的"创造性"标准,避免通过模仿现有设计或简单拼凑现有设计特征而形成的外观设计获得专利权;规定"对平面印刷品的图案、色彩或二者的结合作出的主要起标识作用的设计"不授予专利权,引入了关联外观设计专利申请制度;通过充分保护外观设计专利申请人的正当权益,激励其从事外观设计创新,进而促进我国外观设计整体水平的提升。

(3)加强对专利权的保护

作为保护发明创造成果的一种私权,专利权以其专有性和排他性的特点,使相关发明创造在一定期限内依法为权利人所独占,并通过自己实施或许可他人实施专利,使创新付出获得回报。专利法律制度从国家立法层面对这种独占性权利加以保护,有助于激发人们的创新热情,促进科技发展。《专利法》第三次修改扩大了专利权保护范围,提高了行政处罚力度,完善了对专利权人的保护措施。

第一,扩大专利权保护范围。新《专利法》第十一条第二款规定:"外观设计专利权被授予后,任何单位或者个人未经专利权人许可,都不得实施其专利,即不得为生产经营目的制造、许诺销售、销售、进口其外观设计专利产品。"增加了外观设计专利权人的"许诺销售权",使三种专利权保护达到均衡,更好地维护了外观设计专利权人的权益。

第二,提高了行政处罚力度。我国专利权保护采取专利行政保护和司法保护两条途径。实践证明,专利行政执法符合中国的国情,对于及时制止专利侵权行为,维护专利权人的合法权益,维护社会经济关系的稳定起到了重要作用。由于专利行政执法在中国专利权保护中一直占有重要地位,新《专利法》不但保留了这一模式,而且提高了行政处罚标准,并参照《中华人民共和国商标法》(以下简称《商标法》)和《著作权法》等知识产权专门法的规定,强化了专利行政执法权限。具体地说,体现在以下两方面。

一是整合了对假冒他人专利和冒充专利的处罚,并提高了行政处罚标准。2008年《专利法》将2000年《专利法》第五十八条、第五十九条合并为第六十三条,修改为:"假冒专利的,除依法承担民事责任外,由管理专利工作的部门责令改正并予以公告,没收违法所得,可以并处违法所得四倍以下的罚款;没有违法所得的,可以处二十万元以下的罚款;构成犯罪的,依法追究刑事责任。"

二是赋予了管理专利工作的部门查处假冒专利行为所必需的行政执法手段。2008年《专利法》增加一条,作为第六十四条:"管理专利工作的部门根据已经取得的证据,对涉嫌假冒专利行为进行查处时,可以询问有关当事人,调查与涉嫌违法行为有关的情况;对当事人涉嫌违法行为的场所实施现场检查;查阅、复制与涉嫌违法行为有关的合同、发票、账簿以及其他有关资料;检查与涉嫌违法行为有关的产品,对有证据证明是假冒专利的产品,可以查封或者扣押。管理专利工作的部门依法行使前款规定的职权时,当事人应当予以协助、配合,不得拒绝、阻挠。"这一条与中国现行《商标法》中的相关规定有相似之处,旨在通过赋予管理专利工作的部门查处假冒专利行为的行政职权,强化专利行政执法力度,进一步加强对专利权的保护。

第三,完善保护专利权人的措施。此次修改明确将权利人的维权成本纳入侵权赔偿的范围,完善了对专利权人财产的保护,同时增加诉前临时措施与诉前证据保全的规定,进一步为积极保护专利权人权益增添了法律保障。体现在以下两方面。

一是明确侵犯专利权的赔偿应当包括权利人维权的成本,增加了法定赔偿的规定。2000 年《专利法》第六十条规定:"侵犯专利权的赔偿数额,按照权利人因被侵权所受到的损失或者侵权人因侵权所获得的利益确定;被侵权人的损失或者侵权人获得的利益难以确定的,参照该专利许可使用费的倍数合理确定。"该规定存在以下两个问题:第一个问题,没有明确对权利人因被侵权所受到的损失或者侵权人因侵权所获得的利益,应选择哪一个作为优先的计算方式;第二个问题,没有考虑在其规定的三种方式均难以计算的情况下,如何确定专利侵权损害赔偿额。为解决上述问题,2008 年《专利法》规定:"侵犯专利权的赔偿数额按照权利人因被侵权所受到的实际损失确定;实际损失难以确定的,可以按照侵权人因侵权所获得的利益确定。权利人的损失或者侵权人获得的利益难以确定的,参照该专利许可使用费的倍数合理确定。赔偿数额还应当包括权利人为制止侵权行为所支付的合理开支。权利人的损失、侵权人获得的利益和专利许可使用费均难以确定的,人民法院可以根据专利权的类型、侵权行为的性质和情节等因素,确定给予一万元以上一百万元以下的赔偿。"

二是增加了诉前临时措施与诉前证据保全的规定。实践中,有时会出现正在实施或者即将实施侵犯专利权人的专利权的行为,如不及时制止将会使专利权人的合法权益受到难以弥补的损害。但按照通常的诉讼程序,需要先行起诉,等到人民法院的判决发生法律效力时才能彻底制止侵权人侵犯专利权的行为。这时侵权行为业已发生甚至已经造成了严重后果。因此,为了充分保护专利权人的合法权益,很多国家专利法规定了诉前的"临时措施",即在诉前向法院申请责令停止有关行为。我国《专利法》在 2000 年第二次修改时也增加了这一制度。2008 年《专利法》对诉前责令停止有关行为在程序上进行了具体的规范,便于在实践中操作。此外,为防止侵权人在专利权人起诉之前转移、毁灭证据,增加规定:"为制止专利侵权行为,在证据可能灭失或者以后难以取得的情况下,权利人或者利害关系人可以在起诉前向人民法院申请保全证据。"

(4)进一步促进技术应用

一方面,2008 年《专利法》规定专利权共有人可以单独实施或者以普通许可方式许可他人实施该共有专利,这项规定既保障其对共有专利的合法权利,又促进共有专利的实施;增加防止专利权滥用的规定,针对不实施或不充分实施其专利,以及因行使专利权构成垄断等行为进一步明确规定了强制许可手段,促进专利技术的流通和推广应用。另一方面,为防止恶意利用已公知的现有技术申请专利,阻碍现有技术实施,帮助现有技术实施人及时从专利侵权纠纷中摆脱出来,引入了现有技术抗辩原则,规定实施的技术如果属于现有技术,则不构成侵犯专利权。

(5)履行国际条约

遵守知识产权国际公约、国际规则一直是中国知识产权立法的重要原则之一。中国《专利法》从授权标准、保护水平到强制许可等一系列制度设计中都体现了这些国际规则的精神。为达到相关专利国际公约的要求和履行对外承诺,根据国际知识产权公约的最新发展以及我国加入国际公约的情况,适时对《专利法》的相关内容进行修改是必需和必要的。《专利法》第三次修改,对于遗传资源的保护、为公共健康目的进行专利药品的强制许可等方面体现了与国际条约的接轨,规定了有赖于遗传资源的发明创造应当说明遗传资源的来源,对于非法获取或利用遗传资源并在此基础上完成的发明创造不授予专利权;增加了药品和医疗器械的相关规定,使公众在药品和医疗器械专利权保护期限届满之后可以及时获得价格较为低廉的仿制药品和医疗器械,对解决公共健康问题具有重要意义。

(五)2020年对《专利法》的修改

1. 修改背景

2020年10月17日,第十三届全国人民代表大会常务委员会第二十二次会议通过了《专利法》的第四次修正案。修改后的《专利法》自2021年6月1日起施行。

2. 修改内容

《专利法》第四次的修改内容包括:一是加强对专利权人合法权益的保护,包括加大对侵犯专利权的赔偿力度,对故意侵权行为规定一到五倍的惩罚性赔偿,将法定赔偿额上限提高到五百万元,完善举证责任,完善专利行政保护,新增诚实信用原则,新增专利权期限补偿制度和药品专利纠纷早期解决程序有关条款等;二是促进专利实施和运用,包括完善职务发明制度,新增专利开放许可制度,加强专利转化服务等;三是完善专利授权制度,包括进一步完善外观设计保护相关制度,增加新颖性宽限期的适用情形,完善专利权评价报告制度等。

《专利法》的每次修改都是根据当时我国经济社会发展的新形势对专利制度提出的新要求,对我国专利制度作出的及时调整。每次修改都呼应了贯彻落实科学发展观、转变经济发展方式的时代要求,是法治化进程的重要成果,更是中国经济社会全面进步的标志。

四、专利制度的作用

(一)保护和鼓励发明创造

科学上的发现、技术上的创新,以及文学和艺术创作,在广义上都属于发明创造活动。发明创造不同于科学发现,但彼此存在密切的联系。人们利用科学的方法和方式,通过探索、研究、发现、表达、记录、信息传递交流,制作成用于生产与生活,且具备一定科技含量的产品,一般称之为创造。

(二)促进发明创造的推广应用

按照《专利法》的相关规定,专利权人对其取得专利的发明创造享有专有权,专利权人可以通过自行实施其专利而取得收益,也可以按照《专利法》的规定,与他人订立专利实施许可合同,通过许可他人实施其专利而取得被许可人支付的专利许可使用费。一般来说,专利权人得到的经济利益与其取得专利的发明创造的推广应用程度是成正比的关系,专利推广应用的范围越广,说明该项专利的经济意义和实用价值越大,专利权人能够得到的收益也越多。这显然有利于调动单位和个人进行发明创造并努力使其发明创造得以推广应用的积极性,而没有必要对其发明创造进行保密、封锁,妨碍其推广应用。同时,为了有利于发明创造的推广应用,防止对专利技术的垄断,《专利法》还规定了专利实施的强制许可制度,即专利权人自己不实施其专利,又不许可他人以合理条件实施其专利的,国家专利主管机关可以依照法定条件和程序,根据他人的申请,给予实施该项专利的强制许可。此外,我国《专利法》还规定了具有我国特色的专利实施"指定许可"(过去所称的"计划许可")制度,即针对国有企业、事业单位的发明专利。对国家利益或者公共利益具有重大意义的,国务院有关主管部门和省级人民政府报经国务院批准,可以决定在批准的范围内推广应用,允许指定的单位实施。对我国集体所有制单位和个人的发明专利,也可以参照适用该项制度。当然,不论是专利实施的强制许可还是指定许可,被许可实施者都应向专利权人支付使用费。这既保护了专利权人的利益,又可以避免专利权人对其专利技术的不适当垄断,有利于促进专利技术的推广应用。

在法律保护下的专利技术公开,是《专利法》规定的一项重要制度。按照《专利法》的规定,申请发明或者实用新型专利的申请人,应当将其申请专利的发明创造的内容,按照清楚、完整,以所属技术领域的技术人员能够实现为准的要求写成说明书,提交给专利管理机关,并由专利管理机关依法予以公布。有了这项法定的公开制度,便可以实现有关发明创造信息的全社会共享,有关单位和个人可以通过这一途径查到所需要的技术,对于已授予专利的发明创造,可及时与专利权人联系,取得使用许可,从而有利于发明创造得到推广应用。据世界知识产权组织统计,世界上 90%~95% 的发明都可以在公开的专利技术文献中查到。这无疑对技术信息的交流和发明创造的推广应用起到了重要的推动作用。

(三)促进国际技术交流与合作

促进国际技术交流与合作是与美、日、欧盟等国家和国际组织的知识产权机构举行高层会晤。与美、日、欧盟等国家和国际组织的知识产权机构合作,开展专家互访,派员参加培训班和研讨会,促进业务交流。派员赴国外大学法学院学习,加强我国对知识产权人才的培养力度。与世界知识产权组织等国际机构和一些国家知识产权机构合作举办知识产权研讨会或培训班,促进相互理解,提高政府和企业运用、保护和管理知识产权的水平。召开面向各国驻华使馆、驻华代表处、在华投资企业和商会的业务沟通会。

五、专利制度的有关假说

(一)自然权利说

自然权利说源于西方古代哲学的自然正义学说。

早在公元前四世纪,古希腊的自然哲学就已经发展。以泰勒斯和毕达哥拉斯为代表的哲学家十分关注自然界的本原,他们借助日常生活和劳动中的材料,用简单而具体的方式,试图解释世界的构成和运动,后来则用各种自然元素及其相互关系来解释世界。在毕达哥拉斯、巴门尼德之后,德谟克利特开始用原子和虚无的观点来解释宇宙。他把宇宙想象为由细小的、无数的、不可分割的微粒所构成,这些微粒就是在空间的虚无中运行的原子。更重要的是,他认为原子是不可改变的,它们以不同的组合而产生形形色色的物体。同时,在宇宙运行中,各种复杂的事物只不过是一种本质始终不变的基本物质的种种异化或变形。这样,就形成了转瞬即逝、变化不息的具体事物与不可改变的"自然"之间的二元对应。在这里,"自然"不仅仅是甚至主要不是我们通常所说的与人文世界、社会相对应的自然界,而是指整个宇宙的永恒秩序。

(二)报酬说

专利报酬是指被授予专利权的单位,在发明创造专利实施后,根据其推广应用的范围和取得的经济效益,向发明人或者设计人支付一定报酬的制度。我国《专利法》对单位应支付发明人、设计人报酬的最低百分比直接进行了明确规定,无须如雇主与雇员一般以签订合同的方式支付。提取专利报酬应同时具备以下要件:发明创造被授予专利权且专利权在有效期限内;发明创造专利已被实施或被许可实施;实施专利取得利润、使用费等经济效益。换言之,职务发明创造的专利发明人或者设计人的专利报酬应在下列条件下提取:提取专利权有效期限内的专利报酬;专利权在期限届满前由国务院专利行政部门登记和公告终止日前,提取终止日前应得的专利报酬,在终止日后两年法定诉讼时效内,提取终止日前应得的专利报酬;专利权由国务院专利行政部门登记和公告宣告专利权无效决定日前,且专利权在期限内或在两年法定诉讼时效内,提取专利期限内应得的专利报酬。

(三)契约说

1. 起源

契约说是一种宣称国家和法起源于社会契约的非历史的、唯心主义的政治学说。它的两个基本功用:解释国家的起源;规定统治者和被统治者相互间的权利和义务。社会契约的思想可以追溯到古希腊哲学,在中世纪也有表现。文艺复兴以来,特别是在16世纪和17世纪,随着欧洲各国新兴资产阶级反封建斗争的发展,自然法学派的一些早期思想家详尽地论证了社会契约说。人们为了维护各自的利益就缔结契约、制定法律,把自己的一切交给集体,换取对个人权利的保障,这样就产生了国家,出现了集中权力的君主和平等享有权益的臣民,社会由此就走向了文明。

社会契约说是针对"君权神授说"提出来的,它主张"从理性和经验中,而不是从神学中引导出国家的自然规律"。社会契约说一般是与"自然状态"说紧密相连的,由于"自然状态"中有种种不便,或由于人类天然的社会性而必然组成社会和国家,人们通过订立契约建立了国家,规定了君主和臣民相互间的权利和义务。尽管各种社会契约说的方法一致,一般都承认私有财产权、人身安全等,但结论差别很大:有人用它支持资产阶级的君主专制,有人用它为资产阶级君主立宪制辩护,还有人用它为资产阶级民主共和制提供理论根据。

2. 内容

社会契约说假定国家之前是人类的无政府的自然状态,所有生活在自然状态下的人,都占有因自然法而产生的自然权利。因人们滥用自然权利,所以人们的生命及财产得不到保障。为了摆脱这种自然状态,人们慢慢地经过明示或暗示的同意,订立一种契约以建立足以保障自然权利的国家和政府,这样,人类由自然状态进入社会状态。以契约建立的国家,任务是遵守自然法,保护公民的生命、财产和自由;如果统治者违背契约,人民有权推翻政府,由此得出主权在民的结论。为了防止统治者专横,洛克、孟德斯鸠主张分权制。

3. 意义

社会契约理论演化的主权在民论为法国资产阶级革命、美国独立战争提供了有力的思想武器。社会契约说深入到美国第一批殖民者的心中。清教徒将契约当作"国家"成立的基础,在新英格兰地区、康涅狄格州、罗得岛等地是普遍流行的。著名的《五月花公约》宣告,签名者"庄严签订本盟约,结成国家,以便更好地建立秩序,维护和平,为促进上述目的而努力"。社会契约说引发了新的国家的诞生,因此,它的历史进步意义是不容否认的。但是自然状态是不可论证的假设,自然权利主要表示的是资产阶级的私有财产的神圣不可侵犯性。因此,恩格斯指出,"卢梭的社会契约在实践中表现为,而且也只能表现为资产阶级的民主共和国。18世纪伟大的思想家们,也同他们的先驱一样,没有能够超越出他们自己的时代给予他们的限制"。

(四)经济发展说

首先提出经济发展阶段论的是历史学派先驱李斯特,他将经济发展阶段分为:原始未开化时期、畜牧时期、农业时期、农工业时期和农工商业时期。这是在斯密的三阶段划分的基础上,加上了后两个阶段,目的在于明确当时德国国民经济所处的历史的落后地位,和它所应采取的保护主义的经济政策。李斯特的经济发展阶段论为振兴德国产业资本、实行保护关税政策提供了理论依据。其后,旧历史学派的希尔德布兰德则提出了经济发展阶段的三分法,他以财货的流通形态为标志,将经济发展阶段分为自然经济、货币经济、信用经济。他提出的"自然经济"是指物物交换的经济;"货币经济"是指近代市民社会,包含具有资本主义经济一切特征的经济阶段。由于"货币经济"阶段产生了种种的弊害,因此他认为"信用经济"是可以解除"贫困"的理想的经济状态。他的这种划分在理论上早已没有任何影响。但他所用的"自然经济"和"货币经济"的概念沿用至今。

经济学家马斯格雷夫和罗斯托则用经济发展阶段论来解释公共支出增加的原因。他们认为,在经济发展的早期阶段,政府投资在社会总投资中占有较高的比重,公共部门为经济发展提供社会基础设施,如道路、运输系统、环境卫生系统、法律与秩序、健康与教育以及其他用于人力资本的投资等。在发展的中期阶段,政府投资还应继续进行,但这时政府投资只是对私人投资的补充。一旦经济达到成熟阶段,公共支出将从基础设施支出转向不断增加的教育、保健与福利服务的支出,且这方面的支出增长将大大超过其他方面支出的增长,也会快于GDP(国内生产总值)的增长速度,导致财政支出规模膨胀。

第四节　网络知识产权法律保护基本理论

一、网络知识产权法律保护的现状与研究意义

(一)网络知识产权法律保护的现状

随着我国网络信息技术的迅猛发展,网络在给人们带来巨大便利的同时,虚拟世界的侵权行为逐渐升级,网上侵犯商标权、专利权、著作权和商业秘密的行为以及各种不正当竞争等层出不穷,网络纠纷不断。一系列网络侵权案件的出现,使我国网络保护的司法实践走在了立法的前面,成为时下备受关注的法学热点问题。我国已经陆续发布了《中华人民

共和国计算机软件保护条例》《著作权集体管理条例》《互联网著作权行政保护办法》《信息网络传播权保护条例》《最高人民法院关于审理涉及计算机网络著作权纠纷案件适用法律若干问题的解释》等多个有关网络知识产权保护的法律法规,但这些法律法规主要是针对网络著作权保护的,且是偏于行政管理性和暂行性的规定,立法层次偏低;其他侵权行为仍沿用传统方法和《商标法》《专利法》及《中华人民共和国反不正当竞争法》等加以规制,但这并不能够满足网络知识产权保护特殊性的需要;而关于更为广泛的网络立法,也仅处在讨论酝酿的过程之中。另外,由于网络及网络法律问题的复杂性,对该问题的理论研究仍存在诸多争议之处,在司法实践中也存在一些尚未解决的问题,如"网络作品"定位难,网络环境下现有著作权作品的扩大及权利人利益保护困境、复制权保护困境、数据库保护问题等,尚需认真思考;且这些研究仍处于立法前期的准备阶段,虽有初步的设想,但要想提出全面建设网络法的合理构想,还需进一步充分而深入地探讨。

从国外立法保护与研究现状来看,各国对信息开发者权益保护的手段主要有两种,即技术手段和法律手段。但技术保护措施并非坚不可摧,时常受到网络"黑客"的攻击;传统法律手段的介入也经常因虚拟世界的特殊性而变得无所适从。许多国家开始探讨网络知识产权的特有保护方法,部分国家颁布了相应的政策与法规,如美国在原有版权法规制网络侵权行为的基础上,制定了《全球电子商务政策框架》,确立了电子商务的五个原则;德国音乐作品演出权与机械复制权协会于2007年初提出了一项有关停止侵权的知识产权临时措施的申请。另外,世界知识产权组织主要针对网络版权保护的问题,于1996年12月通过《世界知识产权组织版权条约》与《世界知识产权组织表演和录音制品条约》两个公约,目前已有多个国家加入,我国也于2006年底加入这两个公约;国际网络协会、世界知识产权组织、国际商标协会等于1997年也出台了一个旨在解决网络域名重合的具体建议。但目前国际上对网络知识产权的保护仍处于立法初期的探索阶段,同时,社会各界虽然都在关注网络知识产权法律保护的问题,但并未形成统一认识,研究空间很大。

(二)网络知识产权法律保护的研究意义

纵观国内外立法保护与研究的现状,网络知识产权的法律保护仍是值得深入探讨的问题,我们希望通过对该问题全方位与深层次的探索,在考察立法与司法实践、比较分析各国不同保护方法及学者们的观点的基础上,提出科学的立法保护措施和合理的立法体系构架,以期对网络知识产权进行全面和有效的保护。

深入分析网络知识产权保护的特殊性及现有保护措施存在的问题,人们可以更深刻地认识设立网络知识产权保护专项法律的紧迫性。这将推进我国网络知识产权立法,满足该领域立法保护的需要,实现网络知识产权保护法的体系化、科学化和效率化,并为建立完善的知识产权法律体系提供立法支持;同时,网络知识产权保护专项法律的出台,将有助于我国互联网事业的繁荣发展,有助于协调各相关主体的利益,规范行为人的行为,提高我国公民的维权意识。

二、网络知识产权纠纷的特点

根据知识产权纠纷的定义可以看出,知识产权纠纷的特点主要有以下几个方面。

首先,从主体方面来看,知识产权纠纷主体的身份广泛,包括自然人、法人和其他非法人组织,既有本国的,也有外国的。

其次,从客体方面来看,知识产权纠纷的客体种类繁多。知识产权纠纷当事人权利义务指向的对象即知识产品,包括工业产权方面的发明专利、实用新型、工业品外观设计、商标、服务标记、厂商名称、货源标记、原产地名称等,也包括著作权的各种人身权利和财产权利等。随着科技的发展和进步,知识产权纠纷还涉及如计算机软件、集成电路布图设计、动植物新品种等广泛的新领域。知识产权实质上是一种无形财产权,并带有人身权的特点,所以,知识产权纠纷既表现为当事人对财产权的争议,又表现为对人身权的争议,并且二者是时常结合在一起的。

最后,从内容来看,知识产权纠纷具有复杂性,涉及案件多,不仅涉及自然科学的各个领域,而且涉及文学艺术等社会科学领域;不仅涉及各种法律问题,而且涉及复杂高深的专业技术知识,不少纠纷争议的对象都是该领域最先进、最具有代表性的智力成果。以思科诉某公司案为例,思科在长达77页的诉状中指控某公司在多款路由器和交换机中盗用了其源代码并且侵犯了思科拥有的至少五项专利。由此可见,涉及知识产权问题的纠纷一般都含有相当高的技术含量,具备很强的专业性。

三、网络知识产权法律保护的解决思路

(一)网络及网络知识产权基本理论研究

(1)网络基本理论研究,主要涉及网络传播的特殊性、优势与弊端、发展趋势等内容。

(2)网络知识产权保护基本理论研究,主要包括网络知识产权保护的含义、特点、内容、分类、主要途径、意义及与传统知识产权保护的异同等内容。

(3)其他相关保护方式研究,主要对网络的行政管理、网络侵权行为涉及的其他法律等进行研究。

(二)我国网络知识产权保护现状研究

(1)我国网络知识产权保护的基本情况研究,主要包括对其保护方式、立法现状、司法实践、主要成效等内容的研究。

(2)我国网络知识产权保护的主要特点研究,主要是偏行政法规,立法层次低,多适用于传统法律法规,注重网络的著作权保护等特点的研究。

(3)我国网络知识产权保护中存在的主要问题研究,包括保护措施有缺陷的问题、司法实践中遇到的诸多问题、立法不完善等问题。

(4)我国网络知识产权保护的重要性和必要性研究。

(三)国外网络知识产权保护现状研究

(1)主要国家网络知识产权保护方式与立法研究,一是研究不同国家的主要保护方式;二是研究主要国家如美国、德国、日本及其他国家的立法状况与司法实践,并分析其成效。

(2)网络知识产权国际保护研究,主要对目前几个相关国际条约与公约的内容、保护范

围、保护方法、成效与意义等进行研究。

（3）国外网络知识产权保护与我国保护比较研究，主要通过保护技术、保护立法、保护实践和所起效果等多方面比较其利弊。

（四）网络知识产权立法研究

（1）网络知识产权法立法模式与功能研究，主要比较各种立法模式，分析其功能优劣，选择适合我国国情的立法模式。

（2）网络知识产权法体系研究，涉及对网络知识产权的体系构想，及以现有法律为依托和基础，逐步建立网络知识产权著作权法、专利法、商标法及其他相关的法律制度。

（3）网络知识产权著作权法研究。

（4）网络知识产权专利法研究。

（5）网络知识产权商标法研究。

（6）其他相关法律研究。

我们应从分析网络知识产权保护存在的主要问题和特点入手，结合基本理论研究，借鉴国际相关立法经验，考察国内立法与司法实践绩效，确立保护目标和保护方式，构建我国网络知识产权保护法律体系。

第一，坚持网络环境下知识产权保护的底线，促使知识产权与网络技术、增值服务平台的完美结合。如果不想使网络充满垃圾，就要保护网络著作权等知识产权，但是原有的版权产业也应当接受信息技术网络环境的挑战，否则落伍失败的原因便有可能不是盗版假冒侵权，而是面对新技术的挑战与淘汰。

第二，知识产权保护与公众获得信息权的平衡。公众获得应得到的信息是社会和谐与稳定的基石，这是很根本的大问题。知识产权的使用要服务社会，同时与保护网络著作权相平衡。

第三，网络安全是网络发展、规制和管理的基础和首要任务。从现在的情况来看，著作权等知识产权的网络保护，倒不是最突出的网络法律问题了。危害少年儿童的黄赌毒、违法有害信息等问题，更需要公权力的介入，从而得以有效解决。

第四，要创建、完善与网络信息发展相适应的制度和理论研究，理论研究要与飞速发展的信息产业相适应。

四、网络知识产权法律保护与网络知识产权信息管理

（一）网络时代知识产权信息管理的产生与需求研究

知识产权不仅是一种重要的法权和无形资产，而且是企业的一种重要竞争资源，是企业参与市场竞争、求得生存、发展的开路先锋和坚强后盾。如何构建并充分运用知识产权战略，实施知识产权战略管理，对企业来说至关重要，这是一个战略性问题。知识产权战略实际上涉及企业经营管理的全过程。企业要制定、实施知识产权战略，首先要管理好自己的知识产权；其次要全面了解、掌握整个企业乃至整个行业的知识产权信息。只有知己知彼，才能做到百战不殆。

近年来,企业知识产权申请量大幅提升,随之而来的就是相关的知识产权档案管理、维持知识产权有效性的费用及日益琐碎与繁重的期限管理,而传统的手工方式或利用 EXCEL 表格管理已经无法满足需求。同时,知识产权作为一种无形资产,国家审批及保护的时间跨度较长,国家知识产权管理部门对不同知识产权(如专利、商标)在不同审批阶段的费用(如申请费、审查费、年费等)的缴纳有着严格的期限规定,一旦错过,都会导致权利的丧失,对权利人造成无法弥补的损失。

知识产权制度的运行对知识产权信息管理的要求。根据有关专家的观点,知识产权制度存在五个构成要素:

(1)知识产权制度追求的目标;

(2)作为鼓励知识生产与创新的激励因素的权利;

(3)为达到知识产权制度目标和保障权利而设计的规则;

(4)为达到知识产权制度目标和保证规则有效运行的机制;

(5)该制度影响的利益团体的行动。

虽然在字面上找不到信息管理的字样,但事实上每个构成要素中均蕴含着知识产权信息管理的因素。从知识产权制度追求的目标来看,必然包含知识产权信息的有效传播、合理配置,尤其是在生产、生活中的应用;从知识产权权利来看,禁止知识产权信息的非法复制、未经授权的商业化利用等,是知识产权权利的主要表现形式;从规则来看,知识产权信息管理规则是知识产权制度目标实现、权利保障的有效形式;从机制来看,知识产权信息管理制度是知识产权制度的必然产物和重要组成部分;从利益团体的行动来看,围绕知识产权权利保护的信息管理活动,是各种利益团体的一种基本行为。

此外,为衡量知识产权制度运行的有效程度,美国技术评价办公室曾提出了一个对该国知识产权制度评价的框架,其中的一级指标包括:达成目标的有效性;取得目标的效率;可实施性;制度的健全性;作为政策工具的精确性;与国际及国家其他系统的兼容性。作为知识产权法律制度逐步完善的必然结果的知识产权信息管理制度,对于提高知识产权制度的运行效率、增强知识产权国际交流等,起着重要的协助与支撑作用。

(二)网络时代知识产权信息管理的理论研究

网络环境下知识产权制度变革与知识产权信息管理的发展。因特网从根本上改变了社会信息交流模式,但知识产权保护仍然是网络活动必须遵循的一个原则,因为网络传输的内容是一连串的文字、图形、声音、影像、计算机程序等作品,互联网的网页间闪烁着的是各种商标或其他标识,网络传输所依赖的技术有可能涉及技术秘密或者专利技术,网络域名则与商标权及不正当竞争有关。然而,网络环境下知识产权保护因技术手段的变化、载体形式的不同而呈现出特殊性,这种特殊性必将影响网络空间的知识产权信息管理与服务活动。与传统知识产权保护客体相比,网络知识产权保护面临着诸多的新领域、新事物,其中包括:作品数字化、网络作品向公众传播权、网络链接权的保护、域名与商标冲突、驰名商标的网上保护、网络域名注册市场服务的不正当竞争、涉及网络假冒及虚假宣传等行为的不正当竞争、与网络技术有关的不正当竞争、作品保护的技术措施和权利管理信息等。这些新的保护客体及业务领域导致了知识产权制度的本质变化。

从知识产权法律特性来看,根据郑成思的分析,知识产权的特点之一是"专有性",而网络上的信息则多是公开、公知、公用的,很难被权利人控制。这一对矛盾引出了知识产权领域最新的实体法问题。在国际上,有的理论家提出以"淡化""弱化"知识产权的专有性,来缓解专有性与公开、公用的矛盾。而更多的学者乃至国际公约,则主张以进一步强化知识产权保护、强化专有性来解决这一矛盾。知识产权的特点之二是"地域性",而网络上知识传输的特点则是"无国界性"。这一对矛盾引出了知识产权保护中最新的程序法问题,即在涉外知识产权纠纷中,如何选择诉讼地及适用法律的问题。过去,绝大多数知识产权侵权诉讼,均以被告所在地或侵权行为发生地为诉讼地,并适用诉讼地(法院所在地)法律。但网络上的侵权人,往往难以确认其在何处;在实践中,侵权复制品只要在网络公开,全世界任何地点都可能成为侵权行为的发生地。许多国家及地区正通过加速各国知识产权法律"一体化"的进程,即通过弱化知识产权的地域性,来解决这一矛盾。

(三) 网络时代知识产权信息管理的基本调控手段

与国外先进国家相比,目前我国的知识产权制度从申请到保护都有许多不尽如人意之处,主要表现在:

(1)知识产权申请的数量和质量与目前我国社会经济的发展不相适应,国家的知识产权制度与企业的技术创新活动尚未能有效地融合为一体;

(2)知识产权保护与开发利用意识差,知识产权制度的经济特性与激励机制有待进一步发挥;

(3)知识产权管理有待加强,我国知识产权管理活动主要是以知识产权工作规章制度的制定、知识产权日常业务的规范来体现的,而知识产权管理及知识产权信息管理本身还没有真正成为科技进步与企业成长环节中的重要构成要素。

鉴于这种情况,在"十五"期间,我国从五个方面调整知识产权政策:

(1)进一步完善通过知识产权促进科技创新的利益激励机制;

(2)加快建立促进科技创新和知识产权管理有机结合的良性机制,把加强知识产权保护和管理作为科技管理体制创新的主要内容和主要指标之一;

(3)加快自主知识产权产业的发展,促进高科技发展;

(4)加强知识产权管理制度、保护能力和服务体系建设;

(5)加强国际领域的知识产权合作与交流。

知识产权信息管理作为知识产权管理制度和知识产权服务体系的重要组成部分,应当将促进知识与技术创新、促进企业建立知识产权管理机制、促进高新技术向生产力的转化、促进知识产权的国际交流,设定为自身的工作重点和推动社会各要素发展的主要入手点。

为贯彻落实中共中央、国务院《关于加强技术创新,发展高科技,实现产业化的决定》精神,科学技术部于2000年发布了《关于加强与科技有关的知识产权保护和管理工作的若干意见》,对与科技有关的知识产权管理及知识产权信息开发利用提出了明确的要求。

(1)为应对国际竞争、变压力为动力,必须把知识产权管理纳入科技计划管理、科技成果管理、科技成果转化及其产业化和科技体制改革的各个环节中,实现知识的资本化,在技术创新和市场竞争中体现知识产权的经济价值。为此,科技行政管理部门要结合科技规划、重大专项、专题、课题的立项和进展,制定相应的知识产权战略,进行必要的知识产权状况分析和评估;要充分运用知识产权信息资源,选准高起点,突破国外专利封锁,选择最优化的技术开发及产业化路线,避免低水平重复研究;要从知识产权管理入手,提升科技计划立项的质量和科研目标的准确性。科技计划项目立项应当以独立的知识产权中介服务机构提供该项目技术领域的知识产权状况评估报告为基础,并在项目研究与开发过程中,及时进行知识产权信息分析。

(2)改革科技成果管理和鉴定制度,将知识产权管理纳入科技成果管理体系,提升科技成果的法律内涵和市场外延。为此,要充分发挥知识产权信息管理的效用,逐步实行科技成果鉴定的社会化和市场化;通过知识产权信息分析研究,掌握企业知识产权拥有量及其保护和管理制度建设状况,并将其作为高新技术企业资格认定、科技人员职称评定、科技奖励评审等项工作的重要指标。

从企业知识产权信息管理的实践看,目前,我国企业对专利信息的利用较多地停留在科研开发过程中对技术信息的利用上,而从专利战略竞争角度挖掘市场竞争情报并采取对策等深度开发方面尚未能普遍开展。我国已经加入WTO,企业面对的是国际化竞争,互联网使得信息传播更加迅捷和全球化,因此,我国企业迫切需要建立更加完善的专利信息利用机制和平台,从专利信息入手,更全面、更迅速地获取国际与国内竞争对手的技术信息、市场竞争信息和知识产权法律状况信息。

2000年初,国家知识产权局与国家经济贸易委员会联合颁布了《企业专利工作管理办法(试行)》,其中规定了一系列考核企业专利状况的标准,该办法的第三章为"专利信息利用",强调了企业专利管理及技术创新中专利信息利用的重要性。

如第十九条规定:"企业要建立适合本企业的专利信息利用机制。大中型企业应逐步建立企业专利信息数据库,有条件的企业要建立企业专利信息计算机管理系统。缺乏条件建立专利信息数据库的企业可依托社会专利信息中介机构与专利信息网络利用专利信息。企业专利工作者、专利顾问要及时收集、研究与企业有关的专利信息,为企业技术创新、经营管理等相关企业活动提出对策。"

第二十条规定:"地方专利管理机关、宏观经济调控部门应采取措施促进专利信息的传播、开发和利用。要鼓励和支持本地区专利信息网络建设,逐步建立本地区中国专利信息网站。鼓励和支持社会专利服务中介机构开展专利信息服务。"

第二十一条则规定:"企业在产品、技术研究开发立项之前,应进行专利文献检索,在研究开发过程中及完成后,要进行必要的跟踪检索。"

综上可以看出,知识产权信息管理制度的建设,是知识产权管理现代化的迫切需要与重要手段。尽管我国有关企业商标管理工作及企业商标信息开发方面的法规有待进一步制定和完善,但从现有制度可以看出,建设企业的知识产权信息管理制度,对于参与国际竞争的中国企业乃至整个国家来说都是至关重要的。

(四)网络时代知识产权信息的分布与收集研究

随着互联网的飞速发展,网络信息资源急剧增长,网络信息过载问题日益突出,人们越来越多地关注如何开发和利用这些资源。古代就有图书馆与文书档案管理,而现代信息资源管理则起源于 20 世纪七八十年代的美国。20 世纪九十年代以来,伴随着经济的发展,互联网以摩尔定律般的速度爆炸般膨胀。网络信息资源呈现以下特点:网络信息数量增长迅速、来源广泛、传递速度快、动态变化频繁,类型复杂、内容丰富、价值不一,呈非线性、链接网状结构,共享程度高、使用成本低,是多渠道、多层次信息交互式交流的集成。这就促使国内外开始对网络信息资源管理,如人文管理、技术管理、经济管理等开展研究,并取得了可喜的进展。我国对网络信息资源管理的研究起步较晚,统计和分析这些年来我国网络信息资源管理的研究成果,有利于推动我国网络信息资源管理的发展。

(五)网络时代知识产权信息的组织与传播研究

1. 用户信息需求的特点

(1)信息需求广泛化和社会化。网络为用户打开了认识世界、共享信息的窗口,使网络环境中的信息交流日益频繁,极大地满足了人们交流、获取、共享信息的需求。随着用户社会交往范围的扩大、信息意识的日益增强,社会中每一位成员都将是信息和知识的需求者。用户信息需求广泛化和社会化,从客观上提出了信息资源社会化共享的问题。

(2)信息需求多元化和多层次化。网络环境下,随着人们信息需求意识的不断增强,人们可以跨时空进行各类信息的消费,从而呈现多元化的特点。同时,用户职业、专业不同,受教育程度不同,决定了他们对信息需求的层次也不同。

(3)信息需求数字化和网络化。随着全球信息化和网络化发展,传统的信息获取方式已远远不能满足人们信息需求飞速增长的需求。

(4)信息需求集成化。网络的普及极大地推动了社会信息化的发展进程,使得信息更新周期大大缩短,社会信息总量急剧增加。

2. 网络信息服务的特点

(1)网络导航。建立专业化的导航系统,对网上相应的学科资源进行识别、筛选、过滤、控制、描述、评价,并组成目录信息或提供原站点地址供专业用户选择。

(2)智能代理。它是一种可配置软件,用于完成用户信息资源检索和分类工作。智能代理根据用户事先定义的信息检索要求,在网络上实施监视信息源,如指定 Web 页面的更新、网络新闻、电子邮件、数据库信息变化等,并将用户所需信息通过电子邮件或其他方式主动提供给用户。

(3)虚拟图书馆。利用人工或搜索引擎以及"机器人""爬行者"等软件在互联网上不断搜索满足条件的 URL(Uniform Resource Locator,统一资源定位符),然后将分布在因特网上的相关网页的 URL 收集起来,对其进行标引,形成倒排档。倒排档中每条记录的文献标识均指向相应网页的 URL,用户通过检索获得匹配的 URL,通过超级链接可以调出相应的网页。

(4)信息推送技术。信息推送技术又称 Web 广播等,是由 Pointcast Network 公司在 1996 年首先提出的。信息推送软件可以向互联网的广大用户主动发布、推送各种新闻,财经、体育信息等。这类软件与有关媒体合作,根据用户事先向系统输入的信息请求(用户个人信息档案、个人信息主题、研究方向等),就能主动地在网上搜索出符合用户需求的这些主题信息。经筛选、分类、排序,按每个用户特定要求,在适当的时候传送到用户指定的"地点"。推送技术服务突出的是信息的主动服务,即改"人找信息"为"信息找人",通过邮件、频道推送、预留网页等多种途径,推送信息到个人。

(5)交互式信息服务。网络信息是虚拟的数字化信息,用户通过互联网对大数量、多类型、多媒体、非规范的信息资源进行交互式描述和处理,使数字化图书馆更贴近用户的需求。

(6)个性化信息服务。针对用户的特定需求,主动向用户提供经过集成的相对完整的信息集合或知识集合:一是根据用户自身的兴趣、爱好和需求定制自己所需要的网络信息和服务;二是网络信息提供者针对用户的个性和特点,主动为用户选择并传递最重要的信息和服务,同时根据需求变化动态地改变提供的网络信息资源。

(六)网络时代知识产权信息的检索与利用研究

在网络环境下,传统出版方式的学术信息交流模式面临越来越多的挑战:有限的印刷出版能力不能适应科研成果迅速增长的需要,印刷出版周期过长也给用户带来种种不便;印刷型期刊及其电子版本的价格不断上涨,使图书馆经费预算产生困难;谁来负责保存数字化学术成果资料变得越来越不确定;印刷型文献内容单一、出版周期长、流通渠道不畅、可获得性差、付费使用等缺点,也影响信息的正常交流。网络环境下,科学研究呼唤新的学术交流机制。研究机构需要保护自己的知识信息及知识产权,包括尚未在期刊上发表的知识,科研人员希望能够全面、准确、及时地获取最新的科研进展以及成果与思想。而网络环境下科研人员的信息交流存在着很多障碍,如网络平台、媒体类型、信息格式处理与转换等技术障碍,以及学术信息搜索、获取、服务等管理障碍。由于客观上存在着上述这些问题,开放存取机制便应运而生。它通过建立机构数据仓库系统,借助先进的信息组织与知识管理技术,收集机构内部产生的各种学术信息,以网络方式出版、发布,建立开放存取联盟,辅助功能强大的搜索引擎进行检索服务等,最大限度地推动科研成果信息的传播与交流,使科研人员可以及时、方便、快捷地获取所需要的信息。

OA(Open Access,开放存取),即通过公共网络可以免费获取所需要的文献,允许任何用户读取、下载、拷贝、分发、打印、检索以及获取在线全文信息,支持爬行器搜索并建立本地索引,支持用于法律允许的其他目的(不包括商业、法律、技术贸易壁垒方面的应用)。唯一的限制是复制与发行。开放存取增强了学术信息的可获得性,打破了使用权限的障碍。开放存取服务包括多种类型:在线文档发布、科学家与研究组内部的直接交流、通过电子邮件的自由辩论、讨论组及相关服务、搜索引擎的索引与检索服务、第三方集成检索服务等。

(七)网络时代知识产权信息管理的应用研究

知识产权信息管理系统是现代化知识产权行政管理的重要组成部分,它需要借助于信息技术的强劲支持,同时,作为一种应用软件系统,它也更有效地促进了知识产权管理与服务的网络化建设。

目前,我国已经涌现出一批致力于知识产权管理系统软件和服务的单位,这些公司初具规模、发展势头良好。据调研,目前国内有近10家单位,包括广东省专利信息中心、北京彼速信息技术有限公司、保定大为计算机软件开发有限公司、上海汉光知识产权数据科技有限公司等。这个行业正逐渐发展为一个全新的产业,而且已经初具规模,为企业知识产权工作的开展起到了积极的推动作用。

(八)网络时代知识产权信息管理软件的研发分析

网络时代知识产权信息管理软件有几种,第一种是知识产权工作中较早使用的专利代理工具,这些工具主要运用于专利代理机构和拥有大量专利的企业;第二种是在数据库基础上进行数据挖掘的分析工具,即专利下载、分析工具,该类型软件的开发需要大量数据挖掘和统计算法的支持;第三种是对前面所讲的两类工具的延伸。

在对知识产权工作进行条块分割后,将知识产权从头到尾进行整体的控制和管理,包括与知识产权有关的内部管理、知识产权的后续维护与交易等,系统地协调整个企业的知识产权管理工作。

这里主要介绍第三种类型的知识产权管理软件:一方面,我们通过将国内几种较成熟的同类型软件介绍给广大企业,让更多需要软件工具的企业找到适合自身的数据库管理软件,有助于企业建立自己的知识产权管理制度及流程;另一方面,推广国内优秀的知识产权信息管理辅助工具,能够让国内的同类型软件走向更广阔的市场,通过促进我国知识产权软件行业的发展,推动我国企业知识产权工作的进步,带动我国知识产权信息化的发展,更好地实施国家知识产权战略。

下面以某计算机软件开发公司的《IPLINE 知识产权管理系统》为例。

该系统实现了提出发明申请、受理申请、审查、授权、年费、放弃等贯穿专利生命周期的流程管理,以快速传递信息,提高工作效率。该系统可以跟踪案件的处理期限,自动提醒用户近期任务,以免遗漏任何一个期限。按照该系统的设计,专利申请的各种文件按阶段集中在服务器上进行统一管理,在确保数据安全的条件下进行数据共享。系统具有维护、评价、费用、奖励金、统计分析等模块,利用该系统可以方便准确地进行专利事务的日常管理,全面、及时、准确地把握企业知识产权现状,推动企业技术创新的发展。

该系统的主要功能如下。

(1)严密的安全管理。知识产权对于企业来说是其在市场竞争中强有力的武器,应该进行严格的保密。系统用户只能访问经过系统管理员授权的程序模块,并且只能访问自己权限范围内的系统数据、文件资料;系统具有安全日志,能对系统用户进行跟踪,详细记录系统用户的所有操作。

(2)期限报警功能。系统用户可以根据管理需要设置各种期限的提前报警时间:当系统启动时,根据当前用户权限及设定,自动提醒用户近期需要及时处理的案件的各种期限,如中间期限、实审请求期限、登记费缴纳期限、年费期限、商标续展期限、国外的各种期限等,确保不遗漏任何一个期限,避免造成损失。

(3)方便的申请管理。国内专利管理包括受理管理、申请管理、期限管理,还可以按照编号、日期、案件状况、申请人、法律状态等各种条件进行组合,对数据进行检索,并打印输出结果。商标管理与国内专利管理一样,提供受理管理、申请管理、期限管理、综合检索等功能,并且根据商标的管理特点,增加了商品分类、期满后续展期限、续展履历、商标图样管理等,并能根据各国不同的法律制度,进行方便灵活的设定,自动计算各种期限日期。

（4）详细的费用管理。包括能够列举向国家知识产权局、专利代理事务所支付的各种款项，能按不同案件、部门、事务所等条件输出费用一览表，对费用进行统计分析。

（5）完善的奖励金管理。系统能根据对各种案件的评估等级设定不同的奖励金标准，并可根据不同发明人所占比例，自动计算出奖励金的分配方案，打印通知书，详细记录奖励金的发放情况，并提供奖励金的统计分析功能。

（6）统计分析。对企业内部的专利分布、产品或技术领域的专利申请量整体或某一时间范围内的变化趋势、部门及发明人的创新能力等方面进行分析，为企业经营战略、科技发展、专利战略决策提供参考资料。

（九）网络时代知识产权信息的服务研究

随着当前信息高速公路和计算机网络技术的发展，知识的共享与交流步伐加速，科学技术创新的周期缩短，因而要求与之配套的社会制度实现技术与管理的信息化，其中便包括知识产权管理的信息化。根据人们所归纳并认可的信息化概念，一般意义上的信息化指标包括信息资源、信息网络、信息技术应用、信息技术和产业、信息化人才、信息化政策法规及标准。知识产权制度与管理体制的完善，既涉及知识产权制度建设、知识产权业务运行，又涉及知识产权知识普及、知识产权权利保护、知识产权成果应用，这必然要借助信息技术的应用、知识产权信息资源的建设与开发、知识产权信息网络的有效运行、知识产权信息管理人才等，这些既是知识产权管理信息化的主要标志，又构成知识产权信息管理的主要环节，因而知识产权信息管理水平是知识产权管理信息化的重要体现。世界信息系统大师、美国学者詹姆斯·马丁博士提出了一系列具有系统性和可操作性的方法，即信息工程方法。其思想主要包括：第一，要围绕核心业务做好战略数据规划；第二，建立主题数据库；第三，开发并应用独特的软件系统。这种信息工程方法对于实现知识产权管理的信息化、大力推行知识产权信息管理，具有积极的借鉴意义。

第二章 国家知识产权战略管理

随着科学技术的进步、知识经济的兴起和经济全球化进程的加快,世界范围内知识产权的重要性日益凸显,通过制定和实施国家知识产权战略,加快建设和不断完善知识产权制度,全面提升创造、管理、实施和保护知识产权的能力,是各国发展知识产权事业的当务之急。制定国家知识产权战略是当前我国改革开放和经济社会发展的客观需要,是积极应对知识产权国际规则变革的挑战、维护我国国家利益和经济安全的紧迫任务,也有利于加快建立公平竞争的市场环境,增强我国的自主创新能力和核心竞争力。国家知识产权战略的核心内容主要体现为知识产权的创造、运用、保护和管理。

第一节 国家知识产权战略的地位及发展状况

国家知识产权战略是指通过加快建设和不断提高知识产权的创造、管理、实施和保护能力,加快建设和不断完善现代知识产权制度,加快造就庞大的高素质知识产权人才队伍,这是促进经济社会发展目标实现的一种总体谋划。国家知识产权战略,不是单指知识产权事业自身的发展战略,也不是单指知识产权保护战略,它是覆盖许多领域的一个极为重要的国家战略。

在 2004 年"国家知识产权战略座谈会"上,中国科学院可持续发展战略研究组首席科学家牛文元谈到国家知识产权战略时指出,国家知识产权战略的最基本核心在于国家知识产权战略的四大支柱,按由重到轻的次序分:第一,推进知识产权的获得;第二,严格知识产权的保护;第三,加速知识产权的流转;第四,健全知识产权制度。这既是国家知识产权战略的支柱,也是我国在建立和实施知识产权战略时所担负的任务。

一、国家知识产权战略的地位与作用

21 世纪,人类进入了知识经济的新时代。知识经济就是以知识为基础的经济,在知识经济中,知识成为生产诸要素中最重要的要素。国内外的实践证明,知识对经济增长具有极其重要的作用。然而知识产权对经济增长的作用并不是自然而然产生的,它是与知识产权资源在一个国家中的优化配置、有效利用密切相关的。

(一)知识产权是国家发展的第一战略储备

牛文元提出,提升国家知识产权战略的定位,要从五个方面考虑,其中知识产权是 21 世纪国家发展的第一战略储备,其重要意义绝不亚于粮食安全、能源储备等。知识产权是国家竞争力提高的根本体现;知识产权是在衡量国家创新能力时衡量产出的最重要指标;知识产权是知识经济社会真正的经济增长发动机;知识产权是先进的生产力的代表。

(二)知识产权在经济跨越式发展中有决定性的作用

在经济跨越式发展中,知识产权的决定性作用主要表现在以下几方面。

第一,知识产权决定着经济发展有无强大的动力。跨越式发展离不开社会的广泛参与和创新,离不开各个领域的发明创造及其应用,创新和发明的权益得到有效保护,将极大地激发个人和企业的积极性和创新激情,促进科研开发专业队伍与业余队伍的壮大。

第二,知识产权决定着经济运行能否有序进行。通过营造公平竞争的法律环境,在保护市场的同时,使经济发展在法治的轨道上有序运行。

第三,知识产权决定着经济发展能否高效实现。跨越式发展强调的是时间和效率,知识产权保护可以使我们更加清楚地了解现有状态,减少重复劳动。据有关资料显示,仅知识产权制度的实施就可以节约40%的科研开发经费和60%的科研开发时间。

第四,知识产权决定着经济的竞争力和影响力。随着科学技术的发展、人类消费质量的提高,国际国内市场的竞争焦点已在很大程度上从价格因素转向质量、品种、款式、加工程度等非价格因素,转向需求的多样化、系列化、品牌化竞争。产品品牌能否成为名牌往往是成功与否的关键,商标日益成为现代商战的焦点,一个民族拥有国际一流的品牌,就拥有推动国民经济快速发展的巨大资本。联合国工业计划署的调查表明,名牌在整个产品品牌中所占比例不足3%,但其市场占有率却高达40%以上,销售占整体销售额的50%以上。

第五,知识产权决定着"后发效应"能否顺利发挥。欠发达国家的赶超离不开对国外先进技术的引进,有效的知识产权保护,一方面可以使我们处在国际技术转移的公平市场之中;另一方面使国外先进技术的持有者能放心地将技术投入我国市场,从而消除诸多开放引进中的障碍和顾虑,激发"后发效应"。

(三)知识产权战略成为国家和谐发展的工具

科学发展观的第一要义是发展。国家知识产权战略的提出正是为了坚持走中国特色自主创新道路,把增强自主创新能力贯彻到现代化建设的各个方面,加快培育国家的自主创新体系,进而使国民经济又快又好地发展,它是国家发展的工具。知识产权战略的宗旨就是要富国强民,中国是发展中国家,进入WTO后,要与发达国家参与国际竞争,如何能够使本国的经济又好又快地发展,并且在强手如林的国际上立足,国家知识产权战略成为促进国家经济发展的有效工具。通过知识产权的创造、管理和应用战略,通过知识产权的保护和人才战略,可以让国家和个人在法律的许可下,拥有更多的专利、商标和版权,并且能够有效地运用这些权利,保持拥有和运用这些权利的优势,从而逐步成为知识产权优势大国,迅速提高本国的自主创新能力,彰显在国际上的竞争优势,加速本国经济又好又快地发展。

(四)知识产权战略在构建和谐社会中作用突出

知识产权战略在构建和谐社会中的作用主要表现在三个方面:第一,通过提升知识产权知识,教育促进人自身的和谐;第二,通过平衡知识产权有关主体之间的利益,促进人与人之间关系的和谐;第三,通过建立、完善遗传资源和传统知识的知识产权保护制度,促进人、自然与社会之间的和谐。

二、主要国家知识产权战略概述

（一）美国知识产权战略

越是发达国家越是重视知识产权战略。自1979年美国前总统卡特第一次将知识产权战略作为国家发展战略提出后,知识产权战略就成为美国最重要的长期发展战略之一。从此,美国利用长期积累的科技成果,巩固和加强知识产权优势,保持了其在全球经济中的领先地位。

1.美国知识产权战略的主要内容

美国知识产权战略的主要内容是:第一,根据国家利益和企业需要,修改完善《专利法》《版权法》《商标法》等传统知识产权法律,扩大知识产权保护范围,加大保护力度,并且随着生物、信息及网络技术的发展,将一些新兴技术形式纳入知识产权的保护范围;第二,调整知识产权利益关系,加强转化创新成果方面的立法,先后出台《拜杜法案》《联邦技术转移法》《技术转让商业化法》《美国发明家保护法令》《技术转移商业化法案》,使大学、国家实验室在申请专利、加强产学研结合、技术转移及创办高新技术企业方面发挥更大的作用;第三,在国际贸易中加强知识产权保护,通过综合贸易法案的"特别301条款",迫使竞争对手加强对美国知识产权的保护,同时,积极推动达成世界贸易组织的知识产权协议,形成有利于美国的国际贸易规则。

2.美国知识产权战略的特点

在美国的知识产权战略中,专利战略处于重要地位,美国政府以专利商标局为主体采取了一系列措施,如拓展专利保护的主体、修改与完善专利法、建立知识产权政策与贸易政策二者间的相互衔接和协调机制等。2002年,美国专利商标局更是发布了《21世纪专利战略发展纲要》,以知识产权为手段建立对全球经济的快速反应机制。这些政策和措施不仅得到了美国专利律师界的大力支持,也得到了产业界的大力支持。2002年11月20日,包括IBM和微软在内的78家国际知名公司和20家协会以"21世纪知识产权联盟"的名义联合致信美国联邦管理与预算局局长,表示支持美国专利局《21世纪专利战略发展纲要》的主要目标,即提高专利和商标的审批质量,缩短审批时间,打造高效、可靠,且易于使用的专利商标电子受理及处理系统。这些公司和协会还表示,它们支持专利和商标的规费上调,用于执行《21世纪专利战略发展纲要》。

美国还十分重视知识产权战略特别是专利战略的研究工作。1980年,美国CHI研究公司把科学论文引用分析技术应用到专利领域,用于分析企业竞争动向、技术跟踪和其他产业技术。CHI研究公司投入巨资建立了专利数据库,收录和建立了一百万条以上的非专利参考文献数据和几十万个企业的标准名录,为国家的宏观政策分析和研究提供服务,为面向企业的经济分析提供了独特的数据资源。从1998年开始,CHI研究公司与美国商务部技术政策办公室及美国竞争力委员会合作,研究美国专利商标局的发明专利批准量数据建立专利技术指标,对美国、欧洲、日本和中国等国家和地区的五个重要技术领域的技术研究开发竞争力、技术实力和技术发展方向进行比较分析,为支持和促进美国政府和企业实施知识产权战略发挥了重要作用。

(二)英国知识产权战略

英国自1990年以来也改变了知识产权政策导向,其理论根据是,"就国家经济绩效而论,起决定作用的因素与其说是创新系统中知识创造的能力,不如说是创新系统知识扩散的密集度,或者说是创新系统能够保证创新者及时接触到相关知识存量的能力"。在这一思想的指导下,1993年英国发布科学技术白皮书——《实现我们的潜力:科学、工程和技术战略》,做出了知识产权战略的重大转变,变自主研发战略为吸收扩散战略,并提出了重点转移的任务,即"将重点从支持技术发展本身,转向支持技术扩散,扩展最有效的技术应用,帮助小公司实现新技术开发"。这个战略在1994年的《竞争力:帮助商业取胜》白皮书和1995年的《加速前进》白皮书中得到连续肯定,并通过具体的政策得以实施。

这一战略的实质,是强调知识的流动性,通过加强技术扩散来降低知识价格水平,为此,英国出台了一系列相应的政策与措施,如"商业公司使用大学知识基地的密集度""大学与产业界共同承担的R&D①""产业部门对基础研究的贡献""通过物化的R&D流动和专利化知识的市场分布的技术扩散"等。

近年来,英国政府还将由政府资助的研究项目所产生的应归国家所有的知识产权无偿转让给项目研究机构所有,使研究机构成为该知识产权的管理和经营者,政府及研究理事会则从知识产权保护的第一线退出,成为服务的提供者。这一做法的依据有以下几方面。

(1)研究机构作为知识产权的生产者、相关责任的承担者和利益的获得者,对成果最了解,知道如何转化,也了解如何保护。

(2)有利于保护研究机构的利益,维护其知识生产的积极性。在任何一个合作研究项目中,研究机构与企业以及其他合作伙伴相比都属于弱势群体,把国家投入的产出归于研究机构,可以增强其在合作中的分量,增加其在合作谈判中的筹码。

(3)企业为使用知识产权付出一定的成本,会因此更加珍惜、慎重,进而加快开发应用的速度。

(4)企业的慎重反过来会使研究机构对研究成果进行认真、负责的市场分析,从而采取相应的保护措施,避免盲目性,降低保护成本。

(三)日本知识产权战略

与美英相比,日本是通过引进欧美先进技术,或对其加以改造,建立日本式的生产体制,从而实现经济的高速增长。但亚洲新兴工业化国家和地区的兴起动摇了日本传统经济发展模式的竞争优势。这使日本政府认识到,必须把发挥个人的自由想象力和创造性而产生的知识产权作为参与国际竞争的原动力,日本要跻身于用知识经济创造财富而不是用体力生存的国家序列。为此,日本政府提出了建设"强大日本"的七种战略,即推进基础研究;

---

① R&D,全称为research and development,译为"科学研究与试验发展",还可译为"研究与开发""研究与发展"或"研究与试验性发展"。指在科学技术领域,为增加知识总量(包括人类文化和社会知识的总量),以及运用这些知识去创造新的应用进行的系统的创造性的活动,包括基础研究、应用研究、试验发展三类活动。

推进科学技术战略上的重点化;推进产业界、大学和政府研究机构的合作;进一步搞活地区的技术开发;推进项目方式的研究与开发,从而构筑下一代的产业基础;改革研究与开发的税制;实施知识产权国家战略。

为配合这一战略的实施,自1997年以来,日本开展了一系列知识产权制度方面的改革,如缩短知识产权诉讼的持续时间、向专利侵权诉讼中的原告倾斜、授予有关法院对知识产权的司法管辖权、拓展知识产权法所提供的法律保护、激励大学和研究所技术转移、促进"休眠专利"的利用、加强知识产权教育、要求对侵权比较严重的国家和地区加强知识产权保护等。

2002年,日本国会通过了《知识产权基本法》,以立法的形式将知识产权从部门主管的事务上升至国家性事务,为"知识产权立国"方针提供了法律保证。2003年2月25日,日本内阁增设知识产权战略总部,由首相任部长,内阁官房长官、负责科学技术的大臣、文部科学大臣、经济产业大臣任副部长,成员包括全体内阁和十名在知识产权方面有专长的专家学者、律师及企业家等。此外,日本还在全国数十所大学内设立知识产权总部,以便完善大学知识产权的开创和管理机制;从2004年开始,日本在法律大学研究生院增设了知识产权教育。

(四)我国知识产权战略

知识产权制度是开发和利用知识资源的基本制度。知识产权制度通过合理确定人们对于知识及其他信息的权利,调整人们在创造、运用知识和信息过程中产生的利益关系,激励创新,推动经济发展和社会进步。当今世界,随着知识经济和经济全球化的深入发展,知识产权日益成为国家发展的战略性资源和国际竞争力的核心要素,成为建设创新型国家的重要支撑和掌握发展主动权的关键。国际社会更加重视知识产权,更加重视鼓励创新。发达国家以创新为主要动力推动经济发展,充分利用知识产权制度维护其竞争优势;发展中国家积极采取适应国情的知识产权政策措施,促进自身发展。

对于国家知识产权战略包括的内容,不同学者从不同角度有不同的观点。一般认为,国家知识产权战略的具体内容主要是指围绕全面建成小康社会的宏伟目标,全力提高知识产权管理水平,努力营造良好的知识产权法治环境和市场环境,更加有效地运用国际与国内两种知识产权资源和两个市场,大幅度提升自主知识产权的数量和质量,加速自主知识产权成果向现实生产力转化,建设宏大的知识产权创造人才队伍和工作队伍,大力促进知识产权信息的传播,普及知识产权观念和知识,营造尊重和保护知识产权的社会氛围,促进国际知识产权制度的健康发展。

除此之外,科技成果知识产权化也应成为国家知识产权战略的核心内容。国家知识产权战略的主要着眼点在于国家对自己的科技创新成果如何保持独家支配地位,抑制竞争对手未经授权擅自使用或模仿。也就是说,要确保科技创新成果独家支配,科技创新成果必须采用知识产权这一法律形式,即科技成果知识产权化。

第二节 国家知识产权战略的制定

知识产权战略(以下简称"战略")的制定是国家知识产权战略的第一步,战略制定的好坏直接影响战略实施效果的好坏,所以要综合考虑各方面因素,制定好战略目标,规定好战略任务。

一、国家知识产权战略实施的保障条件概述

(一)国家知识产权战略实施保障条件的理性界定

1. 保障条件之理解

保障条件应当是指对其他事物的发展起保障作用的事物,也就是一个事物的发展所依赖的基础和环境,抑或特定工作任务或既定工作目标的实现所需要的基础和环境。在现实生活中,人们还经常提及"保障措施"这一词语,其与保障条件是有区别的,但二者之间也有联系。保障措施是为了达到一定目的而需要采取的措施或手段,保障条件的成就往往也需要借助一定的保障措施。

2. 国家知识产权战略实施之厘定

从学者现有的论著内容看,对于"战略"实施的含义实际上有两种理解。

(1)有的学者同时提及"战略"制定与"战略"实施,但并未将二者进行区分,从其内容看,他们实质上是将二者混同使用,将"战略"的制定与"战略"的实施看成了一体。2008年6月,国务院印发了《国家知识产权战略纲要》(以下简称《纲要》)。在《纲要》颁布前,很多学者所论及的"实施知识产权战略"一般也是这个意思。

(2)有的学者认为,"战略实施就是围绕着《纲要》提出的指导思想、基本原则、战略目标和重点、主要任务等多方面进行组织部署和具体分工,从而实现知识产权战略目标",他们将"战略"的制定与"战略"的实施区别开来,将"战略"实施看作"战略"制定以后的事情。但这些学者并没有真正对"战略"实施做明确的界定,更没有对"战略"实施的内在结构进行分析。

"战略"的实施应当有其特定的含义,它与"战略"的制定不同,但与"战略"的制定相关联,是相对于"战略"的制定而言的。"战略"的实施与"战略"的制定之间的关系,实际上就等同于法律的实施与法律的制定之间的关系,因为从某种意义上说"战略"也是法的一种。

从经济法的角度看,作为"战略"载体的《纲要》应当是一种经济法律,属于经济法中的宏观调控法,是宏观调控法中的产业政策法。何以有此论断?随着知识经济的发展和知识产权在经济发展过程中的重要性的凸显,知识产权产业已经形成。知识产权产业是以知识产权制度为发展基础、以知识产权能力为核心优势、以高科技为关键支撑、以数字化为显著特征的产业;这个产业是知识产权、高科技、数字化相结合的产业,具有鲜明的时代性、横断性和集成性特点。产业政策是国家或政府为了实现某种经济和社会目的,以全产业为直接对象,通过对全产业的保护、扶植、调整和完善,积极或消极地参与某个产业或企业的生产、经营、交易活动,以及直接或间接干预商品、服务、金融等市场形成和市场机制的政策的总

称;它是一些专门针对行业的政策,如研发与创新激励政策、政府采购政策、战略性贸易政策以及特殊的区域政策、部门政策和技术政策等;结合《纲要》制定的背景及其内容,《纲要》完全可以被看作国家促进知识产权产业发展的纲领性政策,实质上也是一种产业政策。

因此,"战略"的实施从一定意义上说就是一种法律实施行动,是知识产权产业政策法律的实施。基于此,"战略"的实施具有法律实施的一般含义和特点。法律实施是指法律在社会中的运用、强制贯彻,即法律自公布后进入实际运行,这是个活动过程,它包括法律执行机关执行法律和一般公民遵守法律;《中国大百科全书·法学》对法律实施所做的解释是:"国家机关及其公职人员、社会团体和公民实现法律规范的活动。"法律实施是法律规定得以实现并产生相应法律效果的前提与基础。

作为实质上的法律实施,"战略"的实施应当是国家机关、社会组织和个人为实现"战略"的内容而进行的各种活动。由于"战略"的内容集中体现在《纲要》中,"战略"的实施实际上就是将《纲要》的规定加以落实的各种活动。就《纲要》规定的内容来看,"战略"的实施应当包括战略指导思想在各项知识产权工作中的体现、战略目标的实现、战略重点的落实、专项任务的完成和保障措施的采取等。就《纲要》规定的各项工作的内在关系看,"战略"的实施工作实际上分为两个层次:

(1)以知识产权创造与运用为内容的"战略"实施的中心工作;

(2)为促进中心工作的完成而进行的铺垫性工作。

3. 国家知识产权战略实施的保障条件之诠释

"战略"实施的保障条件是指完成《纲要》所规定的各方面工作所需要的条件,也就是《纲要》所规定的各方面工作得以完成所需要的基础或环境。从表面上看,《纲要》规定的实质性内容是战略目标、战略重点、专项任务和保障措施等方面,完成这些方面的工作所需要的基础或环境都可以看作保障条件。

虽然《纲要》将实质性内容或工作以战略目标、战略重点、专项任务和保障措施几个方面做了规定,但就这几个方面的内容及其内在逻辑关系看,实质上就是两大方面的工作:

(1)作为整个"战略"的核心和终极价值所在的知识产权创造与运用,这实际上也是《纲要》所真正要实现的目标与任务;

(2)为知识产权创造与运用提供支撑或进行服务的工作。因此,"战略"实施的保障条件实际上也分为两个方面:为"战略"核心工作的完成提供的保障条件;为"战略"推进中的铺垫性工作提供的保障条件。

我们将《纲要》的目标和任务仅仅归结为两个方面,即知识产权创造与知识产权运用,这既符合我国制定《纲要》的背景与本意,也符合相关工作的内在逻辑。

对于《纲要》制定的背景和宗旨,有学者认为,《纲要》就是党中央和国务院向全社会发动的积极创新,将科技全面引入经济生活的总动员令。负责《纲要》制定工作的部门认为,我国制定和实施国家知识产权战略对建设创新型国家、转变经济发展方式、提高国家核心竞争力方面具有重大现实意义:走建设创新型国家的道路,就必须有效运用知识产权制度,通过清晰的产权化方式,合理配置在生产体系中相关参与者的权益,充分开发和运用技术、信息等资源,有效激励创新、鼓励运用,使各种生产要素合理、有序、快速地进入生产体系和生产过程,从而改善我国经济发展方式粗放、资源环境代价过大等问题。这些都表明我国

"战略"的核心就是以技术为代表的知识产权的创造与运用,即通过"战略"的实施大幅度提升知识产权创造的水平,特别是自主知识产权成果的创造,促进现有知识产权成果的有效运用,使知识产权成果真正服务于经济建设和社会生活。

基于此,《纲要》的目标和任务实际上就可以归结为知识产权创造和知识产权运用两个方面。凡"战略"追求的知识产权创造目标和知识产权运用目标的实现所需要的条件便是"战略"实施的重要保障条件。这种直接围绕"战略"核心工作的保障条件,应将其看作"战略"实施的直接保障条件。

从知识产权的各项工作的内在逻辑关系看,它们实际上可以分成两大部分:一部分是直接体现"战略"目标和任务的核心工作;另一部分是铺垫性工作或服务工作,它们共同构成一个有机整体。其中的核心工作是知识产权工作体系的基本价值所在,是"战略"的灵魂所在;铺垫性工作则是为核心工作的顺利开展创造必要的条件,是为核心工作提供服务和支撑的。铺垫性工作是多种类型、多个层面的,包括知识产权制度、政策的供给,知识产权公共管理的实施,知识产权保护力度的强化,相关物质条件的满足,知识产权社会化服务的提供,知识产权社会环境和国际环境的营造,知识产权人才的培养等。这两部分工作紧密结合。没有前者,后者也就失去了方向和归宿,成了没有价值的活动;没有后者,前者也就失去了基础和支撑,成了无法实现的空谈或假想。有学者在论及"战略"在国家创新系统中的作用机制时将这种作用概括为"驱动技术创新""促进产业创新"和"改善创新环境",这实际上与笔者的观点不谋而合,其所称的"技术创新"和"产业创新"实际上就是笔者主张的知识产权创造与运用这一核心工作,而其所称的"创新环境"实际上就是笔者所称的铺垫性工作。

因此,《纲要》所规定的各种铺垫性工作实际上是为实现其所规定的知识产权创造及运用这一目标和任务服务的,可以看作"战略"核心工作的知识产权创造与运用的保障条件。

在对"战略"实施的保障条件进行界定时,国家《纲要》和一些地方的知识产权纲要性文件可以给我们提供一定的启示。这些文件一般以单独的部分规定了"战略措施""保障措施"或"实施保障",从这一部分的内容看,主要是在规定为战略目标或战略任务的实现创造必要的条件所应采取的措施。透过这一部分内容,可以对"战略"实施的保障条件有进一步的认识,为界定"战略"实施保障条件的内涵提供更多的线索。

"战略"推进中的铺垫性工作也是《纲要》规定的一部分内容,这些工作的顺利开展也需要一定的保障条件。这类保障条件我们将其看作"战略"实施的间接保障条件。间接保障条件有以下两种情况。

(1)某种铺垫性工作的开展以其他铺垫性工作作为其保障条件之一。比如,为了促进知识产权成果的有效利用,需要加强对知识产权的保护;而要提高知识产权的保护效果,就需要提高社会公众的知识产权意识,对其加强知识产权宣传教育。这里的知识产权保护和知识产权宣传教育实际上都是《纲要》规定的铺垫性工作。

(2)某种铺垫性工作的开展所需要的基础或环境已经超出《纲要》规定的各项工作的范围,需要在《纲要》规定的各项工作之外寻求支撑。比如,《纲要》在战略措施部分规定了"充分发挥行业协会的作用"这一铺垫性工作,而这一工作的完成是以行业协会自身建设的强化为保障的,但《纲要》本身并未提及行业协会自身建设的强化问题。

4.国家知识产权战略实施的保障条件在本书中的研究范围

"战略"实施的保障条件实际上是多个层次、各式各样的,笔者无力在本书中对这些条件分层、逐一研究。基于篇幅所限和研究聚焦的需要,本书所探讨的"战略"实施保障条件限于共性的保障条件。即"战略"实施的各个层面、各个领域、各个环节均涉及的保障条件,也可以说是各种"战略"实施工作的基础性保障条件,主要是知识产权制度环境、知识产权组织保障(尤其是行政管理体制)、知识产权物质保障、知识产权社会化服务条件、知识产权社会基础、知识产权人才支持等。

(二)保障条件对于国家知识产权战略实施的意义

1.保障条件建设是国家知识产权战略实施行动的有机组成部分

"战略"的实施就是以《纲要》为载体的"战略"内容的实现。《纲要》的内容涉及多个层次、多个方面,但从逻辑上看,整个《纲要》的内容实际上可以分为三大部分,即行动背景、行动目标和保障条件。行动背景是对"战略"出台原因和基础的介绍,并非对未来行动的要求,因此不属于"战略"实施活动。"战略"实施的内容归结为《纲要》规定的行动目标和保障条件两个方面,也就是各相关主体努力采取各种有效措施,在知识产权制度的健全、知识产权行政管理水平的提升、知识产权保护的强化、知识产权人才队伍的建设、知识产权社会化服务的完善、知识产权文化的培育、知识产权对外交流合作的扩大等方面创造必要的条件,推动各种知识产权创造与运用目标的实现。也就是说,保障条件实质上是《纲要》在知识产权创造与运用之外规定的另一部分内容,创造保障条件本身就是"战略"实施的一部分。没有创造保障条件的行动,不仅会使"战略"所追求的知识产权创造与运用的终极目标难以实现,也会使《纲要》规定的很多内容在现实中没有回应,这样的"战略"实施肯定是残缺的。

2.保障条件是国家知识产权战略实施行动得以开展的现实前提

"战略"实施中各方面工作的开展必须有相应的物质基础、智力基础和环境基础,没有这些现实基础,任何"战略"实施行动都无法进行。以"战略"实施的核心工作——知识产权创造为例,没有资金、设备器材等物质条件,任何创新活动只能停留在口头上;没有相应的人才、基础技术等智力条件,创新成果就不可能出现;没有确认知识产权归属、鼓励创新活动的法律、政策等环境条件,就不会刺激人们的创新热情。再以"战略"实施的另一核心工作——知识产权运用为例,没有资金、设备、材料等物质要素的投入,知识产权成果就不能在生产经营过程中得到转化;没有知识产权人才从不同角度、不同层面提供智力支持,任何知识产权成果都不会得到较为广泛的运用,更不会实现产业化;没有合同法、企业法等配套法律制度,知识产权中介服务机构的有效服务,知识产权公共服务平台等制度环境和社会环境,知识产权成果的运用就找不到有效的形式、合适的推广者和迅捷的机制。

任何一个保障条件的好坏,都可能决定着多方面的"战略"实施活动能否得以顺利开展,以知识产权的有效保护为例,它便会在事实上左右着多种"战略"实施活动:加强知识产权保护能够促进创新投入和创新能力的提升。假如知识产权得不到有效的保护,知识产权创造者的创新积极性就会被挫伤,也会影响他们对创新成果形式的选择;没有对知识产权进行完善保护的社会环境,知识产权成果的运行机制就会被扭曲,会出现大量不正常的运用情形。正因如此,有学者甚至认为,对知识产权实行有效的保护是实施国家知识产权战略的关键。

3. 保障条件直接关乎国家知识产权战略实施行动的成效

从整个国家的情况看,近些年知识产权工作的成绩越来越大,有些领域呈现跨越式发展的态势,特别是各方面的知识产权创造成果(尤其是专利与注册商标)突飞猛进,知识产权成果转化运用的比例不断提高,运用效果愈发明显。如此,主要是因为知识产权法律制度越来越健全,政策跟进越来越及时,研发投入和其他经费支持越来越多,知识产权保护的力度越来越大,知识产权管理水平越来越高,知识产权中介服务能力越来越强,知识产权人才队伍越来越成熟,知识产权文化氛围越来越好。可以说,没有这些保障条件对知识产权创造与运用的支撑及这些条件之间的相互促进,就不会有目前大好的知识产权发展形势。

(三)保障条件与制约因素的辩证关系

1. 制约的解释

"制约"一词依《现代汉语词典》(第七版)的解释,其含义为:甲事物本身的存在和变化以乙事物本身的存在和变化为条件,则甲事物为乙事物所制约。

这可以看作一种通说,乙事物制约着甲事物,意味着若乙事物得不到较好的发展或不够扎实,甲事物的发展就会受到限制,其发展进程会因此而减损。可以说,一个事物的发展如果因为其他事物未出现或不成熟而受到损害,其他事物便是该事物的制约因素。

2. 保障条件与制约因素的关系

基于前文对保障条件与制约因素的界定,可以说,保障条件与制约因素实质上是一个问题的两方面,只是从不同的角度谈同一个问题。保障条件更多的是从积极意义上说的,指一个事物的存在及其良好状态对另一个事物的发展所起的有效推动作用,是一种推动力量,也可以说是有利条件;制约因素则是从消极意义上说的,指一个事物的缺失或不良状态对另一个事物的发展所起的阻碍或延滞作用,是一种阻碍力量,也可以说是不利因素。

保障条件与制约因素之间是一种辩证关系,其属性需要在动态中考察。每个事物的发展都受到多种力量的影响,每一种力量在该事物发展过程中所扮演的角色都在保障条件与制约因素之间摇摆;当一种力量顺应了该事物的发展要求时,便是一种保障条件,而当其背离了该事物的发展要求时,就是一种制约因素。也可以说,如果事物发展需要的保障条件不具备或不充分,就等于是存在阻碍事物发展的制约因素,原本属于保障条件的力量就演变成一种制约因素。或者可以说,一个事物发展应有的保障条件的缺失,也就是该事物发展的制约因素所在。

就"战略"实施而言,其保障条件与制约因素也是这样的辩证关系,同样的某个因素,在某段时间它是"战略"实施的保障条件,而在另一段时间它又可能是"战略"实施的制约因素。以知识产权人才为例,这是"战略"实施肯定涉及的一个重要因素。如果一个地方的知识产权人才在数量上和质量上适应了当地知识产权发展的需要,知识产权人才便是当地"战略"实施的重要保障条件;反之,如果一个地方知识产权发展所需要的知识产权人才数量严重不足,知识产权人才的水平不高,则知识产权人才便成了当地"战略"实施的制约因素。

二、国家知识产权战略顺利实施需要的条件

"战略"的实施需要多方面的保障条件,根据《纲要》规定的内容和各项知识产权工作的内在逻辑关系,可以将"战略"实施的保障条件概括为以下六个方面。

(一)完善的制度条件

1. 法律制度在国家知识产权战略实施中的重要性

在经济学研究中,人们已经认识到包括法律在内的制度的重要性,这是因为制度作为处理或界定人们之间相互关系的规则,涉及所有人的利益,关系到资源配置的效率,关系到全民的福利。这种认识同样适用于"战略"的实施,因为"战略"的实施是发展知识经济的重要举措,也是知识经济的有机组成部分,需要完善的法律制度作为保障条件。既定的经济状况对于法的制定具有特殊意义,因为经济状况大部分显示出这种法的制度必须解决的各种难题。以创新驱动为核心的知识经济不同于传统的经济生活,其在价值追求、要素构成、运作机制等方面的诸多特殊性使其必然面临着种种不同于以往的难题,这些难题的解决需要国家的法律制度做出积极的回应和妥善的安排。正因如此,"知识产权法治环境进一步完善"被列为我国知识产权战略的核心战略目标之一,与之相关的"完善知识产权制度"也同时被列为几大战略重点之一。

2. 法律制度在国家知识产权战略实施中的主要保障作用

法律的经济功能主要体现在四个方面:(1)确认经济关系;(2)调整经济生活,规范经济行为,特别是通过产权界定来调整经济生活;(3)维护经济秩序;(4)组织、管理和服务经济活动。制度的功能在于:(1)有效协调与信任;(2)保护个人自主领域;(3)防止和化解冲突;(4)权势和选择。在保障"战略"实施、促进知识经济的发展过程中,法律制度也以多种形式发挥这些作用。

(1)确认知识产权成果的权属,激励知识产权创造热情。宪法、民法对于知识产权成果的权属问题做了原则性规定,知识产权法律制度则具体确认智力成果的创造者对其智力劳动成果享有相应的专利权、商标权、版权、商业秘密权、品种权等知识产权,并对这些权利进行有效保护。使智力成果的创造者能够在一定期限内独占其智力劳动的成果,这无疑在很大程度上解除了智力成果创造者对他人侵占其劳动成果的担忧,从而刺激他们大胆创新,这也是推动"战略"所追求的知识产权创造目标得以顺利实现的基本保障。

(2)维护市场秩序,促进知识产权有效运用。"战略"的一个基本目标在于促进已有知识产权成果的有效运用,使其价值能够得到应有的发挥。在当代社会,知识产权的运用更多是通过市场实现,而法律制度在这方面至少可以提供两种保障:①提供知识产权成果市场化的形式,特别是通过企业法、合同法、知识产权法,为知识产权成果的投资、许可、转让等提供便捷的形式和途径;②防止知识产权人的滥用。知识产权成果如果得到正常运用,其对经济社会的发展无疑是有巨大作用的,但如果知识产权人滥用这种权利,则其在满足权利人自身私欲的同时可能会对社会整体利益造成很大损害。如何保证知识产权在实现权利人自身的利益需求的同时又在整体上有利于整个经济社会的发展,这需要反垄断法等法律制度发挥作用。正因如此,近年来,各国都越来越重视知识产权与反垄断法之间的关

系,以达到既促进技术革新又响应竞争政策的目标。

（3）协调和化解利益冲突,发挥知识产权的积极效应。知识产权成果的复杂性决定了知识产权往往会涉及多重利益,存在很多冲突:不同知识产权之间存在冲突（含同类知识产权之间的冲突和不同类知识产权之间的冲突）；知识产权人对智力产品的垄断和社会公众对其的合法需求之间的冲突；知识产权人为实现其自身利益而垄断某种智力成果与自由的市场竞争之间的矛盾。如果这些利益冲突得不到较好的解决,正当的知识产权就不能及时得到有效的确认,知识产权的效用也会在各种纷争中受到很大的损耗,社会公共利益会在过度强调知识产权保护的幌子下被损害,"战略"所谋求的目标也就不可能真正得到实现。以知识产权法为代表的法律制度在赋予知识产权的同时又对权利的行使进行了必要的限制,努力将法益之冲突控制在较小的限度内；同时,相关的法律制度还为在权利行使过程中存在的利益冲突和纠纷提供了解决的机制,有助于现实中的矛盾及时得到化解。

（4）构建有效的组织机制,推动知识产权工作的顺利开展。"战略"的实施涉及多方面的工作,每方面的工作都必须经过高效的组织才能得以顺利开展。国家的法律制度和政府部门的政策对此能够发挥多种作用:明确规定知识产权工作管理体制；为知识产权行政管理组织、司法组织的构建提供依据；为知识产权工作的组织机制和工作方法的创新提供导向；具体规定知识产权行政管理和司法审判的运作程序；为不同类型、不同层次、不同地区的知识产权管理组织之间的协调提供方向或模式；为行业自治组织参与知识产权管理提供制度支持；为企业知识产权组织管理的规范化提供可行的标准。

（5）提供有效模式,支撑知识产权社会服务。"战略"所追求的知识产权创造目标与知识产权运用目标,不能仅仅靠企业自身的努力和国家的组织管理,还要依靠基础广泛的社会力量,充分调动各种社会力量的积极性。知识产权社会服务的加强有赖于国家的法律制度和政府部门的政策,知识产权中介服务的发展需要法律与政策明确知识产权中介服务的组织形式、中介服务的业务范围、中介服务人员的资格、中介服务人员的地位及行为规范、中介服务人员的责任、中介服务的自治与管理模式；知识产权公共服务平台（如知识产权交易平台、知识产权信息平台等）的建设需要政策的导向和政府的扶持,需要国家法律对其法律地位加以确认并保护其相关权益,需要国家法律对其运行秩序进行维护；"战略"的实施需要包括高校在内的社会各方面提供人才支持,而知识产权人才培养模式、知识产权教育资源的配置、知识产权人才培养措施的运用均需要多方面法律和政策的保障。日本已将知识产权人才的培养列为知识产权战略大纲的四大核心内容之一,并将其纳入《知识产权基本法》予以贯彻实施,足见法律制度对于知识产权人才培养的重要价值。

（6）加强引导与约束,保障知识产权工作的物质基础。离开较好的经费投入和其他物质条件,知识产权创造和运用及其他相关的知识产权工作是很难取得有效进展的,整个"战略"的实施也难以为继。法律制度在"战略"实施的物质保障方面同样担负着重要使命。以经费投入为例,财政投入是"战略"实施经费的重要来源,这需要计划法和预算法给予相应的安排,而要顺应"战略"实施对于财政资金的需要,有必要调整财政支出结构、确保财政支出效果,这需要国家法律和政策加以引导并建立绩效评价等约束机制。金融支持是"战略"实施经费的另一个重要来源,这一来源需要商业银行法、担保法和相关政策的保障与鼓励。社会性投入对于"战略"的实施越来越重要,而这种投入需要政府部门通过优惠政策加以引导并通过法律保障其安全,知识产权证券化是吸引社会性投入的重要途径,而这种获得资金的路径首先需要有资产证券化的基本制度作为实施的依据和制度保障。

（7）建立行为标准,评价知识产权工作成效。对国家知识产权战略实施绩效进行科学、客观和全面的评估有助于有效监控战略实施过程和实施效果,保证战略实施效果及时反馈,确保战略有序推进。为及时总结"战略"实施的经验和不足,不断改进工作重点与方法,有必要对"战略"实施各方面的工作进行评价。这种评价工作要得以顺利进行并发挥有效作用,就必须由国家的法律和政府部门的政策对评价标准、评价程序、评价结果的运用等作出合理规定。

3. 完善法律制度的内涵与外延

从我国现实情况看,能够对"战略"的实施发挥上述保障作用的不限于法律(这里指广义的法律,含全国人民代表大会及其常务委员会制定的法律、国务院制定的行政法规、国务院相关部门制定的部门规章、拥有地方立法权的地方权力机关制定的地方性法规及其人民政府制定的地方人民政府规章、我国参加的国际条约、最高国家司法机关颁布的司法解释等),也包括其他地方人民政府和地方人民政府的工作部门颁布的规范性文件,还包括各级人民政府及其工作部门所制定的直接或间接促进"战略"实施的政策性文件。也就是说,这里的"法律制度"涵盖了作为法律渊源的各种规范性文件、政府机关制定的其他规范性文件和政府机关制定的政策,是法律、制度、政策的统称。

何谓"完善"的法律制度?"完善"的法律制度应当符合以下几个方面的要求。

（1）"战略"实施需要的法律、制度和政策应当具备。这方面的法律制度首先是专门的知识产权法和政策,这是目前学者在研究"战略"实施法治环境时主要关注的一点;其次是配套的政策和法律制度,涉及面很广,如财政、金融、科技、教育、人事、企业、合同、竞争、诉讼等方面的政策与法律。

（2）相关法律、制度和政策具有较高的质量。规范性文件的层次应当适宜,操作性较强,政策、法律的内容明确、合理,具有较强的针对性,与"战略"实施的要求相适应,政策、法律的规定相互之间较为协调。

（3）相关法律、制度和政策要适时进行变更。知识产权法和其他配套法律应当根据"战略"实施的需要及时进行修订和完善。政府机关的政策要基于"战略"实施的进程不断进行调整,使政策的指导性和激励性能够凸显出来。

（4）相关法律、制度和政策要得到有效的实施。再好的法律与政策如果停留于纸上,是没有任何意义的,必须落实于相关主体的行动中才能真正对"战略"的实施发挥保障作用,尤其是需要完善的知识产权行政管理体制,保证行政机关应当严格而科学地执行相关法律与政策,还特别需要司法机关在审理知识产权相关案件时严格适用相关法律,加强对知识产权的保护。

（二）有力的组织保障

1. 组织保障在国家知识产权战略实施中的重要作用

"战略"的实施是一个涉及面广、因素复杂、动态变化的系统工程,必须有一个强有力的组织体系才能保证这一工程有序、高效地推进。组织保障的功能在"战略"实施中主要体现在以下几个方面。

（1）保证各项"战略"实施工作落到实处。对于"战略"的实施构建一套组织体系，设计一套科学的管理体制，明确各相关机构和人员的职责，既能保证整个"战略"实施活动有统筹者，也能保证"战略"实施的各个方面、各个环节乃至某一具体的工作均有相应的责任人，从而确保"战略"实施的各项活动均能落到实处，不至于因缺乏具体的组织者而使一些"战略"实施要求停留在纸面上。

（2）突出"战略"实施的重要性。从我国现状看，一项工作是否被人们所重视，往往与其组织领导者有重要关系。如果某项工作没有明确的组织领导者，就不会受到大家的重视，通常是被人们挂在嘴边却不见实际行动，甚至不被人们提及；相反，如果某项工作有强有力的组织领导者，特别是被当成"一把手"工程，就会引起人们的高度重视。要使"战略"的实施得到上上下下的重视，由口号变成切实有效的行动，就必须针对"战略"实施设计有力的组织领导机制。

（3）强化"战略"实施的有序性。"战略"的实施涉及无数的机构或个人，如果不建立一定的组织体系，对"战略"实施过程进行组织管理，那么每个机构或个人往往会按照自己的理解和利益需求采取行动，进而使整个"战略"实施陷入混乱之中。政府在知识产权管理中的主要职能之一便是行使公权，通过制度化的方式来解决冲突，重塑社会秩序。在"战略"实施过程中以政府及其部门为主体实施的组织管理，其主要目的之一也是要维持"战略"实施的秩序，保证"战略"实施的顺利进行。

（4）确保"战略"实施的协调性。国家知识产权战略贯穿知识产权创造、运用、保护、管理诸多环节，涉及科技、经济、贸易、文化等领域，其贯彻实施需要国家、地方、行业、企业各层面合力推进。"战略"的实施涉及不同的管理机构、不同的社会组织和企业、不同的人员，这些主体之间必然存在着观念差异和价值冲突。除了"战略"实施涉及的不同市场主体之间的利益冲突外，这方面的冲突主要存在于不同的知识产权行政管理机构之间、知识产权行政执法机构与知识产权审判机构之间、知识产权主管部门与反垄断法执法机构之间、不同层级的知识产权行政主管部门之间、不同地方的知识产权主管部门之间。基于此，加强统筹协调是做好知识产权战略工作的内在要求，而建立统一高效的组织模式是顺利实现此种协调的必要保障，特别是统一的领导组织、联席会议组织和日常联络组织等协调性组织的建立和有效运行。

（5）提高"战略"实施的效率。一个组织整体效率的高低，取决于它所拥有的各种资源是否得到优化配置、组织的运行状态是否良好。从宏观层面来说，组织保障的根本目的是通过有效的组织管理，谋求"战略"要素的有机整合，实现"战略"要素的科学配置，进而提高"战略"实施各个环节的效率和整个"战略"实施的总体效率。从企业这一微观层面最重要的主体来说，有效的组织设计是调动企业人、财、物等资源以成功地实施企业知识产权战略的重要方法。无论是从提高"战略"实施的整体效率上看，还是从提高"战略"实施某一环节、某一方面或某一具体工作的效率上看，科学的组织机制、有力的组织管理都是一个重要的保障因素。这实际上也是知识产权工作较好的地方和企业取得成功的重要经验所在。

2. 组织保障应当满足的要求

组织体系要在"战略"实施中发挥上述保障作用。其前提是组织体系自身要比较完善，主要表现在以下几个方面。

（1）组织的权威性。为了加强知识产权的协调与管理,知识产权管理部门必须具有较高的权威性。一个强有力的组织管理者才能保证其组织管理活动的实效性;要提高"战略"实施组织的权威性,就应保证"战略"实施领导组织应当由较重要的政府领导人负责,政府知识产权管理部门在政府管理体系中应当具有较高的地位,各单位的知识产权管理部门应当由单位负责人挂帅或负责,社会性的"战略"推进组织应当由知名人士或政府部门牵头。

（2）组织的系统性。"战略"实施是一个系统性工程,每一个领域、每一个环节的知识产权工作都应当有相应的组织者,从而形成一个有机的组织体系。在任何一方面如果存在组织缺失,不仅会使这方面的"战略"实施工作受到严重影响,也会影响整个"战略"推进的力度和质量。

（3）组织的协调性。这种协调性首先是内在的协调,要求各种类型、各个级别的管理组织在职能配置上要协调,避免交叉重叠现象的出现,并能形成相互配合、协同发挥作用的格局。在目前多元化、多层级和一体化的知识产权行政管理与执法体制和双轨制的知识产权保护体制下,很容易形成受理机关设置的分散、执法主体过多及相互职能交叉和权力冲突的局面,这就需要进行外在的协调,即不同的组织之间应当建立必要的机制去化解相互间的冲突和矛盾。

（4）组织的专业性。知识产权的高度专业性决定了"战略"实施工作的专业性,相应地,各种知识产权管理组织也应当具有较高的专业性。组织的专业性首先体现为相关组织的专门化,尤其是知识产权行政管理机构和执法队伍的专门化,知识产权审判组织的专门化,大型企业知识产权管理机构的专门化;组织专业性的另一个重要要求就是组织工作人员的专业性。

（5）组织机构的健全。组织保障作用的切实体现需要每个管理组织能够真正发挥应有的作用,而每个组织能在多大程度上发挥作用往往取决于该组织自身的管理能力。一个组织较强的管理能力是建立在其健全的组织机构、较好的人员配备、严格的管理规范和科学的运作机制基础之上的,即内部机构设置较为合理,有数量适中、具有较高素质的工作人员,有一套规定严格、执行有力的规章制度,有设计合理、运作顺畅的程序机制。

（6）组织形式的多样性。面对纷繁复杂的"战略"实施活动,组织的适应性是其保障作用得以有效发挥的重要条件。这种适应性的基本要求就是组织形式的多样性:不同层面、不同范围的管理组织应当有不同的形式。比如,政府实施宏观管理的组织与行业协会实施中观管理的组织应当有较大的差异,而企业实施微观管理的组织又应当与前两者存在很大的差异;不同性质的管理组织应当有不同的形式,如知识产权行政管理的组织形式、知识产权司法管理的组织形式、知识产权中介服务管理的组织形式、知识产权管理协调的组织形式相互之间应当有一定的差异;不同类型知识产权事务的管理组织也应当有不同的形式,如技术类知识产权管理的组织形式、标志类知识产权管理的组织形式和创作类知识产权管理的组织形式之间应当有一定的差异。

（三）坚实的社会基础

1. 社会基础在国家知识产权战略实施中的重要性
《纲要》的颁布是政府干预知识经济、推动创新型国家建设的重要举措,但"战略"的实施仅靠政府的推动和组织管理是远远不够的,它是一项社会性的浩大工程,需要调动全社会的力量,构建坚实的社会基础。

"战略"的实施是知识经济的有机组成部分,处理经济生活中国家与人民社会关系的原则和要求同样适用于这一领域。经济民主是当代经济生活的重要特征,市场主体自主、合作参与是其基本要求,要充分发挥企业和社会中间层主体的作用。

"战略"实施中政府作用的两面性决定了利用社会力量的重要性。政府是实施国家知识产权战略的重要力量,它既有可能对国家知识产权战略实施产生积极的推动作用,也有可能对其构成严重障碍;要有效实施国家知识产权战略,必须正确发挥政府作用,把政府的宏观调控与市场的价值规律有机结合,从而充分发挥企业的自主创新能力,激发全社会所有创新主体的创新活力。

"战略"实施的社会性需要社会力量的广泛参与。尽管知识产权对于很多人来说高深而神秘,但"战略"的实施遍及整个社会是个不争的事实,可以说,"战略"的实施涉及并影响着每个单位和个人,每个单位或个人的行为也会在事实上影响着"战略"的实施。因此,要使"战略"的实施取得良好效果,就不能不考虑调动每个社会主体的积极性和能动性的问题。

"战略"实施的系统性需要良好的社会环境。"战略"的实施需要各种力量共同作用、各种因素相互影响、各个环节相互衔接、各个层面有机结合,社会力量既是其中的核心构成,也是基本的影响因素。因此,"战略"的顺利实施必须有较好的社会氛围,需要每一种社会力量发挥其正面功能,至少不能成为阻碍或破坏因素。

2. 坚实的社会基础的基本内容

"战略"实施所需要的坚实的社会基础包括但不限于以下几个方面。

(1)企业知识产权工作基础较为扎实。企业是"战略"实施最基本、最核心的社会力量,作为"战略"中心任务的知识产权创造与知识产权运用的目标,主要依靠企业去实现。在市场经济下构建知识产权战略体系,企业作为知识产权创造和运用的主体应当居于中心位置,而政府的责任更多地体现在为企业提供一个良好的知识产权发展环境上,围绕企业而存在。企业作为"战略"主体的作用要得到较好的发挥,就必须保证企业有扎实的知识产权工作基础,这涉及企业的知识产权管理机构、管理队伍、管理制度、员工知识产权意识、知识产权投入程度、已有技术基础等多个方面。

(2)知识产权中介服务体系较为发达。知识产权的高度专业性、知识产权种类的多样性、知识产权涉及面的广泛性决定了在"战略"实施过程中某一项知识产权工作往往无法由特定的主体单独完成,某一特定的主体通常难以独自完成其所涉及的所有知识产权工作,因此知识产权中介服务在很多情况下成为必要。可以说,离开专业化的知识产权中介服务,很多知识产权工作往往无法开展;知识产权中介服务已经贯穿于知识产权创造、运用、保护、管理各个环节,涉及专利、商标、版权、地理标志、植物新品种等知识产权领域。完善的知识产权服务体系是"战略"顺利推进的重要保障因素,这种完善的服务体系主要体现为服务机构和服务人员较多、服务模式科学而多样、服务规范健全、服务水平较高、服务的外部保障条件较好等。

(3)行业自治组织能够发挥特有的作用。行业自治组织在"战略"实施中具有自己的优势。与政府机关相比,行业协会具有信息优势,具有亲和力,具有专业性,更具有群众基础;与市场主体相比,以行业协会为代表的社会中间层主体更具专业性,拥有更加充分、完整的信息,有助于集体理性的实现。行业组织特有作用的发挥不但需要国家有关行业协会法律制度的完善,还需要社会对行业协会的"战略"作用进行充分的认识,更需要行业协会自身有健全的组织机制,有积极参与"战略"实施的责任心,有适于"战略"需要的管理人员和专业人员,有高质量的自治规范,有广泛的代表性和较大的影响力。

(4)知识产权公共服务平台运作良好。知识产权公共服务平台是采用开放式的知识产权服务模式,通过整合各种知识产权社会资源和信息资源,为政府、企事业单位和社会公众提供多样化的"一站式"快速、准确、优质的知识产权服务的公共平台。从服务内容上看,知识产权公共服务平台可以分为活动类服务平台和信息类服务平台,前者的服务内容有知识产权咨询、宣传培训、战略研究、法律援助、知识产权评估、知识产权交易等,后者的服务内容是提供相关的知识产权信息或文献;从服务范围上看,知识产权公共服务平台可以分为综合性服务平台和专项服务平台,前者涉及多方面知识产权的服务,后者主要限于某一类知识产权服务。从推进"战略"实施的需要考虑,知识产权公共服务平台应当符合以下要求:服务平台体系完善,各个层面、各种类型的服务平台在相互配合的基础上形成有机整体;服务平台的信息来源多样、数量充足、更新及时;服务平台的资源、信息能够得到便捷的利用;服务平台整合知识产权资源或信息的能力强,特别是能够有效获取和整合社会性资源(含一些单位内部的资源);免费服务平台与商业服务平台共存,但应实现基本知识产权信息的免费利用,如由国家知识产权主管部门建设的国家知识产权文献及信息资料库可以将基本的知识产权文献与信息需求定位于公益性质,而对于深度加工的增值服务则留待商业性开发;服务平台在相应的范围内为公众知晓且有较好的信誉。

(5)知识产权文化氛围浓厚。有学者将知识产权文化分为观念形态的知识产权文化和制度形态的知识产权文化,这里主要涉及前者。"战略"的顺利实施需要有强大的精神力量的支持,而这种精神力量的核心便是知识产权文化。如果没有浓厚的知识产权文化氛围,没有知识产权精神的支撑,就很难形成强烈的创新意识,知识产权制度就难以得到深刻的认识和严格的遵守,他人的知识产权成果就很难得到应有的尊重和保护,知识产权侵权行为就很难受到普遍的抵制与制裁,"战略"推进计划就很难得到广泛的响应与支持。"战略"的顺利推进需要浓厚的知识产权文化氛围的铺垫:知识产权的本质、知识产权制度的主要内容和基本要求得到社会的广泛认知;尊重他人的知识产权,严格遵守知识产权制度,抵制知识产权侵权行为,坚决保护知识产权成为一种社会信念;看重知识产权,崇尚知识产权,追求知识产权成为主流的价值观念和行为习惯。

(四)丰富的人才支持

造就创新型人才是建设创新型国家的关键,作为创新型国家建设的重要内容的"战略"实施行动,更需要以创新型人才为核心的人力资源的支持。为了保证"战略"实施的顺利推进,知识产权人力资源必须达到相应的要求。

1.知识产权人才的供给得到较好的保障

在"战略"实施的各个领域、各个环节,在参与"战略"实施过程中的各个机关、企事业单位和社会团体,其所需要的知识产权人才都能得到较好的供给。

(1)知识产权人才的数量要满足需要。量的保障是知识产权人才供给应当满足的最起码要求,借此首先解决"战略"推进过程中人才缺乏的问题,使得相关单位至少能够做到有"人"可用。随着"战略"的实施向纵深发展,对知识产权人才需求的数量也会不断增加,这种数量保障的压力也会增大,政府机关和社会各方应当采取有效措施尽量去化解这种压力。

(2)知识产权人才的质量要有保证。知识产权人才质量涉及多个方面:

①知识产权人才类型要适应需求。"战略"实施的基本目标在于知识产权创造与知识产权运用,这就需要保障科技型创新人才的供给,特别是高层次科技人才(主要是企业高层次科技人才)的供给;知识产权管理与知识产权保护是"战略"实施的重要内容,这就需要相应的知识产权管理人才(行政管理人才、企业管理人才、社会化管理人才等)和知识产权保护人才(司法人才、行政执法人才、社会维权人才等)的供给;"战略"的实施离不开多种形式的社会支持,这就需要相应的知识产权中介服务人才、知识产权教育人才的供给。

②知识产权人才的知识结构要适应需求。各种类型的知识产权人才都应当具有该类人才所应有的专门的知识;同时,知识产权具有很强的复合性、交叉性,大部分知识产权人才应当具有复合型知识结构,最好能够做到法学与管理学、经济学、技术科学等学科的交叉和融合(至少是两个学科的交叉与融合),这种复合型知识产权人才也是当今最稀缺的。

③知识产权人才的能力要适应需求。知识产权人才作用的发挥最终取决于其实际运用知识的能力,较强的实际操作能力是对知识产权人才能力的核心要求;实践型知识产权人才是社会发展之迫切需要,在企业层面则尤为突出。

(3)知识产权人才的输送来源要有保障。在"战略"实施中社会对于知识产权人才的需求是持续的。这种新的知识产权人才需求应当有稳定的输送渠道予以保证。满足新增知识产权人才需求的稳定渠道主要是专门担负人才培养功能的高校。因此,从"战略"实施需求的角度考虑,必须有完善的教育资源支持机制,包括师资方面的支持、课程方面的支持、平台方面的支持,还要有制度和政策方面的支持。

2. 知识产权人才的作用得到较好发挥

有了必要的知识产权人才队伍,还要切实保证这些知识产权人才能够发挥应有的作用,只有这样才能真正对"战略"的实施提供实质性的人才支持。从人尽其用的角度考虑,有几点是需要做到的。

(1)知识产权人才得到应有的重视。各级政府的领导层首先要对知识产权人才的使用给予高度重视;知识产权人才所在的单位要直接关心知识产权人才,重视知识产权人才的合理使用;整个社会也要将知识产权人才放在一个重要的位置,在对一些专业性问题的处理上,要养成倚重知识产权人才的习惯。

(2)知识产权人才专门化得到落实。从"战略"高效实施的角度考虑,最好能够实现知识产权人才的职业化,打造职业知识产权人才队伍,这样可以避免知识产权人才同时从事其他工作所带来的干扰,提高知识产权人才的工作效率。

(3)知识产权人才的奖惩机制得以健全。与其他人才作用的充分发挥需要激励与约束机制一样,要使知识产权人才尽可能地发挥其积极作用,也需要建立相应的激励约束机制。

这种激励约束机制主要是完善的考核及相应的奖惩机制,由于知识产权人才所处环境及其工作会存在较大的差异性,因此需要对这种考核评价机制进行合理的设计,特别是要努力提高其针对性;在奖惩机制的利用上,要注意运用知识产权人才一些精神层面和发展层面的因素,淘汰机制也应当在其中有所体现。

3. 知识产权人才的能力得到不断提升

随着经济社会的发展、科技进步的加快和环境的改变,"战略"实施的要求也在不断提高,知识产权人才原有的知识和技能很可能难以适应新的要求。在不可能对现有知识产权人才进行大面积淘汰的情况下,就必须保证现有知识产权人才的能力得到提升,这个目标的实现要满足三个基本条件。

(1)知识产权人才的内在需求。知识产权人才自身必须有强烈的竞争意识和不断提升其能力的需求,这样才能使知识产权人才的能力提升成为一种自觉行动,特别是利用一些非组织性的机会对其进行再教育,也会增强能力提升活动的效果。政府、社会、用人单位应当通过多种途径提升知识产权人才的这种内在需求。

(2)用人单位的有力支持。知识产权人才的后续教育有可能与其正在从事的工作有一定的冲突,特别是与用人单位的眼前利益产生矛盾,这就需要用人单位正确地平衡当前需要和长期发展的关系,在后续教育的时间、经费、机会等方面给予知识产权人才有力的支持,保证其必要的后续教育得以实现。

(3)丰富的持续教育资源。知识产权人才的后续教育资源主要来自高校、社会培训机构和其他方面(如研讨会的主办者),其中各种类型的培训单位(含高校提供的培训)是此类持续教育资源的主要提供者。为了增强后续教育的效果,就要对教育培训机构进行一定的控制,保证其自身的质量,特别是保证其有合格的师资、合理的课程设置、必要的教学设施和设备器材、良好的技能训练条件、高素质的管理人员队伍。

(五)必要的物质投入

1. 物质要素投入对于国家知识产权战略实施的影响

相对于法律制度、组织管理、社会基础、人力资源而言,物质要素是"战略"实施的硬条件,对于任何"战略"实施行动都是重要的。在知识产权创造方面,目前的主要问题是知识产权创造主体的积极性还没有被充分调动,支撑创新的资金还没有完全到位,R&D 投入也成了各方高度关注的因素;以专利为代表的知识产权成果的转化与运用,离不开以经费为核心的物质要素的支持,各种形式的资金扶持也成了发达国家促进知识产权成果转化政策和措施的重要内容;知识产权管理、知识产权保护、知识产权中介服务、知识产权文化建设、知识产权人才培养等任何一方面的"战略"实施行动,如果没有一定的经费支持和设施器材方面的条件,都很难有好的效果,甚至根本无法展开。

2. 国家知识产权战略的实施对于物质要素的要求

(1)物质要素投入的数量充足。"战略"实施各个环节、各项行动所需要的经费及其他物质条件应当得到保证,至少应当满足基本的需求。要做到这一点,则需从以下几方面入手。

①必须合理界定一个地方、一个单位、一项知识产权工作对物质要素投入的基本需求,

这种合理界定需要认真考察各相关因素。比如,在确定一个地方的 R&D 强度(R&D 经费投入占当地 GDP 的比例)时,需要综合考虑企业因素、政策因素、公共 R&D 部门、投资因素、经济因素等。

②要实现物质要素来源渠道的多元化。"战略"实施的广泛性、长期性决定了其对物质要素的需求不仅量大而且持续时间长,任何单一的物质来源渠道都无法独自满足这种需求,必须将各种可能的物质供给渠道利用起来,特别是将财政投入、企业自我投入和社会投入有机结合起来,尤其是要通过有效的形式调动社会投资的积极性,突出企业在研发投入及其他物质要素投入方面的主体地位。

(2)物质要素的配置合理。在一个地方、一个行业、一个企业经费和其他物质要素投入总量确定的前提下,要努力实现这些存量资源(主要指外部的投入)在不同的运用主体、不同的领域、不同的工作环节之间以及不同时段的合理配置,而要做到合理配置,需要将经费的使用效率、未来知识产权工作发展的需要、必要的利益平衡等要素加以综合考虑。基于合理配置的需要,每一次重要的经费或其他物质要素的分配都应进行充分的论证,特别是要建立一套科学的资源配置机制。

(3)物质要素利用效率较高。经费及其他物质要素投入的效益有两个方面:①直接效益;②间接效益或附带效应。直接效益主要是通过对投入的目标和最终的结果的比较来考察。研发投入的主要目标在于提高企业的自主创新能力和知识产权成果的产出;知识产权成果转化投入的主要目标是相关成果的成功运用及相应经济效益的产生;知识产权管理投入的主要目标是提高管理能力和提升管理水平;知识产权保护投入的主要目标是有效解决知识产权纠纷、保证受害知识产权人得到应有的救济;知识产权中介服务投入的主要目标是提高中介服务水平和促进知识产权成果的产出与运用;知识产权人才培养投入的主要目标是培养一定数量、具有相当水平的知识产权人才;知识产权文化建设投入的主要目标是公众知识产权知识的获得、知识产权意识的提高、知识产权信念的增强、知识产权精神的塑造。间接效益的情形比较复杂,因为任何知识产权工作都产生多种多样的影响,需要根据相关知识产权工作的内容来考察其应当具有的间接效益,比如,公共财政资助的干细胞研究项目,由于涉及民生,其对公众利益的影响就是一个重要的间接效益问题。知识产权保护工作对于产业竞争力所能产生的影响也可以看作一种间接效益。要满足物质要素投入高效利用的要求,就必须有相应的保障机制:①加强经费及相关设备器材的使用管理,特别是借鉴国外先进的项目管理经验;②建立科学的经费使用绩效考核评价机制,这种考核评价机制在遵循一些基本要求的前提下应当多样化,基于经费投入的领域、项目的特点进行设计,并要有针对性地采取一些科学的分析方法。

(六)其他方面的保障

"战略"实施影响因素的复杂性决定了其所需保障条件的多样性,除了前述通常的、主要的保障条件外,"战略"的顺利实施还需要其他一些保障条件,有些条件甚至对于"战略"的实施具有基础性的影响。

"战略"的实施有赖于较成熟的市场经济体制。市场经济与知识产权战略存在着内在的互动关系。西方知识产权制度的确立和成长,是与其商品经济或市场经济的发展同步进行的。我国"战略"实施过程中很多工作的完成实际上是以成熟的市场经济体制为前提的。市场经济环境对于知识产权战略的实现、知识产权的保护都具有相当的影响。社会主义市场经济的建设和完善，是知识产权战略推进的经济基础。基于此，要使"战略"目标实现，还需要在"战略"实施的同时不断推进市场经济体制的完善。

"战略"的实施有赖于人们对于经济社会现实的充分认知。在"战略"实施的过程中，任何决策和行动都建立在对现实情况清晰认识的基础上，包括对于"战略"实施涉及的不同层面及其重点的认识，对于"战略"实施所面临的诸多矛盾关系及其化解要求的认识，对于作为"战略"实施主体的企业本身的认识，比如对于不同类型的企业（国有企业、民营企业、外资企业、校办企业等）与不同规模的企业参与科技创新的不同动机的把握，对于国外知识产权发展的最新情况的认识，等等。

"战略"的实施有赖于一个良好的国际环境。在"战略"实施过程中，我们还会像《纲要》制定前那样面临来自西方发达国家的种种压力，这种压力肯定会对"战略"的实施产生干扰。面对这些压力，一方面，我们不能脱离我国的现实国情而给予迁就，对知识产权过度保护，这样会大幅度提高我国企业使用外来技术的成本，阻碍我国企业进行后续技术创新，压缩我国企业的发展空间；另一方面，也不能不顾国外压力，对知识产权保护力度不够，这样很容易损害我国的国际形象，恶化我国经济发展的外部环境。为了给"战略"的实施赢得一个宽松的国际环境，一方面，应当与相关国家进行更多的沟通，努力在一些有分歧的方面达成共识；另一方面，应当认识到，从长远看，由于发达国家以及一些话语权强大的跨国公司仍然在贸易领域掌握着主导权，它们的一些动作必将整体提高国际知识产权保护标准，我国不可能置身事外，必须早做谋划，提出战略性对策，特别是利用"战略"的实施过程做必要的调整，尽量减少这种摩擦，以保证"战略"实施的整体推进。

三、制定国家知识产权战略的意义

（一）增强全社会知识产权保护意识，培育知识改变世界的理念

行动要有思想的保证、意识的准备、理念的指导，"战略"的研究和制定必将为全社会尊重知识重塑新境界。

（二）保护知识产权权利人合法利益，推动技术创新和发明创造

知识产权制度的基本功能之一就是鼓励发明创造，维护发明者的合法权益，上升到国家战略地位的知识产权法律制度可以激励广大科研人员和文化工作者的工作的热情和积极性，保障他们的辛勤劳动能够得到回报和人格能够得到尊重。

（三）平衡知识产权权利人与社会公众的利益

著作权人带来丰富的精神食粮，商标权人满足消费者认牌购物，而专利权人既为社会带来新技术，也能通过公开科技信息，促进交流合作。通过研究和制定国家知识产权战略，能够合理有效地配置知识产权资源，调和知识产权权利人与社会公众的利益冲突。

(四)积极促进技术成果的转化,为社会带来财富和效益

长期以来,技术的研究和转化脱节是一大"软肋",特别是高校,众多科研成果苦寻"婆家"无果,而企业没有新产品难以生存,高校和研究机构陷入无资金注入、无回报、无热情的"三无"怪圈。要剔除这些怪圈、开创新局面,必须加强知识产权战略的研究和制定。

(五)有利于国家进行产业的合理布局

知识经济时代不断涌现的新技术革命要求国家用发展和先进的眼光及时谋划产业的合理布局,在谋篇布局时,对于朝阳产业,应积极给予扶持,鼓励创造自主知识产权,制定统一的标准。对于传统资源、传统知识和民间文化艺术的保护也应凸显我国的国际竞争优势。

(六)增强我国企业抗击跨国公司的能力,突破"围剿"之险境,并实施反"围剿"

加入 WTO 后,因知识产权纠纷引发的大战并没有停止。知识产权战略的制定,可以引导企业首先革除"宁肯仿制求生存,也不创新冒风险"的旧观念,积极进行技术创新,当发生纠纷时,敢于起诉和应诉,还可以优化结构,实行强强联合,共同出击和抗衡竞争者。

(七)提升国际形象,提升我国的话语权

我国作为 TRIPs 的缔约国,应享有国际条约规定的各项权利,也应履行国际条约所规定的各项义务,因此我国应在国际条约的制定和修改中拥有更多的话语权,而知识产权战略无疑是一支强心剂,它给我们以信心和实力。

四、制定国家知识产权战略的目标

制定国家知识产权战略要以大幅度提高我国自主创新能力和国家核心竞争力为目标,以适应经济全球化和知识产权规则国际化发展趋势。由于知识产权具有时间性、地域性和专有性,因此制定我国知识产权战略目标时要充分考虑我国的国情、技术、经济和社会所处的发展阶段以及世界发展的大趋势,立足于如何有效维护我国的国家利益、经济安全和国家主权,立足于充分借鉴国外先进经验,制定我国的知识产权战略,实现我国由知识产权大国到知识产权强国的转变,使我国的知识产权工作真正做到为全面建成小康社会战略目标服务。具体目标有以下几方面:

(1)自主知识产权水平大幅度提高,拥有量进一步增加;本国申请人发明专利年度授权量进入世界前列,对外专利申请大幅度增加;培育一批国际知名品牌;核心版权产业产值占国内生产总值的比例明显提高;拥有一批优良植物新品种和高水平集成电路布图设计;商业秘密、地理标志、遗传资源、传统知识和民间文艺等得到有效保护与合理利用。

(2)运用知识产权的效果明显增强,知识产权密集型商品比例显著提高;企业知识产权管理制度进一步健全,对知识产权领域的投入大幅度增加,运用知识产权参与市场竞争的能力明显提升;形成一批拥有知名品牌和核心知识产权,同时能够熟练运用知识产权制度

的优势企业。

（3）知识产权保护状况明显改善；盗版、假冒等侵权行为显著减少，维权成本明显下降，滥用知识产权现象得到有效遏制。

（4）全社会特别是市场主体的知识产权意识普遍提高，知识产权文化氛围初步形成。

五、制定国家知识产权战略的原则

（一）国家知识产权战略定位要准确

在国家发展的总体层面，国家知识产权战略要服从和服务于国家经济社会发展的全局，既不能理解为知识产权事业自身的发展战略，也不能简单地理解为知识产权保护战略，应体现知识产权在增强国家经济科技实力和国际竞争力、维护国家利益和经济安全方面的重要作用，使知识产权成为我国进入创新型国家行列的重要支撑。

（二）着眼于建设创新型国家，实施国家知识产权战略

"国家"二字分量很重，体现的是国家意志，目的是建设创新型国家。在具体策略上，要从知识产权的创造、管理、保护、运用等各个方面采取措施，支持形成一批对经济社会发展具有重大带动作用的核心技术和关键技术装备的自主知识产权，形成一批拥有自主知识产权和知名品牌、国际竞争力较强的优势产业。

（三）国家知识产权战略要涵盖整个知识产权领域

国家知识产权战略应包括专利、商标、著作、地理标志、植物新品种、集成电路布图设计，乃至传统知识、遗传资源、民间文艺等。既要注重知识产权专门领域的相对独立性，提高知识产权战略的系统性和完整性，又要注重有关法规、政策的衔接与协调。

（四）制定国家知识产权战略要把战略的总体性研究与专题性研究结合起来

通过总体性研究来搞好顶层设计，以使战略具有完整性、系统性和协调性。同时，要通过各项专题研究，深化对各项专题的认识和把握，以提高战略实施的效能。

（五）制定国家知识产权战略要处理好几个关系

一是平衡好激励技术创新和鼓励技术转移与扩散的关系；二是平衡好引进外国先进技术与国内自主创新的关系；三是平衡好保护知识产权与维护公共利益、公共健康的关系；四是平衡好适应国家现阶段生产力发展水平与满足长远发展需要的关系。只有这样，才能统筹兼顾，使得知识产权战略的制定符合我国的根本利益，维护我国的经济安全。

第三节 国家知识产权战略的核心内容

《国家知识产权战略纲要》的公布是中国知识产权制度建设中的一件大事,实施知识产权战略对我国转变经济发展方式、缓解资源环境约束、提升国家核心竞争力、满足人民群众日益增长的物质文化生活需要、建设创新型国家与和谐社会具有重大的战略意义。

一、我国知识产权战略的重点

在我国《纲要》出台前,专家学者们曾提出,把确立适合我国国情的知识产权保护强度作为制定国家知识产权战略的重点,提出知识产权工作面临的最紧要问题主要有两个:第一,如何促进我国企业生产自主知识产权能力的提高,增强企业的市场竞争力;第二,如何平衡自主知识产权与技术引进的关系,应对国际压力。因此,确立适合我国国情的知识产权保护强度,是有效解决这两个问题,实现国家知识产权战略目标,促进我国经济发展的核心问题。具体包括两方面建议。

一是通过调节知识产权保护强度来实现国家知识产权战略的根本目标。通过调节知识产权保护强度来实现国家知识产权战略的根本目标是最有效也是最符合国家知识产权战略本意的一种手段。国家知识产权战略应当是国家的一项整体战略,而不是某一个部门或者某一个企业的战略。国家知识产权战略也不等于国家知识产权保护战略,二者应当区分开来。但知识产权的保护强度问题却是国家知识产权战略的一个关键和核心的问题,可以说是一个"牵一发而动全身"的问题。我国国家知识产权战略的根本目的是提高我国企业生产和应用知识产权的能力,从而增强企业的市场竞争力和国家的整体国际竞争力。尽管企业生产和应用知识产权进行市场竞争的能力可以通过政府的行政手段、经济资助手段、税收政策手段等得以加强,但这些手段不是一种常规的、能够长久适用的提高企业知识产权竞争能力的手段,也不是一种全社会所有企业均适用的手段。

二是通过确立适合我国国情的知识产权保护强度来平衡发展自主知识产权,而其关键问题是我国知识产权战略的重点问题。技术创新与技术引进是提升国家竞争力的重要手段。开展技术创新需要非常深厚的理论储备和巨大的研究成本,有时还需要冒很大的风险。而技术引进则可以将他国先进成熟的技术为我所用,但如果外国先进技术拥有人对于将技术转移到他国所能带来的收益没有一个稳定的心理预期,就不会将真正先进的技术进行转移,这会直接影响技术引进的实际效果。此时,知识产权保护水平就是影响这一心理预期的一个最为主要的因素。因此,充分激励我国的自主创新、平衡自主创新与技术引进之间的关系、确定水平适当的知识产权保护是至关重要的因素。

而《纲要》明确提出了以下知识产权战略重点。

(一)完善知识产权制度

(1)进一步完善知识产权法律法规。及时修订专利法、商标法、著作权法等知识产权专门法律及有关法规。适时做好遗传资源、传统知识、民间文艺和地理标志等方面的立法工作。加强知识产权立法的衔接配套,增强法律法规可操作性。完善反不正当竞争、对外贸易、科技、国防等方面法律法规中有关知识产权的规定。

（2）健全知识产权执法和管理体制。加强司法保护体系和行政执法体系建设，发挥司法保护知识产权的主导作用，提高执法效率和水平，强化公共服务。深化知识产权行政管理体制改革，形成权责一致、分工合理、决策科学、执行顺畅、监督有力的知识产权行政管理体制。

（3）强化知识产权在经济、文化和社会政策中的导向作用。加强产业政策、区域政策、科技政策、贸易政策与知识产权政策的衔接。制定适合相关产业发展的知识产权政策，促进产业结构的调整与优化；针对不同地区发展的特点，完善知识产权扶持政策，培育地区特色经济，促进区域经济协调发展；建立重大科技项目的知识产权工作机制，以知识产权的获取和保护为重点开展全程跟踪服务；健全与对外贸易有关的知识产权政策，建立和完善对外贸易领域知识产权管理体制、预警应急机制、海外维权机制和争端解决机制。加强文化、教育、科研、卫生等政策与知识产权政策的协调衔接，保障公众在文化、教育、科研、卫生等活动中依法合理使用创新成果和信息的权利，促进创新成果合理分享；保障国家应对公共危机的能力。

（二）促进知识产权创造和运用

（1）运用财政、金融、投资、政府采购政策和产业、能源、环境保护政策，引导和支持市场主体创造和运用知识产权。强化科技创新活动中的知识产权政策导向作用，坚持技术创新以能够合法产业化为基本前提，以获得知识产权为追求目标，以形成技术标准为努力方向。完善国家资助开发的科研成果权利归属和利益分享机制。将知识产权指标纳入科技计划实施评价体系和国有企业绩效考核体系。逐步提高知识产权密集型商品出口比例，促进贸易增长方式的根本转变和贸易结构的优化升级。

（2）推动企业成为知识产权创造和运用的主体。促进自主创新成果的知识产权化、商品化、产业化，引导企业采取知识产权转让、许可、质押等方式实现知识产权的市场价值。充分发挥高等学校、科研院所在知识产权创造中的重要作用。选择若干重点技术领域，形成一批核心自主知识产权和技术标准。

（三）加强知识产权保护

修订惩处侵犯知识产权行为的法律法规，加大司法惩处力度。提高权利人自我维权的意识和能力。降低维权成本，提高侵权代价，有效遏制侵权行为。

（四）防止知识产权滥用

制定相关法律法规，合理界定知识产权的界限，防止知识产权滥用，维护公平竞争的市场秩序和公众合法权益。

（五）培育知识产权文化

加强知识产权宣传，提高全社会知识产权意识。广泛开展知识产权普及性教育。在精神文明创建活动和国家普法教育中增加有关知识产权的内容。在全社会弘扬以创新为荣、剽窃为耻,以诚实守信为荣、假冒欺骗为耻的道德观念,形成尊重知识、崇尚创新、诚信守法的知识产权文化。

二、我国各项知识产权战略的主要内容

(一)专利战略内容

(1)以国家战略需求为导向,在生物和医药、信息、新材料、先进制造、先进能源、海洋、资源环境、现代农业、现代交通、航空航天等技术领域超前部署,掌握一批核心技术的专利,支撑我国高技术产业与新兴产业发展。

(2)制定和完善与标准有关的政策规范,规范将专利纳入标准的行为。支持企业、行业组织积极参与国际标准的制定。

(3)完善职务发明制度,建立既有利于激发职务发明人创新积极性,又有利于促进专利技术实施的利益分配机制。

(4)按照授予专利权的条件,完善专利审查程序,提高审查质量,防止非正常专利申请。

(5)正确处理专利保护和公共利益的关系。在依法保护专利权的同时,完善强制许可制度,发挥例外制度作用,研究制定合理的相关政策,保证在发生公共危机时,公众能够及时、充分地获得必需的产品和服务。

(二)商标战略内容

(1)切实保护商标权人和消费者的合法权益。加强执法能力建设,严厉打击假冒等侵权行为,维护公平竞争的市场秩序。

(2)支持企业实施商标战略,在经济活动中使用自主商标。引导企业丰富商标内涵,增加商标附加值,提高商标知名度,形成驰名商标。鼓励企业进行国际商标注册,维护商标权益,参与国际竞争。

(3)充分发挥商标在农业产业化中的作用。积极推动市场主体注册和使用商标,促进农产品质量提高,保证食品安全,提高农产品附加值,增强市场竞争力。

(4)加强商标管理。提高商标审查效率,缩短审查周期,保证审查质量。尊重市场规律,切实解决驰名商标、著名商标、知名商品、名牌产品、优秀品牌的认定等问题。

(三)版权战略内容

(1)扶持新闻出版、广播影视、文学艺术、文化娱乐、广告设计、工艺美术、计算机软件、信息网络等版权相关产业发展,支持具有鲜明民族特色、时代特点的作品的创作,扶持难以参与市场竞争的优秀文化作品的创作。

(2)完善制度,促进版权市场化。进一步完善版权质押、作品登记和转让合同备案等制度,拓展版权利用方式,降低版权交易成本和风险。充分发挥版权集体管理组织、行业协会、代理机构等中介组织在版权市场化中的作用。

(3)依法处置盗版行为,加大盗版行为处罚力度。重点打击大规模制售、传播盗版产品的行为,遏制盗版现象。

(4)有效应对互联网等新技术发展对版权保护的挑战。妥善处理保护版权与保障信息传播的关系,既要依法保护版权,又要促进信息传播。

(四)商业秘密战略内容

引导市场主体依法建立商业秘密管理制度。依法打击窃取他人商业秘密的行为。妥善处理保护商业秘密与自由择业、涉密者竞业限制与人才合理流动的关系,维护职工合法权益。

(五)植物新品种战略内容

(1)建立激励机制,扶持新品种培育,推动育种创新成果转化为植物新品种权。支持形成一批拥有植物新品种权的种苗单位。建立健全植物新品种保护的技术支撑体系,加快制定植物新品种测试指南,提高审查测试水平。

(2)合理调节资源提供者、育种者、生产者和经营者之间的利益关系,注重对农民合法权益的保护。增强种苗单位及农民的植物新品种权保护意识,使品种权人、品种生产经销单位和使用新品种的农民共同受益。

(六)特定领域知识产权战略内容

(1)完善地理标志保护制度。建立健全地理标志的技术标准体系、质量保证体系与检测体系。普查地理标志资源,扶持地理标志产品,促进具有地方特色的自然、人文资源优势转化为现实生产力。

(2)完善遗传资源保护、开发和利用制度,防止遗传资源流失和无序利用。协调遗传资源保护、开发和利用的利益关系,构建合理的遗传资源获取与利益分享机制。保障遗传资源提供者的知情同意权。

(3)建立健全传统知识保护制度。扶持传统知识的整理和传承,促进传统知识发展。完善传统医药知识产权管理、保护和利用协调机制,加强对传统工艺的保护、开发和利用。

(4)加强民间文艺保护,促进民间文艺发展。深入发掘民间文艺作品,建立民间文艺保存人与后续创作人之间合理分享利益的机制,维护相关个人、群体的合法权益。

(5)加强集成电路布图设计专有权的有效利用,促进集成电路产业发展。

(七)国防知识产权战略内容

(1)建立国防知识产权的统一协调管理机制,着力解决权利归属与利益分配、有偿使用、激励机制以及紧急状态下技术有效实施等重大问题。

(2)加强国防知识产权管理。将知识产权管理纳入国防科研、生产、经营及装备采购、保障和项目管理各环节,增强对重大国防知识产权的掌控能力。发布关键技术指南,在武器装备关键技术和军民结合高新技术领域形成一批自主知识产权。建立国防知识产权安全预警机制,对军事技术合作和军品贸易中的国防知识产权进行特别审查。

(3)促进国防知识产权有效运用。完善国防知识产权保密解密制度,在确保国家安全和国防利益的基础上,促进国防知识产权向民用领域转移。

三、我国知识产权战略措施

为实现国家知识产权战略目标及各项战略任务,《纲要》制定了相应的宏观措施。

(一)提升知识产权创造能力

建立以企业为主体、市场为导向、产学研相结合的自主知识产权创造体系。引导企业在研究、开发、立项及开展经营活动前进行知识产权信息检索。支持企业通过原始创新、集成创新和引进消化吸收再创新,形成自主知识产权,提高把创新成果转变为知识产权的能力。支持企业等市场主体在境外取得知识产权。引导企业改进竞争模式,加强技术创新,提高产品质量和服务质量,支持企业打造知名品牌。

(二)鼓励知识产权转化运用

(1)引导支持创新要素向企业集聚,促进高等学校、科研院所的创新成果向企业转移,推动企业知识产权的应用和产业化,缩短产业化周期。深入开展各类知识产权试点、示范工作,全面提升知识产权运用能力和应对知识产权竞争的能力。

(2)鼓励和支持市场主体健全技术资料与商业秘密管理制度,建立知识产权价值评估、统计和财务核算制度,制定知识产权信息检索和重大事项预警等制度,完善对外合作知识产权管理制度。

(3)鼓励市场主体依法应对涉及知识产权的侵权行为和法律诉讼,提高应对知识产权纠纷的能力。

(三)加快知识产权法治建设

建立适应知识产权特点的立法机制,提高立法质量,加快立法进程。加强知识产权立法前瞻性研究,做好立法后评估工作。增强立法透明度,拓宽企业、行业协会和社会公众参与立法的渠道。加强知识产权法律修改和立法解释,及时、有效地回应知识产权新问题。研究制定知识产权基础性法律的必要性和可行性。

(四)提高知识产权执法水平

(1)完善知识产权审判体制,优化审判资源配置,简化救济程序。研究设置统一受理知识产权民事、行政和刑事案件的专门知识产权法庭。研究适当集中专利等技术性较强案件的审理管辖权问题,探索建立知识产权上诉法院。进一步健全知识产权审判机构,充实知识产权司法队伍,提高审判和执行能力。

(2)加强知识产权司法解释工作。针对知识产权案件专业性强等特点,建立和完善司法鉴定、专家证人、技术调查等诉讼制度,完善知识产权诉前临时措施制度。改革专利和商标确权、授权程序,研究专利无效审理和商标评审机构向准司法机构转变的问题。

(3)提高知识产权执法队伍素质,合理配置执法资源,提高执法效率。针对反复侵权、群体性侵权,以及大规模假冒、盗版等行为,要有计划、有重点地开展知识产权保护专项行动。加大行政执法机关向刑事司法机关移送知识产权刑事案件和刑事司法机关受理知识产权刑事案件的力度。

(4)加大海关执法力度,加强知识产权边境保护,维护良好的进出口秩序。提高我国出口商品的声誉。充分利用海关执法国际合作机制,打击跨境知识产权违法犯罪行为,发挥海关在国际知识产权保护事务中的影响力。

(五)加强知识产权行政管理

(1)制定并实施地区和行业知识产权战略。建立健全重大经济活动知识产权审议制度。扶持符合经济社会发展需要的自主知识产权创造与产业化项目。

(2)充实知识产权管理队伍,加强业务培训,提高人员素质。根据经济社会发展需要,县级以上人民政府可设立相应的知识产权管理机构。

(3)完善知识产权审查及登记制度,加强能力建设,优化程序,提高效率,降低行政成本,提高知识产权公共服务水平。

(4)构建国家基础知识产权信息公共服务平台。建设高质量的专利、商标、版权、集成电路布图设计、植物新品种、地理标志等知识产权基础信息库,加快开发适合我国检索方式与习惯的通用检索系统。健全植物新品种保护测试机构和保藏机构。建立国防知识产权信息平台。指导和鼓励各地区、各有关行业建设符合自身需要的知识产权信息库。促进知识产权系统集成、资源整合和信息共享。

(5)建立知识产权预警应急机制。发布重点领域的知识产权发展态势报告,针对可能发生的涉及面广、影响大的知识产权纠纷、争端和突发事件,制定预案,妥善应对,控制和减轻损害。

(六)发展知识产权中介服务

(1)完善知识产权中介服务管理,加强行业自律,建立诚信信息管理、信用评价和失信惩戒等诚信管理制度。规范知识产权评估工作,提高评估公信度。

(2)建立知识产权中介服务职业培训制度,加强中介服务职业培训,规范执业资质管理。明确知识产权代理人等中介服务人员执业范围,研究建立相关律师代理制度。完善国防知识产权中介服务体系。大力提升中介组织涉外知识产权申请和纠纷处置服务能力及国际知识产权事务参与能力。

(3)充分发挥行业协会的作用,支持行业协会开展知识产权工作,促进知识产权信息交流,组织共同维权。加强政府对行业协会知识产权工作的监督指导。

(4)充分发挥技术市场的作用,构建信息充分、交易活跃、秩序良好的知识产权交易体系。简化交易程序,降低交易成本,提供优质服务。

(5)培育和发展市场化知识产权信息服务,满足不同层次知识产权信息需求。鼓励社会资金投资知识产权信息化建设,鼓励企业参与增值性知识产权信息开发利用。

(七)加强知识产权人才队伍建设

(1)建立部门协调机制,统筹规划知识产权人才队伍建设。加快建设国家和省级知识产权人才库和专业人才信息网络平台。

（2）建设若干国家知识产权人才培养基地。加快建设高水平的知识产权师资队伍。设立知识产权二级学科，支持有条件的高等学校设立知识产权硕士、博士学位授予点。大规模培养各级各类知识产权专业人才，重点培养企业急需的知识产权管理和中介服务人才。

（3）制定培训规划，广泛开展对党政领导干部、公务员、企事业单位管理人员、专业技术人员、文学艺术创作人员、教师等的知识产权培训。

（4）完善吸引、使用和管理知识产权专业人才相关制度，优化人才结构，促进人才合理流动。结合《中华人民共和国公务员法》的实施，完善知识产权管理部门公务员管理制度。按照国家职称制度改革总体要求，建立和完善知识产权人才的专业技术评价体系。

（八）推进知识产权文化建设

（1）建立以政府为主导有新闻媒体支撑、社会公众广泛参与的知识产权宣传工作体系。完善协调机制，制定相关政策和工作计划，推动知识产权的宣传普及和知识产权文化建设。

（2）在高等学校开设知识产权相关课程，将知识产权教育纳入高校学生素质教育体系。制定并实施全国中小学知识产权普及教育计划，将知识产权内容纳入中小学教育课程体系。

（九）扩大知识产权对外交流合作

建立和完善知识产权对外信息沟通交流机制。加强国际和区域知识产权信息资源及基础设施建设与利用的交流合作。鼓励开展知识产权人才培养的对外合作。引导公派留学生、鼓励自费留学生选修知识产权专业。支持引进或聘用海外知识产权高层次人才。积极参与国际知识产权秩序的构建，有效参与国际组织有关议程。

第四节　国家知识产权战略的实施

伴随全球经济和科技发展，国际知识产权制度变革与发展空前活跃，知识产权的创造、管理、实施和保护在国际经济、科技、贸易中的地位得到了历史性的提高。各级政府要把知识产权工作提到重要议事日程上来，国务院有关部门要进一步加大对知识产权工作的支持力度，切实加强知识产权管理与经济、科技和外贸管理的衔接。要大力推进实施知识产权战略，加快知识产权法律法规体系建设，加强知识产权执法工作，引导企事业单位重视和加强知识产权工作，培育和提升知识产权保护的能力和水平，加快知识产权人才培养和信息网络建设。

一、实施国家知识产权战略的原则

既然国家知识产权战略定位在国家战略的高度上，那么在实施这一战略时就应该遵循一定的原则。

（一）私权原则

知识产权是私权，这个原则对国家而言是核心性的。国家知识产权战略要把尊重和保护隐私权放在首位,为此,要明确国家和企业的行为关系。国家知识产权战略应该从企业外部发挥作用,补充企业能力上的不足,不干涉企业内部管理。

这里所说的私权是站在企业的立场上而言的,企业拥有的知识产权越多,越能提高企业的国际竞争力,同时为企业节省大量的专利费用。因此,我国企业应鼓励职务发明创造,除去给发明人的奖励外,企业还可以自由实施和转让知识产权,为企业赢得优势。

(二)地区分别原则

由于我国地区经济发展不够平衡,所以在制定知识产权战略时一定要区别对待,发达城市可以高喊"知识产权立市"的口号,而欠发达地区则应实施一套适合自身发展的有效战略。

(三)借鉴原则

我国实施知识产权战略应遵循借鉴原则,具体表现为:第一,适应潮流,全面接轨;第二,积极参与,掌握主动;第三,有所为,有所不为(这有两层含义,一是在掌握技术标准和拥有基础性技术专利方面要有所为,有所不为;二是在制定知识产权保护标准方面也要有所为,有所不为);第四,本土化;第五,市场化。其实,这是从另外一个角度来谈知识产权战略的原则,该原则的第一条其实就强调了与世界接轨,即借鉴的重要性。

二、实施国家知识产权战略的基础

当前,我国无论是在自主创新能力建设方面,还是在知识产权事业发展方面,都为实施知识产权战略奠定了良好的基础。

一是我国拥有一定的科技实力,基础科学和应用科学的研究水平不断提升,航空航天技术、基因技术、生物工程技术、新材料技术等前沿科学领域的研究均处于世界前列。

二是我国拥有充足的自主创新人力资源。

三是我国知识产权的管理和保护能力不断提高。到目前,我国已经建立了既与国际通行规则接轨,又适合我国国情、适应现实发展阶段的知识产权法律法规体系,形成了比较完整的知识产权管理体系,建立了具有中国特色的知识产权保护模式,知识产权保护力度不断加强。

四是我国地大物博、历史悠久,有许多优秀的民间文艺作品、手工艺制造品、医术秘方、有地缘特色的优质农副产品,以及丰富的动植物基因资源,具有显著的经济价值和文化价值。

我国是发展中国家,但同时又是具有一定创新能力的发展中大国。上述这些良好的自主创新和知识产权工作的条件,为我国制定和实施国家知识产权战略奠定了良好的基础。

三、实施国家知识产权战略的措施

实施国家知识产权战略应采取如下措施:完善知识产权法律法规体系;健全知识产权执法体系;确立经济、科技、贸易中知识产权的导向政策;提高市场主体管理和运用知识产权的综合能力;加强知识产权体制机制建设,优化政府知识产权管理;加强知识产权信息传播,利用基础设施建设,强化知识产权信息公共服务;构建知识产权中介服务体系;加强知识产权文化和人才队伍建设;改善我国知识产权国际环境。此处我们仅重点分析以下三个方面。

(一)运用财政政策促进国家知识产权战略实施

财政在实施知识产权战略中至关重要。在新的发展阶段,财政支持实施知识产权战略,不仅要加大投入,更要注重制度创新,以促进建立起"以企业为主体、以市场为导向、产学研相结合"的技术创新体系。

1. 进一步调整财政支出结构,突出支持重点

目前,财政用于科技方面的投入已有相当规模,下一步关键是要集中力量,突出支持重点。财政资金要重点保障好基础科学研究、安全战略性技术、重要公益性研究领域的创新活动,加快退出一般商业性科技创新活动。整合产业研发资金、信息产业发展基金、软件和集成电路发展基金,改变过去点多面广、分散支持的做法,形成合力,突出重点。

2. 创新财政科技投入机制,扩大创新风险投资范围

改进管理方式,进一步提高财政科技投入资金的使用效益,始终是财政支持科技创新面临的重要任务。支持创业风险投资,是国外支持技术创新的普遍做法。实行创业风险投资,将由专业的风险投资机构代替政府选择管理项目,有利于客观公正地选择项目。由财政无偿投入转为股权投入,建立财政资金退出机制,以充分放大财政政策的效能。风险投资模式较好地实现了公正财政职能的市场化运作。

3. 更好地支持知识产权工作,强化政府公共服务功能

知识产权制度在我国取得了长足的发展,但总体上看,知识产权工作与国家经济、科学和社会发展的要求不相适应,需要进一步强化政府知识产权服务功能。财政将逐步建立起知识产权保护政策体系,支持知识产权宣传、培训等活动,普及公民的知识产权意识;加大专利审查能力建设,改善审查质量;支持建立专利信息咨询及信息服务平台,向公众提供方便快捷的信息传播服务;支持加强知识产权行政执法能力建设,切实做好知识产权的保护。

4. 建立科技项目绩效评价体系,确保财政支出效果

要切实改变以往"重投入、轻产出"的做法,加强对科技投入资金使用情况的追踪问效。充分发挥与利用社会中介的力量,对科技成果进行客观评价。建立应用型科技项目绩效评价制度,积极实行"以奖代补"等新的财政资金投入方式,对科研取得重大进展,或科研成果实现产业化、被市场所接受的项目,给予财政资金奖励和补贴。

5. 推进科技体制改革,为实施知识产权战略创造良好的体制环境

我国已成为名副其实的科技人力资源大国,研究开发人员总量居世界第一位,但我国企业的创新能力与发达国家仍存在较大差距。关键是要深入推进科技体制改革,充分调动广大科技人员的积极性,要加快改革现行投入机制,加快应用开发类科研机构向企业化转制,加快建立现代企业制度,增强创新能力,鼓励通过市场分配资源,重大科技项目要向全社会科研机构进行招标或优化组合,真正做到"谁有能力、谁出成果就支持谁",切实保证政策效果。

(二)以专利信息化保障国家知识产权战略实施

专利信息化总体发展目标应当是以专利申请人、社会、审查和管理等方面的需求为导向,依托先进的信息化技术手段,提供方便、快捷、准确、可靠的专利信息服务,为实施国家知识产权战略提供有力的保障。

1. 全面提升专利信息资源的质量和管理水平

建设多个高效用、高质量和专业化的数据库,保障电子政务、专利审批、公众检索和国际数据交换的需要,提高用户对信息资源完整性、时效性和精确性的满意度。

2. 建立信息资源管理体系

在对信息资源加工和使用中产生的需求和经验进行梳理分析和开发利用,以及对中国专利数据进行格式转换、规范整合、外部特征提取和标引的初加工的基础上,开展对专利主题信息的标引、专业分类、文摘重写以及对特殊专业专利信息标引等项的深加工,并实现对专利申请文件的同步电子化和代码化。

3. 专利信息检索

专利信息检索系统以中外数据资源为依托,向从事专利审批工作的人员及相关人员提供专业的检索服务。

4. 专利信息服务平台

国家专利信息服务平台将按照国家信息化规划发展的战略方针,向社会公众提供具有多个检索入口、适于不同层次用户群体使用的服务平台。该服务平台具有初级和高级检索、统计分析、专利预警、专家咨询评估和支持多语言访问等功能。

5. 电子专利审批系统建设

电子专利审批系统是以电子文件为审查依据,在整个审批过程中采用电子信息传输的审批系统。它整合现有的电子申请系统、审批流程管理系统、审查辅助系统、电子文档系统和电子出版系统,实现所有审查文档电子化。此系统是一个集专利申请、流程管理、审查、公告、复审、无效等功能于一体的、统一的、完整的、业务流程贯通的电子专利审批系统,使从专利申请的提出到专利权失效的全部法律程序实现全流程电子化。

6. 电子政务平台的建设

电子政务平台建设包括两方面的内容:第一,政府门户网站建设向基础服务平台、专业性服务平台及综合管理平台的方向发展,建设成为基于互联网的、提供综合性服务的大型门户网站,网站内容涵盖知识产权新闻,信息发布和信息服务,专利业务宣传与服务,知识产权法律、法规及专利法律状态查询,专利服务机构等;第二,完善全国专利管理信息平台及各省、自治区、直辖市、计划单列市、副省级城市和试点城市专利信息网点的建设,增强国家知识产权局与地方知识产权局之间的信息交流,加大执法的协同力度,实现网上办公。

(三)加强司法保护体系建设,推进国家知识产权战略实施

《纲要》将"加强司法保护体系建设""发挥司法保护知识产权的主导作用"纳入国家知识产权战略重点。这是对我国司法在知识产权保护中职能作用的基本定位,也是从全局和国家发展战略的高度对我国知识产权司法保护工作提出的殷切期望和全新要求。从充分

发挥各项知识产权审判的职能作用、综合运用知识产权司法救济手段等几个方面明确了工作着力点；明确了审理好各类知识产权案件中需要注意的司法原则和政策，以体现切实加大知识产权司法保护力度的精神，并对知识产权案件审判实践中的重点和难点问题，提出了一系列指导性意见；明确要积极探索符合知识产权特点的审判组织模式，研究设置统一受理知识产权民事、行政和刑事案件的专门知识产权审判庭，尽快统一专利和商标等知识产权授权确权案件的审理分工；要求及时制定知识产权司法解释，发布关于驰名商标司法保护的司法解释，尽快出台关于专利侵权判断标准和反垄断民事诉讼程序的司法解释；要建立健全与知识产权相关的司法鉴定、专家证人、技术调查、诉前临时措施等诉讼制度；要加强知识产权审判队伍建设，提高知识产权司法保护能力；要进一步健全知识产权审判机构，在中级以上法院和具有案件管辖权的基层法院普遍建立知识产权审判庭。

第三章　知识产权技术管理

随着网络技术的广泛应用,作品使用方式日益简便,网络侵权行为日益加剧,网络知识产权保护变得更加复杂与艰难,因而技术保护成为法律保护、制度保障、经济驱动之外的知识产权保护的另一种重要救济方式,并随之产生了一系列技术管理及应用系统,例如各种认证技术、版权管理系统、域名系统、专利管理系统及商标管理系统等。针对不断出现的技术保护措施,知识产权法给予积极回应,尝试把技术措施纳入知识产权法框架之下,这在数字版权和生物技术发明专利等领域都有体现,目的是弥补传统知识产权法律的滞后造成的法律救济缺失。知识产权技术管理既要体现各种新技术在知识产权管理中的开发与应用,又要在平衡公共利益的基础上,推动技术保护措施进入法律保护框架。

第一节　知识产权保护的技术措施

科学技术是一把双刃剑,在给人们带来社会进步的同时也产生了许多新的问题,但这又必须靠技术来解决。由信息技术发展所带来的知识产权侵权问题也必须用新技术来进行处理。现今人们已采用了许多技术保护措施,它们不仅促进了法律的进一步完善,也为数字作品的知识产权保护提供了技术保障。

虽然对数字作品进行技术保护已被人们所接受,但对于具体的技术保护措施,各个国家却有着不同的理解。美国对技术保护措施的定义是:"任何能有效地控制进入版权保护领域的作品,并能有效地保护版权人权利的技术措施。"欧盟则做了如下解释:"技术保护措施是指设计用于阻止侵犯版权以及与数据库有关的特殊权利的设备、产品或方法。"根据以上两种对技术保护措施的定义我们可以这样理解技术保护措施:它是一种工具、设备或软件系统,能够提供特定的方法让版权人可以更有效地保护自己的作品,用户能在版权人授权及提供售后服务的基础上更好地应用该作品。根据有关研究者归纳,目前人们已成功地开发了一系列可行的技术保护措施。

一、认证技术

认证技术最初较多地应用在计算机安全领域,一般是通过对被认证对象进行验证,从而确定其身份的有效性。这要求要验证的参数与被认证对象之间应存在严格的对应关系,最好是唯一对应的。常用的参数有口令、标识符、随机数、密钥或人的生理特征参数,如指纹、声纹、视网膜纹等。认证有实体认证、消息认证和身份认证。其中身份认证是许多应用系统的第一道防线,可以鉴别和排除非法访问。利用认证技术可以建立起数字作品权利人和数字作品使用者之间的信任关系,从而确保数字作品的合法使用。一般来说,在数字作品的保护中往往会用到以下几种认证技术。

（一）基于口令的认证

基于口令的认证是最简单、最易实现的一种认证技术，也是目前应用最广泛的认证方法。其主要特点是实现的简单性，不需任何附加设备，成本低、速度快，但口令认证的安全性较差。人们为了记住诸多的口令，往往选择一些易记口令，而穷举攻击和字典攻击对此类弱口令非常有效。特别是随着计算机及网络分布计算能力的提高，简单的口令系统很难抵抗穷举攻击。使用口令的另一个不安全因素来源于网络传输，许多系统的口令是以未加密的明文形式在网上传送的，窃听者通过分析截获的信息包，可以轻而易举地获取用户的账号和口令。

但通过一些措施可以有效地改进口令认证的安全性。如通过增加口令的强度，提高抗穷举攻击和字典攻击的能力；将口令加密，防止其在传输中被窃听；采用动态的一次性口令系统，防止口令的重放等。

（二）基于智能卡的认证

智能卡一般是形状与信用卡类似的矩形塑料片，但也有许多其他的形态，如钥匙状令牌、移动电话中的芯片。它们的共同特点是包括一个内置的处理器，并且是可编程的，能够安全地存储数据。

智能卡具有硬件加密功能，有较高的安全性。每个数字作品的使用者持有一张智能卡，智能卡存储使用者个性化的秘密信息，同时在验证服务器中也存放该秘密信息。进行认证时，使用者输入个人身份识别码，智能卡认证成功后，即可读出智能卡中的秘密信息，进而利用该秘密信息与主机进行认证。但对于智能卡认证，需要在每个认证端添加读卡设备，硬件成本增加了，不如口令认证方便和易行。

智能卡的认证方式是一种双因素的认证方式，PIN（Personal Identification Number，个人身份识别码）+智能卡，除非 PIN 和智能卡被同时窃取，否则用户不会被冒充。智能卡提供硬件保护措施和加密算法，可以利用这些功能加强数字作品的安全性能，例如，可以把智能卡设置成使用者只能得到加密后的某个秘密信息，从而防止秘密信息的泄漏。

（三）基于密码的认证鉴别技术

基于密码的认证的基本原理是，密钥的持有者通过密钥这个秘密验证方式证明自己身份的真实性。这种鉴别技术既可以通过对称的密码体制实现，也可以通过非对称的密码体制实现。基于这两种体制的典型认证系统有 Kerberos 认证系统、PKI/CA 系统。

二、受版权保护的作品的技术保护措施

受版权保护的作品的技术保护措施包括加密、密码系统、防火墙技术或定置盒。其中具有代表性的就是"数字信封"，这种系统可以用数字化手段对保护客体进行加密，并且可以装载与归纳作品内容、识别作者身份信息以及与作品使用相关的信息。

（一）加密技术

信息加密技术是网络环境下保护数字作品的一种行之有效的手段，它是一种主动的信

息安全防范措施。加密的目的是保证信息的保密性、完整性和安全检查性,简单地说就是信息的防伪与防窃取。数据加密原理是将信息格式转化为密文,然后传输或存储密文,当需要时再重新转化为明文。它是保护数字作品知识产权的常用手段之一。加密技术可分为两种:对称加密和非对称加密。

1. 对称加密

对称加密又称为私有密钥加密,其特点是数据的发送方和接收方使用的是同一把私有密钥,并且使用的密钥不对外发布。如果通信的双方能够确保专用密钥在密钥交换阶段没有泄漏,就可以实现数据的机密性和完整性。利用私有密钥进行对称加密的过程是发送方用自己的私有密钥对要发送的信息进行加密,发送方将加密后的信息通过网络传送给接收方,接收方用发送方进行加密的那把私有密钥对接收到的加密信息进行解密,得到信息明文。

对称加密的优点是计算开销小,加密速度快,这是目前用于信息加密的主要算法。它的局限性在于它存在着发送方和接收方之间要确保密钥安全交换的问题。由于加密与解密双方都要使用相同的密钥,因此在发送、接收数据之前必须完成密钥的分发。因而,密钥的分发便成了该加密体系中最薄弱、风险最大的环节。但是各种基本的手段均很难保障安全地完成此项工作,密钥更新周期越长,他人破译密钥的机会越大。

2. 非对称加密

非对称加密又称为公开密钥加密,采用两个数学上相关的密钥对——公开密钥和私有密钥来对信息进行加密。与对称加密系统相比,公开密钥技术需要使用两个密钥:一个用来加密;;另一个用来解密。该技术的思路是密钥与相应的系统相关联,其中私有密钥是由系统所保密持有的,而公开密钥则是公开的,但知道公开密钥并不能推断出私有密钥。依据公开密钥是用作加密密钥还是解密密钥,非对称加密有两种基本的模式:

(1)加密模式。在加密模式中,发送方用接收方的公开密钥对要发送的信息进行加密,发送方将加密后的信息通过网络传递给接收方,接收方用自己的私有密钥对收到的加密信息进行解密,得到信息明文。

(2)验证模式。在验证模式中,发送方用自己的私有密钥对要发送的信息进行加密,发送方将加密后的信息通过网络传送给接收方,接收方用发送方的公开密钥对接收到的加密信息进行解密,得到信息明文。

由于非对称加密必须由两个密钥配合使用才能完成加密和解密的过程,因而有助于加强数据的安全性。但是,非对称加密技术加密和解密的速度都相当慢,与对称加密技术相比,用非对称加密技术加密和解密同样的数据所花费的时间要长得多。所以,非对称加密不适合对大量的文件进行加密,一般只适用于对那些内容较少的数字作品进行加密。考虑到非对称加密和对称加密各有所长,因此在数字作品的加密保护中,往往将对称加密和非对称加密结合起来使用。在实际运用中,数字作品权利人如果要对数字作品进行加密,需要生成自己的密钥对。密钥对中的公开密钥是公开的,但私有密钥则由密钥的主人妥善保管。发送方和接收方在对文件进行加密和解密的实际过程如下:发送方生成一个私有密钥,并对要发送的信息用自己的私有密钥进行加密,发送方用接收方的公开密钥对自己的私有密钥进行加密,发送方把加密后的信息和加密后的私有密钥通过网络传输到接收方,接收方用自己的私有密钥对发送方传送过来的私有密钥进行解密,得到发送方的私有密钥,接收方用发送方的私有密钥对接收到的加密信息进行解密,得到信息的明文。

(二)防火墙技术

防火墙技术是数字作品知识产权保护中较为常见的一种技术保护措施。防火墙是指隔离本地网络与外界网络之间的一道防御系统,它将被保护的网络与外部网络系统隔离开,从而实现对来往的数据流的控制,防止非法信息流入被保护的网络中,阻止来自外部的不可预测的、潜在破坏性的入侵。对于存放有数字作品的计算机来说,防火墙是被保护的计算机所在内部网络和外部网络之间的一道屏障,用户能根据设置的安全策略控制出入网络的信息流,同时不影响该计算机对外的正常访问。入侵者必须首先穿越防火墙的安全防线才能接触存放有数字作品的目标计算机,而运用防火墙技术则可以有效地阻止这种入侵,这就在某种程度上加强了互联网的安全性。防火墙是一个非常有效的网络安全工具,并且自身有很强的抗攻击能力。

三、数字水印、数字签名或数字指纹技术

数字水印、数字签名或数字指纹技术即通过在数字作品中加入无形的数字标志以识别作品及版权人,鉴定作品的真伪。

(一)数字水印技术

随着数字技术和网络技术的飞速发展和广泛应用,对数字作品中的图像、音频、视频等多媒体内容的保护成为迫切需要解决的问题。对于数字作品多媒体内容的保护往往分为两个部分:一是版权保护;二是内容完整性(真实性)保护,即认证。

传统加密方法对于数字作品内容的保护只局限在加密通信的信道中或其他加密状态下,一旦解密,则毫无保护可言。加密技术对于数字作品中多媒体内容的保护也相当有限,一方面由于多媒体内容的真实性认证往往需容忍一定程度的失真,而加密技术中的认证方法不容许一个比特的改变;另一方面,用于数字作品多媒体内容认证的认证信息往往需要直接嵌入多媒体内容中,不另外保存认证信息,但加密技术中的认证方法则需要另外保存信息认证码。

由于加密技术对于数字作品多媒体内容的保护能力的局限,一种新型保护技术应运而生,这就是数字水印技术。它的出现还同时解决了数字作品保护的另外一个问题。由于对数字作品的拷贝、修改非常容易,而且完全可以做到与原作相同,所以数字作品的创作者往往不得不采用一些严重损害作品质量的办法来加上版权标记,但同时这种明显可见的标识还很容易被篡改。数字水印技术则比较好地解决了这个难题。

数字水印技术将与数字作品多媒体内容相关或不相关的一些标识信息,在不影响原内容价值的前提下,直接嵌入多媒体内容中,利用数据隐藏原理使版权标记不易被人的知觉系统觉察或意识到。数字水印技术与加密技术不同,它虽然不能阻止盗版活动的发生,但它可以判别对象是否受到保护,确认内容创建者、购买者的身份,确认数字作品内容的真实性与完整性,并监视被保护数据的传播,进行真伪鉴别,识别非法拷贝,解决版权纠纷,并为

法庭提供相关的证据。

数字作品的所有者可用密钥或身份标识号码产生一个水印,并将其嵌入原数字作品中,然后公开发布他的水印版本作品。当该作品被盗版或出现版权纠纷时,所有者即可利用从盗版作品或水印版作品中获取的水印信号作为依据,从而保护所有者的权益。版权认证可分三步进行:

第一步,利用水印嵌入过程中用到的用户密钥创建被嵌的水印信息;

第二步,验证从含水印的数字作品中提取出来的水印与被嵌水印的相似度,如果相似度大于某一个阈值(如85%),则认证成功;

第三步,如果文件中有多个水印存在,判断水印嵌入的先后顺序。

用于版权保护的数字水印一般称为鲁棒水印,利用这种水印技术在数字作品的多媒体内容的数据中嵌入创建者或所有者的标识信息,或者嵌入购买者的标识(即序列号)。在发生版权纠纷时,创建者或所有者的信息用于标识数据的版权所有者,而序列号用于标识违反协议而为盗版提供多媒体数据的用户。用于版权保护的数字水印要求有很强的鲁棒性,除了要求在一般终端图像处理(如滤波、加噪声、替换、压缩等)中生存外,还需能够抵抗一些恶意攻击。但是目前还没有能十分有效地用于实际版权保护的鲁棒水印算法。

用于数字作品多媒体内容真实性鉴定(即认证)的水印一般称为易损水印,这种水印同样是在内容数据中嵌入信息,当内容发生改变时,这些水印信息会发生一定程度的改变,从而可以鉴定原始数据是否被篡改。易损水印应对一般图像处理(如滤波、加噪声、替换、压缩等)有较强的鲁棒性,同时又要求有较强的敏感性,即既允许一定程度的失真,又要能将失真的情况探测出来。

在数字水印的应用中安全性是很重要的要求,但是水印算法的安全性不能靠算法的保密而得到,这正如密码算法一样。因此研制更安全的数字水印算法仍是水印研究的重点之一。此外,应根据不同的数字产品内容分等级插入水印,即对较重要的内容和对安全性要求高的内容插入强度大、安全性好的水印,而对不太重要的内容和对安全性要求不高的内容插入强度小、安全性一般的水印,以适应实际应用的要求,这种分安全等级的数字水印实施方案有助于提高效率,也间接增强了水印的安全性。

在数字作品的知识产权领域,数字水印要得到更广泛的应用必须建立一系列的标准或协议,如加载或插入水印的标准、提取或检测水印的标准、水印认证的标准等都是急需的,因为不同的水印算法如果不具备兼容性,显然不利于推广数字水印在数字作品保护上的应用。同时,也需要建立一些测试标准。这些标准的建立将会大大促进数字水印技术的应用和发展。在网络技术及数字技术迅速发展的今天,数字水印技术的运用具有直接意义。但也需认识到数字水印技术并非万能的,必须配合加密技术及认证技术、数字签名等技术一起使用。一个实用的数字水印方案必须有这些技术的配合才能抵抗各种攻击,成为完整的数字作品知识产权保护的解决方案。

(二)数字签名或数字指纹技术

数字签名或数字指纹是指采用一定的数据交换协议,使用密码算法将待发的数据数字作品进行加密处理后,生成一段信息,附着在原文上一起发送,这段信息类似现实中的签名或印章,接收方对其进行验证,判断发送者的身份和原文真伪。数字签名或数字指纹主要是采用非对称加密算法,先采用单向 Hash 函数,将待发送的数据数字作品生成消息摘要 MD_1,发送方使用自己的私钥对消息摘要加密生成数字签名或数字指纹,将数字签名或数字指纹附着在原文上一起发送。接收方收到消息以后,先用发送方的公钥将签名解密,得到消息摘要。然后利用接收的源数据进行单向 Hash 函数的计算,得到消息摘要 MD_2 进行验证,如果 MD_1 = MD_2,说明签名成功。

如果在数字签名时原文在网络上以明文传输,就不能保证原始信息的机密性,而要保证原始信息的机密性,就需要对发送的原始信息进行加密运算,若对原文使用非对称密码算法,则在解密时运算量很大,会影响运算速度。所以,选择使用对称密码算法对原文进行加密,而用非对称的密码算法来实现数字签名技术,这种混合密码体制,既能实现数字签名,保证了在传输过程中原文的机密性,又能提高运算效率。

四、技术标准管理

(一)什么是技术标准

技术标准是指对技术活动中需要协调统一的技术事项所制定的标准,是企业进行生产技术活动的基本依据。国际标准化组织(International Organization for Standardization,ISO)对技术标准的定义为:技术标准是指一种或一系列具有一定强制性要求或指导功能,内容含有细节性技术要求和有关技术方案的文件,其目的是使相关的产品或服务达到一定的安全要求或进入市场的要求,其实质是对一个或几个生产技术设立的必须符合要求的门槛以及能达到此标准的实施技术。技术标准包含两层含义:(1)对技术要达到的水平画了一道线,达不到此线的就是不合格的生产技术;(2)技术标准中的技术是完备的,如果达不到生产的技术标准,可以向标准体系寻求技术的许可,从而获得相应的达标的生产技术。

(二)技术标准与知识产权

有一些学者研究了技术标准与知识产权的关系。帕特森教授认为:人们对一种技术标准的需求包括两个方面:一方面是对这种专利技术的需要;另一方面是对技术标准本身的需求。如果将这两种需求都作为对专利的需求的话,那么技术标准中的知识产权就存在过度保护的现象,他认为应该在专利使用费的谈判中加入最终用户的力量以显示公平。但是现行制度安排仍然有利于知识产权的所有者。克鲁特·布琳达在基于对欧洲公司的调查样本的基础上,分析了保护知识产权战略及其对标准化过程产生的可能影响。鲁迪·贝克教授考察了知识产权在形成 G9Ⅵ(全球移动通信系统)产业中的作用。该行业是一个技术标准扮演主要作用的高技术产业的典范。在形成 G9Ⅵ标准的过程中,人们对知识产权给予了极大的关注,目的是避免单一的知识产权持有者妨碍甚至全面阻碍技术标准的发展。然而,最终的 G9Ⅵ标准也包含了大量的所谓的基本知识产权,即没有这些知识产权,G9Ⅵ的生产是不能实施的。

(三)技术标准战略与知识产权战略之间的关系

1. 知识产权战略贯穿于实施技术标准战略的始终

现代技术标准战略是沿用了"技术专利化—专利标准化"这一思路。因为从建立标准的初期,知识产权战略的管理工作就要介入,首先的工作是申请专利,专利技术是技术标准战略的基础,因为技术标准的公布,往往会造成资料公开,使得一些技术不再符合专利法上"新颖性"的有关规定,从而丧失获得专利的可能,使这项知识产权失去法律保障。其次的工作是在技术标准化阶段将这些专利技术融入标准中,在建立标准的同时就要构建此标准的知识产权保护体系。最后的工作是标准建立后实施全球技术标准战略。在每一个阶段,根据标准的不同,又会有不同的操作,因此又体现出许多种知识产权战略。

2. 运用全球技术许可策略将技术标准战略与知识产权战略结合起来

标准与专利本来是互相排斥的。标准追求公开性、普遍适用性,标准技术的使用更强调行业推广应用;专利技术实施的前提则是获得许可,不允许未经授权进行推广使用。因此,早期的标准化组织尽可能地避免将专利技术带入标准中。但是,到了 20 世纪 90 年代,一方面由于新兴技术领域的专利数量巨大,专利对标准的影响越来越大;另一方面,专利技术的产业化速度加快,产品在国际上的竞争加剧,使得技术标准的内容由原来的只是普通技术规范向包容一定的专有技术、专利技术方向发展,通过技术标准达到技术与产品垄断的趋势日益明显,技术标准迫切地需要专利技术的加入来实现标准垄断的目的,因此专利开始影响标准化组织的管理理念。

(四)技术标准在企业经营中的作用

知识经济崛起的今天,知识产权能够促进知识价值的资本化,这种资本化的过程,就是通过制定技术标准,把知识产权的核心成果规则化。特别是在国际标准的制定上,制定者总是设法把技术标准与专利捆绑在一起,总是设法把尽可能多的专利技术嵌入到标准的要求中去。一旦某企业的产品不得不采用该项标准,就无法回避向专利技术的拥有者支付专利使用费,从而使主持制定标准的一方取得市场竞争的有利地位。

在企业生产经营中,技术标准的关键作用表现在四个方面:一是经济贸易中质量合同的技术依据;二是企业组织生产的重要技术依据;三是原料及产品检验判定的技术依据;四是质量纠纷仲裁的技术依据。

标准的作用与知识产权的作用各有其特点,标准的最主要作用就是市场统一,而知识产权的作用就是一定的垄断性及其带来的经济利益。一旦能找到契合点将二者结合起来,其威力和影响力就非同凡响,其效果绝不是简单的 1+1＝2,而是 1+1>2。现代技术标准,就是成功地利用专利技术和标准化工作的特点,巧妙地将全球技术许可战略构建在技术标准之中。技术标准的全球技术许可战略就是这样典型的 1+1>2 的战略,使标准战略与知识产权战略你中有我,我中有你,巧妙地结合在一起。

第二节　数字版权管理系统

版权信息管理与服务的内容包括:国内外版权贸易信息管理,如版权的许可使用信息、版权转让信息的收集、整理等;版权权利内容管理,如版权登记注册、版权数据储存与编目、版权合同登记、版权质押登记等;反盗版信息管理系统,如作品使用跟踪、盗版行为的证据记录、盗版作品信息披露等。这些任务的完成必须依靠版权信息管理系统作为有力的支持。

一、数字版权管理系统概述

数字内容的知识产权保护是通过两个方面实现的:一是数字版权保护;二是认证计费技术。

(一)数字版权保护

数字版权保护是实现数字信息产品通过网络销售的前提条件,采用数字版权保护技术可有效杜绝通过网络和计算机非法复制、拷贝、传送数字信息产品。数字版权管理服务器软件是一个端到端的数字版权管理系统,实现一个可扩展的平台用来安全地分发数字产品。使用版权管理,可以安全地在网络上传递音乐、录像和其他数字信息产品,消费者可以非常容易地获得合法的数字内容,并维护版权所有者的权益。

数字版权管理系统应具有以下特征:

(1)通过加密等技术保证数字产品的安全性;

(2)未经授权,用户不能通过欺骗或解密的方式在线或离线查看数字产品内容;

(3)授权用户不能将数字内容以未经保护的形式保存或分发;

(4)授权用户不能对数字内容进行许可证限制范围之外的操作;

(5)授权用户不能将自己的许可证提供给他人使用;

(6)实现在线版权保护和下载数字版权保护两种方式;

(7)数字内容在流通过程中应该是可计数的;

(8)可以控制数字内容的二次传播。

在实现这几个方面保护时,需要用到对称加密技术、非对称加密技术、数字签名和单向函数、数字证书、数字水印、防止篡改等多种技术。对用户操作的限制可包括:

(1)播放时间限制(播放许可证的生效日期和失效日期);

(2)播放次数限制;

(3)许可证与用户使用的硬件环境绑定。

(二)认证计费技术

认证计费技术是一整套数字信息产品计费、认证、收费、报账的用户付款结算系统,只有使用安全可靠、方便快速的付款结算系统才能保证数字信息产品的经营,保证企业与消费者共同的利益。计费认证的主要功能如下:

（1）可以自主地、根据不同类型的数字信息产品和不同的分类，以及其他一些数字信息产品的属性信息来设定不同的价格体系收费标准。收费形式包括免费、月租费、时间卡预收费、按次收费、按数量购买收费、打包套餐收费。同时，也可以按带宽、数字产品的类型、档次、服务质量等条件设定收费体系。

（2）支持对特定时段、特定用户的优惠，特定时段为特定的时间段、双休日，特殊用户为点播常客。用户缴费管理可修改用户账户余额、设置用户按月访问的权限。实现按时段优惠、假日优惠、内容优惠、特定用户群优惠等。

（3）用户费用查询，修改功能。

（4）建立数字产品的计费、账务、收费系统，并提供相关经营报表。计费账务处理系统包括计费数据的分拣、出账、销账、查询、结算处理等，支持银行托收功能、网上电子商务缴费功能等。

（5）从认证和数据采集系统获得原始的计费数据，再与用户管理系统相结合，对用户信用的控制实时化、个性化，既能有效控制欠费，又能鼓励用户消费。

（6）提供发票管理功能，与内容提供商进行结算，如版权结算等；为客户服务系统提供收费清单接口。

（7）可以实现基于流程和基于服务的用户认证。基于流程的认证是用户在同某个流程建立 TCP/IP 连接时产生的系统认证，是最可靠的认证；基于服务的认证是在用户选择具体的功能时所进行的 WEB 证明，是系统的认证。

二、版权信息管理系统的设计思想

版权信息管理系统基本上是一个关于内容（作品及其各种表现形式）的数据库，其中还要包含作者和其他相关权利拥有者的信息，这些信息是办理其他人取得作品使用权手续的基础。所以，一个版权信息管理系统通常包括两个主要模块：一个用于内容的认证；另一个用于作品使用授权或其他权利转移（例如全权代理）。通过计算机和网络，版权所有者可以访问更多的版权相关信息，并且可以使授权事务的处理更加方便高效；允许版权所有者维护自己的版权数据并自动处理授权事务的网络版权管理系统将在没有人工干预的情况下工作，它最大的好处是能显著降低版权交易费用。理想的版权管理系统还应当在用户取得授权后，即刻将作品的实际内容提交给用户。网络版权管理系统的主要应用领域是在数字化网络上实现作品内容的商业化传播。用户的要求可能既包括作品内容又包括作品使用权；也可能已经获得了作品内容，只是希望得到使用授权；还可能是已经获得了授权但要对原有授权进行变更或追加。在这种情况下，使用网络版权管理系统是最适当的解决方案。另外，著作权拥有者应当有相应的措施对网络中自己作品的合法使用进行监控。对此，使用网络版权管理系统也许是唯一的办法。

三、数字版权管理

国内关于 DRM（Digital Right Smanagement）最普遍的译法是"数字版权管理"或者是"数字版权保护"，本书取第一种译法。DRM 技术是指数字化内容在生产、传播、销售、使用过程中知识产权保护与管理的技术工具。DRM 的目标是运用技术手段遏制盗版，保护数字化内容的知识产权,保证数字化产品市场销售渠道的畅通,保障作者、出版商、分销商的利益和用户的合法使用权利,从而求得各方利益的实现与平衡,促进电子出版业的繁荣。

1. DRM 的起源与发展

20 世纪 90 年代末,由于 MP3 文件格式的出现,使得制作、分发与共享压缩音乐文件变得十分容易,而其保真效果几乎可与 CD 媲美。唱片公司和多数音乐家虽然都喜爱这种快捷的分发方式,但又担心盗版。为了摆脱这种境地,几家大型的音乐产品集团公司和技术巨头推出了"安全数字音乐倡议"(Secure Digital Music Initiative,SDMI),目的是保护音乐家和音乐出版商在网上的分销利益,这一倡议也拉开了 DRM 的研究与应用序幕。

MP3 出现后不久的 1999 年底到 2000 年初,也就是互联网经济如日中天的时候,网络上的淘金者开始关注电子书,虽然电子书被互联网经济的鼓吹者一致看好,但它并不如 MP3 那样发展得令人兴奋,世界各地的读者对电子书的总体反应比较冷淡,日本政府大力推行的电子书计划宣告失败。但有一点是清楚的,那就是电子书必然会生存和发展下去。电子书产业的前景是光明的,许多图书出版商也意识到了这一点,因此,他们仍然使用像 PDF(Portable Document Format)这样的标准行业格式,以数字技术出版各自的 e-Book,精心培育着电子书市场,同时,他们也密切关注着 DRM 技术的发展,为此,美国出版业协会还于 2000 年 11 月正式公布了《电子书的数字版权管理:出版者必备》的报告。

迄今为止,DRM 技术的发展已经历了两代:第一代 DRM 技术主要致力于对数字化内容的安全性与加密技术的开发,以达到用技术的手段解决数字化内容的未授权复制问题;第二代 DRM 技术则扩展到对数字版权的描述、认证、交易、保护、监控、跟踪,以及对版权持有者相互关系的管理上。

近年来,正版电子书在国内外的应用越来越普及,网民可以在网上购买电子书,或到数字图书馆借阅电子书,越来越多的网民体验到了从网上购买正版音乐的便捷,同时,国内也有不少宽带服务商提供有版权保护的点播节目。虽然这些应用的商业模式各不相同,但都是通过互联网进行数字内容的销售或服务,需要对数字内容的版权进行保护,因此数字版权保护技术及其重要性也被越来越多的人所关注和认识。早在 2003 年 10 月,互联网数据中心(Inter Data Center,IDC)的调查分析就显示,DRM 是未来最有前景的 10 大 IT 技术之一。

如今,DRM 技术已经在软件、电子书、音乐、影视、安全文档等领域得到了一定的应用。随着新需求的产生,DRM 有着更为广阔的发展前景,主要体现在以下三个方面:

(1)数字内容的共享与转移

DRM 支持数字内容的共享要求,在保护数字内容版权的前提下,DRM 允许用户在一定的范围内,于多台设备上共享数字内容,用户不能在超出范围的其他设备上使用受保护的数字内容;DRM 支持数字内容的转移,解决由于设备更换引发的数字内容在设备间的迁移和由于出借、赠送、转卖数字内容引发的数字内容在用户间的转让问题,转移的关键在于实现所有权的真正转移,确保源设备或源用户(暂时或永久)无法使用数字内容,目标设备和用户可以使用数字内容。

(2)可信计算平台

在现有的大部分系统中,数字内容的解密使用、使用权利的解析验证由客户端 RDM 应用程序负责。对 PC 端等通信设备而言,客户端 DRM 应用程序的运行环境是不安全的,因此,需要采用各种技术手段来确保程序的可信执行。

（3）移动 DRM

随着移动数据增值业务的迅速发展,内容提供商通过大量下载类业务及 MMS 等信息类业务传播的影音视频和应用软件、游戏等数字内容越来越多,其版权及相关利益必须得到保证。将 DRM 技术引入移动增值业务,可以确保数字内容在移动网络内传播,保证内容提供商的利益。

2. DRM 的支撑技术及体系结构

DRM 之所以成为可能,在于已经有一批成熟的可供利用的其他相关技术作为基础和支撑。包括对称加密、非对称加密、PKI（Public Key Infrastructure）公钥体制、数字水印、数字摘要、数字指纹、XML（Xtensible Markup Language）元数据集 DOI（Digital Object Identifier）技术等。在此基础上,结合 DRM 在商业模式中的需求和应用,形成了以数字内容的版权保护与交易为核心的一系列功能架构。内容保护、完整性保护、身份认证、安全传输、安全支付、权限管理等相互支持,形成了 DRM 的完整技术体系。

DRM 主要由加密、签名、水印、PKI、元数据、DOI、XML 等技术的组合运用而形成,下面侧重介绍一下元数据、XML 和 DOI 技术。

（1）元数据技术

所谓元数据,是对其他数据资源的内容、格式、定位等特征进行描述与限定的统一结构化数据。元数据在语法上通常由相应名称空间中的一系列具有一定结构层次关系的元素集组成,且多用 XML 来表示。元数据的用户可以是程序,也可以是人。图书馆目录、MARC 编码、Dublin Core 及搜索引擎自动抽取的网页特征都是元数据的应用例子。全文索引是信息组织的一种方式,这种组织是线性结构的。与全文索引不同,元数据往往具有结构化特征,表现力更强,上下文关系更明晰,能够提供更为复杂、更为准确的数据检索支持。元数据在信息组织方面的作用可以概括为描述、定位、搜寻、评估、选择这样几个方面。根据功能,元数据可以划分为 5 种类型:管理型元数据、描述型元数据、保存型元数据、技术型元数据、使用型元数据。

（2）XML 技术

XML 是设计标记语言的规范。换句话说,XML 是用来描述 HTML 之类的标记语言的元语言。HTML 先于 XML 产生,但它们都基于 SGML（Standard General Markup Language,标准通用标识语言）。XML 是 SGML 的一个精简子集,其最大特点在于高度的结构化与可扩展性。运用 XML 可以很容易地设计和表示其他的结构化标识语言。XML 相关技术包括很多方面,如 XML 数据模型定义、名称空间,XSL 或 CSS 格式化显示,SAX 或 DOM 数据处理,Xpath、Xlink、XPointer、XHTML Web 及相关应用,数据集成及 XOL、对象持续化与序列化传输（SOAP、RMI 协议）,XML 加密与签名技术等。与 DRM 有关的 XML 应用技术主要有 XML 数据模型定义、XML 名称空间、XML 词表应用,以及 XML 加密、签名技术。

（3）DOI 技术

DOI 即数字对象标识符技术。在现实或虚拟环境中,有许多需要根据唯一标识对不同对象进行处理的情况,例如身份证号、社会保险号码、邮政编码、电话号码、ISBN 书号等。对于有特定目的的应用来说,上述号码都是不能重复的,具有唯一的确定、识别、定位单一对象的功能。

同样,在数字化及网络环境中也存在这种需求。在本地机环境中,需要标识的对象个数是有限的。然而在互联网这样一个巨大的分布式环境中,要生成一个具有唯一识别功能的数字对象标识符并不是一件容易的事。这就是 DOI 技术产生的缘由。

张晓林博士在其文章中指出,从技术角度讲,DRM 包括一系列相互联系的技术:

①唯一标识符技术解决在网络环境下唯一、持久的确认数字信息产品的问题;

②信息格式技术通过开放格式(如 XML、PDF、JPEG、MPEG、CSS、XSL、PNG,以及基于 XML 的 OEB)支持多种信息内容形态的表示、交换和解析;

③元数据支持对数字信息产品内容的定义和描述;

④加密技术(包括对称密钥和非对称密钥技术)、数字签名和数字水印技术,支持对数字信息产品的加密、校验和来源认证;

⑤权限描述语言和权限传递机制负责对数字信息交易使用过程中涉及的复杂对象的复杂权利进行定义、描述,以计算机可识别的方式标记、传递并检验;

⑥安全封装技术负责将多个数字信息对象及元数据封装在单一文件内以便传递,有时甚至封装到特定的物理载体上(例如智能卡、光盘、存储卡等),封装的过程可能涉及压缩和加密处理;

⑦安全通信、支付和存储技术利用 SSL 和 SET 等保障数字信息产品的可靠交易、安全传递和可靠存储;

⑧数字证书及身份认证技术通过 X.509 数字证书和 PKI 认证体系来确立准入控制、验证双方身份、保障交易或传递的不可抵赖性和可审计性,建立交易与利用各方的信任体系;

⑨使用控制与审计技术,在身份验证和权益规定的基础上实施交易或利用授权,并统计报告交易或使用情况,这些技术经过一定集成形成相对完整的技术机制,并在相关法律、管理、审计、教育措施的支持下实施数字权益管理。

为了保证在复杂的网络环境中有效推行和利用 DRM 机制,人们提出了以下技术要求:

①信息可利用性,DRM 技术不能影响而应保障信息内容的完整性、可利用性和利用的方便性;

②开放性,任何 DRM 技术都应基于开放的标准,不专属于某个厂家或机构,不排斥任何一种信息内容形态或商业运营形式;

③平台独立性,DRM 技术机制应能支持各种软硬件系统和包括 WAP 在内的各种网络机制;

④底层技术独立性,DRM 技术机制应独立于具体数据格式、加密、数字水印、安全封装和传递技术,这往往要求人们能选择应用多种格式和技术;

⑤可伸缩与可扩展性,DRM 技术机制应支持不同规模的信息系统,能吸纳新内容和新技术形态;

⑥内部集成性,DRM 系统应可与内部的知识产品生产系统、资产管理系统、交易管理系统和信息组织检索系统等无缝连接;

⑦外部集成性,DRM 系统应支持第三方电子商务、身份验证、隐私保护、信息发现技术

机制；

⑧灵活实施性,DRM 机制应以多种方式灵活应用于数字信息交易与利用中,例如基于出版商、基于中介系统、基于信息服务系统、基于用户系统的 DRM 机制等。

上述技术中许多属于通用技术,例如唯一标识符、数据格式、元数据、加密技术、身份认证、安全通信和安全支付等。

四、几种主流的数字版权管理系统

众多的数字内容保护系统已应运而生,例如 IBM 的 Crvptolopes、InterTrust 的 DigiBoxes、NetRights 的 Licenselt 等,我们这里简要介绍一些相对比较全面的数字权限管理系统。

(一)美国版权局的 CORDS 系统

美国版权局电子注册记录与注册系统 CORDS 的开发建设既是为了完成版权局的法定使命、达到版权法的法律要求,也是为了应对日益增长的数字化网络作品的要求,尤其是网络数字作品的传播与利用。该系统开发始于 1993 年,宗旨是通过互联网实现数字作品的在线版权登记申请、注册与保存,具体目标包括:版权人能快速、有效地进行版权作品登记申请和储存;通过加快注册程序,提高版权局服务、交流与管理水平;控制版权注册与管理成本;便于国会图书馆获取网络数字作品数据。

该系统的工作机制大体如下:当接收版权登记申请人通过电子邮件寄送的电子申请表格后,版权局进行一系列记录与储存活动,如进行数字化签名的确认、编制跟踪记录并反馈给申请人、审查作品的版权性质及其他要求、给定有效登记日、给定登记号、打印版权确认证书、确定版权标记、进行作品编目、将记录输入版权数据库等。这样,其他网络用户就可通过版权局的版权数据库进行版权数据的检索。从这一系列过程可以看出,CORDS 是一组管理系统与软件组件的集成,分别针对版权登记、注册、储存、信息处理、检索等功能的实现。

(二)EBX 系统

EBX 系统(electronic book exchange system)是由出版领域众多公司组成的知识联盟协作提出的电子图书权限管理机制。

EBX 主要利用一个许可证文件(voucher)来传递权限信息和控制权限执行。许可证包括数字内容唯一标识符,内容加密密钥,允许阅读、借阅、出售或转让的复本数量,具体发行或传递权限(例如出售、借阅、转让或修改),具体使用权限(例如显示、打印、拷贝等),根据设备、时间、内容类型等进一步设置的权限、内容验证编码等。

整个过程开始时,出版商利用专门的 EBX 出版软件(可以是 WEB 服务器嵌入软件),将所有内容文件封装压缩为一个文件,利用对称加密技术随机产生一个加密密钥对其进行加密。然后出版商按照标准格式建立一个出版许可证,写入出版物信息和权限条款。并将加密密钥封装在该许可证中,最后用出版商公钥对许可证加密,并将加密的出版物及其许可证存储到出版商服务器。

发行商利用专门的 EBX 发行软件(可以是 WEB 服务器嵌入软件)购买电子出版物发

行权限。当发行商确认购买加密出版物发行权后,出版商服务器用出版商私钥对出版许可证解密,根据购买条件填入发行权限条款,建立发行许可证。并用发行商公钥对发行许可证加密,然后将该许可证和加密出版物传给发行商服务器。

顾客利用专门的 EBX 阅读系统(可以是 WEB 浏览器嵌入软件)来购买和使用电子出版物。当顾客确认购买某出版物后,发行商服务器用发行商私钥对发行许可证解密,根据购买条件填入顾客使用权限条款,建立顾客许可证(也包含出版物信息和内容加密密钥),并用顾客公钥对顾客许可证加密,然后将该许可证和加密出版物传给用户。顾客的 EBX 阅读系统将加密出版物和许可证分别存入指定的目录,当顾客阅读该出版物时,EBX 阅读系统取出相应许可证,用顾客私钥解密,取出内容加密密钥,对加密出版物解密并显示有关内容。但是,解密后的顾客许可证和内容文件只存在于计算机内存中,一旦当前阅读过程结束就被清除。

图书馆可利用 EBX 发行系统来购买电子图书(限定复本数量),可通过管理界面设置"借阅"时间。当读者从图书馆系统中借出一本电子图书时,读者同时获得设置了时间限制的使用许可证,图书馆拥有的该复本许可证自动"暂时"失效,当读者归还使用许可证,或有效时间已到时,读者的使用许可证自动失效,图书馆拥有的该复本许可证恢复有效。

所有系统的公钥、私钥都在制造过程中固化到软件中,所有许可证文件和内容文件都以加密形式存储,在运行过程中自动调用处理,使用者无法截获明文形式的密钥、许可证或内容文件。EBX 还通过其他技术来保证传输和交易的可信赖性,例如基于 SSL(Security Socket Layer,安全套接层)技术保证数据传递的私密性,基于 PKI(Public Key Infrastructure,公钥基础设施)进行身份认证和防抵赖。

(三)Adobe PDF Merchant

PDF 是流行的数据内容格式,Adobe 公司推出了 PDF Merchant 系统支持数字权益管理,它由 WebLock、WebSell、WebBuy 三个分布但相互联系的功能模块组成。WebLock 是一个独立的服务器端工具,供出版商对 PDF 格式的出版物(以下称 PDF 文件)进行加密封装处理。具体操作步骤包括:从出版商书目数据库中取出 160 比特的标题键(title key),利用杂凑算法生成 128 比特(美国)或 56 比特(其他国家)的启动键(access key);将启动键作为加密密钥,利用 RSA/RC4 工具对原始 PDF 文件加密,形成加密 PDF 文件:为加密 PDF 文件加上加密字典,该字典是一个包含若干对象的附加文件,确认必须具备的安全控制机制(例如经过注册的 Adobe 客户端 WebBuy 模块标识号和加密密钥),字典用出版商数字证书(digital certificate)签署,即用其中的私钥加密;将整个 PDF 密文(包括其加密字典)用 FDF(forms data format)封装,由于 FDF 文件(MIME 类型为 application/vdn. Fdf)被设置为总是存入用户机器,可避免浏览器软件自动打开 PDF 文件。在封装过程中还可使用 ZLIB 压缩工具对已经压缩的 PDF 文件进一步压缩,进一步减少数据量。在这个过程中还可加入使用限制条件,不过许多使用限制是在实际销售过程(即 WebBroker 模块)之中,根据顾客选择具体规定的,所以使用限制条件往往由 WebBroker 以许可证形式体现。

WebSell(又称 WebBroker)也是服务器端工具,销售商可将其作为一个 COM(Component Object Model)对象嵌入自己的 IIS/ASP 系统环境中,它负责在数字出版物销售过程中建立和使用许可证、保证对出版物使用实现安全控制,具体功能包括:根据顾客的购买条件建立使用权限,将权限数据写入使用许可证(license)文件;请求或自动提取顾客计算机环境参数,捆绑入许可证中;将出版商加密密钥再加密封装入许可证中;利用自己的数字证书对许可证文件进行数字签名;向顾客传送经过加密封装的出版物文件和许可证文件。

PDF Merchant 通过将许可证文件与用户计算机的特定环境参数相捆绑而保障用户合法获得该文件后可持续对它进行权限管理,可用环境参数包括:计算机 ID,通常就是 NIC (Network Interface Card)的 MAC 地址;用户确认号,如 Windows 的用户登记号(往往与其他属性结合,以此提高安全程度);UTC(Universal Time Clock)时间值,用于允许借阅或出租等功能的系统;存储装置确认号,例如硬盘、网络驱动器号码等。具体使用什么参数可由用户在自己的 WebBuy 设置选项中确定,也可由出版商或销售商明确规定,但所有的许可证都必须至少捆绑一个环境参数。

WebBuy 是与 Adobe Acrobat 4.05 以上版本阅读器捆绑的客户端嵌入安全处理器,对 PDF 文件进行解密处理,并根据使用权限控制使用操作。具体控制步骤包括:当顾客调用特定 PDF 文件时,先在当前 PDF 目录或用户许可证目录下寻找该 PDF 文件的许可证,如果找到,则通过它取得开启密钥,利用密钥和 RSA/RC4 算法为 PDF 文件解密,解密后通知用户"授权完成",启动 PDF 阅读器,根据使用权限进行阅读或其他形式的处理;如果没有找到 PDF 文件的许可证,则用户不能使用该 PDF 文件,WebBuy 将提示用户联机购买相应许可证。使用权限包括打印、修改、选择内容(文字或图像)进行拷贝剪贴、对内容进行批注等,这些权限由许可证文件描述。权限控制机制在 PDF 文件被打开、存储,以及用户试图修改与安全有关的阅读器设置时都会自动启动。

PDF Merchant 向一般数据出版使用提供相对安全的整体环境,但捆绑计算机环境参数影响移动使用能力,而且 PDF 解密密钥在客户端对 PDF 文件解密过程时显性存在于内存中,Adobe 阅读器本身也可能遭到袭击从而允许存储解密后的 PDF 文件。

除此之外,安全数字音乐计划(SDMI)和 MPEG 也都提出了自己的 DRM 机制。

第三节　域名系统的技术管理

一、域名概述

(一)域名的定义

在互联网上,每一台接受访问的计算机(包括其他装置和虚拟主机)都被称作"主机"(host),每个主机都有一个地址,称为互联网协议地址(互联网 Protocol Address,或 IPAddress)。该地址显示为一组数字,所以也称数字地址。数字地址由 4 部分组成,每部分之间由小数点隔开,如 143.183.401.1。互联网上有无数接受访问的计算机,就有无数的数字地址,对此常人是无法记忆的。这一技术难题横在人类面前,考验着人们的智慧。目前的解决方法,是建立所谓"域名"(domain name)。域名对人有语词意义,易于理解和记忆。人们知道,记住了域名,就可以访问该域名下的内容。

数字地址是纯技术性的。数字地址是互联网上真正的地址,一台接受访问的计算机的数字地址,可以因改换计算机连接的服务商等原因而产生变化。域名除了拥有技术的一面以外,还有社会属性。域名是注册人在互联网上的永恒身份,无论计算机的数字地址如何变化,域名不会改变,软件会自动将域名翻译成数字地址。域名由"域名核心"和"后缀"组成。

(二)域名的结构

域名由两个或两个以上的词构成,中间由点号分隔开,最右边的那个词称为顶级域名。下面是几个常见的顶级域名及其用法。

.com——用于商业机构,它是最常见的顶级域名。任何人都可以注册.com 形式的域名。

.net——最初是用于网络组织,如因特网服务商和维修商,现在任何人都可以注册以.net 结尾的域名。

.org——是为各种组织包括非营利组织而定的,现在任何人都可以注册以.org 结尾的域名。

国家代码是由两个字母组成的顶级域名,如.cn、.uk、.de 和.ip,称为国家代码顶级域名,其中.cn 是中国专用的顶级域名,其注册归 CNNIC 管理,以.cn 结尾的二级域名简称为国内域名。注册国家代码顶级域名下的二级域名的规则和政策与不同的国家的政策有关。在注册时应咨询域名注册机构,问清相关的注册条件及与注册相关的条款。某些域名注册商除了提供以.com、.net 和.org 结尾的域名的注册服务之外,还提供国家代码顶级域名的注册。ICANN 并没有特别授权注册商提供国家代码顶级域名的注册服务。

二、域名的知识产权属性

(一)电话号码、门牌地址问题

现在有些人认为域名只是一种技术符号,是互联网上的地址,如同电话号码、门牌地址一样,不是知识产权,而是一种独立的权利,或者没有权利。这其实不是什么新观点,在美国也曾有人提出,而且论述得更深入,认为电话号码的所有权属于电话公司,门牌地址的所有权属于市政府。对与之相似的域名,注册人也只有使用权,没有所有权。

在有关判例中,法院认定的道理是,单纯的电话号码不是知识产权,但是,如果利用电话号码下面的英文表示,将自己的电话号码翻译成他人的商标进行宣传的,则构成商标侵权。大家可以注意到,在我国国内有的电话机键盘上,在数字键的下面,标有英文字母。在英语国家,可以用这些英文字母和来代表数字电话号码。有的厂家将自己的广告词或商标权翻译成电话号码进行宣传,假冒这种宣传也构成了商标侵权。例如,一家报纸 A 申请了一个电话号码 87286329(翻译成电话键盘上的英文表示,就是 USA today),该报纸宣传材料上写上:"USA today 是本报的支持热线,有新闻线索请拨热线电话 USA today",那么,A 报纸构成了对美国著名报纸"今日美国"(USA today)的商标侵权。

在有关案件中,抢注他人商标作域名的被告,曾经主张域名是互联网上的电话号码或者门牌地址,并非知识产权,而法院用上述道理,判决被告辩解不能成立。

(二)知识产权的分类问题

知识产权有四种基本的保护手段:(1)版权保护人类思想、感情的特定表达,即作品;(2)专利以技术公开的方式,保护发明创造;(3)商业秘密保护的规定,保护秘密状态下的技术信息和经营信息;(4)商标法和反不正当竞争法中保护商业标识的规定,保护经营者的商标等经营标识。对经营者来说,域名就是他在互联网上的招牌,引导公民、法人访问其网站,从知识产权的角度认识域名,经营者的域名是其经营标识的一种,当然属于知识产权。域名的注册人可以享有知识产权,也可能侵犯他人的知识产权,指他人的商标权和其他商业标识权。

(三)域名权属于哪一种知识产权

经营者的域名是商业标识,因而经营者对其域名享有经营标识权。经营标识权是一种反不正当竞争权,即禁止他人假冒的权利。假如有一家"网上黄金.公司",其经营业务是网上有奖收看电子邮件商业广告,上网的人只要同意接收该公司以无偿电子邮件形式发布的商业广告,就可根据收到邮件号码,参加该公司的抽奖,获得该公司设立的大奖。假如"网上黄金.公司"特别有名以后,他人又注册了"网上的黄金.公司",或者"网上黄金屋.公司",可以在消费者中造成混淆,那么就侵犯了"网上黄金.公司"的商业标识权,违反了我国反不正当竞争法。同理,他人如果在网下世界,例如,在有形产品的包装上印上了"网上黄金.公司"或者印上了"网上的黄金.公司""网上黄金屋.公司"等,也侵犯了商业标识权,违反了我国反不正当竞争法。

(四)法律逻辑

了解我国反不正当竞争法的人都会知道,商品的包装、装潢有显著性的,构成商业标识,受反不正当竞争法保护。就连包装、装潢都有可能构成商业标识,对域名这种注册人自愿选择的标志,就更没有理由坚持声称其不是商业标识,认为域名不是知识产权,不受知识产权法保护。如果实际想表达的意思是"侵犯他人知识产权的域名,本身不享有知识产权,属于禁止的对象",有合理之处;如果实际想表达的意思是"域名不会产生任何权利,或者产生的权利与知识产权无关",则基本上没有合理之处。

(五)国际形象

发达国家(如美国)在司法实践中已经用判例证明,不论是中文域名还是英文域名均是商业标识。

三、域名纠纷侵权的原因及形式

(一)域名纠纷侵权的原因

1. 实践中的矛盾

一个经营者的域名与另一个经营者的商标相同,是否就一定是商标侵权?答案当然是:有的并不一定侵犯商标权。由于具体判断缺少经验,人们争执不下,更为域名不可能侵犯商标权的论点提供了"事实根据"。因为驰名商标的保护范围加宽,所以他人注册域名侵权。这些还是比较容易判断的,普通商标的保护范围仅限于相同或者相似的商品、服务,判断域名是否侵犯商标权则标准难以掌握。其实,只要注意技术细节,就可以解决这个问题,有关答案已经在互联网上广泛传播,此处便不多讲述。

2. 域名与商品、服务同类原则

域名注册不进行实质审查,带来两大方面的问题:一是域名可能侵犯在先商标权,损害消费者利益;二是域名权本身也处于不稳定状态,对他人的侵权行为,只受到反不正当竞争法保护。为了克服后一缺陷,域名注册人为寻求更强的权利保护,可以去注册商标。自从建立域名体系以来,美国专利与商标局收到包含域名的商标注册申请日益增加。为审查域名商标申请,美国专利与商标局修改了《审查指南》,并在互联网上公布。《审查指南》采取了"经营者的域名与商品或服务同类的原则",强制性地使域名在商品、服务的商标分类表中,与企业的产品、服务等同。

《审查指南》特别规定,在互联网上宣传自己的产品和服务不是一项经营:"宣传自己产品和服务不是一项独立经营。经营者建立一个网站,唯一目的是宣传自己产品、服务的,不能将表示这种宣传的域名,注册为独立的服务商标。在审查中,如果申请人坚持认为,该类行为符合服务商标要求,但使用的样本清楚表明,网站仅宣传申请人自己产品或服务。在这种情况下,审查员应当驳回申请,因为标识表现的行为,并不构成商标法意义上的服务。"

经营者设立网站宣传自己商品、服务的,视同其在网上世界的宣传橱窗、举办的宣传展览。用网站的域名申请商标的,应与所宣传的商品或服务分为同类。如果某汽车有限公司为宣传某品牌轿车而建立网站,注册了域名,其域名申请商标,无论域名是"某品牌.公司"还是"汽车情报站.公司",其商标分类应当与轿车产品是一类,即第12类"车辆,海、陆、空运输器械",而不应与互联网上信息经营者的域名属于一类。

从这一前提出发,商品或服务商标分类的归属,就是域名的商标分类归属。销售某品牌轿车的销售者,其域名申请商标,无论域名是"某销售公司.公司",还是"汽车情报站.公司",均属于第35类,即广告与商业。"域名与商品、服务同类原则"非常重要,因为域名与商品、服务同类原则,是禁止经营同类商品、服务的经营者,使用竞争对手的域名做自己商标的根本原则。商标申请时的分类,也是确定商标侵权时的分类。美国法院根据商标法审理域名与商标冲突的案件,已经贯彻了"域名与商品、服务同类原则"。判断的基本原则是,在后经营者的商品、服务与在先经营者的商品、服务相同或者近似,以及在后经营者的域名与在先经营者的商标相同或者近似,足以引起消费者混淆的,判决为后经营者的域名侵犯了先经营者的商标权。

(二)域名纠纷侵权的形式

围绕域名和其所能带来的巨大利益,现在企业对域名的激烈争夺战早已打响。域名侵权纠纷的形式主要有三类,即域名与域名之间的模仿行为纠纷、将驰名商标抢注为域名的纠纷以及域名与普通商标或企业的纠纷。

1. 域名与域名之间的模仿行为纠纷

域名作为网页的网上标识,其最突出的特点就是具有唯一性,这种唯一性让网络用户能够在网上精确地找到他所希望浏览的网页。而对计算机而言,只要有一个字母不同或者增减一个符号,就足以区分两个不同的域名。与商标注册不同,域名注册仅仅审查是否已有相同的域名存在,而不会同商标一样有无相似的商标注册在先。相似的域名并不会引起计算机的误认,但对于人而言情况则完全不同,相似的域名可能使用户误认为两个网站之间存在着一定的关系,从而使那些注册与知名网站相似域名的人获得不正当利益,或者给知名网站的注册者带来负面的影响。这类域名模仿的行为主要是出于不正当竞争的目的,即通过模仿某知名网站的域名,让自己网站的点击率和浏览量因为用户的误解而大大增加,进而从中牟取不正当的利益。

2. 将驰名商标抢注为域名的纠纷

这类纠纷主要发生在我国因特网和电子商务刚刚崛起时,由于大量恶意抢注行为的发生,许多知名企业和驰名商标无法注册与自身品牌相一致的域名网站而面临着失去未来占主导地位的网络经济大市场的严峻局面。有些域名被抢注后,企业往往被迫斥巨资购买,而如果抢注者将域名转卖给企业的商业竞争对手,后果将不堪设想。

我国第一例经法院判决的域名争议案是福兰德公司诉弥天嘉业技贸有限公司恶意抢注域名案,而我国首例判决经济赔偿的因特网域名案是北京市第二中级人民法院审理的宝洁(美国)公司诉北京国网信息有限公司域名侵权案,一审判决保护了原告的驰名商标。

目前,我国在司法实践中已经基本形成了认定驰名商标对域名具有优先权利的原则,基本遏制了恶意抢注行为的发生,对保护驰名商标和规范市场经济秩序有着不小的意义。

3. 域名与普通商标或企业的纠纷

与将驰名商标抢注为域名相反,一些高知名度的域名同样可能被抢注为商标、企业名称或商号。

域名与商标有着密切的联系,尽管二者运用的技术并不相同,但由于网络经济的发展,域名在一定程度上具有了类似于商标的显著性,因此域名也被形象地称为“网上商标”。但是要该域名符合商标注册的标准和审查原则,就应当能够获得注册——不论商标注册的申请人是否为该域名的注册者。虽然目前此类纠纷尚未十分明显地表现出来,但这种可能的确存在,因此,如何在此类纠纷中保护域名注册者的合法权益,就成为亟待解决的问题。目前,我国的法律对此尚无明文规定,对域名的保护需要通过进一步的立法来实现。

同样,现实中也存在着在商号或企业名称中使用他人知名域名的情况。由于我国企业名称登记管理的相关规定,企业名称应当使用汉字,不得包含汉语拼音字母(外商投资企业、有对外业务的企业除外)和数字,因而注册的域名都是由字母、数字和连字符组成的。但是,在我国有许多非常知名的域名都有其响亮的中文名字,如 www.sina.com.cn 被称为“新浪”,而 www.163.com 被称为“网易”。这些中文名称已经被网络用户所接受和认可,一旦提到这些中文名称,用户会很自然地将其和相关的网站联系在一起。由此可见,域名的中文翻译其实在某种意义上已成为域名的一部分。而许多域名与其注册者的企业名称并不相同,如新浪网就是四通利方公司推出的。此时可能就有人会乘机以知名域名的中文翻译作为企业名称来进行注册,如“新浪网络公司”。虽然《企业名称登记管理规定》中规定企业名称不得含有“可能使公众受骗或者产生误解”的内容和文字,但是工商行政管理部门目前只对驰名商标的权利人要求撤销他人登记的与其驰名商标相同或相似的企业名称持积极态度。这种状况对域名的保护和网络产业的发展都有很大的影响。

四、中国网络域名法律保护现状及法律制度

我国已于 1997 年颁布了《中国互联网络域名注册暂行管理办法》和《中国互联网络域名注册实施细则》，这是目前中国域名管理与保护的基本法律依据。其内容对域名注册适用了与商标注册有很大相似性的禁止性条款，同时规定域名注册的申请者必须是具备法人资格的厂商。这种保护模式的优点在于，其直接规定了域名的禁用条款，并直接规定禁止域名的有偿转让和买卖，从而在很大程度上限制了域名恶意抢注行为的发生，厘清了一度因为网络经济而产生的紊乱，并且也将企业名称与域名的关系给予了较为全面的考虑。但是这些模式和制度的缺点也同样显而易见——它过于直接地将域名与企业名称以及商标相联系，单纯地认为域名是企业和商标的附庸，而忽视了域名作为网络标识存在的独立性。这一模式可以说是完全偏向了对商标权利人和企业的保护，而没有对域名所有者的合法利益给予足够的重视，对网络域名的各种纠纷形式的审理也没有作出详尽的规定。因此，这些制度并没有在实质上解决商标与域名的冲突问题，亦不符合网络时代下的实际情况。

同时，这种模式排除了域名纠纷的行政解决方式——中国互联网络信息中心（China Internet Network Information Center，CNNIC）仅仅是作为中国域名系统的管理机构，CNNIC 及其下的各级域名管理单位不负责处理任何企业名称或商标发生的纠纷，不承担法律责任。那么，当发生域名纠纷时，权利人就只有通过诉讼这一唯一的途径来保护自己的利益，而不能向管理机构要求撤销或返还他人登记注册的、与自己相同或相似的域名。可见，仅仅依靠司法救济，没有办法有效和及时地保护权利人的合法利益。

2001 年 6 月 26 日，最高人民法院通过了《最高人民法院关于审理涉及计算机网络域名民事纠纷案件适用法律若干问题的解释》（以下简称《解释》），《解释》对域名案件的受理、管辖、案由、法律适用及法律责任的承担都作出了规定；在认定是否构成侵权或不正当竞争方面提出必备的四项条件；在认定是否具有恶意方面列举了五种情形，但又规定若被告举证证明在纠纷发生前其所持有的域名已经获得一定的知名度，且能与原告的注册商标、域名等相区别，或者具有其他情形足以证明其不具有恶意的，人民法院可以不认定被告具有恶意。《解释》还确认人民法院可以对涉案的注册商标是否驰名作出认定。《解释》的出台为正确、及时地审理域名纠纷案件提供了明确的法律依据。《解释》进一步明确了域名侵权的形式要件，在程序和实质两方面规范了域名纠纷案件的审理。而更为重要的是，《解释》初步规定了在特定情形下域名具有对抗商标的效力，一方面在一定程度上平衡了冲突双方的利益；另一方面也为域名反向侵夺理论在法律上奠定了基础。

然而，域名纠纷的矛盾集中体现了域名与商标权利的冲突，《解释》并没有对此进行更为详尽的规定，而目前司法实践中，更多的仍然是形成了在先商标权利人对域名的优先保护原则。显然，要应对更为复杂的域名纠纷案件，更好地平衡双方权利人之间的利益，《解释》是远远不够了。

(一)域名特别法

国际互联网技术决定了域名有特殊性，任何域名都是唯一的，互联网上不可能有完全

相同的两个域名存在。在网下世界,商标权利人投入巨资培育了商标的显著性和驰名性,在网上世界不小心被他人注册域名,商标权人就无法使用商标作域名,在网上开展经营活动,其在网下形成的商誉就无法方便地转移到网上,这才是问题的关键。恶意注册者的侵权行为,与其是否进行经营无关,与是否造成混淆无关。而需要调整域名侵权的特别法,在实践中也产生了类似的法律意见或者规定,以限制"抢注域名侵权行为"。

域名纠纷解决组织应当制止侵权注册域名行为,这种行为的构成是:(1)域名与他人商品商标、服务商标相同或混淆性相似;(2)注册者对该域名过去不存在任何权利和合法利益;(3)注册、使用域名出于恶意。

恶意注册域名侵权行为的三个必备条件是:(1)注册的域名与权利人享有的标识相同或足以导致误认的相似;(2)域名持有人对该域名标记不享有任何其他在先的权利;(3)对该域名的注册和使用具有恶意。

域名侵犯商标权的构成是:(1)投诉人享有受法律保护的中国商标权;(2)被投诉的域名与该商标相同,或者具有足以导致混淆的相似性;(3)域名持有人对该域名及包括该域名的其他字符组合不享有商标权,也没有受法律保护的其他权利和利益;(4)域名持有人对该域名的注册与使用具有恶意;(5)投诉人的业务已经或者极有可能因该域名的注册与使用而受到损害。中国国际经济贸易仲裁委员会域名争议解决中心是第一个获得 CNNIC 授权,成为依据上述"办法"和有关法律解决中文域名争议的民间机构。

最高人民法院的《解释》规定了域名侵犯商标权的构成是:(1)为商业目的将他人驰名商标注册为域名的;(2)为商业目的注册、使用与原告的注册商标、域名等相同或近似的域名,故意造成与原告提供的产品、服务或者原告网站的混淆,误导网络用户访问其网站或其他在线站点的;(3)曾要约高价出售、出租或者以其他方式转让该域名获取不正当利益的;(4)注册域名后自己并不使用也未准备使用,而有意阻止权利人注册该域名的;(5)具有其他恶意情形的。

(二)域名的立法

有关禁止域名侵犯商标权的法律,在互联网日益普及的今天和未来,具有重要意义。这不仅是商标权人和域名权人这两大新、老利益集团的纠纷,还关系到广大社会消费者,甚至包括网上浏览者的社会利益。放眼互联网社会的未来,更应当颁布能够解决域名与商标冲突的特别法。

对于域名的性质、域名的权利、域名与商标权的关系,目前国内存在很多模糊认识,其分歧之大,甚至表现在国际组织、外国有关的法律成果上。对国内已经成文的有关的规定、办法,不同的人有不同的理解。在我国,目前没有颁布域名特别法,或者是在对商标法的修改中,加入解决域名与商标冲突的规定,这种现状应当引起有关部门的注意。

其实,与我国其他法律一样,我国商标法也有兜底条款,"给他人的注册商标专用权造成其他损害的"亦构成商标侵权。这一规定可以理解为,导致消费者"最终误认、混淆",是构成域名商标侵权的必要条件。适用这一弹性条款判决域名侵犯商标权的各种行为,不像美国商标法那样需要扩大解释。启用我国商标法有关弹性条款,会在一定程度上缓解制定域名特别法的急迫需要。但这只是一个方面,另一方面,面对相对复杂的域名侵权行为,在国家法律层面上,始终适用一条弹性条款,是否合理和够用。例如,美国《反占据域名的消费者保护法》规定了抢注域名侵权的赔偿责任,分为一般赔偿、三倍赔偿和法定赔偿,表现了抢注域名侵权的恶劣性,立法、司法者非常重视。

(三)域名的执法框架

1. 人民法院

人民法院行使司法权,审理知识产权案件,理所当然包括域名侵犯商标权行为。同时根据惯例,对于成文法没有明文规定的侵权行为,最高人民法院可以司法解释的方式,在法律执行中作出规定。最高人民法院有关部门,目前已经完成这一工作。

2. 工商行政管理机关

工商行政管理机关介入域名与商标的冲突,曾经引起一些人的不理解和指责。但是,根据我国商标法规定,工商行政管理机关的确有法定权利和义务。《中华人民共和国商标法》(以下简称《商标法》)第三条规定,禁止他人侵犯商标权:"经商标局核准注册的商标为注册商标。""商标注册人享有商标专用权,受法律保护。"商标权受到域名抢注行为侵犯的,应当适用这一条款。

《商标法》第六十二条规定,县级以上工商行政管理部门有权对涉嫌侵犯他人注册商标专用权的行为进行查处。

抢注域名后囤积、出售以牟利等行为,是在互联网条件下妨害商标权的新型侵权行为,这与我国最高法院新颁布的司法解释相适应。

3. 专门仲裁

CNNIC 规定了专门的域名仲裁程序,当事人可以选择。我国域名的专门仲裁程序,具有专家仲裁、时间短(规定为两周时间作出结论)等特点,在解决中文域名纠纷中,发挥了更大作用。域名专门仲裁与其他途径的关系如下。

(1)产生纠纷以后,必须选择是进行专门仲裁还是进行一般仲裁,或者进行诉讼,以图解决域名是否侵犯商标权的问题,不能消极避战,否则被请求人、被告的域名将被取消。

(2)专门域名仲裁程序,不对抗一般仲裁程序、诉讼程序。

美国是域名注册大国,很多外国公司和个人在美国注册域名,产生纠纷后就要适用美国法律,在美国进行诉讼。顺应这一潮流,ICANN 在统一域名争端解决政策中,建立了强制托管程序,指定世界知识产权组织等国际仲裁机构解决域名纠纷。

这种域外争端解决程序有特殊性,不是一般意义上的仲裁。

首先,域外争端解决程序的提起,不以当事人(尤其是仲裁中被申请人)的意志为转移,无论当事人是否乐意,必须选择进行国际"仲裁",或者到法院进行诉讼。

其次,域外争端解决程序的结果,当事人必须自愿承认和遵守,否则当事人还可到法院进行诉讼。

以上第一个特点表现了针对跨国域名的纠纷,国际仲裁已经产生,并在发展。第二个特点表现了国家主权原则。国际仲裁结果在当事人自觉遵守的前提下,才产生实际效力。无论国际仲裁是公平还是不公平,主权国家有权对涉及本国公民、法人的域名纠纷行使最高和最终的司法裁判权,美国已经产生这类判决。

五、DNS 的系统结构

域名系统诞生于 1987 年,它是一种分布式的主机信息数据库系统,采用客户机/服务器(client/server,C/S)模式,一个域名服务器中包含整个数据库的某个局部,但数据库的每一部分信息都可以通过全网查询检索到。

域名系统采用树形结构组织信息,一个域名就如一个从根到叶子节点的路径,其构成方式是自底向上的,各层域名串联组成,中间以".“隔开,形状上像一棵倒挂的树,每一级域名服务器负责管理其子节点的域名相关信息。

DNS(Domain Name System)的分布式数据库是以域名为索引的,每个域名实际上就是一棵很大的逆向的树中路径,这棵逆向树被称为域名空间。树的最大深度不得超过 127 层,树中每个节点都有一个可以长达 63 个字符的文本标号。这棵树的树根是没有任何标识的特殊结点。命名标识一律不区分大小写,命名树上任何一个结点的域名就是将从该结点到最高层的域名串联起来,中间使用一个".“分隔这些域名。域名树中的每个结点必须有一个唯一的域名,但域名树中的不同结点可使用相同的标识。

六、DNS 的关键概念

(一)域名空间

在实际运用中,DNS 可以看成是一个主机名的分布式数据库。这里提到的分布式是指在互联网上的单个站点不能拥有所有的信息。每个站点(如大学中的系、校园、公司或公司中的部门)保留它自己的信息数据库,并运行一个服务器程序供互联网上的其他系统(客户程序)查询。这些主机名建立了一个反方向的逻辑树形结构,称为域名空间。可以形象地说,域名空间就是由 Internet 上众多 DNS 服务器中的数据记录组成的。

(二)顶级域

DNS 的根域(root domain)是由 Nic(网卡)统一管理,它也负责分派全球范围内的域名。在根域下面的子域名,如.com、.org、.edu 等,就被称为顶级域名(top-level domain,TLD)。

(三)正向映射和反向映射空间

在上面提到了 DNS 有正向映射和反向映射两种功能,这两种功能导致了两个命名空间:一个正向映射空间首先分为.com、.edu 等顶级域名,它们可以划分成各个不同的子域,子域又可以继续分成下一层子域等,它们负责从域名到 IP 地址的映射;另一个反向映射空间中,所有的 IP 组成一个叫作 arpa. in-addr 的顶级域,然后再层层细分。要注意的是:负责正向映射和反向映射的机器不一定是同一部;域名和 IP 地址并不是一一对应的,因为一台机器可能有多个 IP,这也就是为什么有时候需要把域名空间划分为正向映射空间和反向映射空间的原因。

(四)域

域名空间中每一个节点以及节点下面的树枝构成了一个域,也就是说,域名空间中一棵逻辑子树称为域(domain)。而每一个节点或者域都可以细分为多个子域(subdomain),也就是多条树枝。一般来说,一个domain中的映射关系由一台主机服务器负责。

(五)区域

一般来说域名空间的一部分如果存有数据库记录并且这些记录是由一个特殊的区域文件管理,那么这一部分域名空间就可以称为一个区域(zone)。简单而言,一个区域就是一棵独立管理域名空间的子树。精确地说,每个zone由一个服务器负责。对于zone和domain的关系,可以这么理解:一个domain除去分派给子域负责的那部分,剩下的部分就成为zone。因此,对域中的主机信息进行管理以及地址映射的功能可以从zone来考虑,它是一个具体的管理实体,而domain则是一个逻辑上的划分。

(六)名字服务器

一个DNS服务器可以同时作为多个域的主域名服务器和辅域名服务器,也可以只作为主,或只作为辅,或者做任何域的授权服务器而只使用自己的缓存(cache)来提供查询解析。主(master)服务器也经常叫做一级(primary),辅(slave)服务器也经常叫作二级(secondary)。不论是master/primary域名服务器,还是slave/secondary域名服务器,都是这个域的授权服务器。

所有的服务器都会将数据保存在cache中,直到针对这些数据的TTL(Time To Love)值过期。

(七)资源记录

该组件规范了和名称相关联的数据的格式。在DNS名字服务器中,一条信息就是一个RRs(Resource Records,资源记录),每一个资源记录都有一种与之相关联的类型,描述了它所表示的数据。名字服务器中所有的信息都是以RR格式保存,该格式被用在DNS报文中传送信息,是DNS报文的关键组成部分。

(八)解析器

简单来说,解析器(resolvers)就是一个位于服务器和客户端的中介程序,它从名字服务器取得信息来响应客户端的DNS请求。这里有一个重要的概念需要说明,Resolvers和Stub Resolvers是不同的概念。Stub Resolvers是客户端的一个程序库(例如UNIX下的gethostbyname和gethostbyaddr函数),客户端如果需要访问DNS,通过它向Resolvers发送DNS请求。而Resovlers一般位于服务器端并且为一组Stub Resolvers提供服务,收到Stub Resolvers请求后,根据该DNS请求的内容向名字服务器查询,然后把查询结果返回给Stub Resolvers。

(九)授权

每个 zone 都有一个 primary/master server(或就叫 primary server),中文翻译为主域名服务器,它会从手工编辑的本地文件中读取 zone 的全部内容。同时,zone 还可以有多个 slave/secondary server,中文翻译叫二级域名服务器,或辅域名服务器。它会使用 DNS 协议(辅域名服务器使用 TCP 和主域名服务器联系,并获得 zone 的数据)来读取 zone 的信息。所有这些服务器(包括 primary 和所有的 secondary)都应该列在上级域的 NS 记录中,这样才能形成一个正式的授权(delegation)。同时,这些服务器也应该列在自己主机中的域文件中,通常是在@下面,@指的是当前域的顶级(不是整个域名树形结构的顶层)。用户可以列出本域的顶层(@)中 NS 记录的所有服务器,他们可能没有注册在上级域的 NS 记录中,因此不能列在本地域的@服务器中。

任何列在 NS 记录中的服务器就必须配置成那个域的授权域名服务器。当用户查询这个域的信息时,这台授权的服务器就会提供授权的信息,也就是在返回包中设置了 AA 位。一台服务器可以是多个域的授权服务器,一个域的授权数据由所有的 RR(resource records)组成。当将一个域配置为 master 或 slave 时,就是让服务器返回有关这个域的授权信息。如果服务器可以正确地将这个域调入内存中,则在回答有关这个域的查询请求时将会设置 AA 位。

(十)区和域的不同

整个域名空间可以被分成多个区域,叫 zone。它开始于一个顶级 domain,一直到一个子 domain 或是其他 domain 的开始。zone 通常表示管理界限的划分。实际上,zone 就是 DNS 树状结构上的一个标识的点。一个 zone 包含了那些相邻的域名树结构的部分,并具有此部分的全部信息,并且它是真正授权的。它包含了这个节点下的所有域名,但不包括其他域里已经制定的。每个树状结构里的节点,在上级域中都有一个或多个 NS 记录,它们是和这个域中的 NS 记录相同的。

七、DNS 的工作原理

(一)DNS 的工作过程

第一步:客户机提出域名解析请求,并将该请求发给本地的域名服务器。

第二步:当本地的域名服务器收到请求后,先查询本地的高速缓存或共享数据库,如果有该记录项,则本地的域名服务器就直接把查询的结果返回。

第三步:如果本地的缓存中没有该记录,则本地域名服务器就直接把请求发给根域名服务器,然后根域名服务器再返回给本地域名服务器所得到的查询结果,或者是一个查询到的域(根的一个子域)的主域名服务器地址。

第四步:如果本地服务器得到的是一个子域的域名服务器地址,则该地址发送请求,然后接受请求的服务器查询自己的数据库和缓存并发回结果,如果查询失败,则返回相关的下级的域名服务器的地址。

第五步:重复第四步,直到找到正确的记录。

第六步:本地域名服务器把查询所得的结果保存到自己的高速缓存中,以备下一次使用,同时将结果返回给客户机解析器。

(二)域名解析方式

从理论上讲,域名转换自上而下进行,从根服务器直到树叶上的服务器。域名系统解析有两种算法:一种叫递归算法;另一种叫迭代算法。

递归查询:本地域名服务器进入外域查询首先从根域名服务器开始,自上而下地逐级询问。根域名服务器收到查询服务请求后,若查询成功,向本地域名服务器送回查询结果信息;否则若查询失败,就向与被查询域名最相关的下一级域名服务器发出查询请求。如果失败,再逐级向下传递解析请求,逐级返回查询结果,直到达到最后一级查询。最后由根域名服务器把查询结果送回起始 DNS 请求的本地域名服务器。

迭代查询:任一级域名服务器(包括根域名服务器)收到查询服务请求后,就由该服务器直接向起始 DNS 请求的本地域名服务器返回信息。

(1)查询成功,送回查询结果信息,查询过程即可终止。

(2)查询失败,送回与被查询域名最相关的下一级域名服务器地址,再由本地域名服务器直接去跟下一个服务器打交道。

如此逐级向下迭代解析请求,直到获得结果为止。当然,最后的查询结果也只能是正确的结果或者失败信息。

比较上述两种查询算法可知,使用递归查询算法时,本地域名服务器只需发起一次与根域名服务器之间的域名服务请求,最终本地域名服务器获得一个查询结果。如果网络中所有本地服务器都采用这种算法的话,根服务器将是非常繁忙的,这样显然会影响到 DNS 运行的效率和性能。迭代查询算法则可大大减轻根服务器的负担,实际上是把整个网络的 DNS 业务分摊到各个层级的所有域名服务器上了,这就弥补了递归算法的不足。在实际中,往往把这两种算法结合起来应用,会收到更好的效果。

(三)域名解析过程

无论采用哪一种解析算法,客户机软件都将形成域名查询,然后将查询请求发送给域名服务器,域名服务器完成域名解析后,将结果返回给客户机。通常客户机上的解析器软件请求递归解析,将一个域名解析为一个对等的 IP 地址,而当一个服务器成为另一个域名服务器的客户时,它将请求迭代解析在服务器层次间每次一层地逐层查找。

当域名服务器收到查询请求时,它首先检查解析请求中的域名是否属于它授权管理的范围,如果在管理范围之内,它就检索本地数据库,把域名转换成 IP 地址,并将解析的结果附加到查询中,然后发送给客户机。如果服务器发现到达查询请求中的域名不在自己的解析范围内,本地服务器便会先检查客户机在查询请求中指明的哪种类型的交互,如果客户机请求完全转换(也称递归解析),这时便产生了另一个客户机/服务器交互过程,这个域名服务器成为另一个域名服务器的客户。本地服务器就和能解析该域名的域名服务器联系,将解析的结果返回给客户机。如果本地服务器不知道管辖该域名的域名服务器的地址时,它就向根服务器发送查询请求(域名系统要求每个服务器至少知道一个根服务器的地址),另外,服务器可能知道它的上一层服务器,本地域名服务器将不向客户机提供解析结果,而只是为客户机指明下一个域名服务器的地址。下面以解析域名 www.hlju.edu.cn 为例,详细说明其域名解析过程。

DNS 的核心是分级的、基于域的命名机制,以及为了实行这个命名机制的分布式数据库系统。它主要用来把主机名和电子邮件地址映射为 IP 地址,也可作反向映射和其他映射。

DNS 一般的使用方式如下:一个主机想要和另一个已知名字的主机通信,为了把这个名字映射为一个 IP 地址,主机启动一个应用程序调用一种名叫解析器(resolver)的库过程,参数为已知名字。解析器将产生 UDP 报文并传送到本地 DNS 服务器上,本地 DNS 服务器在自己的数据库中查找相应的 IP 地址,并将结果返回给解析器,解析器再把它返回给应用程序。有了 IP 地址,程序就可以和目的主机建立 TCP 连接,或者向它发送 UDP 分组。

为了避免集中式处理的域名服务器载荷过重的问题,互联网采用了分布式的管理方法,即 DNS 名字空间被划分为一些不交叉的区域,每个区域还可以分为子域,一个区域包括域名空间中一个连续的部分以及管理这个区域的域名服务器。这样,域名空间就从顶级域划分成了多级的形式。对于非本域的查询,可以采用递归查询的方法,即本地域名服务器可以向上级服务器查询。另一种方法是返回能满足查询要求的服务器的地址,解析器收到后,再向这些服务器查询。

第四节 专利管理系统

专利信息是反应当今世界科学技术发展最迅速、最全面、最系统的信息资源,它的最大特点是集技术信息、法律信息、经济信息于一体。因此对专利信息进行有效的管理越来越重要,而专利信息管理系统是行之有效的方式,也是知识产权管理系统中开发较早的一部分。

一、外国典型专利管理系统

根据在网络中进行检索与分析的结果看,已经上网运行的国外专利信息管理系统目前为数不多,其中功能较突出的主要有以下两种。

(一)DoeketExPress 专利管理系统

DoeketExpress 专利管理系统(DoeketExpress patent management system)由 1993 年成立的从事信息技术与服务的美国 PC/Mac Performance 公司开发,该系统是一种基于 FileMaker Pro 软件的关系数据库管理系统,其第 8 版的特征包括:可实现 Web 界面;可用于掌上电脑;具有费用、更新等提示功能;全新界面;自动进入办公状态;易于进行数据录入;附加的报告与统计;可增加用户报告;快速方便的布局设计;定制化的费用跟踪功能;易于同内部网或互联网互联;具有多层次的安全入口;双向跟踪统计便于发现数据款目中的记录错误。该系统应用广泛,如 Blakely、Sokoloff、Taylor&Zafman、3Com、Palm、Phillipe International 等均有应用。

（二）CPI 专利管理系统

CPI（Computer Packages Lnc）专利管理系统（CPI patent management system）由 1968 年成立的 Compuler Packages 公司开发，是专利资产管理市场中最优秀的工具之一，其功能主要包括以下几方面。

（1）自动期限计算与统计：可实现专利各种期限的自动计算与提示。

（2）复合检索：可实现数据库中各个字段及其组合检索。

（3）柔性报告形式：系统提供了多种类型、多种选择标准与打印格式的预选报告，用户也可采用 MS Aeeess Queriesand Reports 软件制作满足特定需求的报告。

（4）文献生成可按多种格式进行。

（5）图像与文献链接并可打印在报告上。

（6）与 CRI 的专利年费服务（CRI patent annuity payment service）集成，便于年费服务用户了解其专利资产变化情况。

（7）与 CPI 的专利信息服务（CPI patent information services）集成，便于用户获取更准确、完整的专利数据。

二、专利管理分析系统

目前国内使用的专利管理分析系统有网盈专利管理系统、中国国家知识产权局开发的"专利分析系统 INAS3.0"、上海汉之光华公司开发的"汉之光华专利情报分析系统"等。在专利管理方面一般包括定量分析法、定性分析法、文本挖掘技术等；在专利分析方面，一般都包括专利检索浏览和专利战略分析两大部分。

（一）专利检索浏览功能

专利检索浏览功能能对"企业专利信息数据库"进行统一检索、浏览和分析，它拥有技术先进的检索引擎，可以实现在同一系统界面下对世界各国专利信息的快捷检索、浏览和管理。并可以通过企业内部局域网环境，满足不同人员对专利数据库的访问和使用，实现企业内部信息资源的共享。

（二）专利战略分析功能

专利战略分析功能能根据使用者的分析要求，提供时间序列分析、区域分析、IPC 分类分析、申请人分析、发明人分析等功能模块，能够方便快捷地生成各种分析数据和图表，为企业进行技术创新和技术选择提供决策依据。软件具有十分方便的数据库管理功能，实现了以"所见即所得"的方式进行数据库的操作，不仅极大地缩短了分析的时间，而且使分析思路更为清晰、深度分析更易实现；软件提供了专利分析的起始模型，降低软件使用者对专利文献方面的知识要求；软件运用人机工程原理进行了易学易用的设计，其人性化的界面可满足不同使用者的偏好。

1. 区域分析

企业欲以某种产品、技术参与不同国家和地区的市场竞争,必须了解其区域性消费需求。而这些需求往往通过产品、技术的某些技术特征来体现,这些技术、构造、配方以及相应的制造工艺作为竞争者的差别优势,因此备受重视,而保护其商业利益的法律形式就是进行专利保护。因此,从专利信息的地域性分析,我们可以了解不同地域行业产品及其技术的特点和差异。换言之,进行专利信息的地域性分析,就是对不同地域的消费需求进行分析。

区域分析提供的分析工具有区域分布分析、区域技术趋势分析、区域技术分类分析、区域申请人分析、区域发明人分析。

区域分析可以了解行业发展的主导区域、不同区域内专利研发的重点方向和各区域之间技术的差异性、不同区域内专利技术的主要拥有者(申请人)和发明人。

2. IPC 分类分析

企业涉足某种产品、技术的市场竞争,必须了解其技术发展变化趋势以及影响这些变化的技术因素、不同因素在不同地域的差别、这种差别源自哪些发明家。因此,进行产品、技术的发展及演变趋势的分析能够帮助企业了解竞争的技术环境,增强技术创新的目的性。

国际专利分类法(international patent classification,IPC)提供的分析工具有:IPC 趋势分析、IPC 区域分析、IPC 申请人分析、IPC 发明人分析。分类分析可以了解行业内的主导技术、不同技术的区域分布、不同技术的主要拥有者和发明者。

3. 申请人分析

行业竞争变化取决于行业的供方、买方、竞争者、新进入者和替代产品,不同的企业提供的产品技术不同,决定了其在行业中扮演的角色不同,为自身经济利益保护的专利类别也各不相同。因此,进行目标技术领域的申请人分析,了解行业竞争体系及其状况,有利于企业分析竞争环境,制定竞争策略和与之相关的专利战略。

申请人分析提供的分析工具有申请人申报趋势分析、申请人技术构成分析、申请人区域分布分析、申请人与发明人相关性分析。

申请人分析可以了解行业内的主要申请人情况、不同申请人申报专利的主要技术构成及地域分布。

4. 发明人分析

发明人是技术的来源,了解发明人,对于企业技术创新特别是技术合作具有重大意义。围绕某一核心技术,往往会衍生出很多相关技术,表面上这些技术与核心技术之间未必有直接联系,但却会对核心技术的效能产生很大的支撑作用,而通过发明人,这些不同类别的技术往往会产生某种关联。

发明人分析提供的分析工具有发明人发明趋势分析、发明人技术构成分析、发明人区域分布分析、发明人与申请人相关性分析。

发明人分析可以了解行业内的主要发明人情况、不同发明人发明专利的主要技术构成及地域分布。

三、专利行政管理概述

专利行政管理是指政府部门根据国家经济和社会发展总方针,依法对市场经济中涉及专利的活动进行的规划、指导、协调、监督和检查等管理工作。专利行政管理作为现代专利制度的产物,是专利管理的一个重要组成部分,其目的是通过行使国家权力,加强专利管理,调节、平衡国家、组织和个人的关系,规范市场行为,保护发明专利权,维护国家和社会公共利益,从而切实有效地贯彻执行专利法律法规,推动专利制度更好地为经济发展和科技进步服务。从专利行政管理活动的内容和过程来看,专利行政管理的作用和意义主要体现在以下几个方面。

(一)有利于切实有效地保护专利权人的合法权益,促进技术创新

专利行政管理部门通过引导、协调、检查和监督等工作的开展,提高人们的专利保护意识,使人们自觉地运用专利保护这一法律武器。同时,通过专利管理,及时处理各种专利纠纷,切实保障专利权人的合法利益,以调动科技人员和社会公众发明创造的积极性,从而促进技术创新。

(二)有利于促进我国专利制度发展及与国际有关规则的衔接

专利行政管理部门通过调节处理专利纠纷,处理专利侵权行为,不仅有利于贯彻落实各项专利制度,而且能有效地实施专利法,保障专利制度健康向前发展。同时,由于我国现代专利制度形成和发展的历史很短,而且,伴随着我国成功入世,因此我国的专利制度存在着与国际惯例和规则不协调的问题。而通过专利管理,则可以为国家制定相关政策提供参考,从而促进我国专利制度与国际接轨。

(三)有利于合理配置科技资源

专利行政管理部门依据国家法律、法规,引导或指导企事业单位或者个人充分有效地运用专利文献信息,并为其提供多种形式的服务,使研究开发者及时了解最新技术动态,避免重复研究,节约研究开发中的人力和资金。简言之,专利管理不仅能充分发掘、合理运用本国科技资源,同时也能促进世界范围内科技成果的相互借鉴,从而实现全球科技信息资源的合理配置。

(四)有利于促进专利技术的实施和转化

专利技术可以说是"潜在的"生产力,在它没有转化为"现实的"生产力之前,只是一纸空文、一堆废铁。而要促成这一转化,就要使专利走向企业、走向市场、进入流通。因此,我们要完善专利法律法规,规范专利转让和许可贸易活动,鼓励开展多种形式的专利技术贸易活动。而制定本地区、本部门专利工作规划和计划是专利行政管理部门的一项重要任务,通过专利管理部门的规划协调,便于推动专利技术的交流与合作,促进专利技术转让和贸易活动的开展,从而更好地推广和应用专利技术,加速科技成果的转化和产业化。

（五）有利于促进对外经贸发展

专利制度为国际技术交流和经贸发展提供了法律保障，而专利管理则是实现这种保障的有效手段。如果没有有效的专利管理，就不可能有正常的对外经贸秩序和环境，更不可能有对外经贸的良好发展。通过专利管理，规范技术进出口和对外经贸中的专利行为，保障专利制度的顺利实施，为开展正常的对外经贸创造有利的条件，以维护我国在国际贸易中的地位和声誉，促进对外经贸的健康发展。

（六）有利于推动国民经济发展和社会进步

专利和信息、自然资源、资金等一样是重要的创新资源，切实加强对专利的管理和保护，是国家创新体系中重要的一环。同时，我国产业结构方面与发达国家的差距，必须依靠充分利用专利制度的功能，推动技术的跨越式发展来弥补。专利管理部门通过加大专利法制分析和专利战略研究工作的力度，可以为国家产业结构的战略性调整服务。而通过专利管理，激发专利权人发明创造的热情，其最终目标是为了促进整个社会的科技进步和经济发展。

四、专利行政管理机关及其职能

（一）国家知识产权局

国家知识产权局是国务院主管专利工作和统筹协调涉外知识产权事宜的直属机构，其组织机构主要包括人事司、条法司、国际合作司、协调管理司和规划发展司等内设职能部门，分别担负如下职能：

（1）人事司——负责局机关及局属事业单位的机构设置和人员编制的管理；负责制定局机关及全国专利系统培训工作年度计划和中长期规划，并进行宏观管理和组织协调工作；负责组织评选全国专利系统先进集体和先进工作者。

（2）条法司——组织专利法和实施细则以及有关法规、规章的修订、起草、制定和解释工作；组织制定专利确权、侵权判断的标准，并指定管理机构；组织专利审查指南以及有关专利工作规章制度的制定工作；负责审核专利代理机构和指定涉外专利代理机构；负责组织专利代理人的考试和资格认定工作，负责行政复议规程和标准的制定。

（3）国际合作司——负责涉外知识产权的统筹协调工作；组织并负责协调有关知识产权双边或多边公约及协定的谈判、签约及修订工作；负责协调与世界知识产权组织及其他国际（境外）知识产权组织的联系；负责专利工作的国际合作与交流；负责有关知识产权国际合作协调工作。

（4）协调管理司——研究和拟定我国专利及有关知识产权管理工作的政策、办法、措施和规章制度；指导地方专利管理机关专利执法和管理工作；拟定规范专利市场、推动专利技术实施的有关政策和措施；规范、管理专利资产评估工作及其服务机构；负责专利合同的登记备案工作；组织开展专利战略研究工作。

（5）规划发展司——研究并提出贯彻国家有关规划发展和财务管理方针政策的实施方

案,协调解决有关政策性问题;负责编制局系统及全国专利工作的年度计划和中、长期发展规划及基本建设计划;负责编制局系统自动化工作规划,规划和指导全国专利系统的信息及网络建设;负责局系统专利统计工作。

(二)国家知识产权局专利局及国家知识产权局专利复审委员会

国家知识产权局专利局是国家知识产权局的直属事业单位,主要负责管理专利授权的相关工作,包括受理审批专利申请、审理复审、撤销和无效宣告请求,同时负责专利文献利用的管理。

国家知识产权局专利复审委员会也是国家知识产权局的直属事业单位。它的主要职能是:

(1)对不服国家知识产权局驳回的专利申请及集成电路布图设计登记申请决定提出的复审请求进行复审。

(2)对宣告专利权无效的请求及集成电路布图设计专有权撤销案件进行审理。

(3)负责专利复审委员会作为行政诉讼被告的应诉工作。

(4)参与专利、集成电路布图设计确权和侵权技术判定的研究工作。

(5)接受人民法院和管理专利的部门委托,对专利确权和专利侵权案件的处理提供咨询意见。

(三)地方专利行政管理机关

地方专利行政管理机关是指省、自治区、直辖市人民政府管理专利工作的部门,主要负责本行政区域内的专利管理工作,依法拥有行政管理和行政执法的双重职能。具体包括以下方面:

(1)起草、制定本地区、本部门专利管理工作的法规、规定和办法;

(2)组织制定本地区、本部门专利工作的发展规划和计划;

(3)逐步建立和完善本地区、本部门的专利工作体系;

(4)宣传专利法,普及专利知识,组织培训专利工作人员,提高业务素质;

(5)组织协调本地区、本部门专利工作的开展,并进行业务指导;

(6)筹集、管理和使用专利基金,推进专利的实施;

(7)管理本地区、本部门的许可证贸易及技术引进中与专利有关的工作;

(8)领导本地区、本部门的专利服务机构,包括专利代理机构、专利技术实施机构等;

(9)调解和处理专利纠纷。

五、专利行政管理的内容

根据我国《专利法》及《中华人民共和国专利法实施细则》的规定,专利行政管理的内容主要涉及以下几个方面。

(一)专利权的取得管理

一项发明创造完成后,并不能自动地得到专利法的保护。发明人或者设计人要获得专利权,需要向国家专利主管部门提出申请,经审批合格后才能取得专利权。即专利权的取得实行申请、审批制。

1. 专利申请

专利申请人要获得发明创造的专利权,需要按照法律、行政法规的规定向国务院专利行政部门提交专利申请文件。根据我国《专利法》的相关规定,发明和实用新型专利申请文件包括请求书、权利要求书、说明书和摘要;外观设计专利申请文件仅需要请求书和外观设计的图片或者照片等文件,但要求写明使用该外观设计的产品及其所属的类别。

2. 专利审批

专利申请人向国务院专利行政部门提交专利申请文件后,国务院专利行政部门将依照法律规定对专利申请文件进行审查。对符合专利性的专利申请授予专利权,对于不符合专利性或不符合法律规范的专利申请,将予以驳回。

目前,我国《专利法》对不同的专利权客体采取了不同的审查制度,发明专利采用"早期公开、延迟审查",而对实用新型和外观设计专利申请采用初步审查的制度。

发明专利申请的审批程序如下:

(1)受理申请。国务院专利行政部门收到发明专利申请的请求书、说明书(有附图的应包括附图)和权利要求书后,应当发出受理通知书,明确申请日,给予申请号。对于缺少上述提交文件或者有其他违反法律要求的,国务院专利行政部门不予受理或要求在指定期限内补交或补正。

(2)初步审查。国务院专利行政部门收到申请文件后,要先对申请文件的格式、法律要求、费用交纳等情况作形式审查。初审不合格的,国务院专利行政部门发出通知,由申请人进行补正或陈述意见,仍然不符合《专利法》要求的,予以驳回。初审合格后,进入公开程序。

(3)公布申请。发明专利申请初审合格后,自申请日起满18个月,即在《发明专利公报》上公布。申请人如果希望提前公布,可以提交《提前公开申请书》要求早日公布其申请,国务院专利行政部门在初审合格后,立即公布。

(4)实质审查。发明专利申请自申请日起三年内,国务院专利行政部门可以依据申请人随时提出的请求,对其申请进行实质审查。审查的主要内容有:对发明主题的新颖性、创造性、实用性进行审查;发明的单一性审查;说明书是否清楚、完整地说明发明的主要技术特征等。如果申请人在三年之内没有提出实质审查请求,该申请被视为撤回。

(5)授权公告。经过实质审查后,没有发现驳回理由的,国务院专利行政部门即作出授予发明专利权的决定,发给发明专利书,在《发明专利公报》上予以登记和公告,发明专利权自公告之日起生效。

实用新型和外观设计的审批程序是:受理申请、初步审查、授权公告,即《专利法》对实用新型和外观设计专利申请只进行初步审查而不进行实质审查。其他每一个程序的工作内容与发明专利审批相同,只是实用新型和外观设计授权公告的文件没有经过实质审查。实用新型专利权和外观设计专利权自公告之日起生效。

(二)专利的利用管理

专利的利用管理主要涉及专利的许可使用、转让、质押以及专利强制许可实施等方面。

1. 专利的许可使用

专利的许可使用也称专利实施许可,是指专利权人或者其授权的人作为许可方,许可他人在一定时间和一定范围内使用其专利,并按约定向其支付使用费的一种法律行为。

专利实施许可是专利权使用的最主要的方式之一,专利权人可以通过对专利使用权的让渡来获得经济上的对价。专利实施许可是以专利权的有效存在为前提的,而且要求许可人与被许可人之间签订专利实施许可合同。

当事人应当自专利合同生效之日起三个月内,按照《专利实施许可合同备案管理办法》的相关规定办理备案手续。经过备案的专利合同的许可性质、范围、时间、许可使用费的数额等,可以作为人民法院、管理专利工作的部门进行调解或确定侵权纠纷赔偿数额时的参照。

2. 专利权的转让

我国《专利法》第十条第一款规定,专利申请权和专利权可以转让。

专利权的转让,是指专利权人通过签订转让合同的方式,将专利的所有权转让给他人。专利权的转让既可以是专利权的全部转让,也可以是专利权的部分转让,部分转让时就会形成专利权的共有。

依据我国《专利法》的规定,转让专利权一般应履行如下程序:

(1)审批。《专利法》第十条第二款规定,中国单位或者个人向外国人、外国企业或者外国组织转让专利申请权或者专利权的,应当依照有关法律、行政法规办理手续。

(2)订立书面合同。转让专利申请权或专利权的当事人必须签订书面的转让合同,合同的内容一般包括:转让专利的名称;被转让专利的内容、范围、要求以及所处的法律状态;转让专利履行的计划、进度、期限、地点及方式;技术文件以及技术情报的交付与保密;转让费及支付方式;专利权被撤销或宣告无效的处理及风险责任的承担;过渡期条款;违约金或者赔偿的计算方式;争议的解决办法;双方约定的其他条款。

(3)登记和公告。专利申请权或专利权的转让,在当事人签订了书面合同后还必须经过国家知识产权局登记和公告,才能发生转让的法律效力。

3. 专利权的质押

《中华人民共和国担保法》(以下简称《担保法》)第七十五条规定,依法可以转让的专利权可以质押。所谓专利权的质押,是指专利权人或者第三人将其专利权中的财产权出质,作为债权的担保,当债权期限已至而债务人不履行债务时,债权人有权依法以该财产权折价或者以拍卖、变卖该财产权的价款优先受偿的一种担保方式。

根据我国《专利法》《担保法》的有关规定,专利权的质押需要当事人签订专利权质押合同,并由国家知识产权局专利局负责对其进行登记管理。

(1)申请。当事人申请办理专利权质押合同登记时,应当向国家知识产权局面交或寄交以下文件:专利权质押合同登记申请表;主合同和专利权质押合同;出质人的合法身份证明;委托书及代理人的身份证明;专利权的有效证明;专利权出质前的实施及许可情况;上级主管部门或国务院有关主管部门的批准文件;其他需要提供的材料。国家知识产权局专利局收到上述完备的文件之日,为登记申请受理日。

(2)审查登记。国家知识产权局专利局在受理专利权质押合同登记申请之后,依照国家法律、法规的规定，审查以下内容：质押合同条款是否齐全；是否出现不予登记的情况；是否按要求补正；其他有必要审查的内容。专利局自受理日起15日内（不含补正时间）作出审查决定。经审查合格的专利权质押合同准予登记，并向当事人发送《专利权质押合同登记通知书》；经审查不合格或逾期不补正的，不予登记，并向当事人发送《专利权质押合同不予登记通知书》。此外，专利局还设立了《专利权质押合同登记簿》，供公众查阅。

同时，根据相关规定，专利局还负责对专利权质押合同登记的变更、延期和注销进行管理。

4. 专利强制许可实施

专利强制许可实施，是指对专利权人采取的非自愿许可实施的措施，即专利机关依照专利法的规定不经专利权人的同意，通过行政申请程序直接允许申请者实施专利发明或专利实用新型，并向其颁发强制许可证的措施。

国务院专利行政部门受理强制许可的事项包括以下几方面。

（1）申请与立案。请求给予强制许可的请求人应当向国务院专利行政部门提出强制许可请求，并按有关规定提交强制许可请求书一式两份。请求文件不符合相关规定的，请求人应在收到通知之日起十五日内进行补正，期满未补正的，该请求视为未提出。强制许可请求有下列情形之一的，国家知识产权局将不予受理：被请求强制许可的发明专利或实用新型专利的专利号不明确或难以确定；请求文件未使用中文；明显不具备请求强制许可的理由。

（2）实体审查与决定。对符合规定的强制许可请求，国家知识产权局应将请求书副本送交专利权人，并通知其在指定的期限内陈述意见。请求人陈述的理由和提交的有关证明文件不充分或不真实的，国家知识产权局在作出驳回请求决定前应通知请求人，给予其陈述意见的机会。国家知识产权局对申请和陈述的意见审查后，对符合条件的申请，应作出给予申请人实施强制许可的决定。另外需要说明的是，除申请公益目的的强制许可不适用听证外，请求人或专利权人在实体审查中要求听证的，国家知识产权局还要负责组织听证。

（3）强制许可决定的登记与公告。已生效的给予强制许可的决定应当在专利登记簿上登记并在国家知识产权局专利公报、政府网站和《中国知识产权报》上予以公告。

专利权人对专利局关于实施强制许可的决定不服的，专利权人和取得专利实施强制许可的单位或个人对专利局关于实施强制许可的使用费的裁决不服的，可以自收到决定通知之日起三个月内向人民法院起诉。

（三）专利权的行政保护

未经专利权人许可，实施其专利，即侵犯其专利权，引起纠纷的，当事人可以自行协商解决；不愿协商或者协商不成的，专利权人或者利害关系人可以向人民法院起诉，也可以请求管理专利工作的部门处理。管理专利工作的部门处理时，认定侵权行为成立的，可以责令侵权人立即停止侵权行为，当事人不服的，可以自收到处理通知之日起15日内依照《中华人民共和国行政诉讼法》向人民法院起诉；侵权人期满不起诉又不停止侵权行为的，管理专利工作的部门可以申请人民法院强制执行。进行处理的管理专利工作的部门应当事人的请求，可以就侵犯专利权的赔偿数额进行调解；调解不成的，当事人可以依照《中华人民共和国民事诉讼法》向人民法院起诉。

管理专利工作的部门可以对侵犯专利权的侵权人依法给予一定的行政处罚,具体包括以下几方面。

(1)停止侵权行为。即要求侵权人立即停止擅自制造、使用、许诺销售、销售进口专利产品或使用专利方法以及使用、许诺销售、销售、进口依据专利方法直接获得的产品的行为。

(2)损失赔偿。

(3)责令改正。

(4)没收违法所得。

(5)罚款。对于假冒他人专利的,除依法承担民事责任外,由管理专利工作的部门责令改正并公告,没收违法所得,可以并处三倍以下的罚款;没有违法所得的,可以处五万元以下的罚款。对于以非专利新产品冒充专利新产品,以非专利方法冒充专利方法的,由管理专利工作的部门责令改正并予以公告,可以处五万元以下的罚款。

(6)其他。管理专利工作的部门还可以建议侵权人的上级管理部门对侵权企业进行整顿,对侵权人个人或所在侵权单位的直接责任人员,建议有关部门给予侵权人以降职、降级、记过等行政处分。

第五节　商标管理系统

商标管理系统利用数据库的海量存储、查询及随时添加、删除记录的功能和网络的资源共享功能、无时空限制的优势,将有关商标的申请、注册、变更等信息数字化,构建成一个可为管理人员或相关人士以及商标权申请人共同利用的信息系统。

一、商标管理概述

(一)商标管理的概念和意义

从商标管理的内容上看,商标管理包括商标使用管理和商标印刷管理两大部分,商标使用管理又分为注册商标使用管理和未注册商标使用管理两大类。

商标管理的意义:可以促使商标权人依法正确行使商标权,维护商标声誉,维护自己的合法权益;可以防止未注册商标使用人冒充注册商标,或者使用必须注册的商品商标等不正当行为,维护正常的竞争秩序;可以监督商标使用人保证使用商标的商品质量,防止商品粗制滥造,以次充好,欺骗消费者,维护广大消费者的利益,保障社会经济秩序的正常运转;可以防止通过非法渠道擅自印制注册商标标识,杜绝假冒和冒充注册商标的来源,保护商标权人的利益。

(二)商标管理机关

1. 商标局

商标局是全国商标注册和管理的主管机关,它隶属国家市场监督管理总局。

商标局的主要职责是：主管全国商标注册工作；负责指导地方各级工商行政管理机关进行商标管理和查处侵权工作；办理有关商标的其他事务。

2. 商标评审委员会

商标评审委员会是国家市场监督管理总局设立的商标评审机构，独立于商标局，由国家市场监督管理总局指定的主任委员和委员组成。

申请商标评审委员会评审应注意的事项如下：

申请人申请商标评审，应当向商标评审委员会提交申请书，并按照对方当事人的数量提交相应份数的副本，基于商标局的决定书或者裁定书申请复审的，还应当同时附送商标局的决定书或者裁定书副本。

商标评审委员会收到申请书后，经审查，符合受理条件的，予以受理；不符合受理条件的，不予受理，书面通知申请人并说明理由；需要补正的，通知申请人自收到该通知之日起三十日内补正。经补正仍不符合规定的，视为撤回申请，商标评审委员会应当书面通知申请人。

商标评审委员会受理商标评审申请后，应当及时将申请书副本送交对方当事人，限其自收到申请书副本之日起三十日内答辩，期满未答辩的，不影响商标评审委员会的评审。当事人需要在提出评审申请或者答辩后补充有关证据材料的应当在申请书或者答辩书中声明，并自提交申请书或者答辩书之日起三个月内提交，期满未提交的，视为放弃补充有关证据材料。

商标评审委员会根据当事人的请求或者实际需要可以决定对评审申请进行公开评审。商标评审委员会决定对评审申请进行公开评审的，应当在公开评审前十五日书面通知当事人，告知公开评审的日期、地点和评审人员，当事人应当在通知书指定的期限内作出答复。申请人不答复也不参加公开评审的，其评审申请视为撤回，商标评审委员会应当书面通知申请人。被申请人不答复也不参加公开评审的，商标评审委员会可以缺席评审。

申请人在商标评审委员会作出决定、裁定前要求撤回申请的，经书面向商标评审委员会说明理由，可以撤回，撤回申请的，评审程序终止。申请人撤回商标评审申请的，不得以相同的事实和理由再次作出评审申请，商标评审委员会对商标评审申请已经作出裁定或者决定的，任何人不得以相同的事实和理由再次提出评审申请。

商标评审委员会是国家负责处理商标评审事宜的法定机关，其作出裁定撤销注册商标后，原注册人就失去享有的受法律保护商标专用权，原商标专用权就被视为自始不存在。其撤销注册商标的裁定，对在撤销前人民法院作出并已执行的商标侵权案件的判决裁定、工商行政管理部门作出并已执行的商标侵权案件的处理决定，以及已履行的商标转让或者使用许可合同，不具有溯及力，但如果属商标注册人恶意给他人造成损失的，应当予以赔偿。

当事人对商标评审委员会所作出的维持或撤销裁定不服，并向人民法院提起诉讼时应该注意以下几点。

根据《商标法》有关规定，当事人对注册商标争议裁定不服的，应在自收到通知之日起三十日内向人民法院起诉。

当事人应当向注册商标争议有管辖权的人民法院起诉，根据最高人民法院关于审理商标案件有关管辖和法律适用范围问题解释,不服国务院工商行政管理部门商标评审委员会作出的复审决定或裁定的案件,由高级人民法院根据最高人民法院的授权确定其辖区内有关中级人民法院管辖。

当事人对自己提出的诉讼请求或者反驳对方诉讼请求所依据的事实有责任提供证据加以证明,没有证据或证据不足以证明当事人的事实主张的,由负有举证责任的当事人承担不利后果。因此,当事人如果不服商标评审委员会的裁定结果而提起诉讼的,应当在法定期限内,向有管辖权的人民法院提起诉讼,并提交足以支持自己权利主张的证据,包括被争议注册商标的注册证号,刊登于《商标公告》的日期和期数,核定使用该注册商标的商品名称、类别,以及相关其他证据。

当事人就《商标法》修改决定施行时已满一年的注册商标发生争议,不服商标评审委员会作出的裁定向人民法院起诉的,适用修改前《商标法》的规定,提出申请的期限处理;《商标法》修改决定施行时商标注册不满一年的,适用修改后《商标法》的相关规定,提出申请的适用该处理。

商标评审委员会在《商标法》修改决定施行前受理的案件,于该施行后作出复审决定或裁定的,当事人因对复审决定或裁定不服而向人民法院起诉的,人民法院应当受理。

3. 地方各级商标行政管理部门

地方各级商标行政管理部门的主要职责是:监督注册商标的商品质量;对粗制滥造、以次充好、欺骗消费者的责任人给予行政处罚;对本辖区内的注册商标和未注册商标的使用进行日常管理;对商标标识的印制进行管理;对国家规定必须使用注册商标的商品未使用注册商标的行为进行处理;宣传商标法规,指导工商企业正确使用商标;对侵犯注册商标专用权的行为进行查处。

二、商标使用管理

(一)注册商标的使用管理

1. 商标主管部门对注册商标的行政管理

使用注册商标可以标明注册标记;《商标注册证》遗失或者破损的必须及时申请补发;注册商标的使用应当符合核定的商品范围;注册商标的使用不得违背有关禁止性规定;不得连续三年停止使用注册商标;使用注册商标的商品必须保证其商品达到核定的质量标准;许可他人使用注册商标必须签订商标使用许可合同并报存档备案;加强对已被撤销或注销的商标的管理。

2. 企业对注册商标使用的自我管理

建立健全商标管理制度和结构;重视注册商标档案的管理;增强对注册商标的自我保护意识。

(二)未注册商标的使用管理

未注册商标不得冒充注册商标;必须使用注册商标的商品不得使用未注册商标;未注册商标不得使用违反公序良俗或其他禁止作为商标使用的标记;使用未注册商标必须标明

企业名称和地址;使用未注册商标的企业应保证商品质量。

三、商标印制管理

(一)商标印制管理的意义

商标印制管理是商标管理的重要环节。加强商标印制管理,可以堵塞商标使用管理中的漏洞,防范不合法的和不合格的商标标识流入市场而助长假冒商标行为,切实保护商标注册人及其他合法的商标使用人的利益,维护广大消费者利益,稳定社会经济秩序。

(二)商标印制管理的内容

商标应当由商标印制单位印刷;商标印制委托人应当出具证明文件;商标印制单位必须依法从事商标印制活动。

商标印制单位承印商标时,必须在核准的印制商标经营项目内进行,不得超越核准的经营范围;商标印制单位承印商标时,应当严格核查相关的证明文件及图标图样;商标印制单位应当建立健全商标印制管理制度;印制单位不得非法印制或买卖商标标识。

四、我国商标管理系统概述

商标权是知识产权的一个分支,商标是企业重要的无形资产,国内外的驰名商标、著名品牌都为企业带来丰厚利润。如知名品牌用自己的品牌管理企业文化,以及促进加盟企业合作等,取得巨大经济效益。可见,创建企业的品牌、保护企业的商标权,是企业发展、开拓市场的重要手段。加入 WTO 后,技术创新、市场开拓和知识产权保护是企业生存与发展的三个条件,缺一不可。国内许多企业和管理部门已经认识到知识产权保护尤其是商标信息管理的重要性,但还是缺乏紧迫性。我国已经颁布了新的商标法修正案,但对于商标的保护应该从更全面的角度来进行,不光有法律、技术的保护,还要有现代化的信息处理手段。

在商标信息管理的技术手段上,我国明显落后于美国、德国等欧美国家。为了在新的全球经济环境中保护民族品牌、维护民族利益,有必要设计出我们自己的商标信息管理系统。从近些年来的发展状况看,已有一些机构开发了商标查询、商标注册、商标档案管理、商标事务综合管理系统等,但系统规模及应用范围都有待拓展。

五、国际商标管理系统

从国外情况来看,对于商标信息管理系统的研究工作起步较早,特别是随着网络技术的广泛利用,美国、德国等国已经建立起自己的网上商标信息管理系统,目前这些管理系统处于正常运行阶段。不仅具有适用于美国专利商标局官方使用的管理系统,也具备适用于企业自身管理商标信息的系统。Different Breed 公司的商标管理系统、IPPO 公司的商标管理系统的建立,标志着国外在商标管理领域的重大突破。拥有自己国家的商标信息管理系统,维护本国商标权拥有人的利益,同时促进商标保护的国际交流,已成为商标管理的重要内容。我国的商标管理系统开发已经起步,从功能方面看,国内系统具有本国特色,并正在逐步与国际接轨。下面以商标管理系统的功能作为研究对象,对国内外已经初具规模的商标信息管理系统做比较分析。

国外对于知识产权管理中的商标管理比较重视,除了颁布相应的法规、条例外,还运用多种技术手段来保护商标权或者说促进商标权的实施。很多商标事务所纷纷网上办公,使商标的申请、变更、审核等行为更趋于技术化、网络化。在利用网络技术进行管理的契机下产生了商标信息管理系统。

纵观国外数家公司设计的已成型的商标信息管理系统,其设计上主要有以下几个特点。

(一)视窗管理,简洁直观

在商标信息管理系统的表现形式上,各公司多采用视窗技术来体现。以 Different Breed 公司的商标信息管理系统为例,该系统使用了七个视窗来管理商标。

(1)商标申请视窗(trademark application screen):记入商标名称、类别、使用情况(是否已投入使用)、存档号、邮寄日与接收日期、顺序号、缴费通告日、证明文件提交日等有关事项。

(2)商标局行为视窗(office action screen):记入了商标局对该商标所有行为的事项,包括行为内容、时间以及当时的执行律师的资料。

(3)交流视窗(communication screen):该视窗供商标权人与那些有侵权倾向的公司进行交涉,并记入交涉结果。

(4)查询视窗(search screen):利用该视窗查询侵权公司的情况。

(5)报告视窗(reports screen):该视窗所连接的数据库可为用户提供所需要的有关报告,如商标权到期日报告等,人们可以根据自己喜欢的形式来选择报告类型。

(6)更换口令视窗(change password):用户可随时更换密码,保护自己的资料。

(7)管理任务视窗(administrative task sscreen):系统管理者添加、移除用户或任命管理人的视窗。

Computer Packages 公司的商标管理系统是通过综合性的单视窗来管理商标信息,与 Different Breed 公司的多视窗商标信息管理系统相比,体现出更大的简洁性与直观性。

(二)专家智能,有效监督

商标信息管理系统的设计者们将系统的自动提醒功能比喻成"专家智能监督"功能,是因为系统可以像行业专家那样存储大量的相关法律、法规,在必要的时候对其存储的商标资料进行指导和监督,使不太了解商标法规的商标权人及时知晓有关商标的法律、政策的最新动态。以 Different Breed 公司的商标信息管理系统为例,该商标信息管理系统拥有独特的专家智能监督功能,它基于商标局颁布的政策、法规,能够自动计算出有关所载商标的异议、附加条款、书面证词以及变更行为的到期日,它能说出对于商标权的附加要求是否仍然有效以及哪些要求已经无效,它可以提醒商标权人商标权到期日,并自动邮发到期日日程表。

（三）广泛查询，迅速准确

数据库技术的应用使商标信息管理系统实现了商标记录的海量存储，但若想查到某一具体信息必须拥有适当的搜索引擎来查询特定信息。以美国专利商标局的商标电子查询系统（trademark electronic search system）为例，该系统提供四种查询方式来进行商标查询：简单查询、布尔查询、高级查询、浏览查询。在文字框中输入查询指令后，搜索引擎将在美国专利商标局所连接的所有数据库中搜索与指令相匹配的商标记录，其结果能够让申请人及时判断自己即将申请注册的商标是否曾有人已经注册使用，使自己的商标更具有识别性，避免其构成侵权。

（四）在线申请，方便快捷

网络已经凭借其超越时空的资源共享性成为网络时代人们日常生活中必不可少的工具，将网络技术应用于商标信息管理系统，为不同地域的用户提供极大方便，尤其是在在线商标申请方面。申请人可以足不出户地利用互联网完成商标申请的整个过程，而申请人只需在申请后等待管理部门的审查结果通知报告。名大软件公司考虑到网络技术的优点，纷纷为其商标信息管理系统增添了在线申请功能，以 IPPO 的在线商标信息管理系统为例，它提供了强大的在线申请功能。通过相应的多个文本框来限定申请人的申请步骤，并指导其在申请过程中按顺序应该填入的内容。通过点击"提交"命令按钮，所有有关信息将被发送到审核机构进行审核。

六、我国商标信息管理系统开发建设的措施

（一）提高重视程度

商标作为商品的标识、企业的形象，在很大程度上反映出一个国家商品的市场运行状况，反映出商品的市场竞争能力。人类迈入 21 世纪之后，世界也迈向了"科技进步超速化、知识信息网络化、经贸活动全球化、商务规则国际化"的知识经济时代。这对我国的商标信息管理来说，既是机遇，又是挑战。从国际上看，中国加入 WTO 后，我国经济进一步融入国际经济大循环，国内企业充分利用国际贸易的开放性优惠进入国际市场参与竞争。在国外，商标信息管理的重要性已经得到了广泛认同，且商标信息管理系统设计工作已经起步。注重开发国内外丰富的商标信息资源，将有力地推动商标与服务的贸易发展。建立商标信息数据库、商标信息管理系统，不仅已成为企业无形资产的重要组成部分，而且对优化企业的市场营销和对外贸易中的诸多环节，都起着积极的推动作用。各商标管理部门也应该从现在起提高对商标信息管理的重视程度，不单从法律角度，还要多从技术角度考虑具体的商标信息管理措施。

（二）借鉴国外经验

面对国外的先进技术——商标信息管理系统，我们应该果断地奉行"拿来主义"，借鉴其先进的经验来创建有中国特色的商标信息管理系统。目前，我国对于商标信息管理系统

的研究才起步,尚处于探索阶段,即使有一些设计较好的管理系统,也存在一些不足,例如:

(1)窗体设计较粗糙,功能不全;

(2)在线服务缺乏;

(3)数据库连接有限,语种较少;

(4)保密技术不完善等。

我国商标管理机构应该在深入研究国外商标管理系统的基础上,制定出国内商标信息管理系统的设计方案,根据我国商标法及商标管理的特点来设计有关功能与项目。

(三)引进先进技术

建立管理系统,很重要的一点是考虑其技术支持。国外的商标信息管理系统较多使用MS SQL Server 数据库。从我国自身情况来看,由于对商标管理的认识不足,没有专业人员来仔细研究制作系统所需要的相关技术。在我们认识到商标信息管理的必要性后,我们应该引进国外的先进技术来促进我国的技术开发。我国资源众多、人才济济,必将开发出技术更先进的商标信息管理系统。

(四)培养技术人员

商标信息管理系统是技术性很强的管理系统,它的设计工作需要设计人员具备很高的知识水平和很强的动手操作能力,还要有一定的创造性和商标管理的相关知识。因此要想设计与制造出我国的商标信息管理系统,需要培养出一些综合素质很强的人才,在学习别人先进技术的同时武装自己的头脑,设计与制作出我国自己的商标信息管理系统,以便适应 WTO 环境下国际形势对知识产权管理提出的新挑战,更好地参与国际竞争。

七、企业商标管理系统

(一)商标查询系统

商标查询是保护商标的第一步,对于拥有不同目的的个人,其查询目的不同,需要借助的查询系统也不同。商标工商管理局使用的商标查询是建立在自愿原则基础上的,向查询人提供有关商标信息的一种有偿服务。通过商标查询可以确保考虑中的商标还没有被另一个企业在预期市场中使用。而企业自己的商标信息查询是为了帮助企业商标信息管理人员关注本企业商标信息现状与变化,密切关注其他企业商标信息的辅助工具。商标查询系统的设计一般需要界定商标查询功能、查询件、查询结果。尽管不同的系统具有不同的实现目的,但从功能上来看,是基本一致的。

从实现方式来看,普通意义上的商标查询可以通过在线数据库(虽然没有几个国家目前能提供这种服务)、专门公司或国家商标注册部门来实施。企业商标信息查询是基于本企业的商标信息数据库来实现的。

从实施者来看,普通意义上的商标查询需要有资格的商标代理人或律师来为企业进行商标查询,而企业商标信息管理系统的商标查询是为本企业的商标信息管理者服务的,通过对一个合理的商标信息查询界面操作达到查询相关信息的目的。

（二）商标信息监测

商标信息监测是指以自己注册的商标为保护对象，对商标局发布的初审商标公告进行监测，以及对某些商标的法律状态进行监测。

对于商标管理人员来说，要想很好地开展商标保护工作，往往感到力不从心。商标恶意抢注行为时有发生，也使企业用心血培育的无形资产遭受不可估量的经济损失。为切实维护注册商标所有人在先注册的商标专用权不受侵害，防止他人在同类或近似商品或服务上注册与之相同或近似的商标，使企业的无形资产受到《商标法》的有效保护，企业应该设立专门人员，对企业注册商标进行系统的监察与维护。

商标监测的目的在于发现商标初审公告中与自己注册的商标近似的，可能与自己注册的商标混淆，造成消费者误认的初审公告商标，及时在公告期内对近似商标提出异议，阻止其注册。观察某些商标的法律状态（如同行竞争者的），及时调整自己的经营策略。

作为一个拥有注册商标的企业，为了使自己的合法商标权益不受损害，需要设立商标管理部门，由专人对企业的注册商标进行系统的管理与保护。企业的商标管理人员不仅要关注社会上的商标侵权现象，还要关注一些不法厂商专门在相同或相似的商品分类中，申请注册与他人知名的注册商标相同或相似的商标。

（三）商标信息统计

商标信息统计工作对于企业商标信息管理人员来说至关重要。在复杂的商标管理过程中，常常需要通过对行业内（外）所关注的商标数量进行关注，尤其是对某些商标的注册数、续展数、注销数、转让数、变更数、撤销数、许可数、异议数，以及驰名商标数、商标证明数、集体商标数、异议裁定数、国际注册数、特殊标记数等进行分类统计，目的是用来实现商标信息定量性分析。

（四）附加功能

在商标查询、监测、商标信息统计之外，还需要一些附加功能来满足用户个性化的特殊需求，同时方便用户更好地管理与利用商标信息。这些附加功能包括商标记录的添加、删除、更新、操作的取消以及数据输出、打印、帮助信息等功能。

第六节　技术措施的知识产权法律保护

随着社会的发展，在不同阶段，各国根据本国的国情通过调整或修订相关法律来调节知识产权的保护力度，以达到平衡权利人与公众、国家之间利益关系的目的。了解知识产权法的概念、调整对象、体系、产生和发展及与相关法律的关系等知识产权法律基本知识，无疑是进行现代知识产权管理的前提。

一、知识产权法的概念与调整对象

(一)知识产权法的概念

知识产权法的概念有狭义和广义之分。从狭义的角度看,知识产权法从传统知识产权的含义出发,仅指专利法、著作权法、商标法;从广义的角度看,一切调整智力成果和工商业标记社会关系的法律规范都是知识产权法。狭义的知识产权法仅指以知识产权法为其名称的具体的特定的法律,如《法国知识产权法典》,是所谓形式上的知识产权法;广义的知识产权法,是指涉及知识产权法律关系的各种法律规范,是所谓实质上的知识产权法。

我们认为:知识产权法是国家法律体系中综合调整公民、法人或非法人单位相互之间在创造、使用、转让智力成果过程中形成的社会关系的法律规范的总和,在世界上大多数国家中,它是著作权法、专利法、商标法、反不正当竞争法等各项与知识产权有关的单一性法律、法规的综合。

(二)知识产权法的调整对象

根据知识产权法的定义,知识产权法的调整对象包括以下三种社会关系。

1. 因知识产权的创造而发生的社会关系

知识产权法的核心是从法律上确认知识产权的创造者或合法受让人对此智力成果享有的权利并用法律的手段予以保护。所以,明确知识产权的归属问题是整个知识产权制度的基础。

知识产权的创造者在创造出具有知识产权性质的智力成果并依法进行登记注册后,享有对此智力成果的所有权,其可以在一定时期内依法独立使用或授权他人使用此智力成果并获取一定的经济利益。这就会在智力成果的创造者和知识产权管理部门之间发生一定的社会关系。

2. 因知识产权的使用而发生的社会关系

知识产权人可以在法律允许的范围内使用其享有的对知识产权的权利,达到自己的一些目的或实现自己的一些要求,在这个过程中,就会发生知识产权人与其他相关人员之间的关系问题。

3. 因知识产权的转让而发生的社会关系

知识产权具有价值性,知识产权人可以通过对智力成果的控制和使用而获得一定的经济利益。从这个意义上说,知识产权是一种可供利用的财富。知识产权人在通过转让一部分权利来实现一定的经济目的时,会与受让者及有关管理部门之间形成相应的社会关系。

二、知识产权法的体系

《成立世界知识产权组织公约》中这样表述现代知识产权制度:它是一切在工业、科学、文学或者艺术领域由智力活动产生的权利制度的总和。参照我国现行立法,我国知识产权法体系包括以下专门性法律。

（一）《中华人民共和国著作权法》

《中华人民共和国著作权法》是国家法律体系中调整在文学作品、艺术作品、科学作品的创造、使用和转让中形成的各种社会关系的法律规范的总和，其客体范围除包括口述作品外，还包括民间文学艺术和计算机软件。

（二）《中华人民共和国专利法》

《中华人民共和国专利法》是国家法律体系中调整由发明创造的产生、利用和保护等发生的各种社会关系的法律规范的总和。我国专利法客体包括：发明、实用新型、外观设计。

（三）《中华人民共和国商标法》

《中华人民共和国商标法》是国家法律体系中围绕商标的内容、取得、行使、使用许可、期限、转让和保护等发生的各种社会关系的法律规范的总和，其客体是注册商标。

（四）《中华人民共和国反不正当竞争法》

《中华人民共和国反不正当竞争法》是指国家法律体系中对经营者违反法律规定，损害其他经营者的合法权益，扰乱社会经济秩序的行为进行惩罚的法律制度。

我国现行的知识产权法律体系，除包括以上专门性法律外，还有相应的行政法规、部门规章和地方性法规等，以及《中华人民共和国民法典》和《中华人民共和国刑法》等基本法律中的相应部分。

三、知识产权法与相关法律的关系

对于知识产权法的归属问题在学术界一直存在着争议。知识产权法应是一个独立的法律部门，还是应归入民法、经济法、行政法或是国际公法，学者们各持己见。其实每一部法律都并非独立存在，它往往会与其他法律相互交错，互为依靠。

（一）知识产权法与民法的关系

知识产权法与民法的关系最为密切。有人认为知识产权法应该是民法的一部分，这是因为：民法基本原则，例如平等、自愿、公平、诚实信用、公序良俗等原则，都适用于知识产权法；《合同法》以及与合同相关的其他法律规定，也可以适用于知识产权合同；知识产权法还借鉴了《中华人民共和国物权法》中的物权法定原则、物权内容、公示原则、物权请求权等基本原理和制度。但同时，知识产权的无形财产特殊性使得民法中财产关系的一般原则难以解决知识产权领域的特殊问题。鉴于此，不少人把知识产权法与民法的关系看成是特殊法与普通法的关系。

（二）知识产权法与经济法的关系

知识产权法主要是与经济法中的科技法、反不正当竞争法等发生关系，这是因为知识产权法的调整对象与经济法的调整对象有一些重叠，而且知识产权法律体系中对科技作品著作权、集成电路布图设计权、植物新品种权等权利的保护极大地激发了科技工作者的热情,推动了科技事业的快速发展。甚至有学者认为,知识产权法和经济法在调整对象、时代背景、立法目的和基本原则等诸多方面有着相同的渊源,在法理上把知识产权法归入经济法也是可行的。

(三)知识产权法与行政法的关系

在涉及知识产权的问题时不得不与行政法发生某种关系。知识产权中除著作权自动产生外,商标权和专利权的产生均需国家行政部门的认可,各国都设有专门的知识产权管理机构。我国设立了专利局、商标局、版权局以及地方各级相应的行政管理部门,对知识产权实行管理。在知识产权的保护方面,知识产权办公会议、工商局、版权局、技术监督局和海关均发挥着重要的职能作用。

(四)知识产权法与国际公法的关系

随着经济全球化进程的加快,越来越多的国家形成了知识产权国内和国际双重保护体系,签署知识产权双边或多边协议,基于此,有学者认为知识产权法应归入国际公法。其实,知识产权法只有在涉及知识产权涉外保护等国际保护问题时才与有关知识产权保护的国际条约发生关系。

(五)知识产权法与刑法的关系

为了加强对知识产权的保护,加大对侵犯知识产权行为的打击力度,除专利法、商标法和著作权法中规定了"构成犯罪的,依法追究刑事责任"的条款,《中华人民共和国刑法》中也专门规定了"侵犯知识产权罪"。侵犯知识产权的行为,要先按照知识产权法的相关规定对其进行认定,若情节比较严重,就构成犯罪。

四、技术保护措施的定位

技术保护措施又可简称为技术措施。数字技术与网络技术等新技术在拓展版权保护对象的同时,日益削弱版权人对其作品的控制力,使其对作品的保护力不从心。为了捍卫自己的权利,版权人开始积极地利用技术提升自我保护能力,开发一系列信息安全技术并付诸实施。广义的技术措施,是单纯在技术层面上所说的技术措施,泛指版权人或相关权利人为保护版权或与版权有关的权利而采取的一切技术手段。狭义的技术措施,或称法律意义上的技术措施,是指国际法或国内法中规定保护的技术措施。技术措施根据其功能不同,可分为两大类:一是防御性的技术措施,包括控制访问作品的技术措施、控制采取作品的技术措施和控制作品传播的技术措施;二是反制性的技术措施,包括追踪、识别作品的技术措施和制裁非法使用的技术措施。具体来说,可以包括反复制设备、电子水印、数字签名或数字指纹技术、电子版权管理系统、追踪系统、防火墙技术、电子信息智能识别技术、信息加密技术、防泄密技术、信息自动恢复技术等。

第四章 知识产权的价值研究

第一节 知识产权制度价值的概念工具

一、价值论的一般概念

"价值"一词,无论在国外还是在国内,都同时在非常广泛的场合下使用,如哲学、伦理学、美学、经济学、社会学等学科,无不使用这一概念。但是,对"价值"的含义却迄今还没有较为统一的理解。

著名的价值论学者富兰克纳在总结价值一词的使用情况及其基本含义时指出,"价值"及其同源词、复合词,以一种被混淆和令人混淆然而广为流行的方式,应用于我们的当代文化中——不仅应用于经济和哲学中,也应用于其他社会科学和人文科学中。价值这个术语在意义上和用法上的扩展,最初始于经济学,即当时所谓的政治经济学,随着这一过程的发展,价值成了经济学中价值理论的中心术语。而一些哲学家,如尼采等,则在更加广泛的意义上来理解价值和价值准则的概念,并在他们的思想活动中赋予这些概念以重要的地位。通过奥地利迈农、艾伦菲尔斯的著作,通过德国舍勒、哈特曼的研究,一般价值理论的观念在欧洲大陆和拉丁美洲普及开来。在英国,这种观念有相当的影响力。在美国,这种观念在第一次世界大战前后受到了热烈欢迎。培里、杜威、泰勒等人将其发展、创新。对"价值""价值准则"的广泛探讨也随之扩展到了心理学和各门社会科学、人文科学甚至人们日常谈论的领域之中。根据马克思主义的基本观点,价值这一哲学范畴具有以下基本特征。

首先,价值是客观因素和主观因素的统一。价值是一种关系范畴,是客体与主体之间发生的一种关系,而人始终是价值关系的主体,能够满足主体需要(即有积极意义)的对象则是价值关系的客体,不与主体发生关系的客体无所谓价值。价值范畴既具有客观性,又具有主观性,它是客观性与主观性的统一。其次,价值必须具有自己的客观前提和主观前提。价值首先依赖具体的对象,对象及其属性是第一性的,它们本身不依赖于人和人的需要而存在,并且决定人们对其评价的特点。最后,价值作为一种社会现象,它是事物进入社会和人的活动领域以后才产生和存在的一种功能属性。概括而言,价值就是一个主客体之间需要和满足的关系范畴,价值的生成既不是一个纯粹的主体主观需求的作用过程,亦不是一个纯粹的客体本质的作用过程,而是主体主观需求与客体本质相互作用的过程。单独的主体的需要和客体的属性和功能,都不能单独构成价值。这里的主体是人或人的延伸与结合——社会,而客体则是指哲学意义上的物,即人主观世界以外的客观实在。因此,任何一种事物的价值,从广义上说应包含两个互相联系的方面:其一是该客体的存在对主体的作用或意义;其二是主体对这种价值的认识和评价。

而对于价值的主体认识则构成了价值观念,又往往被称为价值观。通常学术观点认为,价值观是人们对价值的认识、看法、见解的总称。它包含着感性的价值认识和理性的价值认识两个方面。所谓理性的价值认识即是价值理论,它是有一定系统性、整体性、独立性的价值理论单元,亦称为价值论。价值论,也被称为价值哲学,其含义至今众说纷纭。"价值论"一词,最早于1902年由法国哲学家拉皮埃、1903年由德国哲学家哈特曼所采用。大多数学者都认为价值论的中心概念是"价值",价值论的主要研究内容有价值的性质、价值的分类、价值的终极标准、价值的主客观性、价值同事物或存在和实在的关系。对这些问题,各个学派乃至各个学者都有不同的看法,但是基本上可以分为价值的主观唯心主义学说和价值的客观唯心主义学说。前者包括迈农、爱伦费斯、杜威、培里等学者,后者包括人格主义和新托马斯主义的学者。

"价值哲学"的兴起是对西方传统哲学观的反思和在哲学出现危机时探寻哲学出路的一种尝试。此前的西方传统哲学观认为哲学是一种科学知识,与特殊科学不同的是,哲学以整个世界为对象,追求世界的统一性和知识的统一性,用严格的范畴来把握世界,为世界观和人生观奠定理论基础;同时哲学又要研究知识本身,研究认识可靠性的根据和获得并证明科学知识的方法。而"价值哲学"则是一种崭新的哲学观,在"价值哲学"的主要代表看来,哲学的对象是也仅仅是价值问题,而价值问题涉及的只是人类的文化和文明、人生的意义和价值,因而哲学就是价值哲学。

二、法价值的一般理论

(一)法价值化与价值法律化

西方法律思想史告诉人们,对法价值的研究从法出现时就产生了,并逐步向前发展,经奴隶制法学、中世纪神学法学,到17世纪到18世纪古典自然法学将法的价值研究推进到一个新的境界。其后,法的价值研究在19世纪稍有回落,到20世纪,尤其是1945年之后,法的价值研究获得了新的历史机遇,迎来了法的价值理论发展的重要时期,出现了以法的价值为研究中心的新自然法学和政策法学。新自然法学的代表人有德国的拉德勃鲁赫、美国的富勒、法国的维莱、比利时的达班、英国的菲尼斯等,他们都把法的价值作为自己学说的中心内容。政策法学的代表人拉斯威尔、麦克杜格尔等人也把法的价值列为自己的中心课题。以至于现代西方法学研究者将他们的法学理论直接称之为价值论法学。

人们对法价值的研究同样来源于法律理想与现实、应然和实然的对立。一方面是观察现实法价值的实践表现,即法价值化;另一方面则是如何在法律中设定主体价值,使法律真正成为"价值体",即价值法律化。法的价值是以法与人的关系作为基础的,法对于人所具有的意义,是人的需要的满足,是人的法需要的法律化,也是人关于法的绝对超越指向。法社会学家庞德曾指出,"价值问题虽然是一个困难的问题,却是法律科学所不能回避的";"在法律史的各个经典时期,无论在古代还是在近代世界里,对价值准则的论证、批判或合乎逻辑的适用,都曾是法学家们的主要活动"。英国法学家彼得·斯坦更加明确地认为,一切法学家都只不过是用各种各样的方式,描述法律能够在什么程度上实现社会秩序、公平、个人自由这些基本的价值而已。法价值的视角本质上是在实在法之上追寻法律规则的价值理想,使法律制度的设计符合这种理想,并将其作为评价法律制度的标准。法理学家博登海默相信"一种完全无视或忽视上述基本价值(自由、安全和平等)的一个价值或多个价值的社会秩序,不能被认为是一种真正的法律秩序"。

通过上述基本评述不难看出,法价值作为价值的一种,具有一般价值范畴所具有的基本特征,同时由于法价值的特殊性,其含义与一般价值范畴又存在诸多差异。一般而言,法的价值或者法价值作为法这一客观实在的内在精神既反映了法本身的价值追求又充分体现了人们对价值评价和价值选择的法律诉求。任何价值都是客体自身所具有的属性在一定条件下的外化。首先在关系范畴上说,法的价值首先是法这一现象和客体对于人的某种意义、功用和效果。其次从主体来看,法的价值的特殊性在于法作为人类理性的产物,既体现了人类的理性智慧,又反映出人类社会发展和维持的客观规律,彰显了人类价值理想的一种法律表达。具体而言,法的价值在主体层面上充分体现为普遍法律追求的目的性要求。最后从客体上说,法的价值在法的形式上和内涵上都既需要符合自身的要求,又需要满足主体的目的性诉求,这一层面上的法价值体现的是手段性的要求。

法的价值,是人类法律理想的价值化选择,是价值这一哲学范畴的法律化表现。法的价值是历史的、阶段性的和选择性的。对于不同的历史时期和客观实际,法的价值反映出不同的倾向和选择。法价值的研究,既是立法的需要,也是法实施的需要。从严格意义上说,立法活动是在一定法价值观指导下的国家行为,为了使法律理想的目标与实现的目标无限接近,对法价值理论必须深入探讨。同时,法价值还是执法思想的保障,同一法律规定在不同法价值指导下具有不同的执法后果。法价值也是守法的思想条件,法律仅靠强制,不可能维持长久。由于法律理想价值总是高于法律现实价值,因此,它还是法律演进的持续动力。目前法价值的多元化趋势,必然引起法价值间的冲突,这就要求我们通过立法和司法来解决,即进行价值的协调、判断和选择。

(二)法价值研究的视角

在研究法价值的主要思路中有一个前提概念必须厘清,即法的功能和法的价值在内容和研究视角上的联系和差异。法的功能是指法作为一种特殊的社会规范本身所固有的性能或功用。这就是说,不论法是否直接地实际影响社会,法的性能或功用却是固有存在的。法的功能是基于法的内在结构所决定的潜在能力,由法的结构所决定。所谓结构,就是表征事物内部各要素的组合方式、结合方式的范畴。所谓法的结构,也就是指法这种特殊的社会规范内部各要素的组合方式、结合方式。在事物功能与事物结构的关系上,其一,事物的功能取决于组成该事物的要素的性质。即所谓元功能。事物内部的任何一种要素都有某种程度上的相对独立性,从而就有事物独特的功能。一个要素在孤立状态下不依赖整体而具有的功能,称为"元功能"。其二,事物的功能又取决于事物内部要素的数量,这种由于事物内部要素数量的不同而导致的事物功能的不同,称为"本功能"。其三,事物的功能还取决于事物内部诸要素的结合方式,也就是事物的内部结构,由事物内部结构的不同导致的事物功能的不同,称作"结构功能"。法的功能与法的结构之间的关系和事物的功能与事物的结构之间的关系是特殊与一般的关系,对于法的功能与法的结构之间的关系可以应用事物的功能与事物的结构之间关系的一般原理予以分析。而就法的价值而言,所谓法的价值或法律的价值,就是表征一定的社会需要与包括法律在内的法律现象之间的关系的范畴。就是说,法律的存在属性、功能以及内在机制和人们对法律的要求有关。就法的价值与法的功能之间的关系而言,法的内在要素、功能是法律价值存在的依据或者前提。主体对法的客观要求,又影响着主体对法的要素、结构的改造,以便更好地发挥法的功能,以服务于主体的需要。换言之,要使法这一社会规范系统更好地服务于主体的需要,也必须寻找主体的客观需要与法的内在要素、结构所决定的法的功能之间的最佳切合点。

对于法价值的研究视角,它有两个其他研究视角不能替代的作用。一方面是法价值研究视角的建构性作用,它为一个伟大的法律制度的设计指明了方向。因为这种理论具有超前的指向作用,对法律的良性发展起到了关键作用。另一方面就是这一法价值研究视角的批判作用,对制定法构成一定的制约作用,从而迫使制定法朝着良性法律方向不断发展。正由于法律的价值研究视角这两方面的作用,使其始终处于法律理论的主导地位,并构成法律哲学家的重要研究领域。

人们对法价值的研究来源于理想与现实、应然和实然的对立。人类作为一个现实的存在,同其他生物的存在不同。这正如高清海指出的:"现实的人既不能生存于完全由自然辖制的荒漠宇宙,去过与禽兽为伍的动物式的生活,也不能仅凭自己的意志去构造自己的存在,脱离自然界,不食人间烟火,去过天使般的生活。现实的人是一种自身矛盾性的存在,人的现实世界也只能是一个在两重矛盾关系中存在的世界。"因此,人是一种矛盾的存在,他既尊重现实又追求理想,而价值的崇高性也就表现在它不只是满足人的某种需要,而且还表现着人的主动追求。需要和追求并不是完全同一的,有价值的东西肯定能够满足人的需要,但人的存在却并不以需要的满足为满足。因此,人之为人恰恰在于,他有需要却不把自己束缚于需要,也从不以满足需要为满足,总在那里不断提出新的更高的追求。应该说正是这点才使人和动物分道扬镳,这自然产生出价值选择和价值评价问题。

对于法的价值的概念则明显反映出对于法价值研究范围的多元化的特征。对于法价值的定义可谓是仁者见仁,智者见智,但在一个基本点上,大家已经达成共识,即法的价值反映着人与法的关系,必须在人与法的关系中认识法的价值。英国法学家彼得·斯坦和约翰·香德认为:"作为法律的首要目的,恰是秩序、公平和个人自由这三个基本的价值。"这是从法律目的意义上使用法的价值的。美国法学家博登海默则使用了"法律的性质与作用"一词,从其探讨的内容来看,相似于法的价值,但侧重于解释法律的属性与功能。有学者总结我国法学界目前存在的几种观点,即评价论、关系论、作用论、意义论。

评价论认为:"法价值是标志着法律与人关系的一个范畴,这种关系就是法律对人的意义、作用或效用于人对这种效用的评价。"目法价值是指法律对主体的效应,即法律在社会政治生活中与不同层次的所有主体发生关系时,其属性对主体之生存、发展、完善所产生的各种效应的总和。关系论认为"法的价值或法价值是一定的社会主体需要与包括法律在内的法律现象的关系的一个范畴",或者"法价值是指主体通过认识、评价和法律实践促使法律适应、满足和服务于主体的内在尺度而形成的法律对主体的从属关系"。作用论认为,"法的价值就是法这个客体(制度化的对象)对个人、群体、社会或国家的需要的积极意义和一定的满足""法价值是指法律对社会主体的需要和利益的满足,即法律对社会主体生存和发展所具有的积极作用和意义"。与此不同,还有学者认为:"法的价值是以法与人的关系作为基础的,法对于人所具有的意义,是法对于人的需要的满足,是人关于法的绝对超越指向。"在对上述观点的评述中,有学者进一步将"法的价值"的含义层次化:第一,它指的是法促进哪些价值;第二,指法本身有哪些价值;第三,在不同类价值之间或同类价值之间发生矛盾时,法根据什么标准来对它们进行评价,从这一意义上讲法的价值即指它的评价准则。

(三)法价值研究的内容

从上述概念界定的方式可以发现,就研究方式而言,对法价值的研究,特别是对部门法价值的研究,往往着重在四大方面,即关系论、评价论、作用论、实现论。从制度价值的具体内容上看,则分别是制度价值的基础来源、制度价值的评价方式、制度价值的基本目标和制度价值的实现途径。

首先,制度价值的基础来源表明了价值关系的基本结构。法价值的主客体关系是建立在一定的基础框架之内的,法价值会受到社会价值、文化价值和经济价值多方面的左右,不同的部门法律和具体的制度在其价值关系中,价值的来源会有明显的侧重。知识产权制度作为调整以知识产品为内容的民事权利义务关系的法律规范和制度集合,必然在特定的文化、社会和经济环境下产生与之相适应的评价方式、价值目标、实现途径。在早期的知识产权制度构建中,文化价值和经济价值始终构成了知识产权制度的基本价值来源。以发达的商品经济为基础,以良好的创造性文化为背景。知识产权制度所保障的以智慧创造为核心的知识产品才会得以商品化,才会进一步通过法律制度的政策供给达到弥补因知识产品边际成本过低而造成的市场失灵。同时,也只有在私权文化丰富的环境下,才会将早期以皇家特许权和特殊垄断能力出现的知识产权内容演化为具有鲜明私权和人权属性的权利形态和制度模式,并反过来促进其赖以生存的文化经济环境的进一步完善。当制度与环境达到和谐时,也正是制度价值得以最好彰显和最佳实现之机。对于制度价值的研究如果脱离了必要的基础研究,则会显得虚无而散漫。

其次,价值作为主客体关系的载体或者内容,在形式上对于其主体的界定必然成为价值判断的核心,没有主体的价值关系是毫无意义的。在法价值的研究中,价值评价始终是价值从功能变为意义的主要方式,在不同的立场上,价值评价则会大相径庭。法价值的主观性和客观性的辩证统一,决定了法价值既需要借助主体的评价而形成相对稳定的价值目标和主客体关系的描述,同时法价值的那种超越主体的绝对指向,又将评价主体剥离开,塑造法价值的客观性目标。例如,对于正义、秩序和效率的价值追求,是作为评价主体的立法者在不同时期和不同状态均需要实现的价值目标,但评价主体也将依据不同的社会环境和时期的要求,在上述的价值目标中予以权衡,将它们按照一定的层次体系逐步实现。于是,价值评价和价值本身就构成了价值关系中的动态和静态形式。法价值本身具有客观性和社会性,来源于特定的或是普世的文化社会基础,但价值评价,则借助价值主体(评价主体)将客观的价值予以主体性的吸收和实现,在不同的价值取向和价值主体的视角下,由价值评价判断出的价值体系和价值目标,相对一般价值而言就具有更强的针对性和实用性。

再次,就知识产权制度而言,制度中多元的制度主体和利益关系使得价值评价成为价值目标和价值实现的前提。如何将客观的、普世的法价值转化为知识产权制度赖以建构和发展的价值基础,则更多地需要从价值评价主体的角度予以研究。在知识产权制度产生发展的过程中,评价主体也始终是根据不同的历史时间和社会愿景对于制度力求达到的价值目标进行调整,从早期的控制市场追求秩序优先,到知识产权制度从单一向多元整合发展时期的追求效率优先,再到经济全球化背景下的知识产权制度讲求正义优先的价值评价。同时,不同发展水平的国家对于知识产权制度价值的评价和选择,也必然带有鲜明的主体色彩。发达国家自 20 世纪 80 年代后,始终强势地追求知识产权价值的普世化,将秩序优先的游戏规则打造为当今主流知识产权协议的基本内容,以维护其基本的知识产权秩序的优势。而发展中国家在经历了一段时间知识产权制度被动移植的学试后,却发现那种以西方发达国家立法者价值为核心的制度内容有违本国的实际情况,且恶劣的国际规则环境也明显不利于发展中国家的知识产权利益,于是以正义价值为主流的价值评价结构成为这类国家用以对抗发达国家、完善本国知识产权制度的价值基础。例如,维护本国的传统知识,改进知识产权许可制度,参与完善公平的知识产权国家法制环境,慎重地进行知识产权法制的本土化过程等。

最后,价值目标和价值实现。价值目标的研究构成了法价值研究的核心,而在制度价值的研究中,价值目标和与之相适应的价值体系,构成了制度的目的性价值和手段性价值的统一。价值目标将抽象或者笼统的价值关系表达为更为具体和明确的制度体系和权利关系。在知识产权制度中,价值目的的分析必然将知识产权制度区别于他制度所蕴含的自身价值得以展现,同时,知识产权制度所实现的价值目标也必然与其上位的价值概念紧密相连,构成法律价值体系的完整一环。例如,正义价值对于知识产权制度日益扩展的现实,在制度理论层面上起到了制衡作用,越来越多的新制度和制度研究都着眼于不同于以往简单经济利益分析的效率价值本位的价值目标,强调以制度的合理性和正当性作为判断制度价值的依据。并且在制度层面,以正义价值为内涵的权利限制和公共领域体系,越来越多地发挥了利益平衡与权利保障的作用。而与价值目标休戚相关的价值实现,也同样是法价值研究的关键内容。价值实现既是价值理论的末端环节,也是连接价值理论同制度结构的纽带。如何保障价值目标得以实现、如何实现价值目的是价值实现的主要问题。知识产权制度价值的体现,在价值实现上与其他制度具有明显的差异。与知识产权制度相左的价值和观念始终伴随着知识产权制度的产生而出现,价值目标的实现在制度层面存在诸多问题。例如,知识产权文化和制度移植之间的不协调,已经在一些发展中国家中出现了明显的制度排斥和水土不服,制度的权威和价值受到了严重的挑战和阻碍。对于知识产权价值的研究,必然需要将结论放诸价值实现之上。

三、知识产权制度的价值概念和一般体系

(一)概念厘清:界定知识产权制度价值论研究的范围

正如上文所述的价值概念范畴,价值的内涵在不同的层次和领域中得到界定。对于知识产权领域而言,在目前的使用范围和基本内涵上学界也至少有三种不同的视角。其一,以知识产权法价值作为主要视角,将法价值的思路和路径引入知识产权法律体系的研究之中。以法价值为其理论基础和立论逻辑,以现行知识产权法律制度作为整体对象,以知识产权制度的法典化、体系化为手段和方式,将知识产权法律这一法律现象和其带来的社会、经济、科技、文化的影响进行外部的、整体性的考察。以公平、正义、效率等基本法价值为内

核，评判、回顾知识产权制度自创设以来的诸多嬗变和反复。知识产权的法价值视角主要体现出知识产权这一民事权利的基本法律属性在制度上和法律理念上与民事法律体系和整个现代法律制度的融合与变革。这一视角的主要特征体现为整体性、法理性、宏观性。其二，以知识产权这一权利类型作为价值介入的视角，而非上一视角中那般以知识产权法律制度为价值客体。将知识产权这一权利的内容和结构予以解构，从微观权利要素和权利构成的层面，将效益权利、利益作为衡量的办法，以利益平衡原则、公共利益原则为核心价值标准，以知识产权解释论为主要论证手段，从财产权利到文学财产权利再到产权异化为权利法理线索，和从封建特权到商人垄断权利到平等主体的一般民事权利的权利依归线索中，将知识产权这一历史的、变化中的权利变化的价值轨迹和现代知识产权的诸多操作困境纳入价值考察的视角，为细部价值的构建和分析提供思路。其三，将价值一词限定在经济领域的使用，将知识产权价值界定为知识产权内容的使用价值，将知识产权价值问题具体化为知识产权价值评估问题，对具体案件中知识产权内容的价值作出评价。这一领域与会计学和管理学的交叉较大，并且抛开了关于知识产权正当性和合理性的价值哲学思辨，着力于解决知识产权实践中的实际价值界定问题。目前，我国知识产权保护的热点及难点之一，正是知识产权的价值评估问题。对这一问题，近年来国内经济学界的论著多于法学界的论著。法学界的论著，则以评估公式、评估方法等为主，多于以法律问题为主的论著。

　　由此特别需要注意的是，知识产权价值这一概念在上述不同的立场和观点下至少有三种使用方法和含义。首先，当知识产权价值作为最上位的价值层次时，往往和"知识产权法价值"或者"知识产权法的价值"通用。其次，当知识产权价值作为利益平衡等法律原则下的价值选择层次时，往往直接将价值选择的结果和知识产权的取向相结合使用，例如知识产权的公益价值。最后，当知识产权价值以具体的知识产权内容为客体进行价值评估时，一般使用"知识产权价值评估"一词。通过对上述言词和基本内涵的简明考察，如果不专门界定不同语汇的使用方式，就会发现在某些语境下有时会混合使用上述含义，致使知识产权价值这一概念的含义除去价值问题本身的晦涩以外更增添了诸多表达误会。

　　本书中所使用的知识产权价值一词是在以价值哲学与法价值为基础的宏观"知识产权法价值"和以权利要素与权利结构为对象的微观"知识产权权利价值"相统一的路径下使用的。鉴于宏观的"知识产权法价值"的主要内容和思路，使得这一层次的知识产权价值问题主要集中在现行知识产权法律制度本身的运行系统之中，即如何将更高位阶的法价值贯穿于知识产权法领域，例如效率和公平价值在知识产权法律中的地位和具体反映，并且将知识产权法律这一个新兴的独立的法律部门作为法价值的基本范围前提。从制度自身层面来涉入价值问题。换言之即是知识产权制度的结构价值问题或者知识产权的形式与目的价值的融合。相对而言，微观层面的"知识产权权利价值"更注重从解构的视角来考察知识产权权利本身，这一视角以知识产权整体权利的形成过程、各个具体权利价值观的考察以权利建构的正当性和合理性为主要内容。整体性价值的诸多价值内涵基础正是来源于对权利本身的考察，制度价值和权利价值在法律范畴内具有相似或相同的内容，但是在伦理学、价值哲学、经济分析等外部环境下，却是存在诸多差异的。二者的分离和界定，有助于知识产权价值问题本源和关系的理解，有利于以相对体系化的思维方式考察较为抽象的价值范畴问题。微观的价值介入和价值考察，对于明确不断变动的知识产权制度体系和客体范围有着积极的意义,便于自下而上地推导证明知识产权基本价值的正当性。例如,著作权微观层面的价值观和专利权的价值观就存在明显的区别,虽然著作权法和专利法在很大程度上具有相同的价值取向和法价值目标。同时,新兴的知识产权内容,例如数据库权利和其保护制度,在价值观和价值上与传统知识产权特别是著作权具有明显的异质性。单纯制度层面的目的价值、形式价值和以其为基础的价值评价,往往难以发挥其应有的概念张力和价值共性。

在此基础上,知识产权价值主要是以正义、公平和秩序等基本法价值为内核,以具体权利要素和权利结构为价值载体,以逐步趋于体系化的知识产权制度为价值域,为整体性知识产权制度所蕴含,并体现出知识产权特定属性的共性价值理念。知识产权价值主要由三个层次的基础价值构成,即知识产权的本体价值、目标价值和形式价值。在不同层次中,知识产权价值又可以具体表现为特定的价值或者法价值,在制度中又将这些具体的价值或法价值具象化为知识产权法律原则或者是特定分支的适用原则。简而言之,知识产权价值就是体现知识产权设立初衷,反映知识产权法律制度的运作规律,并且为知识产权主体所接受的特定价值共识。

(二) 价值意义:建构知识产权制度的价值选择池

如前所述,法的价值具有的法价值化与价值法律化的基本内涵,在知识产权法领域同样适用这一模式。知识产权的价值既是知识产权法律制度的价值化,同时也是知识产权设立发展所蕴含价值的法律化。对知识产权价值的考察,无论是在理论研究上还是在法律实践中都至关重要,但同时又是艰深晦涩的。

知识产权价值在理论上反映出不同法学流派和哲学思潮对于新兴的知识产权法律现象的关注和思考。知识产权价值论是知识产权基本理论的核心范畴,是知识产权的合理性、正当性问题的命门所在,同时也是知识产权法学研究的重要路径和方法。目前,知识产权领域的理论研究在时间纵向上着重于对知识产权制度产生和发展的动态考察,这一考察的重大意义也正是在于通过历史经验来论证和推导知识产权制度存在和发展的价值前提。在学科纵向上,知识产权研究的历史本身也是知识产权价值不断彰显、学科地位和受关注程度不断提高的过程。在研究深度和广度上,目前知识产权研究的主要路径是在法律应用基础上的理论溯源和在外部理论分析下的制度统合。无论是质疑知识产权存在发展的自由流派还是鼓吹知识产权大同的极端主义,都在试图利用已有的价值资源对现有的制度模型予以合理的解释,前者利用证伪法证明知识产权存在的重大前提障碍和知识产权价值实现的困难,而后者则利用现有的主流价值取向支持知识产权存在并主张大力加强知识产权的必要,以价值呼唤为先锋。就总体方法而言,普遍属于固定的价值判断模式下的知识产权解释论。而且,如今我国这一思潮的影响正在不断扩大,其中至关重要的就是明确知识产权价值体系、价值目标和价值观念,从而避免以偏概全和不同语境的争论。

同时,知识产权价值对于不断完善和充实的知识产权法律体系而言更显得突出。知识产权价值作为知识产权制度的核心内涵,反映了制度的价值取向,并通过制度及其运行模式传达出其特有的价值判断过程。在立法中,知识产权价值的考察是立法模式选择、立法技术配套的前提,是立法目标的依据和指导。而且,对知识产权价值的认识直接决定了立法者设立知识产权制度的初衷和目的,决定了知识产权制度的基本原则和基本框架。进一步说,知识产权制度中所包含和体现的知识产权价值,又成为司法者准确适用法律、合理解决法律纠纷的必要考虑。同时,知识产权价值在适用中的不断变化,也将为知识产权制度的进一步发展和完善提供最为基础的前提性条件。知识产权法律制度和其他民事法律制度的最大不同在于,知识产权法内容的多样性和一定程度的不确定性,使得知识产权制度中诸多价值因素并未完全得到考虑,在司法实践中,需要通过对法律规则的合理解释得到补充,而解释的前提就是知识产权价值的认识和确定。

目前,诸多存在于知识产权领域的问题,究其根源均是对知识产权价值问题的不同立场所导致的。无论是著作权法中的保护范围还是专利法中的适用规则,都是知识产权价值的直接体现。最为世人所熟知的著作权和专利制度,既保护权利人的权利,又在此基础上促进社会的进步,这就是知识产权价值最为生动的体现。

(三) 基本体系:知识产权价值的一般描述

知识产权法的价值是知识产权法的本质,知识产权法的根本任务及基本原则的高度概括和总结,是知识产权法基本精神凝练的表达。作为法律的重要组成部分,知识产权法所规范的领域与规范方式决定了它必是一种自发的、平等的、发展的系统。这类系统的价值在于维护自己所规范的领域本身,使之作为一个相对独立的领域可以存在下去。因此,知识产权价值体系既符合法价值体系的一般结构,又有别于一般法价值而摄入其特殊的价值,从而构成完整的知识产权价值体系。由于知识产权制度目前尚处于极度的变动与发展之中,其制度范围和权利内容的变化使得价值体系的结构相对于传统民法而言较为开放。

依据手段与目的结果的过程性标准,可以将知识产权的价值分为手段性价值和目的性价值。知识产权价值中并非每一个价值都是等量齐观、同等重要的。知识产权价值的多元性和动态性决定了知识产权价值作为一个价值序列都有其价值目标及构成实现这一目标的必要手段,即每一个价值系列都包含着目的性价值和手段性价值。因此可以说,对知识产权价值做手段性和目的性的区分是在同一价值系列中进行的,以此为标准划分,知识产权法的任何一种价值都能在这一区分中合理定位。因为在众多的价值之中,手段性价值是服务性的、中介性的价值,其实现的结果作为一种基础和途径为法的理想价值服务。与此相关的价值序列包括保护性价值、确认性价值、促进性价值。相应的,知识产权价值的另一类是知识产权的目的性价值。所谓目的性价值是指主体通过法的手段性价值所实现的一种主体目的的状态,是法追求的目标的现实化。知识产权的目的性价值是一个价值系列,在这个系列里,主体需要的大小强弱受主体所处环境以及主体内在素质和法本身特性的影响,并表现出不同的形态。

按主体需要被满足的程度,知识产权价值可分为终极价值和基础价值,这实际上是对知识产权目的性价值的二次分类,但这一分类内涵十分丰富,且又与价值主体密切联系。知识产权的终极价值是指被法律化了的主体的最高的价值追求。在这一位次上,正义和效率应是其最高价值。在正义和效率这一对最高价值之下,还有一系列分别归属于正义和效率或由二者派生的基础价值。如自由、秩序、公平、促进等。自由和秩序的平衡,是法律正义价值;效率在很大程度上取决于自由,当然,它必须借助于秩序;公平在很大程度上取决于秩序,但也不能离开自由而只言公平;其他价值几乎都可以说是正义和效率价值的交响和变奏。知识产权基础价值是其终极价值追求在具体制度上的间接表达。终极价值制约和决定着基础价值,而基础价值则表现和丰富着终极价值,同时基础价值也使知识产权价值体系更健全、更丰满。

总体而言,知识产权价值包括了以目的价值、本体价值、形式价值为核心的价值层次;在各价值层次中,又可划分为手段性价值和目的性价值,手段性价值主要是由技术价值和结构性价值构成,而目的性价值可以按照不同的位阶划分为终极价值和基础价值。在知识产权价值体系中,正义、效率和秩序价值构成了知识产权制度的目的价值和终极价值。其中保护价值、促进价值和创新价值是其本体价值,而利益平衡、公益优先、普遍保护等则是其形式价值。此外,利益平衡原则、公益优先原则和普遍保护原则又构成了知识产权价值体系中的基础性价值评价标准,用以检验知识产权制度运作的基本情况。

第二节　知识产权制度价值的文化基础

一、知识产权制度形成的文化基础

知识产权法的产生,经历了从中世纪末期"封建特许权"至资本主义初期"私人财产权"长达数百年的孕育。在社会转型的激烈变革中,政治、经济、科技、思想诸方面的发展与变化,构成了这一新兴法律制度赖以生存的社会条件。文化与法律相伴而生。知识产权法律是知识产权文化的物化凝结,而知识产权文化则是知识产权法律的思想基础。从14世纪至16世纪,西欧资产阶级发动的文艺复兴运动,以复兴古典学术和艺术为口号,反对蒙昧主义,继承、利用古希腊的科学文化,倡导以人文主义为中心的新思想。文艺复兴中提出的新的文化价值理念,为资产阶级一手将科学技术作为物质武器、一手将私权制度作为法律武器提供了必要的文化思想准备。17世纪至19世纪是西方国家知识产权法律相继建立和形成的时期。法律制度创新有赖于法律观念的进步。创造者对自己的智力成果享有私人权利,能够随意处分知识财产,是资产阶级革命时期形成的现代知识产权观念。审视这一时期知识产权制度的立法文件,字里行间无不浸透着自然法学派崇尚权利和个人自由、追求人的理性的价值观念,这是知识产权法律构造的人文基础和精神主张。

二、知识产权价值观念的文化根源

从本质上讲,法律是一个国家、民族或者地区文化的一种表现形式,其中包含着国家、民族或者地区独特的生活习惯、思维方式等,因此,一个国家或者地区的法律必然具有厚重的民族风格、浓郁的地域特色以及深邃的文化底蕴。

之所以认为知识产权文化将以人为本作为其基点,主要可以从以下三方面来考察。

首先,知识产权制度的立足点是以人为本的。众所周知,建立知识产权制度的目的就是鼓励人们将有限的智慧、时间、资金和精力投入智力创作活动中,促进智慧创作物的产生,以便更好地认识自然、改造自然,从而达到征服自然、提高人类的生存能力和生活质量的目的。现实已经非常清楚地告诉我们,建立知识产权制度的这一目的基本上得到了实现。当代的科学技术已经将我们人类全方位进行了扩展,例如,从自行车到汽车、到火车、再到飞机,人们能够在一天之内到达世界上任何一个地方,使人类的双脚得到了延伸;从有线电话到移动通信设备,人们能够随时随地与家人或朋友保持联络,使人类的耳朵得到了延伸;现在的网络让人们能够及时了解世界上发生的一切重大事件,使人类的眼睛得到了延伸。诸如此类的发明创造,都应当归功于知识产权制度,是知识产权保护激发了人们的创造潜能。

其次,知识产权制度的变革与发展是以人为本的。知识产权制度已经历了五百多年的历史演进,其间发生过四次重大变革与发展。第一次重大变革与发展发生于 19 世纪中后期,其主要标志是将知识产权保护由国内主体扩展到外国主体。此次变革与发展着重于引进外国国民的智慧创作物为本国服务,以弥补本国资源的不足。第二次重大变革与发展发生于 19 世纪末至 20 世纪上半叶,其主要标志是《保护工业产权巴黎公约》与《伯尔尼公约》等国际公约的缔结,使知识产权保护从本国走向了国际。第三次重大变革与发展发生于 20 世纪 70 年代,以电子技术、生物技术等为标志,使知识产权的保护范围有了很大的扩展。第四次重大变革与发展发生于 20 世纪 90 年代,以 WTO 的成立与 TRIPs 的缔结与生效实施为标志,使知识产权保护范围得以扩张。知识产权制度的四次重大变革与发展始终围绕着"以人为本"这个中心,始终围绕着伦理性这个根基。第一次变革与发展将知识产权保护由本国人扩展到外国人,打破了以国籍为标准的限制,让任何人都能够在本国获得知识产权保护;第二次变革与发展将知识产权保护由国内导引至国际,打破了以地域为标准的限制,让一个国家(地区)范围内的自然人、法人或其他组织能够到其他国家(地区)去获得知识产权保护;第三次变革与发展将知识产权保护扩至人类"在工业、科学、文学或艺术领域内由于智力活动而产生的一切其他权利";第四次变革与发展将知识产权保护从现实空间扩展至网络空间,更突出了人的权利与尊严。

最后,知识产权规范主要是一种权利规范,没有或者较少涉及义务规范。具体来说,在版权领域,早期的版权法规定作者必须履行登记、交纳样书或者做版权标记等手续才能取得相应的版权,但是 TRIPs 实行版权自动取得原则,免除了作者的义务。因此,当今时代的版权法基本上没有给作者或者著作权人规定明确的义务。在专利领域,早期的专利法除了规定专利权人应当缴纳专利维持费之外,还要求专利权人负有实施其专利的义务,而现在的专利法基本上免除了专利权人实施其专利的义务。

当然,知识产权所有人没有义务或者负有较少的义务,是否意味着知识产权所有人之外的人的正当权利因此而受到了过多限制呢?如果是这样,那么知识产权制度就是以对少数人的慈爱与柔情践踏了绝大多数人的自由和权利。结论当然是否定的。一方面,为了充分展示知识产权制度以人为本的厚道,它专门设立了知识产权限制制度,以平衡知识产权所有人、使用者、社会公众三者之间的利益;另一方面,通过"权利弱化与利益分享"机制,在充分保障知识产权所有人利益的基础上,让知识产权利益最大化,使相对人和社会公众能够由此获得由新的智慧创造物带来的利益。

三、知识产权的文化价值——一种新的价值观

国外有些学者认为,知识产权及相关权利的观念,从历史上看,反映了文化价值。

Betting 指出,与知识产权有关的财产权利来源于资本主义的兴起和印制术的发展。由于可见的原因,口头文化不便于逐字逐句地保存手抄本,相应的也就很少能提供作者的身份信息。比如,古希腊的吟游诗人将他们的作品看成"本学派、同行和本团体共同的不可分割的集体成果和所有物",而不是由个人拥有的。中世纪的欧洲,口头文化也不能对财产权利的发展有所贡献。那个时代的欧洲人把自己看成是社团结构的一部分而不是各个个体,所以,文学上的所有权不是一个有意义的问题。在古代印度,另一种早期的口头文化是世袭阶级集团的匿名文学或哲学著作而不是个人的著作,在这种文化下,"说了什么"不如"什么被说了"更重要。在印刷术的发展和文字作品被大规模扩散的可能性出现之前,很少有控制知识产权使用方面的成就。因为作者通常不能支付复印他们作品的费用,他们的所有权身份变得无实际意义。但是印刷术为复印、复制和市场交易提供了一个出口。这样客观世界和被印刷的文字之间的联系也得以增加。随着大量的文献生产,事实上所有权落到了已经获得作者同意的出版者的手上,他们拥有这些财产的使用权。今天,在诸如艺术品市场领域,艺术品是有形的,它们交易的不再是使用价值而是交换价值,不同的文化物品被转化为和不动产、股票、证券等一样的资本投资工具。最后,大多数的这类财产赖以依靠的已不是艺术家的手而是资本家的手。

上述的观点在以文化观念解释著作权时应该说有一定的道理。我国古代较早出现了先进的印刷术,但由于文化方面的原因也未能产生著作权的法律制度,遑论古代的欧洲连印刷术也不发达。但是他们将包含文化内容的艺术品和艺术本身混为一谈恐怕是令人怀疑的,因为前者有的并没有著作权问题(如文物古董)。更重要的是,文化的解释不能推广适用到专利和商标等知识产权问题。然而,把这种所谓文化价值历史地理解为由强调作品集体主义的归属感演变成资本主义兴起后的个体间的市场竞争,或许勉强可以说得通。事实上,他们自己也认为,知识产权包括了各种政策和这样一种潜在的概念,即评估和保护从发明创造或信息中获得收入的权利,知识产权为控制新知识和思想的传播提供了法律权威,以强制制裁未经许可的使用行为。因为知识产权影响了工业研究的收益率和创造活动的回报,使得它被认为在经济增长和发展中起到了决定性的作用。同时知识产权问题也充满了争议,因为较强的财产权利保护使得其价格费用较高从而减少了产品的可用性。

这一切都在说明,知识产权的利益关系最终还是在于对市场潜在份额的革新,至于文化价值方面或者其他什么影响,在市场竞争的大环境下虽不能说已经完全烟消云散,至多也不过是留下一丝历史的痕迹而已。确切的说法应该是,文化价值观念在市场不发达的时代抑制了知识产权的诞生,但是它再也无力在市场发达的时代起重要的作用了,市场竞争对于知识产权的意义为其他因素所不可代替。同时,知识产权的利益关系也向我们展示了与以往传统财产权利不同的另一个含义,它还直接涉及知识产权权利人和他人及社会的利益平衡问题,由于是法律授予的强制性垄断,所以对此平衡点的取舍事关重大。保护程度过高会导致他人使用知识产权产品的成本提高,对社会共同发展不利;过低则不利于刺激人们发明新技术和创造新作品的积极性,也无益于社会的进步。

此外,国家之间的利益冲突也被卷入,因为市场的竞争也已经不只是一个国家范围的竞争,而是全球范围内的竞争了,这正像自然界物种的竞争一样,也是在整个地球悄无声息但时时刻刻展开残酷的搏杀。发达国家希望保护的程度较高以免自己的先进技术被他国利用,其他国家则正相反,希望保护的程度较低,以便节省技术开发的成本,增强竞争力。从理论上看,如果两国没有协议或共同参加的国际条约,则后者有权自行其是。知识产权已经变成全球范围内的法律秩序,其所包含的问题似乎已非一般意义上司法所能解决的了,这正是人们津津乐道的知识产权国际保护问题。但是,这些问题归根结底说起来,也仅仅是因为它的对象具有无实体性的特征,以及它和市场竞争有着同生共死的命运。

第三节　知识产权制度价值的评价主体

知识产权制度的价值基础,来源于知识产权制度赖以建构产生的文化背景和与之相关的社会经济环境,这从价值的客观性角度阐释了知识产权制度价值的基本关系结构和范围,而价值作为主客体关系的形态,在基本性质上还具有主体性的特征。对于价值而言,价值主体的选择同样既是价值评价的先决条件,又是价值目标所包含的主体因素。法产生于人类价值观念发展到一定程度的时期,是人类主体性意识萌发的直接产物,同样法价值也是人类价值活动反映在法律制度层面上的表现和观念。按照萨特对于价值的先验性判断,人的客观实在是价值赖以出现的前提,价值为人所创设。同样,法的价值也是人创造的。在既定的价值环境中,人也是可以选择价值的。法的价值在立法上是立法者确定的;在实施上也是由实施者所认识、认同或选择的。人在法价值中所体现的主体性,既体现在对客观价值的找寻之中,也体现在对于客观价值的主观选择和价值评价之内。在制度层面上,人在法律制度中更多地可以用主体替换。主体视角始终是法价值评价的关键环节。

一、价值评价的主体视角

(一)主体视角下的价值评价

法价值的评价,也是由评价者运用自己的价值观念和准则,针对客观的法的价值状况作出的。制约法的价值评价的因素主要有两个,一个是法或法现象本身的价值状况;另一个是评价者自身的价值认识能力和水平。这两个因素中的任何一个都可以直接影响法的价值评价结果,前者可以被概括为制度价值的客观性,而后者则可以称为制度价值的主体性。如前所述,价值评价活动就是充分利用现有价值观念的基本结构形成评价标准,并通过主体的进一步评价对于主体先前认识的客观价值予以界定、选择和体系化的过程。因此,在价值评价中明显涉及价值关系的两层内容,一是价值评价的本体论;二是价值评价的认识论。价值评价的本体论在于通过对评价标准和评价主体自身的研究明晰价值评价的过程,而后者则从价值评价中的主体对价值关系的主客体关系认识入手,强调主体对客观价值的认识和对价值标准的认识问题。

但无论是价值评价的本体论,还是价值评价的认识论,都无法绕开对于价值评价主体视角的研究。所谓主体视角,主要是从三个层面来予以界定的。

其一,主体视角是方法上的。即主体在价值选择过程中的替代角色。具体而言,立法者在对法价值进行认识、选择和评价的过程中,其角色往往被隐藏于某种被采用的方法之后。立法者在制度制定的过程中,习惯于采用与有体物财产相类似的规则和理论来分析著作权制度,同时,也利用这种类比来发现制度间的价值差异。如果忽视在制度价值形成过程中这种方法论角度的主体视角,势必难以究本溯源地了解制度内涵价值的制度性来源。

其二,主体视角是立场上的。主体视角的明确从某种意义上讲,研究的焦点相对固定于一定的观念和立场之上。显而易见,在价值关系中不同的主体在对待客体的看法上会有不同的观念。在法价值的层面上,不同的历史时期和制度环境下,评价主体或者立法者对于价值目标和法价值本身的认识即存在着明显的差异。学者对于近代法制发展的描述,就体现了立法在制度中所体现的不同立场。此外,主体视角和主体本身属性所决定的立场也密切相关。在封建社会中的王权立法者,基于封建社会关系中的政治经济属性,很难超越其所处的立场。在知识产权制度萌芽的 17 世纪中叶,王权视角对于知识产权制度的认识就构成了当时知识产权制度形态的模式和对于知识产权制度价值的评价和选择。出于控制的便利和对王室利益垄断的需要,将知识产品纳入王室特许权管辖的范围将有利于从文化技术层面加强社会控制,同时,也有力地拓宽了王室的垄断收益。于是,在早期的知识产权制度的碎片中,建构某种控制秩序成为封建王权的影子和立场。著作权和对于著作的书报检查制度的关联、专利权和王室垄断商业利益的特许制度的关联都明显地体现了上述观点。

其三,主体视角是体系上的。价值评价中的主体视角是动态的、关联的,它与评价标准、评价结果之间不是简单的单向的主客体关系,而是互动关联的多向关系。主体视角在内容上包含了对相同或者不同的价值观念的分析。主体视角并不是单一固定的盲人摸象式的妄想,而是成体系的,具有历史性、连续性和系统性的属性。就相同的法价值而言,主体视角以立法者为例,也必然包含了相关制度关系中各种利益的诉求和冲突,也必然受到先例和已有观念的影响。同时,立法者的主体视角是综合考虑了理论层面、制度层面和实施层面的价值目的、价值选择和价值实现的立体网络。在网络传播权的设立中,权利人、使用者及介于使用者和权利人之间的传播者的不同价值取向和随之导致分歧的利益诉求,都是立法者对于制度架构和法价值进行寻找、评价的基本内容。只有综合考虑了不同的价值取向和利益诉求,并基于更为宏观的价值关系和价值立场予以评价,才是实现制度应有价值的条件,也才能保障新制度与老制度、此制度与彼制度的价值协调和价值融合。

(二) 价值主体与价值评价

在充分关注价值评价主体视角的前提下来理解价值主体,其在内容和范围上则显得相对稳定。学者一般认为,法的价值主体是人。法的价值主体是具有社会性的个人、群体、人的类的统一。"人作为价值主体是很主动、很自觉的,他知道自己需要什么及需要是否获得满足,并可作出明确的价值评价。而且这一切都能够直接通过一定的方式表达出来,并能在不同主体之间进行交流和传播。"作为法的价值主体的人包括人的个体、群体和人的类,但是最基本的还是作为个体的人,一般的人。通过上述基本界定可以明显地看出,法的价值主体与价值评价主体在内容和性质上是完全一致的。在一般价值主体的论述中,主体与价值的关系可以被置于本体论和认识论的不同视角之下,就本体论中的价值主体而言,显然包括了价值赖以存在的人性基础和主体性视角,而在认识论中价值主体则更多地与评价主体和实践主体相关。在法的价值问题上,之所以把评价主体作为法的价值主体的一般内容,可以从法价值本身的认识论基础得出。法律和制度源于人类价值观念的发展,是人类价值观变化的载体。同时,法价值在制度层面上,更多地体现出对于法所体现的价值和制度应具有的价值这两大方面的认识和评价。而作为价值之价值的法价值,必然较少地从理论层面或者哲学层面就本体性主客体关系进行考察。

法价值的主体在法价值的一般研究中等同于价值评价主体的概念,本书也采用这样的观点。但价值评价主体同样是多层次的。个人、集体、集团、阶层、阶级、社会与人类都可以成为评价的主体。一般学者又将它们区分为两大类:个体评价与群体评价。个体与群体之间的关系是比较辩证的:个体既依赖于群体,又相对独立于群体。个体作为群体的一个分子,他有与群体利益一致并从属于群体的方面;同时又有把群体作为环境与对象的一面,正是后一点,决定了个体之独立性,决定了个体与群体有不同的利益,有了不同的价值与评价。在法价值的评价主体中,这样的一般层次得到了进一步的展开。众所周知,法的产生源于一定的社会关系,制度是对社会关系的调整和确认,法律制度具有明显的社会属性和整体属性。那么,法价值的主体显然有别于一般价值评价主体所包含的两大层次,而主要是由群体评价主体构成。

(三)知识产权制度价值与群体评价主体

群体评价主体在层次上也同样具有位阶关系,基于法律体系的框架,可以将评价主体区分为立法评价主体、司法评价主体和回馈评价主体。在立法中,法价值主体或者说是法价值评价的主体视角,必然是基于立法者这一特定角色的。立法者构成了法价值的评价主体,在立法活动中,对于制度价值的认识、评价、选择和确立,都有赖于立法者的主体性。同样,在司法活动中,法官等司法裁判和法律执行者对于现有制度中业已存在的法价值的适用,也是一种法价值评价的过程。同时,在裁判活动中利用法价值的一般原理,可以对法律制度中具体规则的解释作出判断。在法律制度存在漏洞和冲突时,司法评价主体会依据裁判程序对于法价值进行评价,以弥补和解释法律漏洞,解决法律价值的冲突。而回馈价值评价主体,可以被认为是社会评价的主体或者某种舆论主体。对于现行法律制度的适用的批判,或者对于完善现行法律制度所存在的价值冲突的需求,形成了回馈价值评价的主体。例如,学者群体或者与权利相关的群体对于法律价值的质疑和批判,也是一种典型的群体性评价。在知识产权制度中,由于存在明显的公共空间问题,与传统法律公私二元的绝对方式不同,简单的社会评价和个人评价无法适用于公共领域。而无论谁来代表公共领域的利益,是立法者还是政府行政机构或是代表公共利益的非政府组织,都将具有不同于立法评价主体、司法评价主体的身份,且这一主体地位必然对价值评价和价值实现具有举足轻重的作用,它将价值评价和价值实现连接成了稳定的环形结构。

但在仅就知识产权价值的制度层面的探讨中,群体评价主体最终都将集中于立法评价主体之中。对现有的和历史上的知识产权制度的价值认识和价值分析,往往最终都着眼于对立法评价主体的关照。简言之,立法者的价值评价决定了知识产权制度的体系结构和内容形式,决定了知识产权制度的一般价值内容,也决定了对于知识产权制度价值的一般分析方式和研究手段。因此,只有从制度中找寻立法者的价值观念,才能更确切地了解知识产权制度所希望实现的价值目标、所蕴含的价值取向和价值实现的方式。当然,在不同的价值评价主体的立场上,知识产权制度的价值目标、蕴含的价值取向和价值实现都将大有不同,这也构成了价值实现中存在的价值移植问题和价值认同问题的症结。

一般而言,对于价值主体的界定和选择可以按照纵横两条线索来确定,将其区分为历史价值主体和发展价值主体。首先,按照历史发展的脉络将不同历史背景中的价值主体和制度价值进行对照,以简要、宏观但深刻地了解知识产权制度价值关系的演变和发展。其次,按照发展程度的差异将不同发展背景下的价值主体和制度价值进行比较,从比较法的角度将发展中国家和发达国家对于知识产权制度价值的不同认识和评价作出分析,更为细致地了解知识产权制度价值的主体性和客观性,并在比较中有意识地甄别具有普适性的客观价值输出,以此作为建构价值目标和保障价值实现中价值移植和价值认同的核心。同时,将具有差异的主体性价值的特征和属性厘清,以帮助建构适应本国发展环境的特有制度的价值体系。在价值移植的本土化过程中,将客观性价值和主体性价值相结合,并从文化基础着眼改造现有制度。

二、历史价值主体与知识产权价值构建

知识产权制度的发展经历了从早期萌芽到结构完善再到发展变革的不同阶段。基于不同的历史环境和社会背景,立法者作为历史价值主体在知识产权制度发展的不同时期都明显参与了对知识产权制度价值的寻找、认识和选择的全部过程。在不同历史线索中,知识产权制度的制定者对于制度价值的认识和一般的价值观念能够简要、明晰但深刻地反映出知识产权制度价值的历史脉络和一般规律。

(一)近代知识产权制度的确立时期

知识产权制度是近代科学技术与商品经济发展的产物。一般认为,英国于1623年制定了世界上第一部专利法《垄断法规》,1709年制定了第一部著作权法《安娜法令》,法国于1857年制定了第一部商标法《关于以使用原则和不审查原则为内容的制造标记和商标的法律》,是具有近代意义的知识产权制度的开端。这些绝非历史的偶然。自17世纪以来,资产阶级在生产领域开始广泛采用科学技术成果,从而在资本主义市场中产生了一个保障知识产品私有权的法律问题。资产阶级要求法律确认对知识产品的私人占有权,使知识产品同一般客体物(有形产品)成为自由交换的标的。他们寻求不同于以往财产法的新的法律制度,以作为获取财产权利的新方式:在与商品生产直接相关的科学技术发明领域出现了专利权,在商品交换活动中起着重要作用的商品标记范畴出现了商标权,在文学艺术作品以商品形式进入市场的过程中出现了著作权。这些法律形式最后又被概括为知识产权。从知识产权的构建历史来看,立法者(价值主体)在早期的科技和经济发展阶段,主要以确认权利保护、鼓励产品创新为主要制度目标,因此,在近代知识产权制度的价值观中,财产秩序和创造正义是立法者对于知识产权法律制度的价值选择。

1. 社会变革的背景和制度价值的来源

近代知识产权制度的产生经历了从中世纪末期至资本主义初期长达数百年的孕育。在社会转型的激烈变革中,政治、经济、科技、思想文化诸方面的发展与变化,或构成这一新兴法律制度赖以生存的土壤,或成为催生这一新型民事权利的动力。无论是科技革命对于

新工艺的改革和采用,还是文艺复兴运动带来的文明观念的转变,对于早期的知识产权制度的立法者而言,要在既有的制度框架下将新兴的社会关系纳入法律制度的轨道之中,必须对既有的文化价值、法制文明予以梳理。具体而言,新文化价值观的确立、新兴政治文明的产生和罗马法的复兴都为立法者在形成知识产权制度基本价值和评价知识产权制度价值的方式上提供了思想和理论保障。

2. 知识产权制度的确立和法价值立场的形成

除了孕育知识产权制度产生的社会变革的大背景和基本理论思想之外,知识产权制度自身的逐步形成和完善,也进一步将零散的、间接的价值资源糅合为知识产权制度的内在价值和立法者的价值取向。历史价值主体既受到当时的客观社会背景的影响,同时,在法律制定中,也必然受到法价值的一般规则的约束。就知识产权制度而言,法律关系的认定是确立制度范围和调整手段的必要前提。从封建特许权和公法领域脱离而出的以私权保障为核心的近代知识产权制度,首先在制度上抛弃了封建法制中王权至上的色彩;其次,将知识产品等同于其他私人所有的财产,将知识产品私有化,并且通过法律制度的保障进一步实现知识财产保护的法律化;再次,将以知识产品为客体的法律制度类型化、体系化。知识产权的形成过程就展示了伴随着权利客体的认定和扩展而产生的权利类型化过程,进一步来说,在权利类型化逐步完成后,法律制度自身的秩序要求使其逐步实现制度的体系化、系统化。可以说,在知识产权制度产生的过程中,知识产品已经财产化。知识财产法治化和知识产权法体系化,构成了近代立法中知识产权制度价值内容的主要脉络,其中尤其以后两者最为突出。

知识财产的法律制度化。在前资本主义时期,有限的科学技术传播和交流,缺乏财产法和契约法的有力保障。商品贸易(包括知识产品与有形商品的交换)必须建立在确定的产权基础上和稳定的交易秩序中,而以重刑轻民为特征的封建法律往往视科技成果的传播和应用为私人琐事,很少以国家的名义直接进行调控。尽管在封建社会的晚期,出现了印刷专有权或专营、专卖权,但这是一种封建特许权,而不是资本主义式的财产权。这种封建特许制度的受益者主要是印刷商、企业主以及颁发许可证的统治者,而不是从事智力创造活动的作者、发明者。在有的情况下,封建统治阶级还通过特许制度限制先进思想的传播,迫害进步作者和发明者。因此,这种封建特许权与近代意义上的知识产权有着性质上的差别。对于知识产品的保护,无法简单采用罗马法以来的传统财产权形式。德国哲学家黑格尔认为,诸如精神技能、科学知识、艺术以及发明等,都可以成为契约的对象,而与买卖中所承认的物同一视之。此类占有虽然可以像物那样进行交易并缔结契约,但它又是内部的精神的东西。因此,知识产品是独立于传统意义上的物的另类客体,换言之,以知识产品作为保护对象的知识产权是与有形财产所有权相区别的崭新的法律制度。正是在近代商品经济和科学技术不断发展的推动下,知识产权作为一种私人享有的无形财产权,才得以为资本主义国家普遍认可和严格保护,并逐渐形成一种独立而严密的法律制度。从知识财产法治化的过程中,可以清晰地看出立法者对知识财产所采取的立法态度。从法价值的角度看,价值主体通过知识产品的法治化实现了打破封建法制基本价值的目的,颠覆了以维护王权秩序和身份垄断为特色的价值观念,树立了私权神圣的近代正义观念,并从自然法价值出发将知识产权和其他财产权利等同,强调知识产权的财产正义。

知识产权制度的体系化。从古代罗马法到近代民法,设定的财产权利制度概以有体物为核心展开。在罗马私法体系中,罗马人以"物"作为客体范畴,在此基础上设计出以所有权形式为核心的"物权"制度,建立了以物权、债权为主要内容的"物法"体系。1804年的《法国民法典》与1896年的《德国民法典》或承认无体物,但专指具有财产内容的抽象权利;或以有体物为限,没有无体财产的概念。一句话,诸如著作权、专利权、商标权等新型民事权利制度未能进入传统民法典的体系范围。知识产权制度是一个属于民法范畴但又相对独立的权利制度体系。将一切来自知识活动领域的权利概括为"知识产权",最早只是见之于近代一些学者的著述之中,当时的立法文件未对著作权、专利权以及商标权进行体系化的整合。至20世纪下半叶,特别是《建立世界知识产权组织公约》缔结之后,知识产权学说得以在国际上广泛传播,以知识产权名义实现知识财产制度体系化的做法得到各国立法者的认同。知识产权制度自身的体系化和系统化,是作为历史价值主体的立法者在继承已有的法价值文化的基础上,有目的、有意识地将知识产权所具有的特定的价值脉络和价值观念予以制度化的表达。现代知识产权制度的三大核心著作权、专利权和商标权在产生很长一段时间内,都是相互独立发展的。只是在知识产权制度发展到一定高度时,原有的零散的知识产权制度难以继续独立承担制度的作用时,立法者才有意识地将制度价值相似、权利类型相关、发展脉络相连的知识产权类型进行有系统的体系化,形成现代知识产权法相对稳定的部门法特色。在体系化过程中,价值主体对于知识产权的价值内涵予以界定,即促进和保护知识产品的生产,保障知识财产的民事权利以实现社会利益的进步。其中最为经典的描述就是美国宪法中对于知识产权条款的论述,立法者自将知识产权制度体系化的那一刻起,就着力于在正义、秩序和效率价值间实现平衡,将私权保障和利益平衡机制置于知识产权价值评价体系的核心位置。创新和公平正义都成为知识产权制度不同于其他民事制度的关键价值。

(二)现代知识产权制度的发展时期

进入20世纪以后,知识产权法从草创走向成熟,并成为世界各国普遍推行的法律制度。在这一时期,人类社会发生了深刻的变化:现代科学技术的飞跃发展,对人类社会的知识生活与文化生活产生了空前巨大的影响;现代商品经济的高度发达,推动着新的国际经济秩序与世界市场的形成。为了回应这一情势的发展,各国立法者不得不"修纲变法",着力于本国知识产权法律的变革。回溯知识产权制度的创建与发展历程,确实存在着一条连接科学、经济、法律一体化发展的清晰轨迹,即社会生产的科技化—科技成果的商品化—知识商品的产权化—权利制度的体系化。

从知识产权价值观念变化的过程来看,知识产权发展史中也相应出现了从分配伦理到创造伦理,从创造伦理到发展伦理的演化过程。如果说近代知识产权制度是以财产秩序和分配正义为价值立场的话,现代知识产权制度由于与法律全球化和经济一体化的密切关系更陡地转向以创造正义和发展秩序为核心的价值体系。在历经近代知识产权制度的价值萌芽后,现代知识产权制度明确确立了以私法神圣和利益平衡为核心的价值评价基准。

1. 私权神圣

私权是与公权即国家权力相对应的一个概念,指的是私人、个人(包括自然人与法人)

所享有的各种民事权利。私权神圣强调包括知识产权在内的各种私人权利受国家法律的特别尊重和充分保护。私权神圣是人权主义思想的必然反映。"所谓人权主义即21世纪的人文主义,是以人权保障为最高理念,体现以人为本位、以权利为本位的价值观念,将私人权利作为人权的基础权利。"具言之,知识产权制度的建构是以下列思想原则为基础的。

第一,以私权领域为依归。知识产权是知识类无形财产的权利形态,其基本属性与财产所有权无异,都应归于民事权利的范畴。人权保障的任务首先在于全面维系人的各项私权,私权保护是政治权利、社会权利等其他人权实现的基础。

第二,以权利制度为体系。知识产权总会有若干程序法、公法的规定,但依然是以实体法为基础的私权制度。诸如权利取得程序、权利变动程序、权利管理程序、权利救济程序等,概以创造者权利为中心,从而形成私权领域中独特的法律规范体系。

第三,以权利中心为本位。所谓法律本位,是针对权利与义务之关系而言的。就知识产权制度而言,在权利与义务这个统一体内,是权利决定义务,而不是义务决定权利。质言之,知识产权制度以权利为本位。在规范方法上以授权性规范为主要内容,立法的重心是保护创造者的权利。

2. 利益衡平

利益衡平是指当事人之间、权利与义务主体之间、个人与社会之间的利益应当符合公平的价值理念。利益衡平是民法精神和社会公德的要求,也是"人权思想和公共利益原则的反映"。权利的基本要素首先是利益,利益既是权利的基础和根本内容,又是权利的目标指向,是人们设定该项法律制度所要达到的目的(起始动机)之所在。因此,知识产权法所强调的利益平衡实质上是同一形态的权利限制、权利利用制度相联系的。从人权主义的角度来说,知识产权制度所追求的利益平衡精神主要表现在以下两个方面:

第一,本权与他权。创造者的权利即知识产权应为本权,是对知识财产依法进行全面支配的权利;传播者、使用者的权利则为他权,是根据法律规定或本权人的意思对他人的知识财产进行有限支配的权利。根据利益平衡原则,本权与他权的关系表现为:主体之间公平相待。交换应该是有偿、互利的,但合理使用除外;知识财产利益合理分享,在法定范围内应该兼顾各方当事人的利益,这具象为创造者权利、传播者权利、使用者权利三者之间的协调。

第二,私益与公益。出于公共利益目标,对创造者的专有权利进行必要的限制,以保证社会公众对知识产品的合理利用。利用他人的知识产品,或是基于表现自由的目的,或是基于公共教育的需求,或是基于社会公共卫生与生活的必要,这些都是正当的、合理的,其本身都是人权公约所要求的。国际知识产权组织的一位高级官员的解释是:"公共利益这种良好愿望本身包含着这样一种含义,多数人的利益高于个人的利益,任何一个公民都应该为了全社会的共同利益而放弃个人私利。"

在此价值评价基准的基础上,知识产权价值评价和关注也已经逐步从普适价值过渡到特殊价值上。作为价值主体的立法者,由于处于不同的社会背景和国家发展阶段,在对业已形成的知识产权价值进行具有主体性的选择和评价时,也将这样的价值评价带入其具有自身特色的法律制度之中。现代知识产权制度的价值已经从西方文化价值向世界文明价值转变,传统知识产权制度的西方模式正经历着由于价值移植和价值实现而出现的大量修正和调整阶段。例如,传统知识的知识产权保护、生命健康权与药品专利保护等问题都在制度层面直观地反映了现代知识产权价值的重要振荡,这样的振荡并不是要如极端激进的知识产权无政府主义者那样颠覆业已存在并发挥重要作用的知识产权制度,而是希望重新考察知识产权制度产生的基本价值内容、知识产权制度蕴含的价值目标以及正确选择知识产权价值移植和价值实现的方式,将传统的知识产权制度的价值体系进行符合现代社会、经济和文化环境要求的改造和变革,与时俱进地保障知识产权制度的存在和价值实现。

从价值主体的角度来看,发展中国家的知识产权价值观与处于优势地位的发达国家的知识产权价值观,构成了现代知识产权制度价值的主要冲突。在价值上的体现,主要反映在对发展伦理、分配伦理的不同观念上:发展中国家希望通过知识产权制度融入国际社会的经济法律秩序之中,充分享受由于世界文明和科技发展带来的收益,并认为知识产权制度不应通过私权的手段和垄断的方式设置新的技术壁垒和权利鸿沟,知识产权制度应当更好地促进全人类的科学技术和文化、经济的发展,更为合理地分配知识产权资源;发达国家基于对现有优势地位的维护,更多时候是利用知识产权现有的规则体系,限制和排除对知识产权资源再次分配的企图,并从本国利益的角度强调知识产权创造伦理和财产伦理的正当性和优先性。于是,知识产权所体现的私权和人权属性发生了明显的价值冲突。发展中国家对知识产权人权属性的强调与发达国家对知识产权私权属性的重视形成了相对鲜明的价值观差异。

三、国家立场与知识产权制度的价值

(一)国家利益与制度价值的主体立场

在知识产权制度完成了前期的制度构造之后,对于知识产权制度价值的认识和评价将从主观的价值选择转到客观的价值评价上来,对于法价值和一般价值的追溯将被限制于制度范围的框架之内。价值主体的立法者无需从其他价值观念或者法价值中再行挖掘和认识新的价值目标和内容,而是更多地关注知识产权制度价值体系的完善和其顺畅的价值实现。价值体系的完善,在本国文化体系内是根据社会发展予以更新的问题,而在他国则更多的是伴随着对知识产权这一外来制度的本土化过程来实现的。在基本定型的知识产权制度的基本框架内,现代知识产权价值冲突的焦点来源于跨越国境的制度价值的移植和实现,而制度价值的移植和实现与立法者对于本国利益的考量息息相关。

一般认为,国家利益就是受客观规律制约,满足或能够满足国家赖以生存和发展的各项客观需要,并且该需求在整体上对国家具有益处。从客体上看,一切满足或能够满足国家生存发展等方面的有益需要,都是国家利益;任何国家利益也都是满足或能够满足国家生存发展的有益需要。当然,这种需求既可以是实体性的实物存在,也可以是过程性的事件存在;既可以是物质性的存在,也可以是精神性的存在;既可以是已经或正在满足国家需要的存在,也可以是能够满足国家需要的存在;既可以是现实的存在,也可以是潜在的存在。因此,国家利益可以根据利益客体的不同分为不同的类型,例如物质利益与精神利益、实物利益与过程利益、现实利益与潜在利益、当前利益与长远利益等。从主体来看,国家利益只能是以国家为利益主体的利益需求。因此,在历史关系和社会关系上,国家利益虽然

与帝王利益、官吏利益、朝廷利益、政府利益、统治者利益、被统治者利益、国民利益等密切相关，并且在不同时代具有不同的复杂关系，但由于国家利益是以国家为主体的，因而不同于上述的任何一种利益，甚至在外延上属于具有全异关系的不同概念。

早期知识产权制度国际化的过程中，曾经作为英国殖民地的美国在继受了英国法的基本传统和体系后，对于首创于英国法的知识产权制度却不同于英国法中的零散的自然法态度，而是从立国开始便在更高位阶的宪法中用实用主义的态度来对待知识产权制度。从现有的制度资料和历史记载来看，这种有别于英国法立场的态度，源于美国的开国者们意识到知识产权制度对于社会发展和社会利益的重要作用。同时，由于美国当时知识产权资源匮乏的国情现实，过强的知识产权保护有可能严重影响到美国业已存在的对英国文化的依存关系。可以认为，对国家利益或者一国内部的社会利益的考量，成为知识产权制度价值的重要构成因素。美国知识产权制度直到今日仍然奉行这样的高位阶的实用主义的价值观。当然，由于现实国情的转化，强保护和对于财产伦理的极端追求，已经替换了当时对于发展伦理和分配效率的肯定。

知识产权制度的价值立场在现代法律价值冲突中，反映出强烈的国家利益本位的价值色彩。这里的国家利益包含了在国家系统内存在的产业利益、行业利益和个体利益，在发展中国家和发达国家的知识产权制度价值之争的论战中，实用主义的国家利益始终是各国价值立场的客观依归。在知识产权法律之外，越来越多的国家制定或着手制定与国家利益相关的知识产权发展战略，更为突出地展示国家利益在知识产权制度价值构成中的主体地位。当然，也必须注意到国家利益与知识产权价值之间的间接关联。国家利益对于知识产权国际条约的缔结、完善和修改具有明确的价值立场，但是，那是对于国内法的知识产权制度而言的。国家利益是分化为具体的行业利益、产业利益、个体利益而直接进入知识产权制度的利益平衡关系之中的；而且，国家利益在知识产权制度中，往往又与社会公共利益相关联。社会发展和社会进步也是国家赖以存在和发展的基本需求，体现社会利益、促进技术传播和应用的公共利益，同样也是国家利益的组成，它是国家利益在这一层次的直接反映。总之，以公共政策为主要形式的国家利益，在知识产权制度的价值形成和价值实现中发挥了核心作用。因此，对于知识产权政策性的研究，也成为知识产权制度价值构造研究的重要途径。

(二)公共政策与知识产权制度的价值构造

近代英国是推行知识产权政策的成功典范。在 17 世纪至 18 世纪的英国，重商主义政策为知识产权立法提供了重要的思想基础。《垄断法规》鼓励新技术发明及其应用，专利保护的目的不是形成贸易垄断，而是通过暂时的"垄断权"实现技术进步和产业发展；《安娜法令》将印刷专有权改造成资本主义的"产权"，它奉行版权单一财产性的理念，版权期限、版权效力和价格的控制条款多是出于商业贸易的考虑。近代英国知识产权法作为一种产业、商业政策和科技、文化政策的有机组成部分，为 18 世纪 70 年代开始的工业革命奠定了重要的制度基础。美国经济学家、诺贝尔经济学奖获得者诺思对此评述道：18 世纪的英国之所以获得持久的经济增长，起因于一种适于所有权演进的环境，这种环境促进了从继承权、完全无限制的土地所有制、自由劳动力、保护私有财产、专利法和其他对知识财产所有制的鼓励措施,直到一系列旨在减少产品和资本市场缺陷的制度安排。诺思还指出工业革命的动向,那时英国拥有产权制度的一种特殊范畴,即知识产权制度,保护了发明创造者的利益,刺激了发明创造者的热情,从而使得发明大量涌现并带来浪潮般的技术革新,进而启动了工业革命并创造了现代经济增长的奇迹。

我们可以明显看出英国早期创设的知识产权制度与其重商主义政策理念密切关联,而其保障个人权利的财产正义价值和促进市场发展的效率价值,也显然来源于其根深蒂固的商业文化和重商氛围。英国早期的知识产权政策所明确体现的公共政策供给关系,受到了其后来者的肯定和效仿。

现代美国是知识产权政策最有效的运作者。美国建国虽然只有二百多年的历史,但却是世界上最早建立知识产权制度的国家之一。美国独立后即在 1787 年宪法中规定了版权和专利权条款:"国家有权制定法律,对作者或发明人就其个人作品或发明的专有权利,赋予一定期限的保护,以促进科学和艺术的发展。"上述宪法条款被美国学者称为知识产权制度的"3P"政策:(1)促进知识传播的政策(the promotion of leaning);(2)公共领域保留政策(the preservation of public domain);(3)保护创造者的政策(the protection of author)。根据宪法规定,美国政府于 1790 年颁布了专利法和版权法。但是,美国早期的知识产权政策,深入地贯彻了实用主义的基本立场:对内,保护私人知识财产,以暂时的垄断授权换取科技与文化的发展;对外,以知识产权为政策工具维护国家利益,采取了明显的本国保护主义的做法。例如,不保护外国人的作品,放任涉外盗版行为;对外国人申请专利收取高额费用,以保护本国技术;长期拒不参加由欧洲国家发起制定的《伯尔尼公约》,积极推动自己主导的美洲版权联盟。

两次世界大战以后,随着美国世界强国地位的形成,美国完成了知识产权从低水平保护向高水平保护的转变,并力图将知识产权保护的美国标准推行为各国普遍通行的国际标准。特别是 20 世纪 80 年代以来,美国的知识产权政策作了如下重大调整。

一是在国内建立了促进知识经济发展、科学技术创新的政策体系。美国在其政策体系中,重视知识产权的规制与导向作用。例如,多次修订完善其专利法,加强对技术产权的保护。除此之外,为激励技术创新,还颁布了《发明人保护法》《技术创新法》,为鼓励成果应用,制定了《政府资助研发成果商品化法》《技术转让商品化法》等,由此构成了一个涵盖知识产权创造、应用和保护的完整法律制度。同时,美国强调知识产权制度与产业政策、科技政策、文化政策的有机整合。例如,通过政策联动,推动产业结构调整和传统产业改造,扶持半导体芯片、计算机、通信、生物制药等"朝阳产业",发展软件、唱片、电影等文化产业。正是由于政府政策的有效实施,使美国得以形成专利大国与品牌大国的知识产权优势,从而巩固了美国作为经济、科技强国的世界领先地位。

二是在国际上实施知识产权保护与对外贸易直接挂钩的政策举措。出于在全球贸易中维护本国利益的需要,美国积极将自己的智力资源优势转化成知识产权优势,并将知识产权优势转化为国际市场竞争优势,其使用的政策手段就是将知识产权保护与国际贸易体制紧密地结合起来。在 20 世纪 90 年代中期以前,美国主要是凭借国内《综合贸易法》中的"特别 301 条款"和《关税法》中的"337 条款",把给予贸易对手的最惠国待遇与要求对方保护美国的知识产权直接挂钩,对所有不保护、不完全保护、不充分保护知识产权的国家进行经济威胁和贸易制裁。在 1994 年 TRIPs 生效以后,美国更多的是依赖缔约方的国家强制力和世界贸易组织的国际强制力,将缔约方所承诺的高水平的知识产权国际保护与享有无差别的最惠国待遇紧密联系起来。在这一进程中,美国推动许多国家以版权形式保护计算机软件,要求发展中国家对药品发明授予专利,并在国际上倡导半导体芯片的专门保护等,美国的这些主张后来都反映在国际贸易体制的规则之中。

第四节　知识产权制度价值的目标内容

一、知识产权制度的正义价值

知识产权制度已经为各国立法和国际公约所广泛确立,随着新科技革命的日新月异以及经济全球化浪潮的汹涌澎湃,知识产权制度的正义问题日益凸显。人们不断拷问知识产权制度:知识产权制度有无存在的必要性? 知识产权制度的正当性基础何在? 如果知识产权制度的正当性问题不得到解决,知识产权制度大厦之基础必将是不牢靠的。

(一)知识产权正义价值的主要理论

1. 关于洛克的知识产权正义论

洛克将自然权利学说系统化和理论化,并将其运用于财产权的分析,创立了对后世影响深远的财产权劳动理论。洛克的财产权劳动理论不但为解释有形财产权的合理性提供了一个极为重要的理论基础,而且为解释无形财产权的合理性提供了一个重要的理论基础。知识产权,虽然由于其客体——知识产品的非原子世界的物质外部特征和形态而让人们觉得它捉摸不透,但知识产品同样是人们体力劳动和脑力劳动的产物。根据这一逻辑,既然知识产品是劳动的产物,而劳动是人自身的自然外在延伸,人的天赋权利中又包括人对自身的所有权,所以人理所当然应对知识产品享有财产权。洛克的财产权理论为知识产权的正当性提供了最为明显和初步的理由:其一,知识和思想来源于公共领域;其二,知识产品的产生和创造需要人类的智慧和劳动;其三,知识产品的财产化并未破坏与违背洛克财产权理论中关于无害他人的前提条件;其四,知识产品的财产化过程并不造成浪费。可是,只要我们深究下去,就会发现洛克的财产权理论并非无懈可击,例如由自我的所有权就无法推导出对身外之物的所有权。

基于洛克财产理论而形成的知识产权正义理论作为最初步的理论性工具解释了知识产权制度的正当性。这种理解实际上已经获得了现实生活中人们普遍的道德认同,并且得以在各国知识产权法和国际知识产权公约中体现。各国知识产权法和国际知识产权公约无一例外地规定,首先要保护知识产品创造者而不是投资者的权利,这里面表现出的首要法理观念就是对人的劳动的尊重,并以此作为知识产权制度赖以存在的正义前提。

2. 黑格尔的知识产权正义理论

有学者认为,我们可以对黑格尔的财产权理论贴上人格理论的标签。根据人格与财产的联结方式,人格理论可以进一步细分为人格法律理论和人格表达理论。通过考察黑格尔的财产权理论我们可以得出以下结论:第一,黑格尔的财产权理论的核心概念不是人格,而是自由和意志,因此,黑格尔的财产权理论不是所谓的人格理论,而是自由和意志理论;第二,自由和意志不是产生私有财产权的充分条件;第三,私有财产权不是人作为理性而存在的必要前提;第四,私有财产权的存在以牺牲或限制非所有者的自由为代价,个体的更多自由对于社会整体而言并非总是合理的。当然,以上结论所说的私有财产权包括知识产权在内。

3. 经济分析法学派的知识产权正义理论

根据知识产权正当性的经济分析,知识产权制度的基础在于:激励知识产品的创造和传播,增加社会福利。激励知识产品的创造和传播涉及知识产权的激励论,而增加社会福利则涉及知识产权的功利论。通过分析我们可以看到,知识产权激励论无法证明知识产权是创造和传播知识产品的必要激励机制,而知识产权功利论则无法证实知识产权制度的收益高于成本而具有净社会福利,因而知识产权的经济分析理论也无法证明整个知识产权制度在经济方面的正当性。尽管如此,知识产权的经济分析理论可以证明,在某些领域和特定的社会经济文化背景下,某类知识产权具有一定的经济合理性。比如说,电影作品比学术著作和小说更依赖于著作权。专利保护对于个人发明者和刚起步的小企业比对拥有大多数专利的大型企业更有意义。在市场经济比较发达和法治建设比较健全的国家和地区,知识产权制度更容易带来净社会福利。此外,知识产权的经济分析理论也可以为立法者设计一个合乎经济理性的知识产权制度指引。

4. 罗尔斯的知识产权正义理论

罗尔斯的知识产权正义理论具有较强的普适性,可以适用于各种社会制度。无论是财产私有制还是财产公有制,无论是物质产品的分配制度还是知识产品的分配制度,都要经受正义理论的审视。我们可以得出以下结论:第一,知识产权制度不能完全满足罗尔斯正义理论中的自由平等原则和差别原则,例如,著作权与言论自由之间存在难以调和的紧张关系,对主要属于天赋之产物的创造成果赋予私有财产权违背了共同资产观念;第二,具体的知识产权制度(包括知识产权的对象多寡、期限长短、范围大小)是否符合代际正义所要求的知识产品的储存率——每一代创造者都必须为下一代创造者储备适当数量的知识产品——值得质疑;第三,以 TRIPs 为典型的知识产权全球化保护主义违反了国际正义理论中的不干涉原则,不正当地损害了发展中国家的利益,使其永远处于落后的地位。

知识产品分配制度是指关于被创造和生产出来的知识产品如何在社会成员之间进行分配的制度。知识产品的分配制度至少有以下几类。

第一类是知识产品的私人所有制度。现行的知识产权制度就是知识产品的私人所有制度,它赋予知识产品的创造者或生产者(包括传播者)对知识产品的私有财产权,除非法律另有规定,未经知识产权权利人的许可,其他人不得使用知识产品。

第二类是知识产品的社会公有制度。知识产品的社会公有制度是指,知识产品一旦被创造和生产出来,就进入公有领域,成为全体社会成员可以自由利用的对象,任何人不得通过合同或者技术手段提出对知识产品的权利主张。

第三类是知识产品的政府赔偿制度。知识产品的政府赔偿制度是知识产品的私人所有制度与社会公有制度的结合体。一方面,知识产品一旦被创造和生产出来就进入公有领域,成为全体社会成员可以自由利用的对象;另一方面,政府必须根据一定的标准(比如贡献大小、努力程度等)向知识产品的创造者或生产者(包括传播者)提供相应的报偿。

理想的知识产品分配制度应既有利于激励创新,又有利于知识产品在尽可能广的范围并以尽可能快的速度得到传播和利用。这样,理想的知识产品分配制度就是知识产品的社会公有制度与政府报偿制度的完美结合:对于存在自主自发的激励因素或激励机制的知识产品,适用社会公有制度;对于需要外在激励机制的知识产品,适用政府报偿制度。

(二)知识产权制度蕴含的正义价值

1. 知识财富的分配正义

知识产权法的社会效用和目标是基于个人自由。从事创作、发明等智力创造或者说知识创造活动是宪法规定的一种公民的自由权利。这种权利和自由在知识产权法中得到了充分保障。具体体现为,在知识产权的专门法律中确立知识创造者在知识产权法中的合法地位。任何人只要进行了知识产权意义上的知识创造活动,都可以依照知识产权法规定的条件和程序取得相应的知识产权。也就是说,在通过知识创造取得知识产权这一点上,知识产权法对任何人给予了均等机会。知识产权法中的正义,意味着知识产权法中当事人之间的权利和义务对等以及权利和义务的分配符合正义原则,并且意味着公平、合理分享社会知识财富。在正义的范围内,可以使多元化的知识产权利益结构实现有序化。知识产权法在各种利益之间特别是知识产权人利益和社会公众利益之间求得平衡,需要引入公平和正义原则,以公平正义确定知识产权法中各种利益的归属,使利益主体各得其所,也就是使利益的分配达到各方都能够接受的程度。

我们看到,知识产权法中存在不同的利益主体和利益关系。这些不同利益主体的利益关系在知识产权法中是通过具体设定当事人之间的权利和义务而实现的。知识产权法中当事人之间的权利和义务既可以包含知识产权人的权利和义务、知识产品使用者的权利和义务,也可以包括知识产权人与知识产品使用者之间的权利和义务。知识产权法中对当事人之间权利和义务对等的确认,主要还是通过知识产权人的权利和义务与知识产品使用者的权利和义务关系的对等来确定的。

从知识产权制度的宗旨出发,一方面,知识产权法是鼓励知识创新和促进知识扩散的重要法律制度,它授予专利权人、著作权人等知识产权人以专有权,具有充分的正当性,并且,随着社会的发展,知识产权的主体和保护范围有不断扩大的趋势,这是在新的环境下知识产权保护所必须考虑的;另一方面,社会公众在知识产权法中也存在合法的权利和利益。知识产权诸制度中,使用者都能通过该法律制度享有一定的权益。如果使用者的权益得不到保障,从更广泛的意义来说,知识产权人的利益也将无法得到保障,因为任何知识产权人在一个环境下是所有人,在另一个环境下则是使用者。知识创造离不开对他人已有成果的利用,著作权法中的合理使用制度就是一种非常典型的在著作权人和使用者之间进行作品权益分享的制度。在不同的知识产权制度中,各种利益主体的地位都是独立的,他们根据知识产权的专门法律分别享有独占使用、授权使用、法定许可使用、强制许可使用、合理使用等利益。从社会知识财富利用的角度来说,知识产权制度的很多设计就是为了确认,保障和促进知识资源的公平分配,以实现社会分配正义。

可以说,知识产权制度对知识资源社会分配的正义,是通过设定知识产权法上的权利和义务来实现的,即通过确定知识产权人和其他主体的权利和义务以分配立法者所追求的正义。在设定权利和义务方面,实现知识产权人和使用者之间的利益平衡,始终是一个根本性的指导原则。利益平衡既反映了知识产权立法的政策目标,也是激励创新,促进知识的生产、扩散和使用的重要保障。美国宪法中的知识产权条款就反映了这一思想,该条款提出了一个很明确的政策目标,即限制垄断权的唯一目标是为了促进革新的进步。在环球电影制片公司诉索尼公司案中,法官斯特温斯指出:美国国会授予的垄断特权既不是无限的也不是主要提供一个特殊利益,相反,授予有限的权利只是一个手段,通过这种手段实现了重要的公共目的。它旨在激励作者和发明者的创造性活动,手段是提供一个特定的报偿,且允许在有限的专有控制权届满后公众能够接近他们的天才产品。这一宪法政策目标通常被描述为在授予知识产权人和公众的权利之间的一个精妙平衡。也就是说,知识产权法的利益平衡是实现和确保正义的手段,知识产权法通过平衡知识产权人和知识产权法中其他相关利益主体的权利义务关系以分配正义。

知识产权法中权利配置与权利和义务关系的设定,本质上是一种对知识资源的合理配置,反映了知识产权制度的利益平衡思想。知识产权制度以权利和义务的形式确立知识财产的分配模式、原则以及具体内容,其最终目的是实现社会财富的最大化,并在此基础之上增进消费者福利和促进社会进步。"知识产权法律制度对权利和义务所进行的分配就是实现对知识资源以及社会利益进行权威的、公正的分配,这种分配实质所体现的就是对各个不同利益集团之间的利益进行平衡协调。"如果知识产权法律制度通过协调知识独占和知识共享的冲突,实现了个人利益与公共利益的平衡,或者至少使二者趋向于平衡或使二者利益平衡状况得到改善,那么从确保公平、合理分配和分享知识财富的角度看,知识产权法就实现了公平正义的目标。

知识产权制度是社会分配领域中公正原则的内在要求和重要体现,同时,公平原则的真正实现呼唤知识产权制度的建立。正如洛克所说,人应该拥有其自身的劳动成果。人们在其精神创造过程中投入了时间、金钱和艰苦的劳动,他们应该获得其智能成果的所有权。这是劳动报偿原则的必然要求,同时也是社会公正的必然要求。知识产权不会导致机会不均,这是符合社会公正的要求的。有形财产的总和是不变的,一部分人的占有意味着另一部分人的失去,一部分人所占增多,另一部分人所占就必定减少。而知识资源无限丰富,一个人对他自己所创造的知识拥有财产权并不减少其他人所欲开发的知识资源,并不妨碍其他人对新知识的开发。相反,随着知识产权的增加,知识总量也会增加,人们利用知识的范围和机会也会随之增加。

知识产权也不会导致剥削,这也是符合社会公正的要求的。尽管人们对剥削有不同的看法,但无论如何,剥削是有违社会公正的。有形资产聚集到某些人手中,可能成为剥削他人的资本。而知识产权一方面不可能集中于少数人手中;另一方面即便一个人拥有众多知识产权,他也不可能去剥削他人的体力劳动成果(倒是他自己的智能劳动成果有被他人剥削的可能)。

知识资源的无穷性使得其私有化不会导致道德上的不公正。一种智能成果获得知识产权,并不减少其他人进行精神创造的可能性。而且,著作权和专利权鼓励信息公开。著作权并不保护作品中的思想,只是保护思想的特定表达方式。而专利权对思想的保护只是控制对思想无限制的利用,并不绝对禁止他人的有偿利用,他人只要付出一定代价便可利用专利拥有者的智能成果,即使不能直接利用它,他们还可以通过购买其专利产品来享受其智能成果所带来的好处。一个人拥有某一智能成果的财产权后,其他人的利益并未因此而受到损害,他们的处境并不因此而变糟,至多是暂时(在知识产权保护期限内)未能从该智能成果中直接受益。但是他们终究会受益的,即当保护期满后,这一智能成果便自动进入公共领域,免费为公众所共享。另外,即使在保护期限内,其他人仍可从为某个人所拥有的知识产权中受益。他们可以在一定范围内无偿利用该智能成果,或者购买依据该智能成果制造的产品。总之,知识产权制度不仅不会带来不公正,而且有助于社会公正的实现。尊重和保护知识产权是社会公正的基本要求。付出了劳动,当然要有所受益,为社会做出了贡献,当然要有所收获,这是社会公正的必然要求。一方面,劳动在某种程度上是令人不愉快的。正因此,很多人好逸恶劳(只有极少数人以劳动为乐)。例如,我坐在窗前看树叶渐渐从树上飘下来,比我费力爬上树将树叶摘下来肯定要轻松一些。智能劳动者在发明创造中忍受了不愉快的艰辛,社会应以其成果的财产权作为回报。另一方面,智能劳动者为社会创造了财富(有时是无法估量的财富),提高了公众的物质福利或精神福利,亦即他们为社会做出了贡献,因此社会应对他们有所回报,而最恰当的回报就是授予其智能成果以财产权。

2. 知识资源的秩序正义

知识产权各项制度确立、保障和促进社会分配正义是通过将分配原则具体化为知识产权法上的权利和义务来实现的。实际上,从法理学的角度来说,对权利与义务的分配既是立法的基本任务,也是法律实现对社会生活调整的制度建构。知识产权法在调整知识产权法律关系时,将知识产权人和其他利用、传播知识产品的利益主体的权利和义务法律化。知识产权法分配权利和义务的原则体现了知识产权法的正义状况。知识产权法对知识产权人和其他有关利益主体的权利和义务的分配原则反映和代表了国家在调整知识产权法律关系方面的正义观念和正义准则。同时,知识产权法是规定知识产权人和其他利益主体的权利和义务关系的。知识产权法不仅规定了权利和义务的内容,而且规定了权利和义务的性质、范围、适用条件以及实现方式,如专利权人的制造、使用、许诺销售、销售权,专利权的例外,专利权转让的条件和方式,商标权的范围和商标权人的使用义务等。知识产权各项权利只有在符合知识产权法确立的标准和范围内行使时,它才是正义的。在出现不正义的情况下,知识产权人的权利不但不能受到保护,反而将受到其他法律的规制,如反垄断法对知识产权滥用行为的规制就是典型的例子。

同时,知识产权的保障也是以履行相应的义务为前提的。如果义务没有得到履行,权利就无法得到保障。例如,使用者支付知识产权许可使用费是知识产权法上使用者的一项主要义务,如果使用者不按照规定支付使用费,知识产权人的收益权就会受到侵犯。也就是说,不履行义务也会导致不正义的出现。知识产权法正是通过规定知识产权人、使用人等利益主体的权利和义务来确定正义与否的标准的。通过对知识产权人、使用人等利益主体的权利和义务的分配,知识产权法确立了其特有的正义模式。

再有,知识产权法分配权利和义务还具有确立知识产权制度的正义秩序的重要作用。所谓法的秩序,主要是指"法律必须具有一定的稳定性、连续性以及法律规范之间的相互妥

"协性"。正义秩序是法的秩序内涵中最为重要的内容之一。知识产权法通过使各种主体的权利和义务法定化、具体化而有效地建立起知识产品的创造、流转以及使用的秩序,从而确立知识产权法分配权利和义务的正义秩序。这种正义秩序还可以从知识产权法在公平分配权利和义务的基础之上实现的利益平衡来加以证明。知识产权法对权利和义务公平分配的结果是形成一定的知识资源分配的稳定秩序。在知识产权法中,围绕知识产品而产生的利益主体都试图使自己的利益最大化,立足于公平分配权利和义务的利益平衡则使不同的利益主体对所获得的利益感到满足,从而实现了追求知识资源分配的稳定秩序。

3. 权利保护的社会正义

知识产权的专有领域是知识产权人的专有权所能够直接控制的范围。在专有领域内,知识产权人能够充分地行使自己的权利,而他人未经许可或者没有法律的特别规定而进入该范围,将构成对知识产权人专有权的侵犯。知识产权的专有领域在不同知识产权制度中的表现不同。如在著作权法中,著作权的专有领域表现为在作品的专有领域,作者或其他著作权人对作品的利用具有独占性使用和获得收益的权利;在专利法中,专利权的专有领域是由专利的权利要求所确定的;在商标法中,商标权的专有领域一般限于在相同或者类似的商品上使用相同或近似商标。专有领域是有效保障知识产权人利益的"防线"。

与此同时,知识产权法中还存在不同的"公共领域"。公共领域的设立,可以说在很早的有关知识产权的立法中就已经存在。例如,世界上第一部著作权法——《安娜法令》设定了一个"文学艺术的公共领域",具体内容体现在:一是创作是新作品取得著作权的必备条件,以确保出版商不能收回现有作品;二是对著作权的保护有一定期限,以对抗出版商永久性著作权的主张,保障作品在一定期限后为社会自由利用;三是著作权人在印刷出版和出售方面享有有限的权利,受到著作权的约束。这种公共领域可以理解为不受知识产权保护的、可以自由利用的领域。如保护期届满后对知识产品的利用,就是属于公共领域的范畴。不过,从严格意义上说,知识产权的公共领域限于受保护的知识产权中的不受保护的、可以被自由使用的方面。知识产权制度中公共领域的确立,是均衡知识产权人和其他利用、传播知识产品的利益主体的利益关系,实现精神财富有效、公正分配的重要体现。

知识产权法在赋予知识产权人以专有权的同时,也对这种专有权的行使和范围做了一定的限制。知识产权的独占性特征和有限性特征是同时具备的,这可以说是知识产权法一个非常重要的特点。一方面,基于知识产权客体即知识产品的公共产品特性而有必要赋予知识产权人对知识产品独占性的专有权,以禁止或限制不劳而获的搭便车行为,维系对知识创造活动的激励与促进;另一方面,知识产品的生产具有社会性,离不开对人类已有的"知识共有物"的借鉴和利用,基于此,并且考虑到知识产权法的社会政策目标——促进社会经济、科技和文化事业的发展与进步,知识产权法授予知识产权人的专有权不是一种绝对权利,而是一种相对权利,这表现在对知识产权本身的限制上。知识产权限制尽管在知识产权不同制度中的表现和程度不一,它们的功能和目标却是相同的,即通过权利限制,平衡知识产权人和社会公众的利益关系,实现智力资源的分配正义。

有趣的是,知识产权本身在任何时候都受到限制的同时,它的发展则有不断扩张的趋势,而权利限制也有受到限制的趋向,即所谓知识产权限制的反限制。其实,这正是知识产权法维持平衡和协调知识产权人和社会公众之间的利益关系的举措。因为随着社会的发展,特别是技术的进步,原有的利益平衡状况将被打破,如果不在新的环境下对知识产权法中的权利和义务关系进行重新分配,知识产权法将由正义趋向不正义,由公平分配趋向不公平分配。于是,为应对随着社会发展知识产权利用形式急剧增加的趋势,扩展知识产权势成为必然。相应的,对知识产权的权利限制也表现出严格的趋向,其中的突出表现就是对权利限制的反限制。例如,出租权的设立就是对权利穷竭这种著作权限制的反限制。

二、知识产权制度的效率价值

(一)知识价值论:效率价值的经济学基础

建立在劳动价值论基础上的知识价值论,是我们分析知识产权制度经济品性的基本工具。智力劳动所创造的知识产品与物质产品一样,都是有价值和使用价值的商品,这是知识产品成为知识财产的经济学依据。因此,知识产权制度的经济合理性及其蕴含的效率价值,可以从近现代思想家们对于知识财产的不同价值观中得到体现。

(二)知识产权的效率价值理论:经济分析法学的框架

知识产权制度合理性的经济阐释,实际上是基于知识产品性质的界定,进而对于知识产权制度效率价值内涵和评价机制的设立也必然围绕着知识产品本身的需求与供给分析。由于知识产品本身所具有的公共品特性,使得仅仅依靠市场机制的资源分配系统出现了原生性的失灵,也就说通常所说的市场失灵。这也就是知识产权制度介入或者存在的最为直接的理由,即通过制度纠正知识产品分配的市场失灵,以期达到符合知识产品供给的效率最大化。因此,对知识的排他性权利创设的成本,是为了在知识产权使用环节上取得更大的收益,这样才符合对知识产权制度进行成本收益分析的要求。换言之,制度对于效率最大化的促进和实现必然成为知识产权制度效率价值的主要内涵,而借助于现代制度经济学分析和法经济学分析的基本框架,则可以对知识产权制度的效率价值理论作出基本建构。

1."波斯纳主义"法经济学分析的"成本-收益"理论

美国著名的法经济学家波斯纳曾直言不讳地指出:"法律制度中的许多原则和制度被理解和解释为促进资源有效配置的努力。"在《法律的经济分析》中,他认为财产权制度安排的合理性源于这一法律制度对于物质资源价值的合理分配。并且,保证制度的资源分配价值最大化的前提有三:一是财产权制度的普遍性;二是财产权的排他性;三是财产权的可转让性。在其另一本与兰德斯教授合著的《知识产权的经济结构》一书中,波斯纳教授明确认为对于知识产权制度的经济分析依然不能割裂于对物质财产的分析,对于物质财产的产权分析方法与基本结论同样适用于知识产权制度。并且,将知识产权难题归结为"激励"与"接触"之间的交换的观点模糊了物质财产与知识财产在法律上与经济上的连用性。质言之,波斯纳教授认为对于知识产权制度效率的分析仍然应当采用与传统财产法分析相同的"成本-收益"的分析框架。在这一意义上,一项财产权(包括知识产权)就包括了两个方面,即排除他人的权利和将财产转让给他人的权利。知识产权法通过制度安排为知识产品设置了排他性,但这一排他性优势只是知识产权得到有效率使用的必要条件而非充分条件;在排他性基础上实现知识产权的自由转让,才构成知识产品资源分配效率最大化的充分条件。财产权的排他性对交易而言是必要的、基础性的,但不应当是绝对的。一个经典的例子是火车引擎的火星引起路旁农民所种庄稼发生火灾,如果恪守财产权绝对的排他性,铁路部门只有从农民手中购买到地役权时方能运营。但是,如果与农民达成权利转让的交易费用过大,火车将无法运行,结果是降低了土地资源的使用效率。因此,法律应当允许火车引擎火星侵害农民的财产权,但铁路部门需补偿农民的损失。此即财产保护的"责任规则"。美国经济分析法学家卡拉布雷西依据效率原则提出的财产保护三规则,即财产规则、责任规则和不可转让规则,也同样适用于知识产权领域。在知识产权的应用中出现原权利人(即专利的初始发明人、著作权的作者、商标权的初始注册人或使用人等)与使用人(包括被许可使用人和未被许可使用人)之间的权利冲突时,应当按照效率原则对权利资源进行配置。特别是对于知识产权侵权,也应当根据效率原则进行处理,选择适用这三个规则,而不是一律适用财产规则,绝对保护知识产权的原权利人。

2. 以"科斯定律"为核心的"费用—收益"理论

当财产的交易成本过大并抑制交易的发生时,就需要法律对权利进行强制性配置,限制财产权利的排他性,并模拟市场交易的结果,将该部分权利强行配置给使用人,从而促进效率最大化。这一认识基本成为法经济学分析和对于效率价值重要性的重要解读,而这正是著名的"科斯定理"的主要内容的适用。美国的制度经济学家、诺贝尔经济学奖的获得者罗纳德·科斯在《企业的性质》和《社会成本问题》两篇论文中阐述了这样的观点:在交易费用为零的情况下,不管权利如何进行初始配置,当事人之间的谈判都会导致这些财富最大化的安排;在交易费用不为零的情况下,不同的权利配置界定会带来不同的资源配置,因为交易费用的存在,不同的权利界定和分配会带来不同效率的资源配置,所以产权制度的设置是优化资源配置的基础。

科斯的研究集中在对"产权安排"和"产权结构"的分析上。科斯用经济学的"费用—收益"理论分析方法阐明私有财产制度下的产权安排及制度形式对交易费用的影响。他把"产权安排"作为经济变量,将产权安排与资源配置效率直接联系起来,一起放到经济运行中考察,研究产权结构与经济效用的关系。产权安排不同,公共产品与私人产品的效率就不同。由此将这一理论运用在知识产权制度领域中,可以得出这样的结论,即知识产品的私人产权制度安排使知识产品在市场流通从而使知识产品的产业利用更有效率。

在科斯学说之后,经济学家道格拉斯·诺斯更进一步指出:交易费用是决定一种政治或经济体制结构的制度基础。制度经济学家张五常更直接地认为,交易费用其实就是制度费用,"一人世界没有交易费用,这些费用是在多人的社会才出现的。多人的社会有人与人之间的竞争,要决定竞争的谁胜谁负,制度就出现了。从广义的角度看,制度是因为交易费用而产生的,所以交易费用应该称为制度费用"。那么,在这一更为复杂的"费用—收益"理论中,知识产权制度降低了由于知识产品的市场失灵而造成的不确定性和"搭便车"的损害,但同时,知识产权制度的设立也同样为进一步的知识产品的交换和交易增加了制度成本。

综合来看,在波斯纳的"成本—收益"理论中,更多地考虑设立知识产权制度,为知识产品提供财产权保护,是对于知识产权静态与动态经济性收益的保证,是纠正市场失灵的法效率价值的体现。而科斯及其"费用－收益"理论，则更侧重于知识产权制度本身运作机制的效率评价，即制度成本的克服。这两种不同的制度经济分析的框架为知识产权制度效率价值的评价提供了不同的视角，同时又为研究知识产权制度运行和制度价值从内部和外部两个层面提供了效率最优的分析方法。

（三）知识产权制度中体现的效率价值

效率作为重要的法价值之一，是法促进人类社会发展、促进人类社会文明的表现。法是现代社会的调控者，现代经济的发展离不开法的效率分析和效率追求。至于效率价值在整个价值研究中的作用，美国法学教授艾克曼针对法经济学家以帕累托效率原理来解释、评论和改革法律制度的思想路线曾指出，这种思想路线提供了一个分析结构，使我们能够对由于采用一个法律规则而不是另一个法律规则的结果所产生的收益的规模和分配，进行理智的评价。这种分析是特别重要的，因为它常常揭示出，法律规则的潜在影响可能与推动制定该规则的立法机关或法院的目标（至少在表面上）大不相同。所以，只要不把经济学作为唯一的评价原则而误用，而是理智地运用它，就能使学者揭开修辞学的帷幕，抓住躲在法律问题背后的真正的价值问题。

效率是知识产权制度产生的基础，也是知识产权制度追求的重要的价值目标。许多知识产权基础性制度的建立和实施，可以从效率原则得到解释。专利权的效率基础与财产权的动态原理一样，是基于这样的信念：如果发明人不享有对发明成果的排他性权利，人们将不会投资于科研创造活动。因此，专利权制度的建立发挥了激励作用。但是，如果专利授权的门槛过低，许多根本无法转化为生产力的垃圾专利就会沉淀于专利系统中。表面上看，垃圾专利只是对专利申请人产生私人成本，不影响申请人以外的其他主体的收益，但是从社会总体看，垃圾专利消耗社会成本审查系统，代理机构为此付出劳动，专利检索人也会因垃圾专利的干扰而多支付时间成本，因此垃圾专利的存在是无效率的。为专利授权设置创造性、实用性的标准，目的在于提高专利的使用价值，降低专利管理的成本，从而提高专利制度的效率。

著作权法的许多制度，以效率原则来解释，体现了著作权创造者（即原权利人）与使用者之间的利益平衡。许多文艺作品借鉴早期作品中的情节设置，或直接改编早期作品，以新的艺术形式加以表达，这时作者既是自己作品的创造者，也是早期作品的使用者。为著作权设置一定期限（我国为作者终生及其死后 50 年），在降低了作者对自己作品的著作权收益的同时，也降低了作者使用早期作品的著作权成本。但是，作者以死后 50 年可能获得的远期的著作权收益，换取由于降低支出所获得的现时收益，即使二者数值相等，按照风险厌恶的一般原则，是符合效率原则的。合理使用制度的目的同样在于限制著作权的排他性，扩大使用人的权利。

设立商标权的制度收益，在于"通过给定统一质量的保证而节约消费者的寻找成本"。寻找成本实质上是一种交易成本，是消费者在作出购买哪一种产品或服务的决策之前对产品或服务的质量进行调研而支出的成本。商标专用权制度的设置，降低了消费者的寻找成本，该收益在生产者、消费者、商标审查及管理机构和社会之间进行分配，抵消了商标制度的成本之后有剩余，符合效率原则。一个使用中的商标，符合以上分析，是有效率的；一个未使用而受到保护的注册商标,其社会成本无法在使用中实现收益,是无效率的。按照美国商标法,商标权的获得以"使用"为前提,并且要求是"充分地使用"而非"象征地使用",这是效率原则的要求。那么,我国以及世界上许多国家实行商标权的"先注册制",按以上分析是无效率的;但是,"先注册制"在行政审查及管理成本上低于"先使用制",这是实行先注册制度的效率基础。

具体而言,我国知识产权法的制度设计和功能体系在以下两方面也彰显了效率价值在知识产权制度中的具体内涵。

1. 权利配置体现效率价值

我国为成文法国家,对知识产权原权利人与使用人之间的权利配置由立法机构决定。知识产权立法的任务就是要在知识创造者与使用者之间划定边界,如果这个边界划定得偏向于原权利人,鼓励创新有余而鼓励使用不足,最终会因为创新成果得不到充分使用而损害创新者的利益。我国目前制定的国家知识产权战略,应用战略被提到与创新战略同样的高度。从立法上注重对使用人进行合理的权利配置,应当是今后立法者不可忽视的问题。

在界定知识产权的归属时要以促进知识产权使用为根本目的。著作权法中关于邻接权的规定,实现了在原权利人与使用者之间的权利资源的有效配置。特别是我国相关法律规定,图书出版者对著作权人交付出版的作品,按照合同约定享有的专有出版权受法律保护,他人不得出版该作品。据此,图书出版者的专有出版权具有对抗第三人的效力,出版者得到较为有利的权利配置。目前我国正在积极加强立法保护地理标志、民间文学艺术、传统医药等知识产权,这些权利的主体为一定地区的特定人群,如果法律简单地规定权利由特定人群共同享有,未来的权利使用人需同每一个权利拥有者进行商谈,这必将产生巨大的交易成本。因此,为了促进这些权利的商业使用和流转,有必要在立法之初即明确某个组织作为权利行使的法定代表人,并规定权利行使主体无合理理由不得拒绝有偿的使用许可请求。立法上要赋予知识产权使用人充分的程序性权利,并限制原权利人滥用权利。比如,应当扩大知识产权使用人对知识产权遭受侵害时的请求权。目前,知识产权的独占、排他许可合同的被许可人和继承人有权以利害关系人的资格对侵权人提起诉讼的这种规定就限制了其他权利使用人的请求权。一般认为,经过登记的质押权人也应当有权独立地对侵害知识产权的行为起诉、请求赔偿及请求其他法律救济。要防止在知识产权授权、知识产权许可和知识产权救济中滥用权利,比如恶意陈述骗取专利授权,恶意抢注商标,恶意提起侵权诉讼或权利异议程序等。尤其应限制不得借助知识产权转让而实施不合理的限制贸易行为。对组合专利权利持有人提起的侵权诉讼,要在证据规则上向被告倾斜,防止专利权人的滥诉。为提高知识产权的使用效率,立法上要维护知识产权契约的自由,促进知识产权的流转。在知识产权质押担保合同的效力规定登记生效原则,以专利权出质的,出质人与质权人应当订立书面合同,并向中国专利局办理出质登记,质押合同自登记之日起生效,这样规定使未登记的质押合同无效,不符合私法意思自治的法理。应当说,在知识产权流转环节较少的情况下,这样规定对维护权利人利益的稳定是必要的。但是,随着知识产权市场流转的加快,从鼓励交易原则出发,应当将质押权的效力规则由登记生效改为登记对抗,而质押合同的效力不以登记为要件。

2. 权利冲突的解决体现效率价值

知识产权权利人与使用人的冲突最终由司法机关解决,司法权归根到底也是一种资源配置的权力。司法机关对个案中权利归属的不同裁决、对救济方式的不同选择,将影响知识产权法效率价值的实现。因此,法官在司法活动中不仅要裁决,还要按照效率原则对当事人的权利资源进行合理配置,对权利使用人的利益给予重视和保护。

美国普通法创设的著作权合理使用原则,体现了美国普通法在解决权利冲突中对著作权使用人的"偏袒"。美国环球电影制片公司诉索尼公司案的判决是一个典型例子。该案原告为音像作品制作人,被告为录像机制造商,原告认为录像机制造商、分销者、零售商和广告商在使用经营活动中复制原告的音像产品,构成直接侵权;消费者购买被告的产品进行侵权复制,被告对此承担协助侵权责任或替代责任。

总之,效率是知识产权法的一个重要价值。

三、知识产权制度的创新价值

20世纪50年代以来,后人在"创新理论"的基础上发展了技术创新理论和制度创新理论两个分支。前者认为,科学技术对经济发展的作用主要是通过技术创新实现的;后者认为,技术性因素和制度性因素构成了经济增长的两大要素,而创新的制度是激励技术创新活动、推动经济增长的关键。

所谓制度是某一社会全体成员应该遵守的行为及其相互交换的规则,这些规则往往通过法律加以确定和保障。也可以说,制度主要是指明确界定人们的权利和义务归属关系的法律系统。制度与经济的关系,主要也是法律与经济的关系。舒尔茨在述及制度所具有的经济服务功能时说道,人的经济价值的提高产生对制度新的需求,一些政治和法律就是用来满足这些需求的。法律经济学的分析结果表明,经济基础对法律而言起着基本的、根源意义上的作用,法律本身就是经济问题最集中、最具体、最全面的反映。从某种意义上说,一切法律问题归根结底都是经济关系的反映与要求,任何法律无不体现经济方面的基本规律和原则。以此为目标,实施法律制度的构建与改革,就涉及创新理论中的制度创新问题。从经济学的角度来看,制度创新一般是指制度主体通过新的制度构建以获得追加利益的活动,它是关于产业制度、产权制度、企业制度、经济管理制度、市场运行制度等各种规则、规范的革新。制度创新有多种形式,但每种创新都会导致某个领域的制度变迁。科技创新立足于科技,不符合私法意思自治的法理。

四、知识产权制度的创新价值

(一)技术创新与制度创新:知识产权制度价值的灵魂

知识产权制度是科技、经济和法律相结合的产物。知识经济是以科学技术为第一生产要素的智力经济。知识经济发展的动力在于科技创新活动,科技创新离不开产权制度创新。

经济学家熊彼特最早把"创新理论"引入经济学研究领域。20世纪初,熊彼特在《经济发展理论》一书中首先提出了"创新理论"。在他看来,"创新"是在生产体系中引入生产要素和生产条件的新组合,包括:(1)引进新产品;(2)引用新技术;(3)开辟新市场;(4)控制原材料新供应来源;(5)实现新企业组织。

制度与经济的关系,主要也是法律与经济的关系。制度创新有多种形式,但每种创新都会导致某个领域的制度变迁。在新制度经济学理论中,制度变迁被理解为用一种效率更高的制度替代另一种制度的过程。它包括两种:一是"诱致性制度变迁",即制度构建的变更或替代,或者是新制度的创造,由个人或一群人自发倡导、组织或实行;二是"强制性制度变迁",即由政府命令、法律以及各项政策的引入所实现的。在创新体系中,制度创新居于基础和保证地位。科技创新立足于科技、经济一体化目标,是一种为促进经济发展而进行的新技术应用与商业化的活动,它离不开相应制度的保障、规范和约束。知识产权是私权法律制度创新与变迁的结果,同时也是直接保护科技创新活动的基本法律制度。

科学技术领域的革命带来知识产权法的产生和发展,也可以这样说,知识产权制度创新的历史也是科学技术进步的历史。科技进步的量变到质变再到量变的循环过程,使得技术革命呈现螺旋上升和周期性的特点。自英国工业革命以来,大致发生了四次技术革命:第一次技术革命是指18世纪中叶至19世纪中叶始发于英国,以欧洲为中心,波及欧美的工业革命,标志是瓦特发明了蒸汽机;第二次技术革命发生于19世纪和20世纪的转角之际,发明和使用发电机和电动机是其技术革命和创新的典型代表;第三次技术革命始于20世纪50年代,以原子能工业、半导体工业、高分子合成工业、空间技术、计算机技术为标志;第四次技术革命发端于20世纪80年代,其创新标志是以计算机及网络为代表的信息技术革命和人类基因图谱破译所带来的生物学革命。上述四次技术革命的次第产生,是知识产权制度成长的基础;易言之,知识产权法的不断发展,又成为技术革命由低向高攀升的动力。

(二)创新理论与知识产权的创新价值

正如拉德勃鲁赫认为的,"法律是人创造的,只能根据人的理念也即创造的目的或价值来理解:法律又是一种文化现象,即与价值有关的事实"。法价值观随着法律制度的不同、社会发展的不同阶段而异。在特定的时代背景下,特定的一种法律制度中仍会包含若干不同的价值项,而且因各种法律制度维护的利益不同,即所体现的人的需要的不同,其各自的价值侧重点是不同的。例如在知识经济时代背景下,刑事立法体现了秩序、正义;民法直接规定了平等、公平;而经济法就侧重体现"效率"这一价值特点。由此可以看出,价值已不仅限于在抽象的、总括的法律层面上讨论,其业已成为划分部门法的重要标准。传统的部门法是从"调整对象""调整方法"等标准上予以划分,这只是其划分标准的外在尺度,而每个部门法的价值侧重点,即主导性价值才是其划分的内在尺度。在知识经济时代,知识产权制度所体现的价值存在着独立的主导性价值,即创新价值。

对于"创新"的定义,人们的常识、各学科均有不同的理解。"创新"源于英文"innovation"一词,根据韦伯斯特词典解释的含义,是"引入新东西、新概念和制造变化"。人们从科学、技术、社会、文化等诸多层面使用"创新"一词,常含有鼓励与赞许的色彩,在经济学语境中,通常认为"创新"就是把一种从来没有过的关于生产要素和生产条件的新组合引入生产体系。这一观念来源于著名经济学家熊彼特,他独创性地指出,仅有技术发明不是创新,创新是技术发明的首次商业化。在经济学范畴中的创新主要是指技术创新,即技术发明的第一次商业应用,而且任何一项技术创新都至少包括发明、开发、扩散三个阶段,而非仅仅停留在获得发明的技术成果这一步上。

随着经济领域"创新"内容的不断实现,产业结构、消费结构、企业组织和劳动地位等生产关系必然要顺应生产力的发展而产生根本变化;国家政体、社会形态、精神文化等上层建筑由此也出现相应的变革,技术创新这个纯经济学的概念也由此具备了社会学上的意义。社会学意义上的创新强调的是与技术创新有关的社会因素,包括社会行为体系、社会能力系统以及社会环境等方面的变化。因此,创新的作用不仅限于经济层面技术创新的范围,更渗透到了精神文化、统治阶级的意识之中。

哲学领域中的"创新"是发生在各领域中的创新行为经过高度抽象概括后形成的在人类历史发展中所具有的普遍性质。也即是认为创新理论是一种历史观。历史观要回答和解决历史发展过程中的根本动力、机制和规律问题,从哲学的角度看,马克思主义的实践理论、生产力理论等都是创新理论的一种。所以在哲学层面上所理解的创新是将其纳入更为广博的社会实践领域、更为久远的历史运动议程之中,从本质上揭示其蕴涵的哲学逻辑。

所谓"价值"即客体对主体的生存和发展的效用,是客体的存在、作用以及它们的变化对于一定主体需要及其发展的某种适应、接近或一致。它是人类所特有的绝对的超越指向,是人对物质、精神的祈求和信仰。不同历史时期对价值范畴有不同的侧重点,而且随着时代的发展,价值范畴的内容也在不断增加。在全新的知识经济时代,经济的发展着重依靠知识和信息的生产、分配和使用,"创新"业已成为知识经济时代的主要特征,从而得到了前所未有的重视和发展,任何主体要在以高新技术为依托的竞争中立于不败之地,首先要善于运用"创新"。因此,创新已成为人类行为选择的标准之一。首先,创新不仅反映了人与自然的关系,而且反映了人与人的关系、个人与社会的关系,业已成为一个具有普遍意义的关系范畴。其次,"创新"作为一个"历史观"意义上的概念,还凝结着人类的理想。"创新"这一概念是对知识经济全面而精要的解释,因此,在知识经济时代这个特定的历史背景下,"创新"可以说是一个基本的价值范畴。

(三)正在继续的追求:建构知识产权创新价值的尝试

知识产权法在制度上设计了特殊的机制——在界定知识产权私有权属性的同时,又制定了"公开制度""在先权利保护"等制度,对生产者与使用者的权利和义务进行合理划分,以达到促进、保障权利和个人的创新行为以及整个社会创新发展的连续性和成本的合理性。并且,其保护贯穿了创新所涵盖的"开发—产业化—扩散"整个过程,从而达到了对个人创新和社会创新的整合。所以,知识产权制度所要追求的价值和体现的宗旨即通过该制度对由"创新"所产生的人与人、人与社会的关系进行协调,从而充分起到对"创新"的保护。对知识产权法所包含的三种主要的法律制度加以分析可知,专利制度保护的是新技术发明的第一次商业应用并获得经济效率,也即保护的是"创新"这种"技术商品化"的进程;著作权制度主要保护各类作品的第一次出版并获得相关收益;商标权制度虽然保护的是一种标志性权利,而作为商标的标志本身可能不具有创新性,但其实际上保护的是这种标志作为商标的第一次运用以及第一个获得商标权的权利人的利益,以及由此涉及的由于消费者对这种"第一次"的认同所获得的利益。知识产权制度通过为发明人、先申请人设立垄断权的方式保护这些"第一次";同时还设计出"权利穷竭"制度来对其范围进行限制,这种限制正是知识产权制度所追求的"创新"理念的恰当体现,知识产权是一种人为控制的权利,其制度的设计会更多地融入人们对其价值的追求和思考。从法价值的概念上来说,对"创新"的保护正是知识产权制度对人们在知识经济这个时代背景下的需求的满足,是作为客体的知识产权法律制度对主体需要及其发展的适合、接近或一致;"创新"也即人们在制定该制度时所想体现的主要的价值追求。

只从抽象的概念来验证"创新"成为独立的法价值似乎说服力略显不足。我们再从经济学与法学研究范畴的比较中来分析。首先,通过对"创新"概念的全面分析可知,其已不仅限于最初熊彼特所涉及的经济学领域,"创新"已渗入了人们的精神理念以及整个社会的各种因素之中,并进而成为人类的一种思维方法和实践观。其次,经济学所研究的行为和制度在一定意义上可以看作是社会行为和社会制度的一个缩影,如同已经从经济学引入法学的"效率"这一概念一样,经济学的其他概念对法学和其他社会学科有很大的借鉴和启发意义。由于经济学对制度的研究本来就包括法律制度在内,借用经济学中的理论,可以凸显法学中将要和已经关注的理论,填补法学中的某些空白,同时法学范畴的研究也可以弥补经济学对概念研究的局限性,如经济学无法深入研究的政治行为、违法行为等。布坎南曾认为:经济学上的研究是从效用函数和生产函数开始分析的,同时要看到经济关系中的体制和法律约束,而法学家是从对权利分配的分析开始的,同时需考虑法律和行为的经济性。所以,将经济学中的理论和概念引入法学是可行的。

再从法价值的渊源上来分析。我们所说的传统的法价值的范畴,如正义、平等、公平等均来自伦理和道德。一般认为,价值论起源于康德的道德哲学,法价值的内容具有浓厚的道德色彩,法价值的特点之一即表现为伦理性。从法律本身来讲,法律和道德之间也有本质的联系,"法律是道德的最低标准",有关法律的价值评价往往也是对法律和法律上的行为的道德价值的评价,现在为人们一致接受的一些法价值理念如"正义"等,大多在现代的道德体系中占有一席之地。法价值的社会功能在很大程度上也需要转化为道德的组成部分——法律道德来发挥和实现。但是,道德是不是价值以及法价值的唯一母体和渊源?笔者认为也不尽然。人的理性分为规划理性和实践理性,作用在法律制度上即表现为国家法和民间法。道德上升为法价值的过程是比较漫长的,需要人们长时间的习惯而后自然地接受并成为价值,这是"实践理性"的表现,是接受型的理性。但是,在特定的情况和特定的时代背景下,人们可以把一些普通的概念人为地上升为价值,即人为地设计出符合规律的价值,而非只是被动地接受和发现。由于创新在知识经济时代中无与伦比的重要性,对创新的追求业已成为许多阶层人们的主要意识形态。那么在"知识产权制度"这个与知识经济关系最密切的法律的设计和实施中,有意识地将"创新"上升为其价值,正是"规划理性"的表现。这种"法律"是一种"规划理性"的结果,即"国家法"。

在以技术为主要生产要素的时代,由于对科技的过分依赖已造成了单向社会的现象,生产力在生产关系面前有了一种新的状态和地位,即它已经不再只是对有效的合法性进行批判的根据,它本身变成了合法性的基础,科学技术在现代社会中已经成为作为意识形态的制度框架的一部分。现代科技已经不具有中立性,作为意识形态的科学技术现在已不再处于政治统治和社会生活的幕后而是居于前台。可见,由于"创新"对于科技发展的重要性,统治阶级必将在国家政策包括法律制度的设计中将其上升为一种法律所追求的价值。

通过制度的设计将"创新"纳入法价值体系作为一种新的独立的法价值,正体现了作为法的价值主体的人对法价值发现中能动的干预和控制,这种干预和控制是通过国家政策导向来促使其完成的。

综上,我们可以说"创新"是知识产权制度独立的法价值之一。不仅创新是知识产权制度制定、存在的原因和追求的目标,在对这一目标的追求中,知识产权制度本身也实现了自身制度的创新。所以"创新"这种价值是知识产权制度在知识经济时代背景下所要追求和体现的主导价值。

第五节　知识产权制度价值的实现途径

一、知识产权制度价值实现的作用机制

(一) 产权界定与创新激励

知识产权制度是一种对知识产品有效的产权制度安排。知识产品是关于科学、技术、文化等精神领域的创造性智力成果的总称,其类别具有多样性,因此不能采取单一的产权形式。在知识产品中,科学成果与某些技术成果采取的是非市场机制的产权形式,政府往往通过特别的法律手段,以支撑和激励创造者的精神生产活动。对上述科技成果所建立的是经济学家所称之的优先权报酬系统,这是一种与优先权有关的各类报酬奖励制度。这一制度首先是科学发现与技术发明的命名权;其次是发现、发明奖金的获得权。该制度的实质是赋予发现人、发明人取得"命名"与奖金报酬的权利,作为这种收益的对价支出,社会获得对该项科技成果的公有产权,这便是发现权、发明权制度。在广义上,发现权、发明权也归属于知识产权。如前所言,上述权利不是私人财产权,而是一种科技奖励制度。知识产品是公开的(公共产品属性),但知识产权是垄断的(私人产权属性)。知识产权制度通过授予发明创造者以私人产权,无疑是"给天才之火添加利益之油",为权利人提供了最经济、有效和持久的创新激励动力,保证了科技创新活动在新的高度上不断向前发展,从而促进了创新成果所蕴藏的先进生产力的快速增长。

(二)产权交易与资源配置

知识产权制度首要的立法目的是界定相关产权,保护发明创造者的合法权益;同时又要规制产权交易,促进知识、技术的广泛传播与利用。依照经济学的供给与需求理论,智力创造活动也是一种生产活动。精神生产的目的同样是为了交换,只有经过交换,个人才能获得各类物品的最佳组合,达成效用或利益的最大化。就科技创新活动而言,新技术的商品化与市场化是一个关键环节,也是其根本目的。如果一项发明创造完成后不尽快付诸实施,就可能被新的技术取代,从而变成无经济效益的技术。产权交易在相关法律上表现为知识产权利用,其主要制度就是授权使用、法定许可使用和合理使用。授权使用,亦称许可使用,即知识产权所有人授权他人以特定方式对其知识产品进行使用。在国际上,这一交易行为被称为许可证贸易。许可使用合同的经济功能是:总结人们的交易习惯,规定统一

的交易规范和术语,以免当事人每每就交易问题订立烦琐的合同条款,从而减少交易成本,便于当事人达成合意。法定许可使用与强制许可使用都是一种非自愿许可使用。前者是指根据法律直接规定的方式有偿使用已公开的知识产品,国际上将该交易方式称为"法定许可证";后者是指根据国家主管机关特别授权的方式有偿使用已公开的知识产品,国际上将该交易方式称为"强制许可证"。上述两种交易实际上是国家安排下的"合作博弈",其目的在于减少交易的信息成本(发现谁进行交易、进行什么交易和怎样进行交易)与谈判成本(讨价还价取得授权),使当事人合作成功进行交易的可能性大为增加。合理使用是知识产权利用的特殊情形,它是在法律规定的条件下,不必征得权利人同意,又无需向其支付报酬,基于正当目的而使用他人知识产品的制度。自由而无偿使用的范围,在信息资源中所占比例很小,概为知识利用与传播之必要。与前述几种许可使用不同,合理使用中使用者与创造者的权利交易不是"一对一"的对手交易,而是社会制度安排下的特定创造者与不特定的使用者之间就信息资源分配所进行的交换。总之,知识产权的交易制度,旨在调整信息生产者、传播者、使用者的权利配置关系,以实现科技进步和经济增长的最优效益。

(三)产权限制与利益平衡

知识产权的限制,是对权利人的专有权利行使的限制,其功能在于通过产权的适度限制,平衡权利人与社会公众之间的利益,确保社会公众接触和利用知识产品的机会。现代产权制度不能仅将其支撑点构筑于精神产品保护的静态归属之上,而要在确认创造者占有与支配知识财产的同时,促进精神财富的动态利用。经济学曾对信息产权的设定提出一个悖论:由于信息产权的垄断性,一方面会刺激信息的生产者去开发新信息;另一方面也会出现垄断信息的生产者索取高价使信息无法充分利用。这一问题就是"没有合法的垄断就不会有足够的信息生产出来,但是有了合法的垄断又不会有太多的信息被使用"。解决这一困境的法律途径,就是在保护知识产权的基础上对该项垄断权利实行必要的限制。产权的保护与限制涉及不同主体的利益,其制度设计既要着眼于社会发展的总体目标,也要正确判定利益选择的主次关系。当前有两个因素值得考虑:一是从国情出发,一般来说,发展中国家与发达国家在保护水平与产品利用方面存在着立场差距,发展中国家对知识产权采取何种限制以及限制的力度,应以国际公约所规定的最低保护标准为宜,从本国的经济、科技发展现状出发,不宜简单照搬发达国家的现成规定;二是适应新技术发展的要求,由于新技术的出现,知识产品的利用方式发生很大的变化,法律必须对社会利益的划分重新进行调整,注重对权利人利益的保护,这一情况即是对知识产权限制的本身进行限制。

(四)产权保护与市场规范

知识产权制度保护的是产权化的创造性智力成果。生产经营者拥有技术和品牌,仅是一种自然占有或事实占有,仅是表明其取得某种科技优势和经营优势。只有获得技术与品牌的知识产权(如专利技术与注册商标)才能受到法律的保护,从而形成法律意义上的独占性"占有",才能把这种科技优势、经营优势转化和提升为市场竞争优势,以对抗一切假冒、仿制和剽窃的侵权行为。打击侵权行为,既是对产权所有人的利益保护,也是对市场竞争秩序的规范管制。侵犯知识产权的行为直接发生于精神产品生产、传播、消费的过程之中。

在法律实施效益不高的情况下,该类侵权行为的滋生与蔓延会影响创造者生产、开发知识产品的积极性,从而导致整个社会福利水平的下降。

(五)产权管理与政府引导

知识产权管理,是国家机关依法对知识产权的取得、利用等行为进行审查、监督、协调、服务等活动的总称。产权管理是知识产权制度区别于其他财产权制度的标志之一。此类管理活动的存在,既有着传统运行机制的历史影响,也是知识财产自身特性的反映,同时也体现国家对民事活动领域的适度介入。有关知识产权的各项管理活动,体现了国家相关立法的宗旨与目的,形成了政府在私权领域推动科技进步和经济增长的引导机制,具体说来主要表现在以下几个方面。

一是政策目标机制。政府在知识领域产权保护与管理的过程中,首先扮演的是政策制定者的角色。知识产权制度本身就是国家经济、科技、文化政策的一部分。对何种知识产品提供产权保护,或给予何种水平的保护,当然要出自国家总的政策目标。同时,国家制定的发展规划与具体政策,如科技发展规划、文化政策、产业政策、投资政策、外资政策等,都会不同程度地涉及知识产权问题。由此,通过政府的政策指引,有利于促进社会发展和实现知识产权立法目标。

二是科学审查机制。除著作权自作品完成之日起自动取得外,多数知识产品需要由国家主管机关进行专门审查。实行审查制,可以将公共领域的技术、违反公序良俗的技术排除在专有权利保护的领域之外,从而提高知识产权授予的质量;此外,也可以对无形的知识财产进行产权边界确认,明确产权的范围与归属,从而实现智力成果的产权化。

三是信息通报机制。在保护产权的前提下,要求权利人公开自己发明创造的内容,这即是专利文献制度。信息公开实际上是技术创新资源的配置方式。利用知识产权信息资源,可以避免重复投入,节约研究经费,提高技术创新的起点,实现技术的跨越式发展。

四是行为监督机制。知识产权的利用,一般包括权利人自己利用、许可他人利用、转让他人利用等多种情形。通过国家主管机关的管理活动,旨在规范产权交易行为,维护市场秩序,保护当事人的合法权益。

五是行政救济机制。在知识产权领域,国家行政部门有权对违法行为采取行政救济手段,或是对违法行政相对人给予行政处罚,或是责令侵权人赔偿受害人的利益损失。

二、知识产权制度价值实现的主要障碍

(一)价值观念与伦理缺失

知识产权制度对国家的经济发展、技术进步以及对外贸易等具有越来越重要的作用。但是,国家之间贫富悬殊,理念有别,从而导致人们对知识产权制度理解上的差异。于是,知识产权学者不仅开始了对知识产权制度正当性的考察,而且还展开了对知识产权制度伦理性的研究。以下将着重对知识产权制度伦理性研究现状、伦理性基础、目标取向以及以人为本理念等进行分析与研究,以服务于知识产权制度的完善与发展。

自 TRIPs 缔结并生效实施以来,知识产权的"黄金岁月"随之来临,微软总裁比尔·盖

茨将其戏称为第二个"淘金时代"。现在,越来越多的企业向知识产权要效益,并且将"没有创新即为死亡"作为自己的理念。在此前提下,知识产权受到越来越密切的关注,具体表现为:第一,世界上许多国家或地区以 TRIPs 为参照系,根据各自的具体情况重建其知识产权制度;第二,自进入 21 世纪以来,许多国家已相继制定了其知识产权战略,提升知识产权之地位;第三,越来越多的公司利用知识产权抢滩国内外市场,使国际竞争日趋激烈。然而,现在有些学者对知识产权制度产生了怀疑,主张改造甚至废除知识产权制度,其基本依据是知识产权制度缺乏应有之人伦理念,与基本人权相冲突。

在西方,亚里士多德把伦理学视为管理人自身的政治,卢梭在《社会契约论》中将伦理视阈从人类个体拓展到整体,提出了与个体幸福相对存在的公共福利,把普遍社会也视作具有自身固有品质的道德的生命;在《伦理学的两个基本问题》中,叔本华指出"同情"是道德的起源和基础,并认为"伦理体系得以建立,乃是源于有组织的群体希望创造社会生活的起码条件的强烈愿望。制定社会道德规则,就是为了约束全体间的过分行为,减少掠夺性行为和违背良心的行为,培养对邻人的关心,从而增加和谐共处的可能性"。人们现在所理解的伦理涵盖范围非常广泛,"既可以是低层次的、外在的、类似于法律属于'百姓日用而不知'的东西""也可以是高层次的、综合了主客观的、类似于家园、体现了人或民族的精神本质的,可以在其中居留的东西。它连接内外,沟通上下,甚至在凡俗和神圣之间建立起通道"。研究知识产权制度伦理性,实际上就是从以人为本的视角对知识产权制度进行研究,以回答人们所关心的基本问题。

许多知识产权学者将其研究视阈聚焦于知识产权制度的伦理性,以期回答知识产权保护的强弱对人类进步与自身发展之基本问题。例如,2000 年,在"自由音乐哲学"网站上发表了一篇题为《知识产权伦理学初论》的文章。它开宗明义地宣布,该网站上发布的任何文章均可以不受限制地自由复制。同时还指出:"我之所以认为版权法和专利法是不道德的,其原因在于它们限制人们对已发表信息的自由复制、使用、销售或修改。"紧接着作者自问自答:"为什么限制人们对已发表信息进行自由复制、使用、销售或修改的法律就是不道德的呢?因为任何信息本身都是根据前人类传承下来的信息进行再创作的结果,而且对已发表信息的自由复制、使用、销售或修改不会造成该信息的减损,更重要的是对已发表信息的自由复制、使用、销售或修改是人类自身发展的需要。"这样的回答至少从一个方面肯定,知识产权保护如果忽视人类自身发展的需要,片面强调经济利益的重要性,就是缺乏伦理性的,就是不道德的。

美国冈萨加大学哲学系的马克·阿尔菲洛教授在《知识产权与版权的伦理性》一文中,对版权的伦理性问题进行了研究。他认为,长期以来,人们差不多忽视了版权的伦理性问题,尤其是哲学家很少关注知识产权的伦理性。这种现象对版权或者知识产权的发展是不利的,因为版权或者知识产权的的确确对人类伦理与道德构成了挑战。例如,当课堂教学需要使用某作品时,师生们就需要对该作品进行影印复制,但是由于作者给其电子作品采用技术措施,阻止人们对该作品进行访问或者复制,因此,师生们就无法自由地获得该作品,使正常的教学受到影响。诸如此类的问题还很多。如何妥善解决这样的问题,成为知识产权学者关注的热点。

随着人类基因组计划的完成、生物技术(基因技术、克隆技术)的深入研究与应用以及与此相关的知识产权保护要求与实践,使得知识产权与伦理的关系变得越来越紧密,而且也越来越复杂。单纯从技术层面看,先进技术的诞生不仅需要科学家花费大量的时间与精力,需要大量的资金与智慧的投入,而且还需要克服无穷的困难与麻烦,因此为他们开发完成的技术提供法律保护,是完全必要的。但是从伦理角度看,对这样的技术给予知识产权保护,就可能妨碍人类的正常需求,或者造成人类社会的混乱。例如,如果一项治疗某种遗传疾病的技术被授予专利权,但是需要利用该技术诊治其疾病的病人却无力承担过高的费用,那么,这样的病人只能在痛苦中生存,或者只能因得不到治疗而死亡。造成这种非人道后果的罪魁祸首当然是知识产权。如果没有知识产权保护,其医疗费用就不会高到病人无力负担的程度,那么该病人就不会落得如此悲惨的结局。

但是,也有人对此持反对意见,其理由有以下几点。(1)如果对新技术不给予相应的知识产权保护,那么,人们就不会对此研究进行投资,这种新技术就不可能被开发出来。如果出现这种情形,受害的就不只是那些无力负担高昂医疗费用的病人,而是整个人类。(2)即使对这种新技术不给予知识产权保护,利用这种医疗技术治病也不会是谁都能负担得起的费用,现在不是有许多人连治疗最常见疾病的费用都无力负担吗?(3)知识产权保护与病人是否有能力负担医疗费用二者之间并无必然联系,因为即使有知识产权保护,仍然可以通过建立相应的限制措施,确保人类健康的需要。TRIPs规定,缔约方可以通过制定或修改其国内法律和规则,采取必要的措施来保护公众的健康和营养,维护在对于其社会经济和技术发展来说至关重要的领域中的公众利益,其条件是这些措施与本协定的规定相一致。这就可以保证知识产权保护不会造成损害公众健康的结果。当然,知识产权保护也许在某些方面的确增加了消费者或者病人的经济负担,但这是一个事物的两面性所决定的,在特定条件下,只求利大于弊即可。

(二)价值移植和文化缺失

法律移植是近代各国进行立法活动所采用的一种重要方法。所谓法律移植,是指"一个国家或地区,将其他国家或地区的法律吸纳到自己的法律体系之中,并予以贯彻实施的活动"。从法律移入的角度来看,法律移植可以分为两种。

一是主动的积极型法律移植,即法律移植的直接的或根本的动因来自社会内部。是法律移入国或地区自主选择和自觉移植外国法。中世纪欧洲法律的和平进化得益于罗马法的传播,即是关于法律移植的主动选择。自12世纪起,欧洲开始了罗马法复兴的运动。法律移入地区很少有自主选择的余地。

二是被动接受法律移植,亚洲国家在近代对西方文明的接受,包括接受其法律规则,即是关于法律移植的被动接受。亚洲国家对西方法律的移植是从19世纪后半叶开始的,其政治背景是西方国家对亚洲的殖民化。"在宗主国眼里,把自己的法律移植到殖民地国家是天经地义的,是对殖民地国家的恩泽。而对殖民地国家来说,接受这样的法律移植则带有屈辱的成分。"

在法律制度的历史上,知识产权是罗马法以来"财产非物质化革命"的制度创新成果,也是西方国家三百多年来不断发展成长的"制度文明典范"。发展中国家的知识产权法则是在特殊历史条件下建立的,在很大程度上是"逼我所用",即是外力强加的结果。一般认为,中国知识产权保护制度始于清朝末年。它虽是清政府实行新政、向西方学习的产物,但更多是帝国主义列强施加压力的结果。1898年,清朝在变法改革运动中颁布了我国历史上第一部专利法规《振兴工艺给奖章程》,但不久由于"戊戌变法"的失败而夭折。此后,清政府根据1902年《中英续议通商行船条约》、1903年《中美通商行船续订条约》的知识产权条款,在外国人的帮助下制定了《商标注册试办章程》(1904年)、《大清著作权律》(1910年)。这些法律自清末适用至民国初年,并先后出台了著作权法、专利法和商标法等。

法律本土化,即强调在法律移植时应让受移植的法律经过合理处理与嫁接,使其能渗入到移植国国民的精神和理念之中,进而在本土被理解、消化和接受。法律本土化也就是法律移植本土运动的过程。知识产权是发展中国家迈向新型工业化道路的制度选择。对外国法制或国际法制的引进,存在一个"法律本土化"的问题,即外来的知识产权原则和规则如何在本国"扎根"与"内化"。本土化要求进行法律移植时,不能仅仅是对外来法律规则的形式再现,而且要在研究其法律理念的基础上实现文化再造。可以说,"法律精神在法的发展和改革中起着关键性作用,是移植国与被移植国法律之间配合、同构、兼容的思想尺度,也是外来法律本土化得以成功的先导"。在构建知识产权法治秩序的过程中,物质的、技术的法律制度,即法治的"硬性"系统,相对而言是比较容易移植的。但它若要真正发挥其应有的作用和价值,则必须同时植入相适应的精神、意识和观念,即要由法治的"软件"系统予以奠基和支持。总体而言,对知识产权法律移植,我们引进了这一制度的外形。但在理性领域尚缺乏与之相应的文化基础,也许这是知识产权价值目标实现的障碍性因素。

(三)价值实现和认同差异

西方知识产权法是在西方社会和文化基础上发展起来的,是一个自然演化过程,它历经了文艺复兴(Renaissance)、罗马法复兴(Recovery of Rome Law)的"3R"运动和资产阶级革命几百年的文化准备。在近代西方国家,对知识产权制度的接纳,大多是法律移植的结果。这种法律移植实质上是"法律变革和广义立法的一种表达方式"。它具有两个基本特征。

第一,知识产权法律移植是西方各国基于自身发展需要而主动接受的。对知识财产的保护,西方国家大抵经历了从封建特许权过渡到资本主义式财产权的转化过程。随着资本主义制度在西方社会的确立,各主要资本主义国家自18世纪以来先后开始了知识产权立法活动。其中最具代表性的有:美国1790年《联邦版权法》,法国1793年《作者权法》,德国1837年《保护科学和艺术作品的所有人反对复制或仿制法》;美国于1790年、法国于1791年、德国于1877年先后制定的专利法;英国于1875年、美国于1870年、德国于1874年先后颁布的商标法等。这些都是当时西方国家社会变革和法律制度变迁的自发性结果。

第二,知识产权法律移植是有在相同或相似法律文化的西方国家间完成的。无论是源出地,还是移植地,西方各国都有着相同或相似的文化传统。英国著作权法奉行"商业著作权"学说,将相关立法构筑在"财产价值观"的基础之上。而法国和德国则将"人格价值观"作为其著作权立法的思想基础,从而建立了与英国"版权法体系"不同的作者权体系。西方国家在接受知识产权法律的过程中虽然立法风格各异,但崇尚自由、崇尚知识、崇尚个人权利的文化传统是相同的。

现代中国对知识产权规则、原则的采纳,在一段时期则是一种"被动性移植"。我国在知识产权立法之初,尚属于主动的积极性的法律移植,即根据自身发展需要,对知识产权作出有选择性地制度安排。例如,基于本国经济科技发展现状的考虑,专利保护水平不是太高;由于国际文化交流不够等,因而未参加国际版权保护体系。但自20世纪90年代以来,由于新的国际贸易体制的形成,知识产权保护的国际环境发生了很大的变化。作为世界贸易组织成员的中国仅用了十多年的时间,就完成了知识产权立法从本土化到国际化的过渡。由于"被动性移植"的原因,我国对新的知识产权国际保护制度的社会认同感不足,其原因有如下两个方面。

一是对法律移植的差异性认识。本土社会成员对法律移植的接受存在着不同的具体价值期待,或支持法律移植,或反对法律移植。我们承认,知识产权保护是现代国际贸易领域的游戏规则,WTO各缔约方必须遵从,而对移植对象无选择余地。但同时也应看到,现今知识产权国际保护制度,过多地顾及和参照发达国家的要求和做法,确实存在着国家间的利益失衡。这一状况使得法律移植总是引起本土社会的不同意见,因而缺乏足够而普遍的社会认同基础。

二是对法律移植的有限性需求。法律一般总是从发达国家向需要规则的欠发达国家移植而不是相反,法律移植被认为是促进接受国某一法律领域发展的最有效手段。但是,知识产权立法的基础是国情,发达国家对于知识产权保护的都有一个从低水平到高水平的缓慢过渡期。而中国失去了这一必要过渡阶段,因而从政府到企业都对制度建设准备不及,制度运用经验不足。

三、中国知识产权价值实现的一般条件:法律文化的改造和重构

(一)知识产权法律文化形成的本土化条件

一是本土化过程中的法律精神塑造。知识产权法律本土化,不能原封不动地挪用国际规则或是照抄照搬他国的经验和模式;而是要立足本国实际情况,能动地转化国际规则为本国具体制度,或理性选择外来法律而移入本国法律创设过程中。知识产权法律进入中国只有一百年的时间,进入社会大众生活只是近几十年的事情。笔者以为,知识产权法律建构,这一成就是举世瞩目的。但是,知识产权文化形成的过程并不是一蹴而就的。知识产权的文化形成,意味着外来文化的转化以及对本土文化的改造。"崇尚创新精神、尊重知识产权",作为法律移植及本土化的基本理念,其既有"以人为本、私权神圣"的西方文明的先进思想,也包含"利益均衡、和谐共赢"的本土传统的合理内核。必须看到,外来法律赖以依存的精神基础未能随之移植而本土化;同时,本土的文化精神也未能加以改造而现代化。这些即是本土化过程中法律文化改造的缺失现象。

二是本土化过程中的公众意识同化。知识产权不仅是一种物化的法律规范,更应是公众的一种理念、精神和信仰,公众意识是知识产权法律的思想基础。可以说,公众的法律信仰是存在于社会生活中的活的知识产权法律。中国知识产权法律移植时间不长,本土化过程刚刚开始,这些主要是凭借政府的公共力量推动和知识精英的思想先导活动进行的,大多数民众对法律移植的关注是松散的,且是基于自身利益的关注来间接地对法律移植作出

反应。根据我国公民知识产权意识调查报告,近年来,"我国在知识产权立法、司法和行政保护方面不断加强投入,社会整体对知识产权认识程度和自我保护意识也明显提升,但在公众尊重知识产权的行为规范的完善方面却未收到明显成效"。具言之,即是公众普遍抱有对盗版、假冒等侵权行为的容忍态度以及侵权复制品的消费群体大量存在。这说明,在本土化进程中,物化法律规范已经建立,但活的法律信仰尚未形成。

(二)知识产权法律文化改造的理论条件

法律文化是一个国家法制的内在逻辑,体现了法制的内在生命精神。在当代中国,知识产权法律移植的本土化过程,也是法制现代化的过程。法律制度的创新与变革,需要相应的法律文化改造与重构,即以新的法律认知取向、法律情感取向、法律评价取向,作为现代法制的文化底蕴。

知识产权的文化创新以对人文主义精神的认同为特征。当代人文主义是古典自然法精神的发展,"是指以人权保障为最高理念,体现以人为本位、以权利为本位的价值观念"因此,近代思想家所倡导的个人精神、自由精神和理性精神,依然是现代私法文化的精神支柱。但是,在现代法制条件下,上述精神主张应有新的解释和说明。

一是关于个人主义与法律本位。近代个人主义的价值观,即是近代私法的本位观。从近代到现代,私法经历了旧个人本位到新个人本位的变化。近代私法的个人本位是个人主义思想下的个人本位,由个人组成的社会旨在实现个人的目标。而现代私法的新个人本位是社会观念中的个人本位,强调个人为独立主体的同时,亦应向社会负责,尊重作为社会成员的其他个人。在知识产权法律制度转换中,"私的本位是不变的理念",但其主体的内涵已有变化。知识产权是私的权利,但在现代法中已由单一权利主体发展到多重权利主体。私人即是处于平等地位的人,包括智力成果的创造者、传播者、使用者。在这个意义上说,知识产权法也是协调三者权利的平衡法。

二是关于自由主义与权利协调机制。自由精神是知识产权法的本质要求。一方面,思想自由是知识创造、知识权利产生的前提,知识产权法律即是以自由精神为基石构建的;另一方面,意思自治作为私法原则,以法律的名义彰显了自由主义的精神内核。从上述情况可以看到,知识产权保护是思想自由(包括创造自由、言论自由等)得以实现的私法要求。依照美国学者的形象说法,知识产权与思想自由可以看作是一枚硬币的正反面。前者涉及财产所有权问题,后者则具有社会政治权利属性。它们之所以联结在一起,在于二者都与知识的传播有关,只不过一个注重利益,一个注重自由。现代私法在弘扬自由精神的同时,对思想自由的内涵作了进一步的扩充。思想自由不仅是创造者的自由,这种自由依赖知识产权的保护;同时也是广大使用者交流思想、传播信息资料的自由,这种自由表现为知识产权的限制。

三是理性主义与立法目标。理性精神体现了对社会正义的追求,这一价值观亦是评价社会制度正义的一种重要依据。在知识产权领域,权衡私权与公益的关系是相关立法的基本考量,表现了对正义价值目标的理性追求。传播知识,促进文化与科技发展,是公共利益所要求的,符合法律正义;而以私权的形式为创造性活动提供补偿,满足了社会对智力成果的需求,也符合法律正义。问题在于,理性主义在知识产权制度的运行过程中没有得到应有的张扬。由于知识财产私权化的扩张,在国内法层面,使得知识财富的公有领域相对缩小,造成知识产品创造者与利用者之间的权利冲突;而在国际法领域,迫使发展中国家接受高水平保护的新体制,导致他们与发达国家的利益失衡。个人主义、自由主义、理性主义需以新人文主义精神为基础进行重构或强化,以此作为知识产权文化创新的重要内容。

知识产权文化的发展,是多元法律文化的互动过程。知识产权法作为"制度文明的典范",是各国创建知识财产制度、促进经济科技发展的经验体现,具有高度的共通性和可移植性。知识产权制度一体化、趋同化的发展趋势,就是美国学者弗里德曼称之为"现代法律文化正在征服世界"的现象。从法律文化的元素构成来看,主要有三个方面。

一是全球共同的法律文明成果。知识产权国际保护制度应是一个各主权国家相互接近、相互认同、相互连接的全球法律机制和国际准则,这是不同国度的社会主体所创造的调整规则和所积累的调整经验之有机聚合,体现了人类法律实践的普遍性的历史定则,反映了人类的法律智慧和对理性的追求。这种法律文化,不应是西方中心主义的,当然也不可能是民族沙文主义的。知识产权原则、规则在全球范围的普适性,须以各国社会成员普遍而共同的法律信仰为思想基础,将人类共信的法价值理念导入我们的精神家园,这是中国知识产权文化发展中的重要任务。

二是西方先进的法律文明经验。西方国家是知识产权的创制者,也是这一制度运行的最大受益者。他们的成功之处在于,以私法精神作为私法制度形成的基础,并在私法制度运行中贯穿私法精神的主张,从而达到私法精神与私法制度的契合。以个人精神、自由精神、理性精神为支柱的私法理念,可以简单地归结为"私的本位"或"私的精神"。从近代法到现代法,知识产权就一直生成在这种法律精神殿堂之中。移植与吸收西方先进的文化元素,是中国知识产权文化构建的突出问题。

三是中国传统文化中的合理成分。中国传统文化总体上呈现出公法文化极端发达和私法文化极度落后的特征。有学者将其归结为价值上的团体本位、规范上的义务主导、人治精神和无讼倾向等。传统文化的历史惰性,对于中国知识产权文化养成有着消极的影响。但是,我国传统文化也存在一定的价值。正如学者所描述的那样,"那种富于人情味的和谐功能、那种防微杜渐的内省模式、那种因事制宜的情节理论,其实或多或少含有超越时代的意义"。传统文化作为一种固有的行为方式和观念模式,其影响无处不在,无时不有,不可能弃若敝屣。借助本土文化所提供的经验系统和概念系统,服务于法律文化建设有两个意义:首先,对传统文化与现代制度的结构要素进行分析、鉴别或是梳理、整合,选择传统文化的积极之处,以推动现代制度的有效运行,或是导入影响意识观念的现代制度,凭借功能机制促进传统文化转型;其次,对传统文化和外来文化进行分析、比较,即在法律移植和本土化过程中,对西方法律文化的某些因素作出自己的理解、翻译和使用,或者在理论上赋予其新的意义,或者在实践中呈现出新的意义。总之,中国知识产权文化系统需要吸收人类共同的法律文明成果,移植西方先进的法律文化理念,整理中国传统文化的合理内核,在多元文化的相互作用、相互影响过程中实现改造和重构。

(三)知识产权法律文化重构的社会条件

知识产权文化的现代化转型,需要一般社会条件的综合作用。推动法律文化变革与转型的主要动力,来自一定社会内部存在的处于变化状态中的经济和社会条件。通过这些条件的综合作用,形成法律文化再造的运动能量和运动方向。上述社会条件,既有内生动力,也有外生变量,具体说来,有以下几个方面的内容。

1. 知识经济市场的原动力

知识产权法是科学技术和商品经济发展的产物。在市场的作用下,科学技术与商品经济的结合,即科学技术成果的商品化。根据马克思的劳动价值理论,智力劳动也是一种生产劳动。生产商品不仅是指物质生产的实物形式的商品。还包括非物质生产中的无形商品,如服务、知识、信息、技术等。这就是说,在科学技术被运用于社会生产的过程中,包括知识、技术、信息在内的知识产品本身(即无形商品),与采用知识、技术、信息生产的物质产品(即有形商品)都具有同等的商品意义。基于市场经济的内生力量,必然产生以个人本位、自由精神、理性主义为特征的法律文化。从这个意义上说,"任何一个国家,只要经济上致力于发展现代市场经济,致力于推动其经济的现代化发展,致力于建构本国的市场经济体系,其法律文化就必然或快或慢地走向现代化"。由此可以认为,从历史范畴讲,近代知识产权文化,也就是西方法律文化;但从社会范畴讲,现代知识产权文化,更是知识经济市场条件下的法律文化。知识产品的商品化、市场化、产业化,要求构建与之相适应的知识产权文化和知识产权法律。知识产权文化所倡导的"私的精神",并非西方国家的"文化专利品",而应是市场经济所要求的"文化精神产品"。从这点讲,中国知识产权文化的转型,是现代化而不是"西方化"。

2. 政策制度环境的保障力

知识产权法是一种社会政策工具,即政府以国家的名义,通过制度配置和政策安排对知识产权资源的创造、归属、利用以及管理等进行指导和规范。知识产权政策的基本功能,具有明确的目标取向。美国学者弗兰克·费希尔认为,无论公共政策通过何种途径而形成,都要涉及实现的目标以及实现这些目标的手段。这告诉我们,任何公共政策的制定和实施总是与一定的政策目标相联系的。在公共政策体系中,与知识产权政策相关联的其他制度,如文化教育政策、产业经济政策、科学技术政策、对外贸易政策等,共同服务于促进知识创新和知识财富增长的任务目标。这种政策制度环境的营造,对于良好法律文化的形成具有重要的作用。

3. 文化宣传教育的引导力

法律文化教育与宣传,是实现知识产权法律现代化转型的重要任务。在全社会普及知识产权知识,培养公众知识产权的权利观念和规则意识,必须采取强有力的推进措施和支撑手段。根据调查研究的结果,公众获取知识产权相关知识的途径,主要是工作中接触和学习、新闻媒体的宣传报道、学校教育、推广普及等。

第五章　知识产权法律冲突研究

第一节　知识产权法律冲突概述

一、知识产权法律冲突的成因及表现

(一)知识产权法律冲突的成因

国际私法上所讲的法律冲突,又称法律抵触,指内容存在差异的不同国家的法律竞相要求对同一涉外民事法律关系实施管辖而形成的法律适用上的矛盾冲突状态。即同一民事关系因所涉各国民事法律规定不同而发生的法律适用上的冲突。早先基于知识产权的严格地域性,不承认知识产权领域存在法律冲突,但时至今日,至少在学术界,已经鲜有人持有此种绝对化的观点,转而开始注意和研究知识产权国际保护的法律冲突问题。

国际民事法律冲突的产生是由下列原因共同作用的结果。

第一,各国民事法律制度互不相同。各国知识产权立法规定不同是产生知识产权法律冲突的一个重要因素。由于不同的历史、经济和文化背景,各国的知识产权立法在保护范围和对象、保护期限、权利取得方式、申请审查公告程序,特别是在对涉外知识产权的保护方面互有歧义。如果一项智力成果在一个以上国家完成和使用,则该项成果所产生的权利将涉及多个国家的法律。

第二,各国之间存在着正常的民事交往,结成大量的国际民事关系。随着国际相互交流和依赖的加强,在甲国开始进行,在乙国完成,在丙国取得知识产权,在丁国实施智力成果的现象已经广泛出现,跨国的知识产权关系大量出现。

第三,各国承认外国人在本国的民事法律地位。随着知识产权国际保护体系的确立,1883年《巴黎公约》和1886年《伯尔尼公约》确立的国民待遇原则,导致在知识产权领域,一成员国的国民在其他成员国内享有与后者国民相同的权利,从而取得相应的法律地位。

第四,各国在一定条件下承认外国民事法律在本国的域外效力。任何一种法律冲突都最终表现为一国法律的域外效力与另一国法律的域内效力之间的冲突。产生这种冲突必须具备一个前提:即国内承认外国法的效力。如果国内不承认外国法的效力,一味适用本国法律,就不会发生法律冲突。

传统上,专利权、商标权和著作权等权利具有严格的地域性限制,依一国法律取得的知识产权只在该国有效,原则上不具有域外效力,为此,人们认为在知识产权领域不会产生法律冲突。然而,如今知识产权保护已经走过了从国内到国际、从双边到多边的历程,其严格的地域性已经随着知识产权国际协调制度的建立和发展,以及各国国际私法立法的发展而逐渐弱化甚至有限突破。自20世纪50年代以来,很多国家开始不再固守他国知识产权法

在本国没有法律效力的观点,而是在附加了一些条件后,有限度地对知识产权的某些事项适用外国法。知识产权地域性突破的结果是大量有关知识产权的法律冲突产生。

有学者根据民事法律冲突形成的条件,将知识产权民事法律冲突的形成进程分为以下几个发展阶段。

一是封建社会中后期或工业革命之前的资本主义初期,世界上为数不多的建立知识产权制度的国家一般只向本国人提供知识产权的法律保护,即使偶尔给外国人提供保护,也往往规定严格的限制。这个时期不具备民事法律冲突产生的要件,称之为知识产权的绝对严格地域性时代。

二是19世纪中叶以后,工业革命带动了经济的飞速发展,对外交往日渐频繁,各国逐渐采取原则上给外国人以国民待遇的立场。国民待遇的出现使民事法律冲突产生的第三个条件得以满足,称之为知识产权的相对严格地域性时代。

三是进入20世纪以后至今,以提供国际保护为主要目标,一大批国际、区际公约相继缔结,国内立法相继出现,如《巴黎公约》《伯尔尼公约》《布斯塔曼特法典》等,其中冲突法规范的规定标志着知识产权的严格地域性已得到有限突破。这个时期民事法律冲突产生的第四个条件开始具备,知识产权民事法律冲突由此产生,称之为严格地域性开始突破的时代。

这种三阶段的划分方法表达了知识产权法律冲突产生过程中至关重要的两大飞跃:国民待遇原则代表的外国人在本国民事法律地位的确立,以及冲突规范的规定标志的知识产权严格地域性的有限突破。下文将逐一论述。在这一历程当中,推动力来自第二项因素——大量出现的跨国知识产权法律关系,而各国知识产权制度的差异则是产生法律冲突的大前提。

(二)知识产权法律冲突的表现

知识产权的法律冲突主要表现在以下两个方面。

其一,各国法律对知识产权的取得条件、审批程序、保护范围、保护体制、保护期限和保护方法等方面做了不同的规定。有关知识产权的国际公约没有也不可能完全统一各国在知识产权方面的国内法。这些公约在规定了若干统一保护标准时,又确立了以国民待遇为基础的独立保护原则,允许各国自行其是,这就使得法律冲突的产生有了现实的肥沃土壤。

其二,尽管有关知识产权的国际条约不少,但条约的缔约国有限,缔约国与非缔约国之间仍存在法律冲突,或者由于条约本身有保留,以及对条约的理解和适用有的仍然需要依据国内法的授权和规定,这使得法律冲突仍然大量存在。

二、知识产权的严格地域性及其软化与突破

在前述知识产权法律冲突成因的四要素中,最为关键同时也最具争议的是知识产权的地域性。

缔约国之间对对方国家知识产权的域外效力的承认曾被归纳为以条约和权利独立原则为基础。因为与其他民事权利不完全相同的是,其他民事权利立法由各国自动相互承认其域外效力,而在知识产权领域,东道国一不是承认他国知识产权立法的域外效力而只是

遵守条约的规定;二不是承认知识产权的域外效力,而只承认外国权利人所享有的权利也可按所在国法律规定赋予知识产权并予以保护。而这是在严格的地域性和权利独立原则上产生的。然而,自20世纪50年代以来,形势已经发生了变化,很多国家开始不再固守他国知识产权法在本国没有法律效力的观点,而是在附加了一些条件后,有限度地对知识产权的某些事项适用外国法。由此,知识产权的严格地域性已经得到了有限突破。

(一)知识产权的严格地域性及其历史演进

所谓知识产权的地域性是指知识产权依一国(或地区)法律产生,只能在该国(或地区)领域内有效,超出这一领域便不被承认,不能加以行使。在国际保护中,一国只保护依本国法产生的知识产权。而不保护依他国法律产生的知识产权,这就是"版权和工业产权独立性原则"。从这一意义上,即使说地域性是知识产权在国际保护中体现的特性也不为过。从冲突法理论的角度看,知识产权的严格地域性是指各国不承认他国知识产权法律的域外效力。

虽然在今天地域性已被公认为知识产权独有的特征,但是,从国际私法的发展史来看,历史上在民事权利的许多领域都曾长期具有很强的地域性,而国际私法本身正是在限制法则的属地性的斗争中产生的。国际私法的萌芽经历了从属人法主义到属地法主义的转换,但即便国际私法产生之后,属地主义倾向仍然影响和制约着国际私法的发展,甚至某些民事领域的法律被认为是绝对属地的,仅在立法者的境内有效,如物权问题依物之所在地法。随着民事交往的增多,民事领域的这种狭隘的属地主义和地域性倾向已得到遏制,各国相互承认其他国家有关法律的域外效力。自19世纪以来,无论是民事权利中的人身权还是有形财产权都超越了地域的限制。然而,知识产权的属地主义地域性特征却别具特点,世界各国知识产权仍旧具有强烈的地域性。相对于其他民事法律关系领域,知识产权领域法律冲突的形成进程也就显得相对漫长而艰难。

知识产权的地域性自知识产权制度确立时便存在,并一直伴随至今。其具有的一些区别于其他一般民事权利,尤其是物权的特征,使它并没有伴随各国国际私法学说和实践的发展而同其他民事权利同步突破地域性。这些特征主要表现在以下几方面。

第一,无形性。这是知识产权的首要特点,区别于一切有形财产及人们就有形财产享有的权利,并直接影响了知识产权的其他特征。由于知识产权的无形性,权利人无法通过占有主张其专有权,致使其在一国取得的知识产权在另一国无法像有形财产一样通过"权利推定"得到保护。在有形财产国际保护领域通行的是"涉外物权平权原则",即在一国取得的动产如转移到另一国,仍可得到另一国的保护,正是这一原则成为有形财产突破地域性的标志。知识产权因其无形性,权利人根本无法进行实质上的占有,因而也根本谈不上因占有而进行的"权利推定"。知识产权仅来源于一国法律授权在其领域内一定时期的垄断,对这种垄断的主张只能通过诸如行政或司法等救济手段,而无法通过占有主张权利。由此可见,知识产权如想以与物权相似的方式突破地域性,在域外得到保护,无形性无疑是一大障碍。

第二,法律确认性。智力成果内容的无形性决定了知识产权的产生和取得方式不同于有形财权的产生和取得方式:不能直接取得,而必须依照专门的法律确认或授予才能产生知识产权。比如,一项发明如果要取得专利权,就必须依照专利法的规定,向国家专利机关申请专利,经依法审查批准后,授予专利权。而有形财产权是根据一定的法律事实创设和取得,而无需每次都要依据国家规定的原则、条件和程序经国家主管机关授予或承认。

从知识产权的起源来看,知识产权并非起源于任何一种民事权利,也并非起源于任何一种财产权。它起源于封建社会的"特权"。这种特权,或由君主个人授予,或由封建国家授予,或由代表君主的地方官授予。这一起源不仅决定了知识产权(指传统范围的专利权、商标权、版权)的地域性特点,而且决定了"君主对思想的控制、对经济利益的控制或国家以某种形式从事的垄断经营"等。在历史上,封建特权社会与知识产权的产生并不是相互排斥的。正相反,知识产权正是在这种看起来完全不符合"私权"原则的环境下产生,而逐渐演变为今天绝大多数国家普遍承认的一种私权,一种民事权利。由于知识产权的无形性,国家为了保护权利人的专有权,都采取赋予一定时期垄断的方式。这种垄断立法不能不带有公法性质。比如,19世纪中期英美商标制度刚刚兴起时,为了防止不正当竞争,严格限制商标转让,立法的目的带有公法性质。16世纪中叶,英国的版权是由皇家特别授予出版公会成员,而不是作者的特权,目的在于限制印刷品的散布,以维护封建统治阶级利益,这一特权严格限制于封建领地之内,体现了皇家与出版商之间的公法关系。一国公法只能在其本国领域内有效,不发生域外效力。知识产权在历史上曾长期具有强烈的公法性质,其严格的地域性也不足为奇了。即便是在今天,对于知识产权法到底归属于公法还是私法的范畴,都被认为是一个难以决断的问题。对此,根据公法与私法各种不同的划分标准,学者们认为知识产权法不能简单地纳入公法或私法,而是一种兼有公、私法性质的混合法。

除了知识产权制度本身的特殊性之外,知识产权严格地域性的成因和发展演化还受到种种社会历史因素的制约和推动。

(二)知识产权保护的国际化与地域性的软化及突破

19世纪后,在工业革命的推动下,随着技术成果在全球范围内的广泛流传与应用,以及与此相适应的交通、传媒等服务手段的革新和改善,国际社会经济交往密切频繁,技术合作密切,相互依赖和渗透更为突出,在国际贸易中,知识产权所占的分量越来越重。知识产权地域性已成为阻碍国际技术贸易发展的障碍之一,知识产权的地域性与技术成果的国际性之间的矛盾日益加剧。由此,探寻知识产权国际保护的途径显得非常重要。所谓知识产权的国际保护,是指智力成果完成者特定的创造性成果不仅在本国而且在本国以外得到的承认和保护。随着经济的发展,产品、技术、文字作品的跨国流动趋势的加强,各国知识产权权利人越来越希望在本国获得保护的知识产权在国外也得到承认和保护,以最大限度地保障自己的权利和利益。

从法律渊源来说,知识产权国际保护的法律渊源包括国内法、国际条约和冲突法。由于知识产权的严格地域性,传统上认为在知识产权领域不存在法律冲突,而且在保护知识产权国际条约出现之前,各个国家一般仅对本国国民的知识财产提供保护,对外国知识产权仅按照互惠原则进行保护,单方面对外国知识产权提供法律保护仅局限于个别国家,也就是说,当时多数国家还未赋予外国国民享有相应的民事法律地位。在这种情形下,不可能产生大量的跨国知识产权法律关系,对知识产权的国际保护也不存在。然而,到了19世纪,随着工业产权制度在西方各国普遍建立,科学技术与生产力获得了空前的发展。各国授予的工业产权只在其本国地域内有效的情况,严重地阻碍了国际的技术交流。在此历史背景下,对知识产权实行国际保护,各国互相给予对方国民以知识产权保护的呼声日益强烈,知识产权领域的国际条约应运而生。从 1883 年的第一个知识产权领域的国际公约《巴黎公约》到 1993 年的 TRIPs,在这一百多年时间里,形成了一个由全球性公约与地区性公约组成的国际公约群。知识产权的国际保护体系逐步确立,知识产权由国内保护发展到国际保护。这些国际公约为知识产权的国际保护带来了两方面的意义:其一,根据公约,各国不但不再排斥其他国家的国民来申请并获取知识产权,而且,各成员国之间互相给予对方国民以国民待遇。因此说,国际公约恰似一座桥梁,为各国国民到其他国家寻求知识产权保护提供了途径。这就为知识产权领域的国际交往奠定了基础。其二,通过国际条约规定的最低限度保护原则,促使各国法律逐渐与该原则所要求的标准接轨,为知识产权的国际保护确立了统一的公平合理的基准。

从知识产权法律保护的发展历程来看,国际条约的意义并不限于上述两个方面,还体现在其规定本身对严格地域性的软化以及在此方面对各国立法和司法实践的影响。比如关于商标的国际注册,国际注册依赖于来源国的保护。依据《马德里协定》,国际注册的商标必须首先在来源国注册。关于著作权,《伯尔尼公约》规定适用来源国法的地方不在个别:一国对于被视为实用艺术作品的保护,将依赖于该作品来源国的现有保护;一国对于某作品的保护范围,在该作品来源国对其实行某些限制的情况下,也将依赖于来源国现有的保护;一国对作品的保护的期限,应依赖于来源国的保护期;保护国对公约对其生效前所产生的作品的保护期应依来源国法确定。再比如,在《巴黎公约》订立的当时,人们普遍认为商标权应依商标所有者的属人法决定,也就是依来源国法决定。1927 年 9 月,一家德国法院在其判决中认定,商标权同个人的人格权结合在一起,它具有人格权的性质,其效力应不只限于权利授予国的范围之内。尽管知识产权国际保护体制的国际性并没有否定地域性,甚至仍然是以地域性为基础的,但在促进国际合作、谋求共同发展、促使各国逐渐放弃知识产权的地域性、赋予其域外效力方面,还是往前走了一大步。

知识产权的地域性虽然使知识产权的国际保护呈现出与其他私法领域完全不同的特点,但它并没有成为也从来不是知识产权国际保护中的障碍。恰恰相反,知识产权的地域性一直适应国际保护要求而不断发展,并反过来推动后者的发展。各国一方面承认知识产权的地域性;另一方面又积极缔结各类知识产权国际公约并加强本国涉外知识产权立法就是最好的明证。同时,国际协调制度本身又协调了各国知识产权制度,为承认他国的知识产权法律效力奠定了一定的基础。

(三)知识产权地域性的未来趋向

随着知识产权国际保护进一步发展,人们不禁要问:会不会终有一天其与生俱来的地域性被完全打破? 对于该问题,目前存在两种完全不同的观点:一种观点认为知识产权的国际条约没有也不可能引起知识产权地域性的消失;另一种观点则认为尽管知识产权国际保护条约的任何一种保护都没有突破或否定地域性,而是建立在充分尊重知识产权的地域性的基础之上的,但严格地域性并非知识产权的必不可少的固有属性,是人们不允许或不承认知识产权及其立法具有域外效力,而不是其本身不能具有域外效力。因此,突破知识产权的地域性是可能的和必要的。

主张第一种观点的学者,通常会从下述两个方面来阐释。一方面,知识产权保护对象的无形性决定了知识产权的地域性特点不可能消失。知识产权保护对象的无形性使得它们不能像有形财产那样可被认知与界定,而需要经过法律的直接确认。同时,从知识产权的保护历史来看,对知识产权的保护,除了与有形财产那样受到各国社会经济制度的影响以外,还极大地受制于各国的科学技术与商品经济的发展水平。正因为如此,各国没有也不会承认依照其他国家法律产生的知识产权。由此产生了这样一种现象:在不能为权利人所实际控制,却可以广泛扩散,不受任何地域限制的无形的对象上所成立的权利却是有范围限制的。除非知识产权保护对象的属性发生变化,否则,知识产权的地域性特点不可能改变。另一方面,知识产权国际公约的规定表明知识产权的地域性没有被突破。知识产权领域的各个国际条约均是从基本原则及共同要求的角度,规定各成员国保证其他成员国的国民在其境内享有某些统一的最低限度的权利。没有一个国际公约能够为知识产权的国际保护提供像物权领域的"涉外物权平权"那样的准则。作为知识产权领域的基本的国际公约,《巴黎公约》与《伯尔尼公约》均以国民待遇及独立保护为其基本原则。独立保护原则普遍地体现于各有关的知识产权国际条约中。该项原则包含了下述两层含义:其一,条约的规定须借助于各国国内法将其付诸实施;其二,任何一个国家对其他国家的国民在知识产权方面所提供的保护是完全独立的。根据独立保护原则,各国在知识产权保护方面互相独立——这正是知识产权地域性的突出表现。

主张第二种观点的学者则认为地域性并不是知识产权本身不可缺少的属性。尽管地域性从知识产权制度出现的那一天就伴随着知识产权,并且在后来的历程中又得到"强化"或"确认",但是,这些都是人为的,是人们不允许或不承认知识产权及其立法具有域外效力,而不是它们本身不能具有域外效力。"地域性"是外部环境强加于知识产权及其立法的,而不是它们本身所固有的。因此,只要各个国家愿意和需要,它们就完全可以放弃对知识产权地域性的固执,而承认知识产权及其立法的域外效力,从而使在一国取得的知识产权在其他国家也当然地得到承认和保护,使一国的知识产权立法在其他国家也可以具有某种支配作用。

随着知识产权国际保护体系的建立,知识产权法律保护经过了从国内到国际的发展历程。在这一历程中,社会历史条件的变化深刻地影响了知识产权与生俱来的严格地域性:各国的知识产权立法从仅仅保护本国人的智力成果发展到对外国人的智力成果也给予保护——无论是基于条约义务,还是基于本国法律本身的规定,即"国民待遇原则"的普遍确立;同时,尽管现今知识产权国际保护体系同样确立了"权利独立原则",而该项原则仍然是以知识产权及其立法的地域性为基础,但毕竟使知识产权的保护具有了国际化的含义,知识产权从具有严格的地域性到可以获得许多国家的保护而具有国际性,是一项重要发展。虽然严格地域性没有随着国际公约的签订而消失,但已经开始逐渐被侵蚀和弱化。如前所述,在知识产权法律冲突产生过程三个时代的划分中,从绝对的严格地域性时代到相对的严格地域性时代,再到严格地域性开始被突破的时代的两大飞跃中,推动力来自随着各国经济科技文化的发展、合作和文化交流的日益频繁,以及国际贸易的发展而大量出现的跨国知识产权法律关系。这使知识产权及其立法日益国际化,逐渐突破其地域性或扩大其有效的地域范围。19世纪末以来保护知识产权的各项国际条约的签订和生效,反映了缔约各国在保护知识产权方面加强国际合作的愿望。《欧洲共同体专利公约》《比荷卢统一商标法》和《班吉协定》产生的跨国知识产权法,更是强有力的证明。在此影响之下,许多国家新近的冲突法立法中出现了关于知识产权法律适用问题的规定,从采用保护国主义到采用来源国主义不等,无疑反映了各国承认知识产权法律冲突的存在,知识产权法突破地域性,取得域外效力的态势。那么,是否有一天,知识产权会完全突破严格地域性,取得类似于有形财产权"物权平权原则"的效力,各国互相承认依据对方国家法律产生的知识产权,从而具有了域外效力? 知识产权本身作为一种由法律确认的权利,毫无疑问属于社会历史产物的范畴。知识产权与生俱来的严格地域性尽管随着社会历史的发展而有所变化,但其是知识产权的固有属性,伴随着知识产权而永久存在,还是仅仅是某一历史发展阶段的属性并不清楚。

在当代,许多属于公法范畴的法律,如刑法、税法、行政法等,都已经不再固守地域性的陈规,被许多学者认为兼具公法与私法属性的知识产权法,赋予其域外效力,并非不能为人们所理解和接受。原欧共体理事会颁布的知识产权跨国法,如《共同体商标条例》《欧洲专利公约》以及由非洲知识产权组织制定的《班吉协定》,都可以产生一种同时在所有成员国国内生效的商标权、专利权以及著作权,而不是通常须逐个地由各国国内法去确定。由此产生的权利被称为"跨国知识产权",它打破了传统知识产权的国界范围,似乎也表明了在一定范围和一定程度上统一各国的知识产权立法是可能的,各国在知识产权问题上的利益冲突和政策差异是可以协调的。然而,从国内到国际的立法和实践来看,突破知识产权的地域性虽然是可能的和必要的,但是,要做到这一点却不是轻而易举的。至少就目前而言,对严格地域性的侵蚀和突破还是非常有限的。

当知识产权的地域性被突破的时候,知识产权领域的法律冲突便会随之产生。而地域性被突破的范围和程度,也就是知识产权法律冲突存在的范围和程度。目前,对地域性的突破是有限的,并且由于各种原因,可能在很长一段时间内都不可能实现像其他民事权利一样的域外效力,但是,其对地域性的突破也是不能否认的和值得继续研究的。

三、知识产权法律冲突的特征及其对法律适用的影响

从冲突法的角度来说,法律冲突又总是与法律适用相联系着的,法律适用问题正是为了解决法律冲突问题而被提出来的,其背后总是隐存着法律冲突问题。从而,特定领域法律冲突的特点必然会对法律适用乃至法律调整方法产生影响。

(一)知识产权法律冲突特点对法律适用规则的影响

知识产权与冲突法的关系,决定于知识产权与其地域性的关系。严格地域性可谓是知识产权法律冲突的深刻烙印:地域性被突破的范围和程度,决定了知识产权法律冲突存在的范围和程度。地域性原则在目前知识产权领域的根深蒂固的影响,直接反映到法律适用规则的选择上。

然而,由于大多数国家还没有承认知识产权法的域外效力,在司法实践中也仅仅实施

国内的知识产权法,根本不考虑外国知识产权法的规定,就知识产权法律适用的现状而言,大多数国家尚未在立法中作出规定。即使在其立法中规定了知识产权法律适用的国家,也只是在有限的范围内和程度上承认外国知识产权法的域外效力,并带有浓厚的地域主义色彩:(1)范围的狭隘性;(2)程度的肤浅性。知识产权的法律适用冲突目前还仅限于它的成立、内容及其效力等问题,有关知识产权的行使、保护(如条件、期限和方式等)只可能是适用法院地法,从而排除了该领域法律适用冲突产生的可能。这只能说明知识产权法律冲突的特殊性,致使间接调整方法在知识产权法律冲突的调整中只能起到辅助与补充的作用。

由此可见,知识产权领域普遍建立起完备的法律适用规则和制度,依赖于各国对待知识产权严格地域性的态度,而这还需要漫长的时间和复杂的过程。

(二)知识产权法律冲突特点对法律调整方法的影响

知识产权法律冲突的特殊性,对知识产权的法律调整也产生了一定的影响,它使该领域的法律调整呈现出以直接调整为主、间接调整为辅,两种调整方法并用的调整形态。

传统上,知识产权以其"严格的地域性"而被认为与冲突法无缘。在传统国际私法中,即使涉及知识产权问题,也都是从所谓"统一实体规范"的角度来说明对它采取的国际保护措施,而不是从所谓"冲突规范"的角度来说明对它采取的法律适用原则。其他民商事领域倚重的间接调整方法的缺位,知识产权国际保护的迫切现实需要以及知识产权地域性与国际化的并行不悖,使知识产权领域成为国际上较早通过国际条约在一定程度上实现各国知识产权法统一的领域。如上所述,经过各国的不懈努力,出现了一批国际性的公约,公约中确立的优先权原则、最低限度保护等原则和制度,协调了各国相异的法律制度,促使各国在知识产权保护领域向统一实体法迈出了重要一步。但由于各国发展水平、科技状况、社会制度等的分歧严重,很难达成调整各国知识产权关系的统一实体法,迄今为止各国国内立法中的实体法仍具有强行适用的效力并在国际知识产权关系的调整中起着至关重要的作用。受严格地域性的影响,19世纪末以来保护知识产权的各项国际条约一方面反映了缔约国在保护知识产权方面加强国际合作的努力,依据国民待遇原则和独立性原则,给知识产权一定程度的国际保护;另一方面,也表明有的智力成果并不是在所有缔约国都能得到保护,或者都能得到同样的保护。除非不同国家之间的法律规范能够和谐一致,否则,国际法律冲突就不可避免。统一实体法只能避免而不能解决法律冲突。从而,完全依赖国际统一实体法的直接调整也是不现实的,即便TRIPs,也认可各成员国在履行协议或不与协议规定相抵触的前提下制定其保护知识产权的国内法,而间接调整方法,包括国内冲突法调整以及统一冲突法调整,仍有存在和发展的意义。

知识产权国际保护的发展和加强,动摇了人们对知识产权严格地域性的深信不疑。有关知识产权的法律冲突和法律适用问题的讨论日渐增多,许多国家的国际私法立法也已开始对知识产权的法律适用问题做出规定。尽管在国内冲突法和国际统一冲突法规范两个层面上,受知识产权严格地域性的影响,都没有建立普遍而完全的冲突法规则,但是,在地域性促使知识产权国际保护体系建立的同时,也逐渐侵蚀和弱化了严格的地域性。知识产权领域普遍建立起完备的法律适用规则和制度,需要漫长的时间和复杂的过程,但是近一百多年来,尤其是20世纪70年代以来,该领域的进步却是时刻发生和显而易见的。区域性统一实体条约的建立和"跨国知识产权"的产生,使人们有理由期待,随着科技水平的提高和各国经济、技术以及信息的融合,类似条约所涵盖的法域将逐渐增多。

第二节 版权的法律冲突

一、版权保护的发展历程

版权,又称著作权,是指作者依法对于其所创作的文学、艺术和科学作品所享有的专有权利。通常而言,版权可分为财产权利和精神权利,广义的版权概念还包括邻接权。版权的保护走过了从国内到国际,从双边到多边的历程。"无论东、西方的知识产权法学者,都无一例外地认为版权是随着印刷术的采用而出现的。"欧洲的版权保护制度是随着印刷技术从雕版印刷发展到活字印刷而出现的。15世纪,威尼斯印刷商冯·施贝叶获得了印刷出版的专有权利,这个权利是威尼斯共和国授予印刷商的第一个专有权,是西方第一个由统治者颁发的保护版权的特许令。而我国历史上被认为最早出现的出版专有权利则要追溯到公元1068年,北宋朝廷为保护《九经》监本,曾下令禁止一般人随便刻印这部书,刻印须经国子监批准,这一特权的出现比欧洲早了约五百年。对于版权最早的立法保护要数1709年英国议会通过的《安娜法令》,这被认为是世界上第一部版权法。随后,美国于1790年颁布了著作权法,法国于1793年颁布了著作权法,德国于1837年颁布了著作权法,意大利于1865年颁布了著作权法,我国也于1910年颁布了我国历史上第一部著作权法——《大清著作权律》。然而,这一阶段的版权立法体现出严格的地域性特征,即这些法律只限于对本国国民的作品提供保护,对于外国国民的作品不保护或者仅限于极少的几个国家。

但随着经济技术的迅猛发展,国际社会交往的日益密切,特别是传播技术的日新月异,许多优秀的文学作品开始走出国门,进入其他国家。于是,一些国家开始大量翻印别国的优秀作品,各国出版商之间出现了激烈的竞争,这给具有严格地域性的早期版权法提出了严峻的挑战;同时,许多发达国家也感觉到了版权国际保护,建立统一、多边的版权保护体系的重要性。于是,在发达国家出版商的推动下,一系列版权保护的多边公约开始诞生,其中包括:《伯尔尼公约》(1886)、《世界版权公约》(1952)、《保护表演者、音像制品制作者和广播组织罗马公约》(简称《罗马公约》)(1961)等。1982年非洲知识产权组织《班吉协定》的签署更是标志着跨国著作权法的诞生。这些公约和协定使版权保护冲破国界、走向世界,进而使得版权国际保护进一步制度化、规范化。同时,缔约国的国内版权法律制度也受到了很大的影响,某些实体规范在相当方面得到了统一。至此,具有严格地域性的版权得以某种方式获得许多国家的保护,具有了一定程度的"国际性"。由此可见,当今世界的版权保护体系是由国际版权公约和国内版权法共同组成并交互作用的综合系统。

二、版权法律冲突的主要表现

如上所述,在版权保护的发展历程中,国内版权保护制度较为发达的英国、美国和以法国为代表的欧洲大陆国家形成了两套不同的版权保护体系,两大体系在对作者和作品的保护上具有各自鲜明的特点。随着版权保护的不断加强,许多国家也逐渐建立起了自己的版权保护制度。其中,一部分国家(主要是英联邦和拉美国家)效法英美建立了自己的版权制度,另一些国家则追随欧洲大陆国家建立了自己的著作权制度。由此,版权和著作权保护上英美法系和大陆法系的区别,开始在全世界范围内扩展开来。

正是由于版权保护两大体系的存在,加上各国不同的历史、文化和经济条件,各国的版权立法在许多方面都做了不同的规定,其中在版权主体、客体、内容、取得方式等方面表现得尤为明显。

(一)版权的主体不同

版权(著作权)的主体,是指依法就作品享有版权或著作权的个人或法人。两大版权保护体系在版权主体上具有不同的侧重:英美法系国家采用"版权"体系,而大陆法系国家则采用"作者权"体系。采用"版权"体系的国家更强调作者的经济权利,版权的主体既可以是作者,也可以是作者以外的其他人,包括自然人和法人。而在采"作者权"体系的大陆法系国家,作者的权利被视为是一种绝对权利,是作者人格的一部分,在作者的一生中都与之相关联。因此,在这些国家,著作权的主体首先是作为自然人的作者,法人、国家或作者以外的其他人只能通过著作权的转让成为著作权的主体。例如,英美国家都有"雇佣作品"的概念,雇佣作品的版权从一开始就归属于雇主,而非事实上创作了作品的雇员,除非双方有相反的约定。而法国和德国等大陆法系国家则做出了截然相反的规定,即使是在雇佣作品的情况下,原始的著作权也归作品的创作者——自然人所有,然后由作者以合同的方式将其中的经济权利转让给雇主。

(二)版权的客体不同

版权(著作权)的客体,即版权法所保护的作品。作品是对思想观念的不同形式的表述。许多国家的版权法,无论是大陆法系还是英美法系,都确定了只保护思想观念的表述,而不保护思想观念本身的原则。例如,《美国版权法》规定:"在任何情况下,对作者的独创作品的版权保护,决不扩大到任何思想、程序、方法、体系、操作方法、概念、原理或发现,不论在这种作品中这些是以什么形式描述、说明、图示或体现的。"《法国知识产权法》也做了相应的规定:"只要是智力创作的作品,不论其作品的种类和表述形式如何,都应受到保护。"同时,各国版权法普遍规定,受版权法保护的作品必须具有独创性。由此可见,在受保护作品的实体条件上,世界各国版权法做了基本一致的规定。事实上,其差异主要表现在两个方面:第一,各国版权法保护的客体范围不同;第二,各国版权法对于各类客体所包含具体内容的规定不一样。例如,对于演说、布道、讲学等口述作品,我国版权法将其纳入保护范围;而在美国,由于其宪法规定版权必须以文件的存在为必要条件,口头作品如果不以文字、计算机存储或以录音形式予以固定,则只能被视为表演,不受联邦版权法的保护。再如,对电话号码一类的以数据和事实为主要内容的"作品",美国曾经通过一系列的判例将其纳入版权法的保护范围,而英国法院则作出与此完全相反的判例。

(三)版权的内容不同

人们通常认为,版权的内容分为经济权利和精神权利。经济权利又称财产权利,是指作者或其他著作权人所享有的利用作品并获得经济利益的权利,包括复制权、演绎权、传播权等。精神权利则是指作者就作品中所体现的人格或精神所享有的权利,具体包括发表权、署名权、保护作品完整权、修改权等。前已述及,两大法系对于版权内容的认识存在着很大的区别:在英美法系国家,尤其是在美国,版权被认为是一种经济权利,因而,在版权法中不注重对作者精神权利的规定和保护;而在大陆法系国家,尤其是在德国和法国,著作权被认为是基于作品的创作而产生的权利,即基于自然人的创作而产生的权利,因而,在大陆法系国家,著作权法十分重视对作者精神权利的规定,甚至认为精神权利在著作权中居于核心地位,比经济权利更重要。对于这两类权利,各国立法存在着显著的差异。首先是对经济权利中追续权的规定,追续权于1920年产生于法国,是指美术作品的作者或继承人,从作品原件的再销售中获得利益的权利。目前,欧盟的一些成员国,如法国、德国、意大利等,在其著作权立法中规定了作者或其继承人分享美术作品原件再销售的比例为3%~5%。而英美等国一直未在法律上确认该项权利。其次是在精神权利保护方面,修改权在各国版权立法上的确立并不普遍,仅有部分国家,如法国、德国、中国等国家在立法中做了规定,许多承认精神权利的国家也未将其列入保护的范围。

(四)版权的取得方式不同

相对于专利权和商标权而言,版权的取得方式较为简单,但不同国家版权立法对于版权取得方式规定的差异却很大。大体而言,版权的取得可分为三种方式:自动取得、加注版权标记取得和登记取得。

所谓自动取得,是指版权自作品完成之时产生,而不论作品是否发表。版权自动取得制度是世界上绝大多数国家实行的版权取得方式,并已被确立为《伯尔尼公约》三大原则之一。

加注版权标记取得则以加注版权标记作为获得版权的形式要件,这在美国等国家的版权法和《世界版权公约》中得以确立。依据这种做法,版权标记由三部分构成:首先是表示版权的信息;其次是版权所有者的姓名;最后标注上作品首次出版的年份。当出版物是录音制品时,表示版权的是小圆圈内加p。

登记取得方式又称注册取得,是指一部作品完成或出版后,作者或相关人必须向政府有关部门登记注册,才能取得著作权。西班牙版权法曾经要求版权的取得必须履行登记注册的手续,但1987年新颁布的版权法已经废除了这一规定。不过,受西班牙版权法影响较深的一些拉美国家和非洲国家,至今仍保留着登记取得版权的要求。例如,乌拉圭的版权法规定,一切作品都必须向有关的政府机构登记注册,才能享有版权;阿根廷的版权法也曾规定,作品发表后三个月内,必须向国家版权登记处注册,否则不得行使版权。

(五)版权的保护期限不同

版权的保护期限从来都是各个国家版权立法差异最大的地方。版权保护的期限可以分为作者精神权利的保护期限和经济权利的保护期限。在精神权利保护期限方面,法国和德国的不同较为典型。法国版权法规定,对于作者精神权利的保护没有时间限制,可以无限期地保护下去,这也是许多大陆法系国家的做法。而德国版权法则做了不同的规定,该法对作者的精神权利和经济权利规定了相同的保护期限,都是作者的有生之年加死后 70 年,期限届满之后,德国的文化部门将承担保护作者署名和保证作品完整的义务。英美法系国家未对版权的精神权利和经济权利进行区分,对二者的保护期限做了相同的规定。就作者的经济权利,各国的差异则更为明显。多数国家规定为作者有生之年加死后 50 年,如日本、意大利、中国等。《伯尔尼公约》对作者版权保护期限也做了同样的规定。另有一些国家将版权保护期限规定为作者有生之年加死后 25 年,如苏联、古巴等。而随着社会生活质量的提高和人寿命的延长,一些国家规定了更长的保护期,例如,欧盟成员国现在一律规定,版权中经济权利的保护期限,为作者的有生之年加 70 年,美国版权法自 1999 年开始,也将版权的保护期限改为作者的有生之年加 70 年。

由此可见,各国版权法在具体制度的设置上存在着明显的区别,这为版权法律的冲突提供了重要的客观条件。然而,虽然各国有关版权的立法存在着许多差异,如果版权国内立法坚守其"严格的地域性",一项版权法律关系即使涉及几个国家,也不会出现所涉各国立法都主张对之加以管辖的情况,法律冲突则难以真正出现。因而,版权法律冲突是在版权严格地域性的突破和国际性趋势不断发展的过程中出现的。

三、版权的地域性和国际性

纵观版权保护的发展历程,无论是西方社会还是中国,版权制度都起源于封建社会。如前所述,封建社会的本质特征之一便是"地域性",在这种特定社会背景下形成的社会制度似乎注定了与"地域性"有着不可分割的历史命运,版权制度当然也不会例外。事实上,当时的版权是封建社会的地方官、封建君主、封建国家通过特别榜文、敕令的形式授予的一种特权,这种特权也只能在相应的地域内有效,超出这个地域也就无效了。资本主义时期,为了尽可能多地牟取暴利,资本家希望"无偿"地利用外国的智力成果,不愿意承认其他国家的创造者依其本国法而取得的对其智力成果的专有权,当然也不会要求外国承认根据内国法而产生的版权,从而延续了版权的"地域性"特征。

到了垄断资本主义时期,随着科学技术的进步和国际经贸交流的日益频繁,在一国取得版权的作者,迫切需要各国像对待在自己领域以外依赖他国法律取得的物权和债权那样,对其权利加以承认和保护。这就使得某一项作品常常牵涉多个国家法律的效力问题。这样就对版权地域性的突破提出了要求。于是,版权领域开始形成一系列版权保护的双边和多边条约,其中包括:《伯尔尼公约》《世界版权公约》《罗马公约》《班吉协定》等。一方面这些条约通过规定国民待遇原则,使得一些成员国的国民在其他所有成员国国内享受与该国国民相同的权利,从而取得了相应的民事法律地位,导致跨国版权关系大量产生。另一方面,根据这次公约的要求以及国际公约本身的性质,各国的国内法日趋与国际公约相协调,使得各国的国内法体系也逐渐趋于一致。由此,版权的严格地域性得以突破,一国的作品可以受到许多国家的保护,版权具有了"国际性"。

然而,这是否就意味着这些条约和公约就可以完全消除版权的地域性,统一国内版权立法甚至取代国内版权法而形成一个全球统一的版权保护体系呢?若真能这样的话,据此产生的版权将不再具有地域性,而成为真正意义上的"国际版权",其成立和保护都以统一实体法为根据。在这种条件下,版权便不再是冲突法所需要关心的问题。因为,那将意味着在版权领域已经消除了法律冲突,并且不会再产生法律冲突,各国(法域)版权法的差异及其地域属性也已经不复存在或者没有实际意义。然而,事实远非如此。

所谓版权的"国际性",指的是,对于同一版权,许多国家分别予以保护。这是建立在充分尊重版权地域性的基础之上的,与地域性密切结合在一起。这从被誉为"版权保护大宪章"的《伯尔尼公约》所确立的"国民待遇原则"和"版权独立原则"可以得到充分的说明。公约分别对"国民待遇原则"和"版权独立原则"做了规定。"根据本公约得到保护的作品的作者,在除本作品起源国之外的本联盟各成员国,就其作品享有各该国法律现在给予或今后将给予其国民的权利,以及本公约特别授予的权利。起源国的保护由国内法加以调整。但是,当作者非为依本公约受保护的作品起源国国民时,其应同该国国民享有相同的权利。""享受和行使这类权利不需履行任何手续,也不管作品起源国是否存在有关保护的规定。因此,除本公约条款外,只有向其提出保护要求的国家的法律方的规定保护范围及向作者提供的保护其权利的补救方法。"将二者结合起来看则不难发现:对于外国的版权人同本国的版权人一样,适用国内版权法的有关规定。因而,这两个原则的确立是以版权及其立法的地域性为依托的。

由此可见,上述版权国际公约和条约的意义,只是为一国国民的作品在他国取得版权提供便利、创造条件,或者说是为缔约各国相互保护对方国家国民的作品规定了义务,而各缔约国在履行这种义务、实施这种保护的时候,其直接的法律依据仍然是各缔约国的国内法,作者由此而取得的版权仍然是各缔约国国内法意义上的版权,而不是"国际版权"。简而言之,依据公约规定,各缔约国有义务对符合其国内法规定条件的来自其他缔约国的作品给予版权,使之在该国得到承认和保护。在这里,版权的地域性和国际性是并行不悖的。因为,所谓的版权的"地域性",是指在一国境内根据该国法律取得的版权,只能在该国境内有效,受该国法律保护,它不具有域外效力,不能得到其他国家的承认和保护,在其没有取得版权的国家,人们可以随意利用这一作品,而不受法律追究;而所谓的"国际性",是指同一作品通过国际条约规定的方式,在许多缔约国依各该缔约国的国内法取得版权,从而在这些国家都获得保护。可见,贯穿于"地域性"和"国际性"当中的决定性因素,仍然是有关国家的国内法。因此,即使在已经具备了"国际性"的情况下,"地域性"仍然是版权的基本特征。

基于以上分析可知,尽管国际社会制定了众多的版权保护公约,并在一定程度和范围内使缔约国国内版权制度趋向统一,使版权取得了一定程度的"国际性",但版权国际保护体系所确立的"国民待遇原则"和"版权独立原则"从根本上说仍是对各国国内版权立法"地域性"的确认。这实际上就承认了各国法律制度不同的现状,接受了法律冲突的存在,并允许各国可以依自己的法律规定去解决版权的法律冲突问题。同时,各国版权的具体制度仍有巨大差别,完全达成统一无法实现。这一条件便为版权领域的法律冲突提供了重要的客观前提。再加上版权国际保护体系对于国内版权法域外效力的确认,从而引发了版权领域的法律冲突。

第三节 专利权的法律冲突

专利权是指法律赋予专利权人对其获得专利的发明创造在一定范围内依法享有的专有权利。其效力主要表现在两个方面:一是专利权人的积极权利,即专利权人依法享有的独占实施权或者许可他人实施的权利;二是专利权人的消极权利,即如果他人未经专利权人许可而以营利为目的实施其专利,专利权人依法享有的请求侵权人停止侵害、赔偿损失的权利。专利权原本有着严格的地域性,随着世界各国科技的发展和经济、技术交流的开展,专利权需要在国际上得到保护,于是,国家间通过订立保护专利权的双边协定或国际公约,承认外国人的专利权以及在一定条件下承认外国专利法在内国的域外效力,对专利权进行国际保护。但是,由于各国存在不同的专利法律制度,其涉及专利的法律中关于专利权的取得条件、程序、内容、权利的形式及保护等规定存在着较大差异,而发明创造的跨国界转移,又使该发明创造可能跨越多个国家,涉及多个国家的法律。

一、专利权法律冲突的产生原因

参照国际民事法律冲突的产生原因,结合专利权的自身特点,我们认为,专利权的法律冲突是以下原因共同作用的结果。

(一)各国专利法律制度互不相同

从产生至今,专利权都是在权利独立原则和严格地域性原则的基础上依权利授予国法律实现的。而各国由于在历史背景、经济状况和科技水平等方面存在着较大的差异,因而在专利权客体的种类及范围、授予专利权的条件、专利的申请和审查程序以及专利保护期限等方面有许多不同之处,导致某项专利权在原始国和权利授予国之间产生冲突。虽然自1883 年《巴黎公约》签订以来,各国在专利权保护的国际协调与合作方面有了长足的进展,但是,由于各国专利法律制度的上述分歧难以在较短时间内弥合,因而在专利权国际保护方面亦难以达成完全统一的认识。因此,所订立的公约都只规定了最低保护标准,各缔约国在这个最低保护标准的基础上可以针对自身的特点和需要在公约允许的范围内作出规定,因而,各国在专利法律制度上的差异仍然存在。这是专利权法律冲突产生的前提条件。

(二)各国承认和保护外国人的专利权,并给予国民待遇

在专利法律制度的发展史上,很长一段时间里,各国只保护本国国民的专利权,而不保护外国人或无国籍人的专利权。随着世界各国经济联系日益紧密和技术交往日益频繁,这种闭塞式的做法无法适应保护知识产权以促进全球经济发展的需要。最典型的事例出现在 1873 年,当时的奥匈帝国准备在维也纳举办世界商品博览会,但是大多数接到邀请的国家都不愿意参加,原因是担心本国国民的发明或商标在国际性的博览会上得不到保护,被其他国家的国民无偿地利用。这样,专利权的国际保护问题便引起了国际社会的重视。奥匈帝国政府当时制定的对博览会展品的发明和商标给予临时保护的特别法令可以说是为解决这一问题的最初尝试。起初,各国通过双边条约以互惠的方式对对方国民的专利权进

行保护,1883 年 3 月 20 日,比利时、巴西、法国、意大利等 11 个国家签订了《巴黎公约》,在公约中规定了国民待遇原则:在保护工业产权方面,各成员国必须在法律上给予其他成员国的国民以本国国民能够享受到的同等待遇。非公约成员国国民只要在某一成员国内有住所,或者有实际从事工商业活动的营业所,也应当享有同该成员国国民同等的待遇。TRIPs 在第一部分"总条款与基本原则"中也规定了这项重要的原则。国与国之间相互承认和保护对方自然人和法人的专利权并给予国民待遇,既承认外国人在内国的民事法律地位,是产生专利权法律冲突的一个重要条件。

(三)专利权严格的地域性特征在特定区域内逐步弱化

长期以来,由于专利权具有的严格地域性特征,各国均不承认他国专利权的域外效力。在这样的背景下,专利权的法律冲突无从发生。随着专利权国际保护的加强,各国通过订立双边条约、国际公约,使原本仅有域内效力的专利权获得了"间接"的域外效力。但是,各国根据条约在权利独立原则的基础上对专利权域外效力的承认不同于对其他民事权利的承认:有关其他民事权利的法律由各国自动相互承认其域外效力,而在专利权领域,东道国一不是承认他国专利法的域外效力而只是遵守条约的规定;二不是承认知识产权的域外效力,而只是承认外国权利人所享有的权利也可按所在国法律规定赋予知识产权并予以保护。例如,一项在甲国取得的专利权,如欲受到乙国的保护,必须在乙国"重新申请"乙国的专利权,而不是"申请承认"甲国的专利权。可以说,这种承认是在专利权的地域性特征和权利独立原则基础上产生的。

然而,如下所述,目前已有国家规定了专利权法律冲突的法律适用规则,标志着对过往各国根据条约在权利独立原则的基础上不承认对方专利权域外效力的突破。

二、专利权法律冲突的主要表现

由于各国专利法律制度的差异,导致了专利权法律适用的冲突,主要表现在以下几个方面。

(一)专利权的客体

专利权的客体是指专利权人的权利和义务所指向的对象,即专利法所保护的对象。各国专利法对专利权的客体的种类和范围一般都有明确的规定,这些规定不尽相同,一般可以分成三类。

(1)专利权的客体包括发明、实用新型与外观设计三类。以一部专利法同时保护三种不同的客体,是我国专利法的特点之一。专利法中的"发明创造"是指发明、实用新型和外观设计。

(2)专利权的客体包括发明与外观设计两类,实用新型包括在发明之中。美国对专利权客体即采取此种分类。第一,美国专利法规定发明(包括实用新型)可获得专利权,凡发明或发现任何新颖而实用的方法、机器、产品、物质合成,或其他任何新颖而实用之改进者,可按法律所规定的条件和要求获得专利。第二,美国专利法专门对外观设计专利做了规定,分别是"外观设计专利""优先权""外观设计专利保护期"。除此之外,专利法中还有一些规定也适用于外观设计专利,如关于非显而易见性的规定、专利申请和审查的程序性规定以及权利内容、侵权认定等。

(3)只对发明授予专利权,对实用新型和外观设计虽然也给予知识产权法的保护,但是并未纳入专利法之中。

此外,在是否授予某一具体客体以专利权方面,各国法律的规定往往也不同。例如,美国通过专利法有关植物专利的规定、1970年美国国会制定的《植物新品种保护法》,以及1980年以后联邦最高法院对发明专利的扩大解释,把植物新品种纳入到专利权的客体中来。美国第一个通过判例将动物新品种纳入专利保护范围,许多工业发达国家也对动物新品种给予专利保护,而我国相关法律明确规定对动植物品种不授予专利权,但是对生产动植物品种的方法可以授予专利权。法国《知识产权法典》亦不对植物新品种授予专利权,而是作为技术知识予以保护。

(二)授予专利权的条件

各国专利法一般都规定,授予专利的发明应当具备新颖性、创造性和实用性,但在具体标准上有所不同,下面主要讲新颖性和创造性。

1. 新颖性

虽然各国专利法无一例外地要求发明必须具备新颖性,但判断新颖性的标准却不相同。总体上有两种标准:时间标准和地域标准。

(1)时间标准

时间标准即现有技术的时间界限标准,在国际上有两种:一种标准是以完成发明的时间来确定发明新颖性的标准。这种做法目前只有美国和菲律宾两国采用。例如,美国专利法中规定了申请案与现有技术比较的时间点是发明人作出发明的时间。另一种标准是大多数国家采用的以申请日(其中少数国家以申请时)为判断新颖性的时间标准。

(2)地域标准

一项技术在什么范围内公开才使之成为现有技术,在国际上又分为三种不同的标准。

①本国新颖性标准。一项技术只要是在某一特定时间以前本国现有技术中所没有的,就具有新颖性,至于在该时间以前该技术在外国是否已经公开,则不予考虑。外国已有的新产品或者公开出版物上报道的新技术,自到达本国时起成为本国现有技术的一部分。英国自1623年起采用这种标准长达三百多年,直到1977年因为要参加《欧洲专利公约》,才改用该公约规定的世界新颖性标准。澳大利亚原来也采用本国新颖性标准,到1990年才改用混合新颖性标准。现在已没有什么国家采用本国新颖性标准了。

②世界新颖性标准,又称绝对新颖性标准。一项技术在某一特定时间以前是世界各国的现有技术中都没有的,才被认为具有新颖性。目前,采用这种标准的主要是一些地区性专利公约和组织的缔约国,例如《欧洲专利公约》和《欧亚专利公约》,以及非洲知识产权组织的《班吉协定》和非洲地区工业产权组织的缔约国或成员国。这是因为地区性专利组织和地区各国只能有一个共同的新颖性标准,因而除世界新颖性标准之外别无选择。同时,同一地区组织中的各国在地理上紧密相连,经贸关系密切,人员和货物往来频繁,采用世界新颖新标准也比较合适。

③混合新颖性标准,又称相对新颖性标准。这种标准是将现有技术中的出版物公开部分和使用与其他方式公开部分区别开来。出版物公开采用世界新颖性标准,而使用及其他方式公开则采用本国新颖性标准。如果一项技术在某一特定时间以前全世界出版物中都没有描述过,并且在本国也没有人使用过或以其他方式公开过,就具有新颖性。

2. 创造性

我国专利法所称的"创造性",《欧洲专利公约》的缔约国称之为"创造性步骤"(inventive step),美国称之为"非显而易见性"(nonobviousness)。称谓虽各不相同,但却表达了一个共同的意思:能够获得专利的发明在所属技术领域中一般水平的技术人员看来,比现有技术更加先进。因此,判断发明的创造性的因素有两个:所属技术领域中一般水平的技术人员和现有技术。由于各国技术发展水平的不同,对创造性(包括上述两个因素)的判断必然有不同的标准,有的国家甚至未将创造性列为授予专利权的必备条件。

例如,在现有技术的范围上,中国与美国的规定是不同的。我国评定创造性的参照物——现有技术不包括抵触申请。《欧洲专利公约》对评定创造性的现有技术的规定与我国相同,该公约规定:"在申请日前提出但在申请日或申请日之后公布的欧洲专利申请的内容在评定有无创造性时是不应予以考虑的。"

(三)专利的申请和审查

1. 专利申请

对外国国民在本国申请专利问题,各国专利法一般都实行国民待遇,但仍存在一定的差别。有的国家实行的是无条件的国民待遇,即不要求对等或互惠,如美国;有的国家则要求存在条约关系或互惠关系。我国规定,在中国没有经常居所或者营业所的外国人、外国企业或者外国其他组织在中国申请专利的,依照其所属国同中国签订的协议或者共同参加的国际条约,或者依照互惠原则,根据本法办理。此外,日本、法国也采取这种做法。在申请程序上,有的国家法律对外国人无特别要求,有的国家有特别要求,如我国规定,在中国没有经常居所或者营业所的外国人、外国企业或者外国其他组织在中国申请专利和办理其他专利事务的,应当委托国务院专利行政部门指定的专利代理机构办理。而对本国国民向外国申请专利问题,有些国家并无特殊规定,有些国家则规定必须首先在本国申请。

2. 专利审查

关于专利申请的审查,目前各国采取的制度主要有以下几种。

(1)形式审查制。专利局在收到一份正式申请后,不审查其内容是否符合授予专利的条件,只要该项申请符合法定的手续,即予以登记授予专利权。目前有西班牙、比利时、卢森堡、瑞士等少数国家采用这一制度。

(2)实质审查制。实质审查制是指专利局不仅对专利申请进行形式审查,而且还要对其技术内容是否符合专利条件进行审查。目前,采用这一制度的国家有美国、加拿大、印度等国。

(3)早期公开迟延审查制。早期公开迟延审查制是指申请人提出申请后,专利局先进行形式审查,并将发明公开,从公开之日起的一定期限内,申请人可以随时要求实质审查,专利局根据申请人的请求对申请进行实质审查。世界上多数国家(如荷兰、日本、澳大利亚、巴西等)以及主要的专利国际公约均采用该制度,我国也采用这一制度。

(四)专利的保护期限

各国专利法都有关于专利保护期限的规定,其差别主要表现在以下三个方面。

(1)保护期限的长短不一。例如,各国专利法都规定有发明专利期限条款,但期限的长短,各国有所不同,从 5 年到 20 年不等。一般来说,发达国家规定的专利保护期限较长,发展中国家规定的期限较短。TRIPs 要求 WTO 成员的专利权保护期限不少于申请日起20 年。

再如,关于外观设计的保护期限,TRIPs 规定的是不少于申请日起 10 年。法国《知识产权法典》规定的保护期为申请日起 25 年,还可以续展 25 年。日本规定的保护期为申请日起15 年。我国规定的保护期为申请日起 10 年。

(2)保护期限的计算方法不一。多数国家以专利申请日为计算的起始日,如美国、法国、日本和我国;少数国家以专利批准日为计算起始日。

(3)在专利保护期限届满后可否续展上规定不一,多数国家规定不能续展,但少数国家允许,如美国。

总之,各国专利法在以上许多问题上存在较大差异,使得专利权的法律冲突具备了前提条件。实践中此类冲突时有发生,需要国际私法制定规则对此进行规范。

第四节　商标权的法律冲突

商标是指商品的生产者、经营者或服务的提供者在其商品或服务上使用的,由文字、图形、颜色、三维标志或其组合构成的,具有显著特征、便于识别商品或服务来源的专用标记。商标权则是指商标所有人依法对其注册的商标享有的专用权,即只有商标权所有人或经其许可的人有权使用,任何人不得使用或申请注册与业已注册的商标相同或类似的商标,否则便构成商标侵权,要承担相应的法律责任。到目前为止,世界上许多国家都制定了商标法,对商标权给予保护。由于各国存在不同的商标法律制度,其涉及商标的法律中关于商标权的取得条件、程序、权利的客体及保护期限等规定存在着较大差异,而国际贸易的飞速发展,又使商品或服务的商标可能跨越多个国家,涉及多个国家的法律。尽管国际社会为解决商标权的国际保护问题制定了一些国际公约,但是,这些公约大都只规定了基本原则,而缺乏统一实体规则。因此,商标权就不可避免地在相关国家之间发生法律适用上的冲突。

一、商标的概念和功能

(一)商标的概念

商标是经营者在其商品或者服务项目上使用的,由文字、图形、三维标志或其组合构成的,具有显著特征、便于识别商品或服务来源的专用标记。

商标的特征:商标以商品或者服务项目为识别对象;商标主要是由附注在一定经营对

象上的文字、图形、三维标志或者其组合构成;商标是一种无形财产。

(二)商标与各种相邻标记的区别

1. 商标与商品装潢

使用目的不同。使用商标的目的主要是识别不同经营者的商品或者服务项目;使用商品装潢的目的在于说明或美化商品,刺激消费者的需求欲望。

构图设计不同。商标构图力求简洁、明快,突出其显著特征,以达到识别经营对象的目的;而商品装潢着力于渲染、美化商品,浓墨重彩,图案绚丽,以便吸引消费者。

商标所使用的文字或图案一般不能与商品内容相同,而商品装潢则不受此限制。

商标是商标权人专用的,经核准注册后,非经商标主管机关批准不得随意改变;而商品装潢不具有专有性,装潢的设计者可以根据市场销售的需要,随意变动装潢图案和文字,而无须经过批准。

2. 商标与商号

商标与其标志的商品紧密相连,而商号则不一定。商标具有显著性,而商号则无须具有像商标那样的显著性。商号依《企业名称登记管理规定实施办法》进行登记后,可获得商号权;而商标则依商标法申请注册,以获得商标权。

3. 商标与原产地名称

商标具有专有性,注册商标非经商标权人同意,他人不得使用;而原产地名称不具有专有性,属于该产地的企业都可以使用同一原产地名称。

注册商标属于商标注册人所有,商标注册人可以依法转让或许可他人使用注册商标;而原产地名称不属于任何人所有,个人不能申请注册,更不能进行原产地名称的转让或许可使用。

4. 商标与商务标语

商务标语是为了推销商品或者宣传服务项目而使用的口号。商务标语一般不能为独家占有使用,而且还会时常调整改变。

5. 商标与域名

域名具有国际性,而商标具有地域性,其在特定国家和地区范围内受法律保护,并且以商品或服务类别为界。域名具有唯一性,域名先注册者先占有。

(三)商标的功能

在商品经济社会,商标扮演着重要的角色。商标是社会对特定产品认可与识别的直接标志,是厂商提供优质产品和服务的一个宣言,是企业进行品牌运作的一个基本手段,在社会主义市场经济条件下,也是国家维护市场竞争公平有序的一个手段。商标有着以下四个方面的功能。

(1)从消费者角度说,商标具有产品服务的识别功能。这是商标的原始功能之一,也是商标最基本的功能。在开放的市场经济中,因为追逐利润的结果,各行各业都有着众多的商品服务提供者。面对众多的同类商品,理性的消费者在选择购买时,首先会想到的是商品功能,在满足基本功能的前提下,是商品的质量、易用性、售后服务等。一个理性的消费者,对一个从来都没有接触过的产品,在进行采购时,根据财务管理中消费者行为理论和引导原则,将会按照别人的建议或者经验选择商品,不论是来自他人或者媒体的指引,消费者到市场去购买特定商品的一个基本依据就是牌子,即按照牌子进行识别,认准某一产品而不选用其他产品,而这里说的牌子就是商标。

(2)从经营者角度说,商标具有质量信誉的宣传功能。市场经济竞争是残酷的,一个经营者要想在市场上立于不败地位,必须要有足够的市场份额,而抓住消费者是扩大维护市场份额的唯一法宝。传统"市场营销组合"(marketing mix)理论中的4P,即产品(product)、价格(price)、渠道(place)、促销(promotion),无不是紧紧围绕着客户即消费者展开的。通过商标的使用,一方面使得本企业的某项优质产品或服务在用户中间形成好的口碑,保持消费者忠诚,同时通过经营者自己对消费者进行宣传,维持与扩大该产品的市场份额;另一方面,也可以通过已经建立起来的品牌忠诚,树立企业的优良形象,形成企业忠诚,使得企业在向其他产品行业进行渗透时,得到原先产品品牌的忠诚消费者的支持,从而轻松地在新的市场获得一定份额。

(3)从企业所有者角度而言,商标具有资产增值与资本运作功能。商标与其他知识产权权利一样,是企业的一项核心资产,通过商标的运作,可以为股东创造出超额利润或价值。2002年,国外一些商标价值评估机构对一些国际品牌商标进行了认定,其中可口可乐、微软和IBM三个商标的价值分别为800亿美元、560亿美元和430亿美元。人们说,即使可口可乐的所有工厂一夜间消失了,该商标所有者仅仅依靠"可口可乐"这个品牌完全可以迅速恢复元气,重现辉煌。

从商标注册本身而言,一个商标的注册并不需要花很多钱,但是,一旦商标已经使用并在客户及社会中建立起了足够的信誉,那么它的价值就远远大于其注册时所投入的微薄支出,从而形成一个巨大的资产。同时,如果对商标进行适当的商业管理与运作,如进行投资、融资、许可使用等,可以创造出比商标本身更大的价值。

(4)从国家的角度而言,商标具有保护消费者权益,维护市场公平竞争的功能。国家建立商标注册及驰名商标管理制度,一方面,可以对优质产品与服务的经营者进行鼓励和促进,使之改进产品质量、提高服务水平,为社会提供更多的优质产品与服务,让消费者满意;另一方面,可以对生产者进行监督,打击假冒伪劣产品及其生产商,促进市场竞争公平有序,从而最终维护消费者和提供优良产品与服务的经营者的合法权益。

二、商标的种类

(一)商品商标和服务商标

根据识别对象不同,商标划分为商品商标和服务商标。
商品商标与服务商标的区别如下。
1. 商标的识别对象不同
商品商标是特定商品的识别标志,标示的是有形的看得见的商品;服务商标表明服务项目本身,是区别不同服务项目提供者的专有标记,昭示的是为他人提供的劳务活动。

2. 适用的领域不同

商品商标可适用于所有的商品领域;服务商标的适用领域则受到一定的限制,只能适用于服务行业。

3. 使用的方式不同

商品商标除广告宣传外,还可直接附着在商品上,随着商品的出售达到宣传的目的;而服务商标则只能通过服务项目提供者的服务行为来显示,通过广告宣传或其他方式来使用。

4. 使用的宣传效果不同

商品商标可以随着商品的流通而广为传播,使消费者易于识别、辨认;而服务是无形的,服务商标表明服务出处和保证服务质量的作用不如商品商标之于商品那么强烈。

(二)文字商标、图形商标、立体商标和组合商标

文字商标是指用汉字及其拼音字母或其他文字、字母组合而成,是使用在商品或服务上的标志。文字,包括汉字、汉语拼音字母、我国少数民族文字和外国文字。文字商标的文字书写不拘一格,楷、行、草、隶、篆、横书、直书、艺术体、印刷体、变异体均可使用。但必须突出文字商标易认、易记、易于呼叫的特点,力争使消费者目及则意达。

文字商标同其他商标一样,一经核准注册,不得擅自变更书写方式或增删文字。为了保证商标的显著性,不与指定商品产生混淆,在文字的运用上不得使用本商品的通用名称和法律禁止使用的词语。如不能在牙膏商品上使用"牙膏"作为商标。由于文字商标具有表达意思明确、视觉效果良好、易认易记等优点,所以,商标的设计越来越趋向文字化。

图形商标是指用几何图形或其他事物图案构成,使用在商品或服务上的标志。图形商标的使用既有其便于识别的一面,又有其不便呼叫的弊端。图形商标可不受语言文字的制约,不论在何种语言文字的国度,消费者只需看图即可标识牌。但图形商标在不同的语言国度里,又不易于呼叫,特别是较抽象的图形商标,因没有具体的称谓,有碍人们的口头交流,不便于广告宣传,影响商品的销售。

从商标的历史来看,图形商标比文字商标的历史要早得多。早期的图形商标大多为花鸟虫鱼、飞禽走兽、亭台楼阁、风景名胜、名山大川、天象地理和人物头像等。随着社会和经济的发展,通过实践认知,那种繁杂的图案商标越来越少,而将文字艺术化、图形化的商标越来越多。文字与图形的相互渗透,越来越为商标设计人员所器重。

何谓立体商标?立体商标又叫三维商标,是以立体标志、商品整体外形或商品的实体包装物以立体形象呈现的商标。简单地说就是以立体形状为主的商标。立体商标的保护直到 TRIPs 的签署一直都有争议。作为三维标记,立体商标往往比平面商标具有更强的视觉冲击力,更能识别商品或服务的出处,但由于有的国家担心保护立体商标可能与版权、专利尤其是外观设计专利的保护发生冲突,立体商标在相当长的时间里都不能受到保护。目前对立体商标给予保护的国家在立体商标注册时一般都会附加严格的限制条件,如该立体标记不得由商品的性质所决定,不得是取得某种技术效果所必需的,不得赐予商品实质价值。

何谓组合商标?组合商标是指由文字和图形两部分组合而成,使用在商品或服务上的

标志。组合商标具有图文并茂、形象生动、引人注意、容易识别、便于呼叫等优点。但文字与图形的组合必须协调，表达的中心思想必须明确，不可用牛的文字配合马的图案，令消费者不知所云。这种中心思想不突出，缺乏显著性的组合商标，不仅令消费者费解，在申请人提交此类商标注册申请时，也难以获得核准注册。

（三）注册商标和未注册商标

目前，在我国使用的商标可分为两大类：注册商标和非注册商标。这两类商标并存有其法律依据，我国现行法律规定，自然人、法人或其他组织对其生产、制造、加工、拣选或者经销的商品，需要取得商标专用权的，应当向商标局申请商品商标注册。自然人、法人或其他组织对其提供的服务项目，需要取得商标专用权的，应当向商标局申请服务商标注册。商标所有人如果认为其商标需要取得商标专用权，需要得到相关法律的保护，就应当申请商标注册；反之，就可以不申请商标注册。

注册商标与未注册商标的区别如下。

1. 表现形式不同

使用注册商标应当标明"注册商标"字样或者标明注册标记；未注册商标则不能这样做。

2. 权利与义务不同

经商标局核准注册的商标为注册商标，商标注册人享有商标专用权，受法律保护。为此，商标所有人一经将其商标注册，便有权制止他人在同一种商品或类似商品上使用与其注册商标相同或近似的商标。其权利可以依法通过国家工商行政管理部门或者法院得以实施，而未注册商标所有人则不享有这种权利，相反，相关法律除了要求未注册商标所有人承担与注册商标所有人相同的义务之外，还对未注册商标作了禁止性规定，即使用未注册商标，有下列行为之一的，由当地工商行政管理部门予以制止，限期改正，并可以予以通报或者罚款处罚：(1)冒充注册商标的；(2)违反法律规定的；(3)粗制滥造，以次充好，欺骗消费者的。

3. 价值量不同

众所周知，商标属于无形资产的范畴，既然属于资产，就应当具有价值。商标的价值可以通过许多方面体现出来。例如，商标的知名度、信誉、市场占有份额，商品的利润率等，在这些方面，可以认为注册商标与非注册商标的价值体现基本是一致的。但是下列方面，它们的价值量能体现的完全不同了：(1)商标局只接受注册商标的转让备案和许可备案；(2)海关总署只接受注册商标的海关备案；(3)工商行政管理部门只接受注册商标作为动产抵押物予以登记；(4)银行只接受注册商标作为抵押物予以贷款，而非注册商标则不能享有这些权利。可以说，非注册商标在这些方面无价值可言。

注册商标是指经国家商标主管机关核准注册而使用的商标。未注册商标，又称为非注册商标，是指未经国家商标主管机关核准注册而自行使用的商标。我国相关法律规定，除了人用药品、烟草制品、兽药必须使用注册商标外，其他商品既可以使用注册商标，也可以使用未注册商标。注册商标与未注册商标的法律地位是不同的，区别主要表现在以下三个方面。

一是注册商标所有人可以排除他人在同一种商品或类似商品上注册相同或近似的商标;而未注册商标使用上则无权排除他人在同一种商品或类似商品上注册相同或近似的商标,若其不申请注册,就可能被他人抢先注册,并被禁止继续使用该商标。

二是注册商标所有人享有商标专用权,当注册商标被他人假冒使用,构成商标侵权,商标权人可以请求非法使用人承担法律责任;而未注册商标使用人对未注册商标使用上是一种事实,而非一种权利,其无权禁止他人使用,先使用人无权对第三人的使用援用商标法请求诉讼保护。

三是在核定使用的商品上使用核准注册的商标,是商标所有人的权利,商标权人行使这些权利,不涉及他人商标专用权的问题;而未注册商标使用人一旦与他人的注册商标相混同,即构成商标侵权,就应承担相应的法律责任。

(四)制造商标与销售商标

制造商标又称为生产商标,制造商标是产品的生产、加工或制造者为了将自己与其他生产者区别开而使用的文字、图形或其组合标记。此种商标通常同生产企业的名称部分相同,用以突出企业的名称或字号,给消费者留下深刻的印象,如德国大众汽车公司的"大众"商标,日本日立制作所的"日立"商标,三洋株式会社的"三洋"商标等。

销售商标是指商品销售者为了保证自己所销售商品的质量而使用的文字、图形或其组合标记。该种商标的使用者并不生产商品,而是将采购来的商品用上自己的商标,或采取定牌委托生产企业加工;然后,用销售商的商标统一出口或销售,以经销者的信誉担保产品质量的可靠性。使用该种商标一般以外资企业居多。

(五)证明商标和集体商标

证明商标是指对提供的商品或服务的来源、原料、制作方法、质量、精密度或其他特点具有保证意义的一种标志,又称之为保证商标。这种商标一般由商会或其他团体申请注册,申请人对商标的指定商品或服务具有检验能力,并负保证责任。

集体商标是指由社团、协会或其他合作组织,用以表示联合组织及其成员身份的标志;由其组织成员使用于商品或服务项目上,以便与非成员所提供的商品或服务相区别,该种商标称之为集体商标。注册、使用集体商标,有利于中小企业的联合,促进其集约经营,形成在市场中有竞争力的销售渠道,有利于产品和商标的宣传,促进规模经营。

(六)等级商标和防卫商标

等级商标是指同一个企业对同类商品因规格、质量不同而使用的系列商标。

防卫商标是指为了防卫他人的使用或注册,对自己的核心商标构成威胁或造成损害而进行注册的商标,包括联合商标和防御商标两种形式。联合商标是指同一企业在同一种或类似商品上申请注册两个或者两个以上的近似商标,其中一个指定为正商标,与其他近似的商标一起构成具有防卫性质的联合商标。防御商标是指同一商标所有人把自己的驰名商标同时注册在其他非同种或非类似的商品上的商标。

三、商标制度的产生和发展

(一) 商标制度与商品经济

市场经济的发达促成了商标制度的建立,而商标制度功能的发挥,反过来又促进了市场经济的繁荣发展。在现代市场经济条件下,商标制度是维护公平竞争的重要制度之一,商标制度成为经济发展诸因素中最重要的一环。

商标的产生和发展:考察一下商标的产生,实际上也就是研究商标的定义是怎么形成的,这将有益于加深对商标法律制度的理解。对于商标的产生,应当注意以下事实。

商标产生于有商品生产之后,是商品经济的产物。未有商品生产之前,在器物上的文字、图形标记,仅仅是作为其制作者或所有人的标记;而当有了商品生产,出现了商品交换,用在商品上以示区别的标记,便是应运而生的商标。

商标产生之后,经历了随商品经济的发展而发展的过程。由于商品生产日益发达,同类商品有了多个生产者,商品市场上竞争日趋激烈,商标的作用充分发挥,其本质特征充分显露。所以商标从初期出现,经过发展,趋于成熟,是一个历史的过程,商标的定义是一个历史的概念,不是从初始到当代一直如此,应当将商标置于发展的过程中来认识它的出现及其后的演变。中国在宋代就有白兔商标等,但由于受制于商品生产的发展程度,从而也就未能进一步发展。欧洲的18世纪至19世纪,由于商品经济高度发达,商标的作用得以发挥,商标制度逐步建立,对商标的认识和运用达到了新的高度。今天,在中国或是在许多国家中,对商标的认识以及商标制度的建立,都是与一定的历史发展过程相联系的,认识历史就是为了更好地把握住商标的本质属性,重视它的价值,建立和完善反映其本质特征的法律制度。

商标从产生到发展的过程,也是商标定义逐渐形成的过程。在发展中,商标的内涵不断丰富,采用的形式逐渐增加,但其本质特征不是一下子就显露出来,而是在实践中逐步为人们所认识。人们只应依据商标的特点去发挥它的作用,挖掘它的潜在价值,完善它的功能,并体现在法律制度中。比如,商标最初只是为了表明该商品的生产者,而后人们又发现它是市场竞争的重要手段;使用商标不仅能表明商品的来源,而且可以作为商品品质的象征;商标不仅是生产经营者对自己的商品所作的标记,而且还发展为一种自我救济的手段,即在法律的保护下,防止他人假冒自己的名义生产销售商品。

总之,回顾商标产生与发展的一些重要事实,就是应当以发展的眼光看待现代经济中的商标,认识其本质,充分发挥其作用。

(二) 商标制度的历史发展

将标记符号使用于商业的历史已相当悠久,但法律并未给予相关生产经营者以商标权利,伪造冒充商标只能被认为是一种商业欺骗行为,或者是违反诚实交易的行为。如古代曾有把陶工的姓名标示在陶器上的强制性要求,但是,这是作为一种义务而不是权利。这种标识最早发现于出土的公元前3500年的埃及古墓。这种标识,很难说是商标,更接近于明确产品质量责任的标记。又如,1226年英国曾颁布面包师强制标志法,规定面包师需在自己制作和出售的面包上标上适当的标记,并应保证面包的质量与分量。早期商标保护多适用侵权法以至刑法,不具备工业产权特征。

商标作为工业产权的保护对象,并成为一种专门的法律制度,始于19世纪中叶。一般认为,法国于1857年制定的《关于以使用原则和不审查原则为内容的制造标记和商标的法律》是世界上第一部具有现代意义的商标法,开辟了将商标纳入工业产权的保护范围之先河。此后,英国也制定了一些成文法,其中有1862年的《商品标记法》、1885年的《商标注册法》,1905年该国又通过新的商标法。美国于1870年制定了《联邦商标条例》,同年8月又补充了对侵犯商标权的行为适用刑事制裁的规定,1881年美国又制定了新的商标法。德国于1874年公布了《商标保护法》,采用的是"不审查原则",后又于1894年颁布了以"审查原则"为内容的《商标法》。日本受德、英商标法的影响,于1884年制定了以"注册原则"为基本方针的《商标条例》。到现在,可以说,商标法已成为各国通行的工业产权制度。

自19世纪下半叶以来,随着国际贸易的发展,商标法律保护开始向国际化发展。《巴黎公约》与TRIPs规定了缔约各方关于商标保护所共同遵循的原则。此外,国际还先后缔结了《商标国际注册马德里协定》《尼斯协定》《维也纳协定》等,就商标法律事务建立了一系列规定与办法。

(三)资本主义商标制度的历史沿革

19世纪初,资本主义进入自由竞争时代,商标的专门保护受到西方各国的普遍重视。法国1803年《关于工厂、制造商和作坊的法律》是最早的保护商标的单行法规。1804年,《拿破仑法典》首次规定商标作为无形财产与其他财产权一样受到法律保护,由此开创了近代商标法制的先河。1857年,法国制定的《关于以使用原则和不审查原则为内容的制造标记和商标的法律》,确立了商标注册制度,这是最早的成文商标法典。

现代商标法制的开端以1883年缔结的《巴黎公约》为标志,其后,陆续缔结了如1891年《商标国际注册马德里协定》、1957年《商标注册用商品和服务分类的尼斯协定》、1966年《保护原产地名称及其国际注册的里斯本协定》、1973年《商标注册条约》、1973年《商标图形国际分类维也纳协定》等。

四、商标权法律冲突的主要表现

商标权的法律冲突主要表现在以下几方面。

(一)商标权的原始取得

商标权的原始取得是指商标权人对其使用的商标的取得是最初的,不是以原来的商标所有人的商标权及其意志为依据而产生的。如果两个以上的申请人对同一种类或类似的商品,以相同或类似的商标申请注册时,商标权应授予那一申请人,各国立法对此规定了三种不同的原则。

1. 注册取得原则

在采用注册取得原则的国家,注册是取得商标权的唯一根据,未注册的商标不受商标法的保护。商标权的注册取得制度遵循注册在先原则,即按申请注册的先后来确定商标权的归属问题,谁最先申请商标注册,商标权就授予谁。这一制度为大多数国家所采纳。例如,《日本商标法》规定:"对于同一以及类似的商品与服务,使用同一以及类似的商标,在不同日内有两个以上的商标注册申请时,只有申请在先的商标注册人,才能够就该商标取得商标注册。对于同一以及类似的商品与服务,使用同一以及类似的商标,在同一日内有两个以上的商标注册申请时,只有根据商标注册申请人协商确定的一个商标注册申请人,才能够对该商标取得商标注册。"

2. 使用取得原则

在采用使用取得原则的国家,商标在商业活动中使用是取得商标权的根据,注册不过是对通过使用取得商标权的宣示。商标权的使用取得制度遵循使用在先原则,即按使用商标的先后来确定商标权的归属问题,即谁首先使用该商标,商标权就属于谁。目前只有列支敦士登、挪威、菲律宾等少数国家采用这种制度。

3. 折中原则

折中原则是把注册取得原则和使用取得原则加以折中适用。按照折中原则,商标注册后受法律保护,获得商标权,但在一定期限内,先使用人可以主张权利,申请撤销与自己商标相同或近似的注册商标。目前,美国、英国、加拿大、澳大利亚、新西兰、印度、巴基斯坦、奥地利、西班牙等国采纳了这一制度。但提出异议的期限各不相同,如英国规定为七年,美国规定为五年,西班牙规定为三年。

(二)商标权的客体

对某些标记能否成为商标权的客体,各国法律规定不一。

1. 立体商标

立体商标是指以产品的外形或产品的长、宽、高三维标志为构成要素的商标。法国、英国、美国、德国、日本等国的商标法对立体商标予以保护,也有一些国家的商标法不保护立体商标。我国商标法在2001年修改以前,并不保护立体商标,2001年商标法修改后,立体商标受到商标法的保护。

2. 听觉商标

听觉商标又称音响商标,是指以音符编成的一组音乐或以某种特殊声音作为商品或服务的标记。目前,只有少数国家,如法国、美国、德国承认听觉商标。例如,法国知识产权法规定:构成商标的要素包括音响标记,如声音、音乐句。再如,德国商标法亦规定听觉标识可以作为商标受到保护。而大多数国家,如英国、日本、意大利、中国等国的商标法均不保护听觉商标。

3. 味觉商标

味觉商标又称气味商标,是指以某种特殊气味作为区别不同商品和不同服务项目的商标。目前,只有个别国家承认味觉商标,如美国。大多数国家的商标法不保护味觉商标。

(三)商标权的保护期限

世界各国几乎都对商标专用权的效力规定了时间限制,但各国规定的保护期限长短不一,最长的达20年,最短的只有5年。美国、西班牙、意大利等国定为20年,伊拉克、叙利亚等国规定为15年,中国、日本、法国、德国、瑞典、丹麦、比利时等国规定为10年,英国以及一些英联邦国家规定为7年,多米尼加规定为5年、10年、15年、20年四档,由注册人自由选择。TRIPs对WTO成员方规定了最低保护期限:商标的首次注册及各次续展注册的保护期,均不得少于7年。

第六章 与互联网有关的知识产权管辖权与法律冲突新问题

第一节 网络知识产权管辖权冲突及其解决

地域性是各国所普遍承认的知识产权的重要特征之一。它是指知识产权只能依特定国家或地区的法律或授权而产生,且仅在该地域范围内有效,并接受该特定国家或地区的法院的专属管辖。一旦知识产权侵权涉及多个国家时,除非有国际公约的约定,被侵权人在通常情况下只能分别在其权利有效的特定国家提起诉讼,请求各有关国家的法律保护。因此,可以说知识产权的地域性特点决定了传统知识产权侵权诉讼管辖规则的局限性。正如著名的国际私法学家戴西和莫里斯所指出的,依知识产权侵权行为所要求一项诉讼的"权利是根据外国法律所获得的……如果该权利不被英国国内的法律所承认,对被告在国外做出的侵权诉讼则无效"。这是专利法、商标法和版权法的地域性本质及其必然结果——也就是说,一般情况下,超出这一地域,将不允许行使管辖权。

但是,随着科学技术的发展,特别是计算机网络等高新技术的产生,传统知识产权的强烈地域管辖原则已经不能适应这一领域的新要求。如果各个国家都拒绝受理外国发生的知识产权纠纷,将很难适应网络所带来的知识产权国际保护的新形势。新形势要求扩大法院在涉外知识产权领域的管辖权,以便对知识产权实行有效的保护。

一、网络知识产权管辖权冲突产生的原因

互联网是一个建立在现代计算机技术基础上的成千上万相互协作的网络以及网络所承载的信息结合而成的集合体,它是计算机数字技术和现代通信技术的产物。同时,它不仅是一个有形的用各种缆线连接的计算机网络,而且是一个当今世界上规模最大、覆盖面最广、资源最丰富、使用最为迅捷的网络信息库。从表现形式上看,互联网不仅是一张网,还包括网上的信息。从功能上讲,是电话系统、邮政服务、新闻媒体、购物中心、信息集散地、音像传播系统等功能结合而成的一个整体。互联网运用客户服务器(Client/Server,C/S)技术以及传输控制协议和互联网协议(TCP/IP)将全球原本独立的计算机网络连为一体。通过互联网,全球形成了一个空间,即"赛柏空间"(cyberspace)。

要探讨网络知识产权管辖问题,首先应该了解网络空间的特性。"赛柏空间"与物理空间之间存在着许多截然不同的特征,这正是网络冲击传统法律秩序的原因所在。

网络空间的特征很多,下文所列举的特征并未囊括网络的所有特征,而是侧重于与网络知识产权管辖有关的一些特征。

(一)全球性

互联网从形成时起就是跨越国界的,这正是它的价值和影响所在。网络空间一体化的自由状态是其全球性的结果,随着加入互联网的地区和用户的增多,网络空间也在全球范围内不断扩充和膨胀。

网络空间的全球性使司法管辖区域的界限变得模糊。传统的司法管辖权,就某一特定的法院而言,它的管辖区域是确定的,有着明显的地理边界或称物理空间,而网络空间本身则无边界而言,它是一个全球性系统,无法将它像物理空间那样分割成许多领域,它与物理空间不具有一一对应的关系。网络空间是不可忽视的,互联网的外部设备(如电脑终端、电话线等)并不是网络空间的表现形式和物理空间的标志。某一法院到底对网络空间的哪一部分享有管辖权或者是否对网络空间的全部享有管辖权,这是必须解决的问题。就网络空间的活动者而言,它根本无视网络外地理边界的存在,一旦上网,则他对自己所进入和访问的网址是明确的,但对该网址和路径所对应的司法管辖区域则难以查明和预见,某一次具体的上网活动可能是多方的,活动者处于不同国家和管辖区域内,这种随意性和全球性使几乎任何一次网上活动都可能是跨国的,从而影响司法管辖权的冲突。

由于网络的全球性特点,在不少案件中会出现无数个管辖法院的情况。例如,网络环境下侵犯著作权纠纷,侵权人在网上擅自发表他人享有著作权的作品,则这些作品在世界任何地方的上网用户的计算机终端上均可以显示出来,这些用户计算机终端所在地均为侵权结果地,这将导致由无数个法院对此类纠纷享有管辖权,原告可在这些法院随意选择的局面。挑选法院并非互联网中的特有现象,但在网络环境下,选择诉讼地点可以说是任何一个涉及互联网的案件所具有的特点。

(二)客观性

网络空间虽然看不见也摸不着,但它是客观真实存在的,而非虚幻的。其客观性不仅表现在构成网络外部条件的计算机终端和缆线、程序等,以及由这些外部条件支持着的独立的信息传递、交汇、衍生的空间的客观存在性,而且还表现在网络上信息的发布、传播也是以现实世界为基础,受到现实世界支撑的。网络空间是不可忽视的,可视的只是具体的外部设备及信息在屏幕上的显示,但不能因此否认它的存在,它和物理空间一样可以被感知,是物理空间的延伸。这是国家对网络行为控制、并行使国家管辖权的基础。

(三)不确定性

当事人的住所、国籍、财产、行为、意志等因素之所以能成为管辖的基础,是因为它们是稳定的,而且和某管辖区域存在着物理空间上的关联。然而,一旦将这些因素适用到网络空间,它们与管辖区域的物理空间的那种稳定的关联性顿时丧失。在网络上,人们无法找到住所、有形财产,无法确知其行为路径所涉及的地理国家、活动者的国籍或一次远程登录发生的确切地点以及行为人的真实身份。网络空间的不确定性使网络活动本身几乎体现不出任何与网络活动者有稳定联系的传统因素,这就使传统管辖权陷入了困境。

（四）管理的非中心化

互联网核心技术本身决定了网络空间在管理上的非中心化倾向，互联网上的每一台机器都可以作为其他机器的服务器（server），所以，在网络空间里没有中心，没有集权，所有的机器都是平等的。每个网络用户只服从其网络服务提供商（Internet Service Provider，ISP）的规则，ISP之间以协议的方式协调和统一各自的规则，这样就不可避免地冲击了国家的控制和管辖。目前，还没有任何一个国家能彻底地控制和有效地管理互联网，这正是许多问题产生的根源。

二、关于构建网络知识产权案件管辖权的理论

传统的管辖权规则在网络空间受到冲击时，必然要求新的管辖权规则来应对。根据网络空间和传统的物理空间的联系与不同，怎样对待传统管辖权规则，是修改还是废弃，或者完全建立新的管辖权规则，学者们持有不同的观点，主要有以下几种。

（一）保守派的观点

保守派认为，网络并不能脱离现实的物理空间而独立存在。互联网技术并没有带来实质变化，物理空间的国际私法规范仍然适用于网络空间。

保守派的观点忽视了网络知识产权的特性，没有意识到在互联网上很多传统的知识产权管辖权规则已经不能适用，主张物理空间的管辖规则可以完全解决网络知识产权问题是不适宜的。

（二）激进派的观点

激进派认为，旧的管辖权规则根本不能适应网络知识产权的需要，必须对传统的管辖权理论进行革命性的变革，其理论又可以分为以下几种不同的派别。

第一，新主权理论，又称"网络自治论"。该理论认为，网络的空间里，人人平等，每个网络用户只服从他的ISP的规则，ISP之间以技术手段、协议方式来协调和统一各自的规则。网络成员的冲突由ISP以仲裁者的身份来解决，并由ISP来执行裁决。新主权理论认为，在网络空间中正形成一种全新的全球性市民社会，这一社会有着自己的组织形式、价值标准和规则，完全脱离于政府而拥有自治的权利，它的最终趋势是发展为"网络大同世界"，网络之外的法院的管辖当然也被否定。

第二，管辖权相对论。支持该种观点的学者从网络空间是一个相对独立的空间出发，认为应在网络空间建立新的管辖原则。其基本论点有三个：首先，网络空间应该作为一个新的管辖区域而存在，就像公海、国际海底区域和南极洲一样，应在此领域内建立不同于传统规则的新的管辖原则；其次，任何国家都可以管辖并将其法律适用于网络空间内的任何人和任何活动，其程度和方式与该人或该活动进入该主权国家可以控制的网络空间的程度和方式相适应；最后，网络空间内争论的当事人可以在与网络相关的法院"出庭"，法院的判决也可以通过网络手段来加以执行。

第三，国际空间论，又叫作"第四国际空间"论。该理论是以美国斯坦福大学Darrel

Menthe 博士为代表提出的,他的主要观点为:网络类似于南极洲、太空和公海这三大国际空间之外的第四国际空间。因此,应该在此领域内建立不同于传统规则的新的管辖权确定原则。通过比较与类推,他认为"网络空间也应该接受默认的国际惯例,即类似支配其他三个国际空间的惯例,通过规定相应的特定制度(regime-specific)的条约来解决司法管辖权的问题"。

第四,网址管辖依据论。该理论认为,传统法院行使管辖权的依据必须具备"该因素自身有时间或者空间上的相对稳定性,至少是可以确定的以及该因素与管辖区域之间存在一定的关联度"两个条件,通过对网址的考察可以看出:网址具有相对的稳定性,它在网络空间的位置是相对确定的,它的变更通过服务器来进行,需要一定的程序,所以,在特定的时间段内,它是可以确定的。网址在网络空间中的地位类似于居所在物理空间中的地位。

激进派的观点虽然认识到了网络空间与传统的物理空间的不同点,也注意到了完全适用传统的知识产权管辖权规则是不适宜的,但是他们完全否认网络空间和物理空间之间的联系,主张建立"网络法院"处理网上知识产权纠纷等观点的可行性值得探讨,因为互联网实际上仍然是由人操作、控制,还是人们的行为对互联网起着影响作用,互联网只是人们的一种新的使用工具。互联网的客观性使得网络知识产权不可能游离于国家社会而不受约束。

(三)改良派的观点

改良派认同网络空间的特殊性,承认在网络空间里不能完全适用传统的管辖权规则。但该学派也认为,传统的国际私法关于解决侵权案件管辖权的规则仍然适用于网络空间,条件是经过一定的改良。

目前,改良派的观点在我国的学者中是主流观点,但是,对于作出哪些改变以适应网络空间的特性,学者之间却持有不同的意见。

三、关于网络知识产权管辖权原则的结论

网络知识产权侵权案件与一般知识产权侵权案件相比,既有共性,又有一定的差异。在管辖问题上,一方面,应考虑网络侵权案件具有网络的特性;另一方面,也应注意网络只是一种工具、手段或新的方式,在诉讼的实体和程序上要与已有的审判实践相一致。

总的来说,世界各国还没有形成统一的确定网络知识产权案件管辖权的规范。对于管辖权的规范,各国都处于摸索阶段,但是总的来说,各国的司法实践都没有脱离传统的管辖权理论,也就是说在网络案件中,传统的管辖权理论并未被抛弃,只是需要进行必要的修改。

网络案件的管辖权问题比现实世界中的案件更加复杂,这就意味着会产生更多的管辖权积极冲突,而最终解决办法只有各国之间加强合作,通过订立国际公约,或逐渐形成的国际惯例进行协调。虽然各个国家立法规定与法院的司法实践对网络知识产权案件管辖权的确定并不一致,但是可以概括出共同点,而这些共同点将来很可能会成为国际公约、惯例的基础。对于网络知识产权案件来说,侵权行为实施地是首先应该考虑的。由于侵权行为结果发生地在网络中一般具有"发散性",因此一般不宜给予考虑,在具体考虑侵权行为实

施地时,可以考察侵权行为的网络服务器所在地、侵权计算机终端所在地以及网址是互动型还是被动型、法院地是否和侵权行为具有实质联系等因素。同时,面对"原就被"的理论困境,需要引进原告住所地法院管辖原则。此原则的引入,无论从经济学的角度来看,还是从是否有利于判决的承认和执行的角度来看,都是有利于纠纷的解决的。

第二节 网络知识产权法律冲突及其解决

一、互联网上的法律冲突

互联网虽然是一个没有国家界限的虚拟空间,但并非完全独立于现实的物理空间,而是后者的延伸和补充。从事网络活动的人、许多网上活动的标的以及法律关系的客体处于不同国家控制之下,随着网上活动的日益频繁,必然影响到各国的利益,国家便会对因特网上的活动作出反应,加以调整,将其置于国家权力的控制之下。同时,网络的出现和发展只是为人们的工作和生活提供了一个新的空间,人类对秩序的需求同样会体现于网络空间,在制定专门网络法的同时,如何应对网络对现实物理空间现存法律制度的冲击,也是一个亟须研究解决的问题。

互联网与国际私法有着天然的密切联系。国际私法是以跨国民商事法律关系为其调整对象的一个法律部门。跨国民商事交往是国际私法产生并得以发展的一个根本原因。网络的全球性使得发生在网络中的任何一个行为都具有了跨国性的特点,从而产生了大量的新型跨国民商事法律关系。在国际私法领域,网络所具有的全球性、跨国性、虚拟性、多元性、自由性和新颖性对传统国际私法的诸多方面产生了很大的冲击,除了上一节所述及的动摇了传统国际私法的管辖权基础外,也使得国际私法的法律适用原则陷入困境,在司法诉讼中困扰着各国法院和因特网服务提供商。互联网环境下,国际私法面临着诸多挑战。事实上,由于互联网的全球性和开放性,以及"跨国"网上活动的日益频繁,互联网正在成为法律冲突的"战场"。

网络是数字化信息传播的空间。人类信息(图像、文字、声音等)转化成数字后,以 0 和 1 来表示,通过与互联网相连接的电子网络通信器即电脑以电流的形式在互联网上传送。短短几秒钟内,就可在任何联网了的地方的电脑上重现人类信息。数字化这一特征使得任何信息都可以很容易地被复制并传送到世界各地,从而导致各国不同的法律在网络这一共同空间里"短兵相接",进而产生大量的法律冲突。但并非物理空间的任何法律冲突都会在网络空间上演,典型的人身性质的法律关系,如结婚、离婚、收养、继承、监护等目前还不会在互联网中出现。目前,网上法律问题主要集中于下面三个领域。

(一)跨国侵权

互联网是一些人进行跨国侵权行为的常用工具。在网络空间中,由于参与网上活动的主体大多是匿名的,他们并不如现实生活那般谨慎小心,网上侵权屡见不鲜。已发生的案件包括侵犯肖像权,诽谤、散布虚假信息等侵犯人身权案件;电脑黑客(hacker)侵入计算机系统、盗窃银行账号、窃取商业秘密、散布计算机病毒等侵犯财产权的案件。比如,在互联网上最容易发生也最具有互联网特色的侵权是跨国诽谤。由于互联网是全球性的,网上侵权亦有全球性,即侵权人可以位于全球任何地点、针对任何人实施侵权,侵权行为可以在任何地方实施,而侵权结果亦可在任何地方发生。除了网上诽谤、毁誉等损害他人的名誉权和隐私权以外,可能发生的网上侵权还有:(1)不正当竞争;(2)错误信息的传播或散布虚假信息;(3)产品质量缺陷造成的损害;(4)其他不属于犯罪但能引起民事责任的损害。

(二)电子商务

电子商务涉及的法律问题主要有两类。第一类是诸如电子合同的形式是否符合传统国际商事合同的要件? 其效力如何? 电子合同的订立程序是否应遵循传统规则? 电子合同的成立时间和地点如何确定? 电子签名的效力以及如何协调各国立法等民商法问题。在这方面,国际贸易法委员会于1996年制定了《关于电子商务的示范法》,但该文件对各国并无法律约束力。因此,对这方面的法律冲突仍将主要依赖国家层面的国际私法加以调整。第二类是有关传统公法方面的问题。比如,网络促销涉及各国关于广告管制方面的法律问题,而互联网上发布的广告具有全球性,在各国范围内都会产生影响,由此将涉及很多国家强行法的遵守问题。

2000年4月,法国的国际反种族主义协会和法国犹太学生联合会共同向法国法院起诉美国的网络公司雅虎,认为雅虎公司的一个网站www. yahoo. com(雅虎美国站)收录了一个拍卖纳粹物品的站点,法国用户可以通过雅虎进入这个拍卖网站,这严重地伤害了他们的感情,侵犯了他们的权利。雅虎公司辩解说,这个拍卖网站不属于雅虎,雅虎只是提供网站地址的分类、查找、链接服务;并且这个拍卖网站只有通过雅虎美国站才可以进入,却不能通过雅虎法国站(fr. yahoo. com)进入,而雅虎美国站的服务器位于美国。根据美国宪法的有关规定,美国宪法不仅保护言论出版自由,而且亦不禁止展示或出售纳粹物品。法国受诉法院的法官于2000年11月20日裁决认为,雅虎公司违反了法国不允许展示或出售纳粹物品的有关规定,要求雅虎必须在三个月内采取必要的技术措施,以阻止法国用户通过雅虎美国站进入该拍卖网站。可见,由于互联网打破了地域限制,使得许多原本只规范国内事务的公法的效力溢出国界,对网上活动产生"普适"性影响,公法冲突在所难免。

(三)知识产权

如本书前面章节所述,知识产权具有无形性、法律确认性、专有性、时间性、地域性等特征。知识产权的严格地域性特征,随着国际经济贸易交流的发展,以及知识产权国际保护体系的逐步建立,已经逐步弱化,甚至在知识产权的不同领域中实现了不同程度的突破。随着知识产权国际保护的进一步发展,其严格地域性能否最终被抛弃,学者们对此存在两种截然不同的看法,但至少从目前的状况来看,正如我国著名知识产权专家郑成思教授指出的,知识产权地域性特点消失,也就是在一国之中应无条件地保护依他国法律(或所谓依创作行为)而产生的"知识产权",在实践中并无市场,因为任何国家实际上都不会这么做——这么做将无谓地损害本国经济利益。而现存的知识产权国际保护体系也没有消除知识产权的地域性特征,反而确认了国民待遇和权利独立原则,实质上反映了尊重地域性原则的态度。

然而,互联网的到来,使得知识产权"跨境"流动非常容易。信息网络的海量数据流、高度流动性、非物质性三大特征使传统的法律体系越来越不能满足信息技术与信息手段发展的需要。传统的知识产权法律体系由于信息概念的介入和信息网络的开发利用而受到巨大冲击。信息内容和载体的可分性使知识产权的专用性不再明显,信息交换的迅速快捷使知识产权的时间性受到挑战,电子信息服务应用的全球化对知识产权的地域性形成了威胁。知识产权保护制度面临着巨大冲击。由于互联网的全球性特点,传统意义上的国界、地域均不存在,依据各国法律取得的知识产权更容易"短兵相接",知识产权跨国保护的需求变得更为强烈。"从某种意义上说,一国的知识产权在网络空间中就是世界的知识产权。"网上知识产权法律冲突也必然日益频繁。对互联网知识产权法律冲突及其解决的探讨,便是本节论述的重点。

二、互联网上的知识产权法律冲突

(一)互联网上的冲突法面临的挑战

互联网的出现突破了时空的局限,虚拟世界的全球性和开放性与现实世界中法律的国家性和封闭性发生强烈冲突,冲击了现存法律制度。对于国际私法领域而言,也不例外。

1. 对连接点的挑战

所谓"连接点",又称为"连接因素"(connecting factor)或"连接根据"(connecting ground),它是冲突规范借以确定涉外民事法律关系应当适用什么法律的根据。由于传统国际私法在解决法律选择问题时,采取的是"分配法"(allocation method),连接点实际上起到了分配立法管辖权的功能。国际私法主要是在属人优先权与属地优先权之间进行衡量,解决法律争议,相应的连接点可分为属地性连接点、属人性连接点和主观性连接点。

就属地性连接点而言,一般与一定的地理位置有关,如住所、行为等。在现实"物理"空间中,一方面具有较强的确定性;另一方面也非常合理,因为现代国际法确定一国管辖权的首要原则即为属地原则。但是,在网络虚拟空间中,不仅一国和另一国没有区别,"这里"和"那里"也没有区别,属地性连接点不再具有实质性的意义。就侵权争议中"侵权行为地"的确定而言,与现实物理空间相比,除了侵权行为实施地和侵权行为结果的不一致时的困扰外,更主要的是由于,一方面,技术上的因素致使难以有效的定位网上活动人员所处的位置;另一方面,互联网上的任何活动都是全球性的而不是地方性的,侵权行为可以在任何地方实施,而侵权结果亦可在任何地方产生。这使得侵权行为地的确定带有很大的随意性和偶然性。在合同争议中,同样存在类似问题。

就属人性连接点而言,国籍表明一个人同某一特定国家之间的固定的法律联系。自孟西尼首倡国籍作为连接点以来,国籍逐渐成为属人性的连接点。由于互联网是一个开放的系统,是一种面向任何国家、任何人开放的独立自主的网络,任何国家都难以对网上活动进行监管,用户在上网时并不被要求确认其身份。因此,国家与当事人之间的联系是相当脆弱的。随着人员跨国流动日益频繁,国籍作为连接点的地位已远不如从前,在互联网案件中以国籍作为连接点的意义更是不大。

2. 对法律选择方法的挑战

20 世纪中期,美国冲突法领域经历了一场"革命",其矛头所向是对传统冲突法的法律选择方式进行批判,强调要用更加灵活、开放的法律选择方式取代僵化、封闭的法律选择方式,在进行法律选择时应当考虑相关国家的利益、政策,需要顾及法律适用的结果,以最大限度地求得个案的公平合理解决。最密切联系原则和政府利益分析理论便是这场"革命"的主要成果,并对其他国家的理论和实践产生了很大的影响。可以预见,在解决发生在互联网上的法律冲突中,这些法律选择方法将仍然指导法官对适用法律的选择。然而,对于发生在互联网上的活动而言,由于其具有的全球性,一方面,法官需要考虑的因素激增;另一方面,由于行为或活动的影响可能涉及世界任何国家和地区,这些国家和地区与互联网上行为或活动的联系紧密度往往很难衡量。要单纯运用最密切联系原则,无疑将使法官无所适从,从而使该原则的灵活性优势走向另一个极端,成为法院适用本国法的一种借口或者造成无法可依的局面。在最密切联系原则出现之初,各国对其适用给予了必要的限制,如"特征性履行"理论。但由于互联网环境下特征性履行判断上的困难等因素,致使它不足以弥补最密切联系原则的缺陷。

3. 对准据法的挑战

准据法(lex causae 或 applicable law)是指经冲突规范援用来具体确定涉外民事法律关系当事人权利与义务的特定国家的实体法。在互联网环境下,由于因特网是 20 世纪 80 年代后期才发展到应用阶段的,是最新的科技成果,许多国家尚未来得及对之加以法律调整。所以,可能发生这样的情形:在适用了冲突规范,确定了应适用哪一国法为准据法后,最后却发现该国根本就无相应的立法,此为其一;其二,有些情况下,适用冲突规范根本就找不出准据法。例如,冲突法中有一项规则是拍卖适用拍卖地法,而因特网中有一些自发的拍卖场所,它独立于任何国家和地区之外,只虚拟地存在于因特网中,如果适用拍卖地法,则实际上无法可依。

(二)互联网上的知识产权法律冲突与法律适用

上述逐项论及的互联网上冲突法面临的挑战,对有可能在互联网上产生法律冲突的法律关系而言是共同的。对知识产权的法律冲突与适用而言,由于知识产权本身的严格地域性特点,同时还存在着另外一些非常重要和关键的方面。

比如本章第四节将论述的数据库法律保护。欧盟于 1996 年 3 月 11 日发布了《关于数据库的法律保护的指令》(以下简称《指令》),其为数据库提供了著作权和特殊权利两种并行的保护方式。虽然美国也曾试图赋予数据库以特殊权利来加以保护,但对数据库采取特殊权利保护方式的两个法案,即 1996 年"法院与知识产权小组委员会"主席向国会提交的《1996 年数据库投资和反知识产权侵权法法案》(H. R. 3135 法案)和 1997 年美国众议员 Howard Coble 提出的《禁止盗版信息集合体法》(H. R. 2652 法案),均由于国内教学科研图书馆等非营利性机构、消费者权益保护组织及公众的批评和怀疑,没有得到国会通过。从目前情形来看,采用著作权保护和反不正当竞争保护的国家较多。因此,有关数据库的法律地位在各国、各地区是不同的。在这种情形下,假若某人未经授权将欧洲数据库的原始数据传送到国际互联网上,尤其是再经由互联网传送到其他只采取著作权保护和反不正当竞争保护的国家,就会发生数个国家关于数据库保护的法律冲突。对于数据库权利人的社会公众来说,适用哪个国家的法律非常重要。如果法院适用保护程度高的欧洲有关法律,就意味着将该高标准保护的法律适用于该数据库在全世界范围内的数据传送行为;而若适用接收数据库资料的国家的法律,如果该国家对数据库的保护程度较低,则不利于数据库的权利人。

著作权侵权是互联网上知识产权法律冲突的主要形式。我国法院已经受理了此类案件。比如,1999 年 11 月,华纳唱片公司、环球唱片公司、中国唱片广州公司等唱片公司就迈威宝网络系统(北京)有限公司网上音乐作品侵权向北京市第二中级人民法院起诉。原告华纳唱片公司等唱片企业认为,被告迈威宝网络系统(北京)有限公司擅自在其中文网站上发布原告的七部录音作品,公众可以通过该网站聆听或下载,这对原告构成了侵权。因此,原告要求被告赔偿有关的损失。后双方达成调解协议,被告赔礼道歉,并分别支付包括赔偿费在内的各种费用 87 500 元。

该案所涉及的是侵犯著作权的争议。虽然双方最后以调解的方式解决了该纠纷,但对于网络上知识产权跨国保护而言,仍然很有意义。在国内立法方面,我国专门颁布了《中华人民共和国著作权法》;而在国际条约方面,我国先后缔结或加入了《伯尔尼公约》《世界版权公约》《罗马公约》等有关知识产权保护的国际条约。上述立法均规定未经著作权人的许可不允许复制他人作品。华纳唱片公司在自己的网站上发布录音作品,其本意是为了让访问者可以在其网站上聆听,以达到宣传和扩大网站访问量的目的。华纳唱片公司并没有声明他人可以擅自复制其作品。但由于无论哪一个访问者在华纳唱片公司的网站上聆听这些作品,从技术上来说都得先将这些作品的数字信息下载(也就是复制)到自己电脑的内存中,再利用专门的程序转化为声音信息播放出来。每一次聆听,都必须经过复制。文字作品、图像作品也如此。只要浏览即在自己的电脑上显示出来,都是复制的结果。只要著作权人把自己的作品放在公众网站上,他就是希望访问者浏览到(包括看到、听到)。并且,由于他明知浏览这些作品必须经过复制的过程,因此可推断他是默许这种复制的。这种默示的授权并不是只针对某一地域内的人,而应当看作是针对全世界各个国家的所有人。但这种复制应当仅限于浏览者自己使用,而不能擅自传播。因为这些作品尽管是放在公众网站上的,但著作权人的目的在于通过展示作品以吸引访问者,实现宣传、广告等目的。除了可以推定他默许了浏览时必要的复制外,并不表示著作权人允许他人擅自复制其作品。尽管该案并非以法院判决结案,但从调解书措辞可以看出,实际上确认了被告的行为构成侵权。到 2001 年 10 月《中华人民共和国著作权法》修正时,被告行为的侵权性质就有明文规定了,著作权人享有的著作权的规定新增添了"信息网络传播权",且未经录音录像制作者许可,复制、发行、通过信息网络向公众传播其制作的录音录像制品的行为均属于违法。

互联网使每一件放在网站上的作品都可以被全世界的人浏览,由此所产生的法律关系往往是跨国的,法律冲突也就大量产生。假设法国立法承认了默许的复制,而我国则没有相关的立法加以规定,于是就会产生某一中国人将自己的作品放在网站上,如果被法国人浏览就没有任何法律问题,但如果是中国人去浏览则构成了侵权行为。而其他知识产权也存在同样的问题。某一件在本国享有专利权和商标权的商品如果是在本国的网站上公开出售,它的专利权和商标权在其他国家的网站上可以得到保护吗?外国用户在访问本国网站时是不是就意味着他已经进入了本国,因此就必须承认这个本国商品的工业产权?假如这件产品不是在本国的网站而是在一个外国的网站上公开出售,而它只在本国注册过商标和申请过专利,那它在外国的网站上出售是不是就不能享有自己的工业产权,虽然这个商品可能是被本国人购买?

三、互联网上知识产权法律冲突的解决

互联网的全球性使得发生在网络上的每一种活动都会与不同国家发生联系,大量的跨国法律关系导致了大量法律冲突的产生。这些网络环境下因民商事关系所产生的法律冲突并没有改变国际私法中法律冲突的性质,只是大大增加了法律冲突的复杂性,使得网络案件中的当事人很难预见争议一旦发生应适用何国法律,从而亟待国际私法对互联网上的知识产权进行保护,尤其是对著作权保护作出相应的规定。国际私法调整涉外民商事法律关系的方法有两种:一种是直接调整方法,通过实体规范来实现对涉外民商事法律关系的调整;另一种是间接调整方法,通过借助冲突规范来实现对涉外民商事法律关系的调整。探寻互联网上知识产权法律冲突的解决,无疑也是从这两种方法入手。

(一)通过国际统一实体法避免法律冲突

与其他民商事权利不同的是,知识产权的严格地域性使各国传统上不承认知识产权可能会发生法律冲突,也就不会考虑制定知识产权法律适用规则。而 19 世纪末以来,尤其是 20 世纪以来,知识产权国际保护的迫切需要与知识产权严格地域性的矛盾,催生了以《巴黎公约》《伯尔尼公约》直至 TRIPs 等为代表的一系列国际统一实体法条约,从而使知识产权成为国际化保护程度最高的领域。对于这些亟待解决的网络法律问题,只是几个国家的国内立法对此做出规定是没有多大现实意义的,仍只能是通过制定统一实体法来调整。因此,各国共同制定专门的有关互联网上知识产权保护的国际公约已成为当务之急。虽然这毕竟是一个新的问题,各国国内的相关立法也还不成熟,要达成一项国际条约,可能还需要时间,但是,从可行性的角度看,统一实体法仍然是解决网络法律冲突的一个较好途径。一方面,现有的知识产权国际保护条约为解决互联网上的知识产权法律冲突问题提供了坚实基础;另一方面,从过往国家间在知识产权国际保护领域的合作来看,尽管世界各国、各地区有着各自不同的法律价值标准和法律体系,政治经济利益也有激烈的冲突,但是这并不妨碍某些国际组织致力于协调解决网络纠纷的合作。对于互联网上的知识产权法律冲突问题,人们有理由期待能够通过国际统一实体法的方式解决。

(二)规范并解决法律冲突

面对互联网对传统冲突法的挑战,学者们的主张大致可分为三类。

(1)保守型主张。依据这些学者的观点,互联网对现有法律体系并未形成真正的挑战,网络空间中的侵权与现实空间中的侵权只存在侵权地点、数量上的差别,但其侵权行为和结果都会发生在现实空间中的某一点。互联网并未带来本质变化,"没有理由害怕法律不能应付新的事件",法律会跟上网络空间的发展。

(2)革命性主张,有的学者认为,互联网给人类文明带来的影响是空前的,它应当高度

自治,甚至认为网络空间已经形成了自己的"国家",一国政府无权对之制定法律规则。

(3)改良型主张。大多数学者并不像保守派和革命派学者那样极端,他们肯定互联网对现有法律体系形成挑战。但否认完全脱离现实空间的虚拟社区的存在。因此,最好的回应方式应该是对现有法律进行适当变革,发展出一些新的规则。

互联网的确给传统国际私法的诸多方面带来了巨大的影响,但互联网的全球性在使那些有强烈属地性的规则在网络空间无所适从的同时,又使一些灵活性较大的规则找到了新的适用空间。其中,最具有代表性的当属最密切联系原则和意思自治原则。就最密切联系原则而言,虽然在某些情形下,法院很难采用最密切联系原则确定应适用的法律,但是,最密切联系原则仍不失为一项以确定网络环境下法律适用的原则。毕竟,网络反映了人与人的交往,人在使用互联网发出或获取信息时毕竟是处在某一个特定的地点,信息在网上传送之前或之后也必须存放在某一台或某几台计算机上,行为人本身也是某一国家的公民,居住在某一个国家,与某一特定的地域相联系。法官仍可根据这些确定的连接因素,综合案件的具体情况,采用最密切联系原则来确定准据法。对当事人意思自治原则来说,意思自治原则与网络跨越国家界限所构筑的无属地性的特点是相吻合的。当事人意思自治反映了私法领域的根本精神,顺应了日新月异的互联网的发展,将随着因特网的不断发展而发挥重要的作用,它的适用范围也将从传统的合同、侵权、夫妻财产制、继承等领域逐渐扩展到网络领域。

除此之外,还有学者主张由国际社会共同努力,通过一部真正的、类似于"商人法"的、非法律的"因特网法典",也有学者提出了"网络习惯法"的概念。在其他领域中,这样的设想也许能够得到很好的体现,但是对具有专有性和法律确认性的知识产权来说,笔者持怀疑态度。可以预见,与其他法律领域一样,国际统一条约与国内冲突法规则仍将是解决网络知识产权法律冲突的主要方法。

第三节 网络知识产权与传统知识产权的冲突及其解决

一、网络知识产权与传统知识产权的现有冲突

(一)域名与商标、商号的权利冲突

互联网的发展不仅给经济和生活带来了巨大变化,也产生了很多新的权益。域名就是典型的例子。作为互联网的必然产物,域名的商务利用对现存知识产权法律体制产生了冲击,并引起了网上商标及商业标识商誉、商品化形象的保护等新问题,带来了与传统保护有所不同或根本不同的问题。

域名主要是由英文单词和顶级域名及国别顶级域名构成,指示计算机通过网络显示某个单位、机构或个人网络用户网站内容的一种标识。在国际互联网刚建立时,创建者们就创立了以一连串数字段代表的网上地址,为了方便普通用户记忆,以英文字母作为人机对话时输入的信号,而主机的域名服务系统则根据这些英文找到相应的数字 IP 地址。单纯从技术角度来看,域名只是为了便于联网操作而人为编制的协助网上定位的符号。作用是确

定网络地址,为用户之间相互传递信息提供方便。域名本身在创设时只是用以代替一连串数字的英文字母,是一种类似商标的东西,并不是一种权利。域名获准注册后,持有人便拥有了全球唯一的域名。从本质上来看,计算机互联网域名也属一种资源。域名是用户互联网上的地址,通过这个地址才能找到公司充满商机的主页和网站。因此,它被广泛地用作一种商业标识符号并成为发展电子商务的基本手段。事实上,每个用户都想有一个好听、简明易记和给人深刻印象的域名,同时,域名使用人总希望所选择登记的域名与自己的商标相同或尽可能接近,因为这样的域名可以利用原有商标的信誉,如果是一个新注册的还没有注册为商标的域名,则有让其转变为商标的可能性。如果所使用的域名与所使用的商标一致,客户就可以十分容易地找到域名所有者和商标权人。因此,域名就是网络空间的商标,潜藏着巨大的商业价值和广告效应。

正是因为域名成了一个公司在网络世界上的标志,如今,域名侵权案涉及欧洲、澳洲和亚洲以及其他国家的著名商标、品牌和企业,美国更是"战火"不断,而引起纠纷的原因则多是互联网用户使用的域名恰好是另一公司的注册商标。如康柏计算机公司曾于1998年以500万美元回购了被他人抢注的域名,美国麦当劳公司则不惜按照 mcdonalds. com 域名"善意注册人"——美国一家杂志记者乔士华的要求向一所中学进行捐款换回了本当属自己的域名。信息服务提供商 Yahoo 与 Miss King Kithcens Inc 蛋糕公司的"Yahoo"商标、域名纠纷案则更带有网络商标纠纷的普遍性。

域名与商标的相似性导致域名与商标的权利冲突,其根本的原因在于两种本质不同的事务由于客观原因同时履行了应由其中一方履行的功能,从而不可避免地产生了碰撞,形成了二者的正面冲突。域名与商标的权利冲突,在现实中基本分为两类:一种是将他人注册商标用于域名注册而产生的域名与在先商标权的权利冲突;另一种是将他人域名用于商标注册而产生的商标权与在先域名的权利冲突。

1. 将他人注册商标用于域名注册

根据抢注人域名使用目的的不同,可分为善意域名使用和恶意域名使用,域名抢注也相应地分为善意域名抢注和恶意域名抢注两种。

(1)善意域名抢注。注册人注册是善意的,其目的不是为了损害商标权人的合法权益。具体分为两种情况。

①非商业性善意域名抢注。域名注册人以非营利目的注册使用与他人注册商标相同的域名,如一个人以自己的名字先注册了非商业性个人网站的域名,但其名字恰好是某一公司的注册商标。

②商业性善意域名抢注。可分为:第一,巧合雷同。一般这些注册商标知名度小,注册人也不知道其商标,而将其商标注册为域名。第二,同一域名的标识部分有数个商标权人。即不同的民事主体针对相同的标识在不同的商品或服务范围内各自享有商标权,因注册域名而发生冲突。

合法商标权人之间使用相同商标带来的权利冲突是由于商标的地域性,分布异地的若干商家可以同时使用相同商标,并就该商标分别享有商标权,或者是商标使用商品类别之不同而做到商标使用的"共存"。但若其中一个商标权人对其商标作为域名申请注册,其他商标权人则无法再用自己的商标作域名,从而形成域名与商标的冲突。在互联网下,不同商家可以平行地使用相同商标,但在互联网上,他们却不能平行地使用同一域名,这是由网上域名唯一性的物理特性造成的。

这里有一个著名的例子就是"Delta"商标。美国德尔塔航空公司(Delta Airline)、美国德尔塔阀门公司(Delta Valve)和美国德尔塔金融服务公司(Delta Financial Service)均就"Delta"商标在各自领域内享有盛名。在此情况下,若有其中一公司申请对域名 www. delta. com 进行注册,其他商标权人则会丧失用"Delta"商标作为域名的机会,从而形成域名注册争议。目前使用 www. delta. com 网址的是美国的德尔塔航空公司。

(2)恶意域名抢注。根据世界知识产权组织下的定义,是指若域名持有人持有的域名与异议人所持有的商品或服务商标完全一致或极其相似,且域名持有人对域名本身并不享有任何合法的权利和利益,且域名的注册和使用均为恶意,则构成恶意抢注。恶意域名抢注具体分为两种情况。

①"只注不用",也就是不在商品或服务流通领域中使用。这类注册人通常将其注册的域名本身视为商品,通过向商标所有人、持有人或其竞争对手出售、出租或转让,以期获得利益。英特艾基系统有限公司诉北京国网信息有限公司商标侵权及不正当竞争纠纷案就是这种恶意抢注的典型。北京国网信息有限公司在抢注了 IKEA 域名后,却长期空置而不加以使用,英特艾基系统有限公司认为其有理由相信北京国网信息有限公司所抢注的域名是对其注册商标的公然抄袭和模仿,因此,英特艾基系统有限公司向北京市第二中级人民法院起诉,指责北京国网信息有限公司违反了《巴黎公约》的原则立场,并与相关法律所规定的诚实信用原则相冲突,应属不正当竞争行为。

②"既注又用",也就是在流通领域中使用。一般是将别人的知名商标注册为自己的域名,"搭便车"创造自己取得利益的机会,造成普通消费者产生域名权人与商标权人之间存在着某种联系的误认而误导消费者,从而损害社会公众的利益,损害商标权人的利益。

2. 将他人域名用于商标注册

商标以所有人或者使用人向市场提供的商品和服务的类别为基础。申请商标注册,如以他人的域名为商标,商标法不予制止,于是,在现实中就发生将他人域名用于商标注册的现象,这种现象又分为三种。

(1)反向善意抢注,指以他人拥有的具有独创性和知名度不高的域名,在不具有恶意的情况下注册为自己商标的情形,即巧合雷司。

(2)反向恶意抢注,指以他人拥有的富有独创性和高知名度的域名恶意注册为自己的商标的情形。

(3)商标滥用行为,指普通商标权人企图扩大普通商标禁止权的范围,而在域名注册上获得对其普通商标特殊保护的行为。

(二)各国域名与商标的权利冲突的解决方式

1. 中国:《域名争议解决办法》

2002 年 9 月 25 日,我国域名注册管理机构中国互联网信息中心(China Internet Network Information Center,CNNIC)发布了《域名争议解决办法》(以下简称《办法》)及其程序规则。该《办法》是根据《互联网域名管理办法》的精神而制定的。它规定,任何机构或者个人认为他人已注册的域名侵害其合法权益时,均可以向 CNNIC 认证的域名争议解决机构提出投诉,有关争议将在 45 天至 60 天内解决。该《办法》将在一定程度上规范我国域名注册和使用秩序,防范恶意抢注行为。中国国际经济贸易仲裁委员会和香港国际仲裁中心是首批获得 CNNIC 认证的域名争议解决机构,于 2002 年 9 月 30 日开始受理 CN 域名和中文域名的争议投诉。《办法》明确列举了三种恶意注册行为。

(1)注册或者受让域名是为了出售、出租或者以其他方式转让该域名,以获取不正当利益。

(2)多次将他人享有合法权益的名称或者标志注册为自己的域名,以阻止他人以域名的形式在互联网上使用其拥有合法权益的名称或者标志。

(3)注册或者受让域名是为了损害投诉人的声誉,破坏投诉人正常的业务活动,或者混淆与投诉人之间的区别,误导公众。

2001 年,最高人民法院发布的《最高人民法院关于审理涉及计算机网络域名民事纠纷案件适用法律若干问题的解释》(以下简称《域名纠纷解释》)和 2002 年最高人民法院公布的《最高人民法院关于审理商标民事纠纷案件适用法律若干问题的解释》(以下简称《审理商标纠纷解释》)对恶意抢注进行了规制。

(1)"既注又用"。首先,《域名纠纷解释》对以下行为认定为具有恶意:为商业目的将他人驰名商标注册为域名的;为商业目的注册使用,与原告提供的产品、服务混淆,误导网络用户的。其次,对注册人的域名或其主要部分构成对原告驰名商标的复制、模仿、翻译或音译;或者与原告的注册商标、域名等相同或近似,足以造成相关公众的误认的行为认定为注册、使用域名构成侵权或不正当竞争。规定了具体的处理方式,人民法院可以判令被告停止侵权,注销域名,或者依原告的请求判令由原告注册使用该域名,给权利人造成实际损失的,可以判令被告赔偿损失。《审理商标纠纷解释》明确规定,将与他人注册商标相同或者相似的文字注册为域名,并且通过该域名进行相关商品交易的电子商务,容易使公众产生误认的,应认定为给他人注册商标专用权造成其他损害的行为,受法律的制裁。现在,恶意抢注的"既注又用"可按侵权处理。

(2)"只注不用"。注册自己并不适用也未准备使用,而有意阻止权利人注册该域名的;曾要约高价出售、出租或者以其他方式转让该域名获得不正当利益的,《域名纠纷解释》明确规定是具有恶意的行为。在此种情况下,其域名不可能存在造成公众误认的内容,不构成对商标权的侵权,只是置他人合法权益和社会正常交易安全秩序于不顾,构成了不正当竞争的行为,应当遵循自愿、公平、等价有偿、诚实信用的原则,判令注册人注销域名或者依原告的请求判令由原告注册使用。

2. 美国:《反网域霸占消费者保护法》

综合美国全部的情况看,美国司法机关审判域名纠纷前期主要以 1995 年《反商标淡化法》(Federal Trademark Dilution Act)作为法律依据,该法虽规定在商标法中,其实质却具有反不正当竞争法的性质。为了顺应电子商务的迅猛发展,保护消费者的利益,1999 年 11 月,美国国会针对域名抢注通过了《反网域侵占消费者保护法》(Anticybersquatting Consumer Protection Act),规定了在某些情形下域名注册人以他人商标,或以他人商标类似的名称注册为域名可能侵犯他人商标权。该法案通过对现行商标法修改、补充等方式,从法律上确认了解决域名与商标冲突的原则和方式,认可了某些情形下域名注册可能构成商标侵权。

法案规定,在由商标权提起的诉讼中,只要符合以下条件,无须考虑各方当事人经营的商品或服务,被告均应承担责任。

(1)具有故意利用商标获取利益的恶意。

(2)基于下列任何情形注册、交易或使用某一域名:在有关商标于域名注册时已具备显著性的情况下,该域名与该商标相同或者混淆性近似;在有关商标于域名注册时已成为驰名商标的情况下,该域名与该商标相同或混淆性近似,或者淡化了该商标。同时,该款还将商标分为普通商标与驰名商标,为域名注册人民事责任的承担规定了不同的条件。当涉及普通商标时,原告起诉的条件是在域名被注册时,该商标已经具有"显著性"(distinctiveness),也就是说,仅仅拥有一个商标并不能为商标权人提供起诉域名的充分条件,关键在于商标是否已经具备了足以保证消费者区别商品或服务来源的"显著性"。当涉及驰名商标时,《反网域侵占消费者保护法》的力度则很强,它进一步将美国的《反商标淡化法》确立的极端保护延伸到了域名领域,除了规定与驰名商标相同或相似的域名注册、交易或使用将承担民事责任以外,还明确规定,当一域名的注册、交易或使用构成对驰名商标显著淡化时,域名注册人也将承担相应的法律责任。

《反网域侵占消费者保护法》对"恶意"作出了详细的、全面的规定。在认定域名注册人是否存在恶意时,法律可考虑(但不限于)以下因素。

(1)该域名中含有的该人的商标或其他知识产权权利。

(2)该域名中包括该人真名或其他通常用于识别该人名称的程度。

(3)该人在以任何商标或服务的真实提供过程中,对该域名先前进行过的任何使用。

(4)该人在该域名之下可到达的网站中,对商标善意的非商业性使用或合理使用。

(5)该人有否通过对网站在来源、主办关系、从属关系或批准关系上制造令人发生混淆的可能性,或为了牟取商业受益,或带有抹黑或贬损商标的意图,故意将消费者由商标所有人所在的网上位置转移至可能侵害商标代表的商誉的、该域名之下可抵达网站的意图。

(6)该人是否曾经以营利为目的向商标持有人或任何第三方发出过转让、销售或以其他方式出让该域名的要约,但实际却没有在任何商品或服务的真实提供过程中对该域名进行任何使用或没有使用该域名的意图。

(7)该人在申请域名注册时提供重大的、误导性的错误联络信息,蓄意不保持联络信息的准确性。

(8)该人注册或大量收购域名,并且该人知道这些域名与他人所有的、在该域名注册时具有识别性的商标完全相同或混淆性相似,或对具有知名度的驰名商标构成了淡化,而无须考虑各方的商品或服务等。

这些标准既考虑了域名注册人的利益,也考虑了商标权人的利益,试图在二者之间寻求到最佳的平衡点。

二、域名与商标冲突的国际解决

由于域名的无国界性,域名与商标的冲突更容易同时存在于不同的法域,仅仅通过一国国内的司法机关,已经难以解决跨国家的域名与商标冲突,因此,通过国际协调来解决域名与商标的冲突就成了必然的趋势。到目前为止,不管是国际组织还是区域组织,都还没有达成这一方面的国际条约,倒是互联网自治管理机构拿出了自己的解决法案。

1999年12月,在世界知识产权组织的协助下,互联网络自治管理机构的互联网络名称及编码公司(Internet Corporation for Assigned Names and Numbers,ICANN)推出了《统一域名争端解决条例》(Uniform Domain Name Dispute Resolution Policy,UDRP),它规定了域名争议的专家解决程序,被公认为是解决争议的一项国际标准。

《统一域名争端解决条例》及其执行细则于1999年10月24日经过ICANN批准自1999年12月1日起适用于所有经ICANN新批准的委任注册公司注册的顶级域名;并在顺利完成交接过渡后,自2000年1月3日起全面适用于经NSI、美国在线和NameIT等委任注册公司注册的全部顶级域名。此外,ICANN迄今已批准了四家机构作为专门处理顶级域名抢注争议的争端解决者。即1999年11月29日批准的世界知识产权组织(WIPO)、1999年12月23批准的国家仲裁论坛(National Arbitration Forum,NAF)、2000年1月1日批准的电子争端解决同盟(Disputes. org/e Resolution Consortium,DeC)以及2000年5月15日批准的CPR争端解决研究所(CPR Institute for Dispute Resolution,CPR)。该四家机构均分别为贯彻实施UDRP及其执行细则各自制定了详细的补充规则。

ICANN将域名争议区分为非域名抢注争议和域名抢注争议两类。对于非域名抢注争议,例如对同一词语同时享有独立知识产权权利的公司在寻求注册相同域名时发生的争议。ICANN目前仍要求各方通过自行协商、法院诉讼或仲裁程序解决。而对于域名抢注争议,ICANN则通过UDRP提供了一种被称为强制性行政程序(mandatory administrative proceeding)的统一争端解决程序。依据UDRP,域名注册人在向经ICANN批准的委任注册公司申请域名注册或进行域名延展过程中,UDRP即被并入域名注册人同委任注册公司之间签署的注册协议(registration agreement),用于表示该域名注册人同意在发生与该注册域名相关的域名抢注争议之时将争议提交经ICANN指定的行政性争端解决服务提供者(Administrative-Dispute-Resolution Service Providers,下简称"争端解决者")之一,依据UDRP及其执行细则和争端解决者自身的域名抢注争端解决补充程序规则进行处理。

UDRP规定,任何一个第三方申请人(complainant)一旦向争端解决者指称域名注册人已注册和使用的域名同时符合下列三要件,则该争议将必须被呈送至争端解决者通过强制性行政程序解决:

(1)已注册域名同申请人享有权利的商标完全一致或混淆性相似;

(2)域名注册者对于已注册的域名不享有任何权利或正当利益;

(3)域名易恶意被注册和使用。

第一个要件对于申请人可能享有的商标权利给予最为广泛的考虑:既未规定商标必须经过注册,从而为申请人举证其通过广泛的在先使用,因而依据某些英美法系国家或地区的法律规定享有商标权利留下空间;又未强求域名必须同商标完全一致,申请人只需认为两者存有混淆性相似即可起诉,从而克服了原先NSI规则的不足。

而在关于第二个要件的进一步详细规定中,UDRP非穷尽性地特别列举了一些能够确定域名注册人对系争域名是否享有权利或者正当利益的认定依据,包括:①域名注册人在有关争议的任何通知发出之前,是否已善意真实地在货物或服务提供过程中,使用或可被证明已着手准备使用该系争域名或与该系争域名相对应的名称;②即便域名注册人未就商标取得知识产权权利,但域名注册人通过与该域名相对应的名称为公众所知;③域名注册人对于系争域名正进行法律允许的非商业性合理使用,且没有通过误导消费者或损害涉案商标从中牟取商业利益的意图。

UDRP 关于上述第三点要件即"恶意"(bad faith)认定问题的规定是整部规则中最具新意的部分。即便申请人确立了其对系争域名存有在先权利,其只有同时证明系争域名被恶意注册和恶意使用,方可获得最终胜诉的机会。UDRP 非穷尽性地特别列举了以下四个用于证明"恶意"存在的情况:

(1)有证据可以表明,域名注册人注册或取得域名的主要目的是通过向作为商标持有人的申请人或该申请人的某一竞争者出售、出租或以其他方式转让该域名注册,换取超过与该域名直接相关的有据可查的实际支出费用的有价对价;

(2)在域名注册人从事同类业务的情况下,该域名注册人注册域名是为了阻止商标持有人利用对应域名反映其标记的目的;

(3)域名注册人注册域名主要是为了破坏某一竞争者业务的目的;

(4)域名注册人通过注册及使用域名,将其自有网站及其上产品或服务在来源(source)、主办关系、从属关系或批准关系等方面,同申请人的标记故意制造混淆,从而为牟取商业利益目的将网络用户引诱到域名注册者的自有网站。

此外,UDRP 的执行细则对于域名抢注争端解决进行的具体程序做出了详细规定。依据该执行细则:若申请人认为域名注册人对域名进行了恶意注册和恶意使用,其必须选定一家争端解决者提交申请书,争端解决者将在 3 日内将申请书的一份副本转交域名注册人,该域名注册人有 20 日时间准备答辩。在收到域名注册人的答辩或答辩期满后,争端解决者将在 5 日内组成专家组,该专家组将在成立后 14 日内作出裁决并在裁决作出后 3 日内通知双方当事人。从申请人发动程序到专家组作出裁决,整个程序最大耗时为 42 日。

尽管如此,由于 UDRP 下的整套程序是行政性的而非司法性的,因而,UDRP 并没有剥夺当事人可以将域名抢注争议诉诸法院的权利。UDRP 确认,任何一方当事人有权随时将争议诉诸法院,或者对争端解决服务提供者作出的裁决再次向法院起诉。若争端解决者做出的裁决结果是将域名注销或强制转让予申请人,则该裁决一般将在通知原域名注册人 10 个工作日后方由委任注册公司执行,从而为注册人寻求司法救济提供可能。但为了避免因管辖权原因发生不必要的扯皮,UDRP 要求双方当事人事先在文书交换中达成管辖权选择合意(mutual jurisdiction),并且在一般情况下,该管辖法院为办理域名注册的委任注册公司主营业的法院或域名注册人的所在地法院。

世界知识产权组织的仲裁调解中心是 ICANN 指定的争端解决机构之一。根据世界知识产权组织今年初发表的公报表示,该组织的仲裁调解中心去年受理域名抢注案 1100 件,在制止将他人商标抢注为因特网域名方面取得了重大成绩,自 1999 年 12 月 UDRP 生效以来,仲裁调解中心共受理纠纷六千多起,所涉域名多达一万个。根据这些案件结果来看,无论域名抢注案中涉及的商标持有者是大公司还是中小企业,80%的案件裁决结果都对商标持有者有利。由此可见 UDRP 立法者们的倾向性和现状。

三、网络时代版权的新发展

(一)网络时代版权面临的新问题

随着网络、信息技术、通信的发展,传统的版权法面临了严重的挑战:一方面,在网络环境下,作品的创作、传播和使用通常是以数字化的形式进行的,任何作品都很容易被数字化,网络侵权很容易产生,增加了保护版权人合法权利的难度;另一方面,从信息资源的使用者来看,他们在选用信息时,首先要判断该信息是否在知识产权保护范围内,并对有关信息的权利进行处理,才能合法使用。面对大量的信息,这种判断过程可能会超过使用者的处理能力,也会提高信息的使用成本。传统的版权保护制度已经不能适应网络时代的发展,迫切需要新的改变,以更科学合理的方式保护版权人的合法权利。

1994年,发生在美国的诉LaMacchia案这一里程碑式的判例,正式拉开了数字网络时代美国版权法发展的新篇章。在该案中,一位21岁的马萨诸塞州技术学院的学生David LaMacchia在因特网上建立了一个自己的电子布告板,取名为Cynosure,他鼓励网络用户上传(传输、复制)他们所有的大众软件包(各种计算机实用程序),形成一个网上的软件仓库,而该布告板的访问者又均可以免费下载(复制)上面的各种软件,实际上,他提供了一个网民间进行侵权性的彼此复制获取他人数字版权作品活动的场所。1994年,一个美国联邦大陪审团对他提起刑事指控,指陈这一行为估计导致了有关权利人总共1 000 000美元的损失,欲定其行为构成犯罪。但根据当时的版权法,刑事制裁必须限于具有商业动机的侵犯行为,这位学生设立网上电子布告板的行为虽在于创造侵权场所,但显然在操作过程中,他并不具有任何商业上的盈利目的,事实上,允许他人从中下载软件也都是免费的。因此,版权法本身的刑事条款在此无法有效适用。为此,审理时还试图适用其他一些依据,如《国家被盗财产法》(National Stolen Act)与《联邦电线欺诈法》(Federal Wire Fraud Statute),但是就前者而言,联邦最高法院的判例表明该法仅适于有形物,而就后者来说,法院认为,国会并没有欲将其扩展至版权保护领域的意图。

由于数字化的技术,版权在作品复制、传播、编辑、使用等权利方面都有不同的表现,只有对它们作出重新的定义或解释,才能加以规范和保护。

第一,网络上的复制行为。网络环境下信息存储、传播、利用等与传统信息截然不同,网络环境下,信息获取的形式主要有下载、拷贝,打印等。数字化信息通过网络传输,在用户显示器上显示,被用户下载、拷贝和打印是否构成对网络信息或网上作品的复制呢?在计算机发明以前,版权法中所规定的对作品的复制是指以印刷、复印、临摹、拓印、录音、录像、翻录、翻拍等方式将作品制成一份或多份的行为,据此可以推断,所谓复制就是将作品在某种载体上重现出来的行为。随着计算机和互联网的发展,数字的无形使得复制的概念难以准确界定。

发达国家中,一派意见认为数字传输的暂时存储并不构成复制,其理由是:存储的时间太短,一旦计算机出现故障、断电或关机,显示器上的显示即消失,只有当作品在计算机硬盘或软盘上固定下来,或通过打印机打印出来,才构成复制。另一派意见认为,用户计算机之所以能够显示出作品,正是因为计算机的随机存储器对其进行了复制;英国版权法也认为利用电子手段的暂时存储构成复制。持相同观点的还有欧盟计算机程序法律保护指令、世界知识产权组织的《伯尔尼公约》修订提案和邻接权条约提案等。

因为复制必须具有一定程度的永久性。复制是版权保护中的基本概念,数字传输中的暂时存储到底有没有构成版权法中的复制?如果不承认是复制,那么绝大多数的数字信息的使用者都通过这种短暂浏览方式获得作品而无须支付或承担任何义务,如何才能有效地保护版权人的利益;如果把复制权的范围无限制扩大,那么在电脑上的任何操作都有可能构成复制,阅读和浏览将有可能成为版权人的专有权,这既不利于知识信息的交流与传播,也与互联网的发展相违背。由此可见,对于计算机互联网而言,传统的版权法必须进行修改、调整,才能适应时代的发展要求。

第二,网络传输与传播权。作品通过计算机网络向公众传递,可能会成为作品被使用的主要方式,而且它的经济价值也越来越高。但是作品在网络上传递属于什么性质的行为目前尚无定论,对网上浏览、链接、下载是否构成侵权行为存在争议。从国内外实践中已经出现的情况看,涉及网络传播的行为大致有以下几种。

(1)网络使用者或网络服务商将原先以网络之外的其他形式登载的作品上载到自己设立的网页、电子公告栏等论坛区(即将信息存入网络服务器的硬盘中)以供他人浏览或下载。

(2)网络使用者或网络服务商将原先登载在他人网页、电子公告栏等论坛区的作品转载到自己设立的网页、电子公告栏等论坛区(即将信息从他人的网络服务器拷贝到自己的网络服务器)以供他人浏览或下载。

(3)网络使用者或网络服务商将原先以网络之外的其他形式登载的作品上载到自己的硬盘上并以电子邮件的形式向他人发送。

(4)网络使用者或网络服务商在自己的网页上设置链接,转载他人网页上作品的内容。

对这些行为的认定,现有的知识产权法已显得力不从心,必须根据形势的发展要求进行修改、补充和调整。

第三,网络信息的编辑。由于网络上的信息资源数量庞大,取之不尽,内容丰富多样,给人们的创造提供了大量外部素材,从而使得对网上作品进行搜集、编辑的过程变得简单。创作者可根据需要直接从网上下载各种信息(包括受版权保护作品在内),或者原封不动,或者加以变形,使其相互结合,完成一部新作品并出版发行。创作者对使用网上信息改编而成的新作品享有版权。编辑过程中应注意到所使用的信息源是不是受保护的作品。社会公有信息,除非作者作出特别声明,均可自由使用。而对受到版权保护的网上作品,无论是局部使用或全文使用,都应征得版权人的允许,并支付一定报酬。这时使用者要明确所有的权利人,并与之联系获得授权,必须花费时间和费用去查询。这就迫切需要一个同网络管理相结合且方便使用的知识产权管理制度。

(二)各国的解决途径

作为计算机网络技术支撑体系中的关键部分的数字传输技术,为版权制度带来了新的冲击。主要表现在版权法的概念、版权人的权利、版权法中的各个利益方之间的利益权衡等方面。世界知识产权组织、欧盟、美国、日本、澳大利亚等已经开始就数字传输对版权制度的影响展开讨论,并且讨论正在随着技术的发展而逐渐深入,目前为止尚未有定论。

进入 20 世纪 90 年代以后,一些国家相继开始研究作品在网络环境中的传播和版权制度的相应调整。其中较为重要的有美国于 1995 年 9 月公布的《知识产权与国家信息基础设施》(简称"白皮书")、欧盟于 1995 年 6 月公布的《关于信息社会的版权和有关权利的绿皮书》和 1996 年 11 月公布的《关于信息社会的版权和有关权利的续绿皮书》。正是在上述研究和有关成果的基础上,由世界知识产权组织主持的外交会议于 1996 年 12 月在日内瓦召开,缔结了《世界知识产权组织版权条约》和《世界知识产权组织表演和录音制品条约》。这是为了解决网络环境中的一些版权保护问题而制定的国际性条约。

1. 美国

1993 年 2 月,为贯彻实施"国家信息基础设施"计划,联邦政府批准成立了国家信息基础设施推进工作组(Infonmation Infrastructure Task Force,IITF),在其下属的信息政策委员会成立了知识产权工作组,1995 年 9 月,联邦政府发表了《知识产权与国家信息基础设施》的白皮书。该白皮书对知识产权法的每一个领域都进行了讨论与分析,但其侧重点是版权法在 NII 环境下的应用及其有效性分析。工作小组分析了新技术环境下版权适用的新问题及其相关案例;并对如何改造现有法律以适应全球信息化的社会需求提出了建议。虽然该报告在当时没有被通过,却实际上已有近期立法内容的雏形。该白皮书就复制件的传输、图书馆与视力残疾者的使用、技术保护、版权信息管理等方面提出了立法建议,同时还规定了相应的法律救济条款。具体内容包括以下三个方面。

(1)扩展了发行的方式,即版权作品的复制件或录音制品,除以出售或所有权转移的其他方式及出租、出借方式向公众发行外,还可以通过传输的方式发行。

(2)修改了出版、传输、进口的定义。出版方式除出售或所有权转移的其他方式以及出租、出借方式向公众发行外,还增加了传输方式;扩展了传输的定义,增加了对"复制件的传输"的定义,"系指通过任何设备或方法传送作品复制件或录音制品,使其在发送地之外的地方被固定";对于进口,修订为"不管是通过有形物的运输,或是通过传输"到美国的行为,均属进口。

(3)增加技术保护。对版权人为行使专有权对其作品进行的技术保护措施给予法律保护。该条规定:禁止进口、制造或发行任何设备、产品或其部件,或者提供任何服务,其主要目的或效果在于未经版权人或法律许可,规避用于禁止或防止侵犯版权人专有权的任何过程、处理方法、装置或系统。

除此以外,白皮书还确认了声音制品的公开传播权、扩大了刑事制裁、规定了对图书馆和视力残疾者的豁免、保护作品的版权信息,等等。

此后,两位参议员在司法部的支持下,向上议院提交了《刑事版权改进法》提案,针对上文中 LaMacchia 案中反映的刑事制裁不力的问题,要求取消刑事制裁中的行为人主观上有商业利益动机的前提条件。1997 年,另一部《刑事版权改进法》议案被提交,连同一份内容一致的法案最终于 1997 年 2 月 16 日被正式通过,名为《禁止电子盗窃法》。该法完全冲破了原有版权保护中刑事制裁仅针对商业动机下的侵权行为的束缚,以至于侵权行为即使不是带有营利性的动机,达到一定条件亦可被判定为犯罪,这极大地扩展了刑事制裁的范围,加大了力度。

随后,仅不到一年之隔,即在1998年9月28日,美国通过了《数字千年版权法》。这部法律旨在实施《世界知识产权组织版权条约》及《表演及唱片条约》,是对《世界知识产权组织版权条约》的积极响应,具体表现在以下两方面。

(1)虽然未就数字化网络传输做出任何规定,但美国版权法中已有的"表演权"事实上已包含了数字化网络传输的权利,因为这种表演权至少包括两个内涵:一是通过演唱、演奏等方式表演作品的"现场表演";二是通过录音机、录像机等设备表演音像制品的"机械表演"。

(2)不仅明确提出技术措施和权利管理信息概念,而且从民事和刑事两个方面,对涉及"技术措施""版权管理信息"的侵权和犯罪做了特别规定,这种特别规定是独立于其他侵权行为和犯罪行为的救济措施,从而使网上著作权的保护落到实处。

2. 欧盟

1995年7月,欧盟发表了《信息化社会中的著作权与邻接权绿皮书》(以下简称绿皮书),相对于美国,欧盟的绿皮书在以下几个方面有不同之处。

(1)关于发行权。数字传输是不是发行?美国和英国都建议将数字传输列为作者专有发行权的一种;欧盟的绿皮书认为,在计算机网络上的数字传输过程中,作品的数字化信息从远距离的终端传输到用户的计算机显示器上,发行人所提供的是"无形的"复制件,为这种"无形的"复制件提供有形载体的是用户的计算机显示器。一旦作品的内容得以在计算机显示器上显示,则生成有形复制件,构成完整的发行行为。也就是说,在数字传输这种新的发行形式中,发行人所提供的不再是作为"产品"的有形复制件本身,而是无形的"服务"即作品的使用,是一种新的发行方式,如果要将数字化传输纳入到传统的发行概念,势必扩展发行的外延。

(2)关于发行权的权利用尽。欧盟绿皮书区别传统的发行形式和新的传输形式的不同,就发行权用尽的问题进行了讨论,认为发行权一次用尽原则不适用于通过数字传输的发行,数字化作品的复制件被首次销售后,合法复制件的所有人将可能不得将合法复制件自行出售或处分占有。欧盟绿皮书认为,发行权是否因权利人自身的利用或第三方的利用而用尽,取决于所利用的作品及相关物品的形式。有两种情况:其一,发行的对象是作品的有形复制件(图书、录音带、录像带、光盘等)时,发行权因首次销售原则而用尽;其二,发行对象是无形的服务(或作品的使用)时,由于这种通过数字传输而进行的服务可无数次地反复进行,发行权因首次销售而用尽的规则无法适用,必须对每一次数字传输及其再传输分别进行授权。

(3)关于出租权。在传统的出租的概念里,出租的是有形的物品,即作品的原件和复制件。在数字传输的场合,出租的对象是无形的服务,即对作品的使用。欧盟绿皮书认为,通过数字传输而进行的点播属于出租。根据欧盟出租权指令的规定,作者对其作品的原件和复制件,表演者对其表演的固定,唱片制作者对其唱片,制片人对其电影和录像作品的首次固定,享有出租权。传统的出租是发行的一种形式,发行是作品有形复制件的提供,相应地,出租是对作品的有形复制件的一定期限的提供。而欧盟出租权指令中的出租定义是对传统的出租概念的扩展:"以直接或间接的经济或商业为目的,为一定期限的使用而提供。"这样,出租的对象既包括作品的有形复制件,也包括通过数字传输而提供的无形的服务(或称作品的使用）。对此,欧盟的成员国有不同看法。它们不赞成对传统的出租的概念进行扩展,认为出租是传统发行的一种形式:发行仅指对有形复制件的发行,那么出租也应当仅指有形复制件的出租。也就是说,它们并不认为数字传输是出租的新形式。

（4）表演者的精神权利。精神权利是大陆法系国家的版权制度的重要组成部分。多媒体技术使录制在唱片上的表演能够被随心所欲地改变,而数字传输技术可使改变过的表演在计算机网络上广泛传播。因此,表演者担心其表演的完整性将会受到损害,主张反对未经许可改变表演和保持表演完整性的权利。1993 年 10 月,在 Phil Collins 一案中,欧洲法院认为,作者和表演者有权反对任何对其作品的歪曲、篡改或做其他有损于作者的声誉的修改。1996 年 12 月的邻接权条约草案为表演者提供了与《伯尔尼公约》中作者的精神权利基本一致的精神权利。

（三）国际解决方式

面对数字技术,版权是否能够继续生存？数字化的作品是否应继续受到保护？对于这些问题,国际上的回答都是肯定的,因为版权制度体现的精髓——私权保护与利益平衡原则远远比具体的版权制度更持久和稳定。在肯定保护数字化版权的基础上,以何种方式能够更合理地保护版权则是各个国家讨论的焦点。是将数字化版权保护问题纳入现有的保护体系中,还是建立一个新的保护体系？虽然现在还不能回答这个问题,但是从各国和世界知识产权组织的规定中也许能够看出一些倾向。

1996 年 12 月 2 日至 20 日,关于著作权与邻接权若干问题的外交会议在世界知识产权组织总部召开。世界知识产权组织成员国中的近一百三十个国家的代表和近九十个政府间和非政府间国际组织的观察员七百多人参加了会议。这是自 1971 年 7 月修订《伯尔尼公约》和《世界版权公约》以来,国际著作权界的盛会。在世界知识产权组织专家委员会（以下简称"专家委员会"）磋商六年的基础上,专家委员会主席向外交会议提交了三份条约草案,即《关于保护文学和艺术作品若干问题的条约》草案、《保护表演者和唱片制作者权利条约》草案和《关于数据库的知识产权条约》草案（以下简称"条约草案"）。经过三个星期的激烈讨论,外交会议终于在最后一天的深夜通过了前两个条约草案,并且易名为:《世界知识产权组织版权条约》和《世界知识产权组织表演和录音制品条约》。这两个条约主要是解决网络环境下的著作权与邻接权问题,故被称为"互联网条约"。《关于数据库的知识产权条约》草案因大多数国家代表持否定态度,会议未进行讨论。

作品和录音制品的数字化是网络环境构成的基础,也是网络环境下版权保护的前提条件。《世界知识产权组织版权条约》所附的外交会议的议定声明,对网络环境下版权的保护做了明确的回答:"《伯尔尼公约》所规定的复制权及其所允许的例外,完全适用于数字环境,尤其是以数字形式使用作品的情况。不言而喻,在电子媒体中以数字形式存储受保护的作品,构成《伯尔尼公约》意义下的复制。"在 1996 年 12 月通过的《世界知识产权组织表演和录音制品条约》所附的外交会议的议定声明中对这一问题也有类似的声明:该条约所规定的复制权及其例外,"完全适用于数字环境,尤其是以数字形式使用表演和录音制品的情况。不言而喻,在电子媒体中以数字形式存储受保护的表演或录音制品,构成这些条款意义下的复制"。

在世界知识产权组织的这两个新条约中,有三个内容最为重要。第一个内容是版权所有人控制作品在网上传输的权利,或者表演者和录制者控制其表演或录音制品在网上传输的权利。这种传输不同于广播、电视和卫星信号的单向式传输,而是一种交互式的传输,即公众可以在自己所选定的时间和地点来获取有关的作品。第二个内容是对技术措施的保护。在网络环境下,权利人仅仅享有控制作品在网上传输的权利还不够,还必须借助一定的技术措施实现自己的权利。这可以是限制他人访问自己作品的措施,可以是防止他人行使自己权利的措施,如要求登记、设置密码、加设电子水印、限制或禁止他人访问等。因此,法律又必须对版权人设置的技术措施予以保护,禁止他人非法破解有关的技术措施。第三个内容是对权利管理信息的保护。权利管理信息是有关作品名称、版权保护期、版权人作品使用条件和要求的信息,可以随着作品在网上的传输而显示出来,向他人表明作品目前的法律状态和使用的条件或要求。网络环境中的版权管理信息专指以数字化形式出现的信息。这种信息虽然对权利人经济利益的实现非常重要,但又很容易被他人伪造、篡改和消除,从而造成对权利人的极大损害。因而有必要对之加以法律上的保护。

从目前看到的美国、日本和欧盟的立法来看,它们都提供了对技术措施和权利管理信息的保护。而在控制作品在网上传输的权利上,则出现了两种处理方式。

第一种是世界知识产权组织的两个新条约、欧盟的《版权指令草案》和日本对著作权法的修订,即使用一种新的概念来反映作品在网上传输的权利。具体说来,就作品在网上的传输,版权所有人享有被称为"向公众传播权"的权利;就表演和录音制品在网上的传输来说,表演者和录音制品制作者享有被称为"向公众提供权"的权利。《世界知识产权组织版权条约》和《世界知识产权组织表演和录音制品条约》就是增加网络传输的新权利的立法方式。数码技术、光纤通信技术和计算机技术对著作权与邻接权的重大冲击之一是:未经作者和表演者同意的作品和表演,包括以多媒体形式出现的作品和表演,经过数码处理在互联网络上传输,并为广大用户接收使用,是否构成侵权、侵犯什么权利以及是谁侵权?条约对此作了原则性的规定,在不损害《伯尔尼公约》的规定的情况下,文学和艺术作品的作者应享有专有权,以授权将其作品以有线或无线的方式向公众传播,包括将其作品向公众提供,使公众中的成员在个人选定的地点和时间可获得这些作品。《世界知识产权组织表演和录音制品条约》规定,表演者应享有专有权,以授权通过有线或无线的方式向公众提供其以录音制品录制的表演,使该表演可为公众中的成员在个人选定的地点和时间获得。

第二种是美国式的处理方式,即不增设新的权利种类,而是从既有的权利种类中解释出版权所有人控制作品在网上传输的权利。这一方面是因为任何对于现有权利的修订或增加,都会动摇已经形成的利益平衡状态;另一方面则是现有的复制权、发行权、表演权和展览权以及相关的定义和立法解释,已经可以包容作品在网上传输的情形,为相关案件的司法解释留有了充分的余地。比如,当作品的访问者访问作品时,可以阅读和下载作品的复制件;作品在网上的传播可以看作是一种发行;在显示器上显示一幅一幅的画面可以看作是展览;而观看连续的画面又可以看作是表演。这样,作者控制作品在网上传播的权利究竟是哪一种权利,或者是哪几种权利的结合,就留给了法院在具体的判决中作出解释。

一般认为,网络环境中作品的传播,有三个基本内容,即控制作品传输的权利、对技术措施和权利管理信息的保护。但还有一个非常重要的内容应当包括进去,这就是必要的法律救济。也就是说,当版权人的权利遭到侵犯,相关的技术措施被破解、权利管理信息被除去或改变时,版权人可以诉诸一定的法律救济途径,实施自己的权利、保护自己的技术措施和权利管理信息。在这方面,世界知识产权组织的两个条约都有"关于权利行使的条款",要求各缔约方提供必要的法律救济以制止有关的侵权行为,包括防止侵权的快速救济和为遏制进一步侵权的救济。两个条约在谈到保护技术措施和权利管理信息的义务时,也都提到缔约方应当规定有效的法律救济方法。美国 1998 年的《数字化千年版权法》针对技术措施和版权管理信息的保护制定了专门的民事和刑事救济措施。日本 1999 年 6 月修订的版权法,也针对向公众传播权、向公众提供权、技术措施和权利管理信息规定了民事和刑事的救济措施。

全部版权法的内容被认为是保持一种平衡,即在作品的版权人的利益与作品的使用人的需要之间保持平衡。从创新的角度说,对版权人保护不足和保护过度都会阻碍创新。保护不足,则其创新热情将会因其创作收入减少而减少;保护过度,市场上作品的价格会上扬,作品的散布会受到阻碍,创新的成本也将会增加,因为创新本身离不开对前人和别人成果的借鉴。随着复制和传播技术水平的不断提高,复制和传播所需的成本也不断降低,大大低于创作的成本,一方面为盗版的顽强生存提供了技术支持,无论如何严格执法,终究难以杜绝盗版现象,而盗版降低了作品的价格,为一些人带来了短期的实惠;另一方面,技术却使版权人丧失了严格控制作品的复制和使用的可能,版权人即使想主张权利,他对作品的流通状况也无法支配,他不知道有谁在使用,在何处使用,使用了多少次,是否又提供给另外的人使用。可见,数字技术将引发更频繁、更尖锐的利益冲突。到目前为止,各国的研究报告和世界知识产权组织的规定还仅仅是一个开始,要解决传统版权在网络时代、数字化时代的去留问题,仍需要更科学、更完整的答案。

第四节　ISP 的侵权责任及数据库法律保护

一、网络服务提供者的版权侵权责任及解决途径

(一)网络服务提供者的界定

"网络服务提供者"一词是根据 Internet Service Provider(ISP)直接翻译过来的,所以现在对 ISP 的准确含义及分类很难加以准确界定。

不但是学术界对 ISP 的界定不一,就连各个国家的立法对 ISP 的分类也是各不相同的。例如,美国的《千年数字版权法》(Digital Millennium Copyright Act,以下简称"DMCA")按网络活动主体的功能来界定 ISP 和(Internet Content Provider,ICP),明确规定 ISP 是为各类开放性的网络(主要指国际互联网)提供信息传播中介服务的人,主要包括:(1)网络基础设施经营者;(2)接入服务提供者;(3)主机服务提供者;(4)电子公告板、邮件新闻组及聊天室经营者;(5)信息搜索工具提供者五类。ICP 是选择某种信息上网供公众访问的主体,包括普通的个人用户和大型的专业网站。又如德国的《规定信息和通信服务的一般条件的联邦立法》(有人称之为"多媒体法")中将网络服务提供者分为三类:信息提供者、网络接入服

务者、主机存放服务提供者。

尽管存在着诸多的不同,但是作为 ISP 本身来讲,应该具有以下特征。

第一,它是信息交流的支撑主体,为信息交流提供物质和技术支撑。离开它的参与,网上信息交流无法实现。

第二,它不是信息交流的主体,而是为信息交流主体提供中介服务的第三方主体。

第三,由于服务的中介性,它在信息交流过程中处于中立的地位,对信息的发送、传输信息的内容、信息的接收者不具有筛选和决定作用。它只根据交流主体的要求,提供传输通道、信息存储和交流的空间与技术支持服务、认证服务和支付服务。

根据上述分析,作者认为 ISP 应该从狭义上加以理解,即 ISP 与 ICP 是不同的,而我们下文所指的网络服务提供者仅指 ISP 而不包括 ICP。

(二)网络服务提供者版权侵权的类型及原因

网络服务提供者在一些情况下会面临直接侵害版权的危险。网络服务提供者为了履行其信息传输中介的职责,他的计算机系统或者其他设施难免要存储或者发送一些信息。从版权保护的角度看,网络服务提供者是否应该为其计算机系统存储和发送的信息向版权人承担责任,按照什么标准来承担责任?相信这是网络时代版权保护必须回答的关键问题之一。

在网络服务提供者充当"传输管道"的情况下,不论是内容提供者发送的信息,还是信息获取者访问的信息,均需经过网络服务提供者的计算机系统或其他设施才能实现。然而,一旦进入网络服务提供者的计算机系统,就会涉及对作品的"使用"(包括复制和传播),网络服务提供者就会陷入版权侵权的纠纷之中。但是在整个的传输过程中,网络服务提供者的计算机系统只是被动地、自动地复制和传播作品。

当网络服务提供者提供"代理缓存"功能时,他的服务器会将用户以前访问的网页存储一段时间,如果另一个用户也要求访问某个被存储的网页,网络服务提供者就可以从自己的服务器中下载该网页给用户,而不必再返回该网页所在的服务器上下载该网页了。这种情况下,网络服务提供者是否需要承担侵权责任也是一个问题。

有些时候网络服务提供者也可能会因为他人侵害版权而承担责任。例如,有些人未经版权人的许可就将版权作品上传到网络服务提供者的计算机系统中向公众进行传播,这个时候,虽然网络服务提供者没有直接实施侵权行为,但是其提供的服务帮助他人实施的侵权行为达到了目的,使得版权人的作品没有经过其允许就在网络空间向公众进行了传播,所以网络服务提供者在他人实施的侵权行为中自觉或者不自觉地扮演了某种角色,面临被追究侵权责任的风险。

(三)世界典型国家规范网络服务提供者版权侵权的立法和司法实践

1. 美国

美国对于网络服务提供者侵权责任的立法存在着一个发展的过程。

前期的美国对网络服务提供者侵害版权持严格责任原则,即要求网络服务提供者对其系统或网络中传输、存储或缓存的信息负审核监督义务,一旦其系统或者网络被他人用作实施侵权或者违法行为的工具时,不管网络服务提供者是否有过错,都应该追究其法律责任。这样的原则是在 1993 年 Playboy Enterprises. Inc. v. Frena 案件中得以确立的。后来,美国政府通过了《知识产权与国家信息基础设施》(Intellectual Property Information Infrastructure,简称"NII 白皮书"),该白皮书认为网络服务者既然因向用户提供网络服务而获利,就应当负担由此产生的风险;网络服务者也应当与出版商等一样承担严格责任(根据美国版权法,出版商应该承担直接侵权的严格责任),无论他是否有能力加以控制,都要为他所传输的侵害他人版权的信息承担法律责任。但针对该白皮书提出的意见,人们产生了很大争议。

经过几年的讨论与游说,美国对网络服务商的著作权侵权责任有了新的进展和变化。此种进展和变化的突出标志是美国国会两个关于网络服务商法律责任的法案。一个是 1998 年 2 月更名的《在线版权损害责任法案》(On-Line Copyright Liability Infringement Act),另外一个是《数字版权和技术教育法案》(Digital Copyright Clairification and Telchnology Education Act)。《在线版权损害责任法案》设立的主要目的是要保护 ISP 和 OSP 服务商,避免因使用者实施侵权行为而承担过重的法律责任。该法案规定:网络服务提供者在未主动传输、挑选、编辑受指控侵权信息及机器暂存未超过限定时间的条件下,不因传输或机器自动复制、暂存了使用者侵害他人著作权信息而承担著作权直接侵权责任、辅助侵权责任或代理侵权责任。《数字版权和技术教育法案》的规定则强调除 ISP 在收到著作权侵权通知且有合理机会限制所指控著作权侵权行为外,对传输内容没有编辑、修改权能的网络服务提供者不承担法律责任;单纯提供连线、传输服务的 ISP(access provider)不承担直接、代理或辅助等任何形式的著作权侵权责任。

随着网络服务者重要性的提升以及国际社会对网络上著作权侵权的重新认识,美国于 1998 年 10 月通过了《数字千年版权法》。该法案详细规定了网络服务提供者版权侵权的责任限制问题。根据该法案,只要网络服务提供者尽到了合理的注意义务,按照合理的程序提供服务,对侵权信息及时地进行了处理,一般能够被免除侵权责任。

2. 德国

作为欧盟成员国的德国在 1997 年 6 月制定了世界上第一部规范计算机网络的成文法——《规定信息和通信服务的一般条件的联邦立法》(学者一般称之为"多媒体法")。该法对网络服务提供者进行了分类,并根据不同类型的服务者规定了不同的责任:对于信息提供者,应该依法对自己制作和编辑的内容负全部责任;对于中间服务商,一般不对第三者的信息承担责任,除非他们对这些信息进行了有意的利用;另外,如果他已经知晓了侵权信息的存在,但是没有采取措施禁止这些信息被其他用户接触,那么他应该与信息制作者承担共同的责任。而对仅仅提供接入服务的,则不需要承担任何责任。

3. 澳大利亚

澳大利亚 1999 年颁布的《版权法修正案》中对 ISP 的版权责任做了原则性规定:ISP 如不负责决定其所传输的信息内容时,就不为他人利用其网络或系统向公众传播侵权信息的行为负直接侵权责任,但根据有关法律的规定,有可能承担间接侵权责任。

其 1999 年通过的《广播服务法修正案》(又称《在线服务法》)规定,广播管理局在调查中发现有违法内容时,有权对 ISP 签发阻止接入(访问)通知书,要求 ISP 采取一切合理措施阻止违法内容的接入。

4. 新加坡

新加坡是亚洲电子商务及立法水平最高的国家之一,早在 1998 年,其颁布的《电子交易法》中,就对 ISP 的侵权责任豁免问题做出了规定。据此,ISP 在为第三方的信息内容提供接入服务时,对其系统或网络中自动、暂时性存储的侵权信息在其无法控制的情况下不承担民事和刑事责任。

5. 日本

日本目前也尚未制定系统的有关 ISP 侵权责任的法律,但在其 1997 年通过的版权法修正案中涉及了电子布告板经营者的义务。据此,电子布告板经营者对其系统上的信息富有常规监督义务,但对何谓"常规监督"没有明确规定。

6. 中国

目前,我国关于网络服务提供者的侵权法律责任在相关法规中加以规定。提供连线服务的网络服务提供者,因其对网络信息不具备编辑控制能力,对网络信息的合法性没有监控义务,因此对他人在网络上实施的侵权行为没有主观过错,侵权的法律责任应由行为人本人承担;但是如果网络服务提供者通过网络参与实施侵犯著作权的行为,或通过网络教唆、帮助他人实施侵犯著作权行为,属于共同侵权,应当与直接实施侵权行为的人承担连带责任。另外,没有严格区分网络内容提供者与网络服务者,所以,对提供内容的网络服务者的侵权责任也加以规定,即提供内容服务的网络服务提供者,在著作权人要求其提供侵权人网络注册资料的情况下,负有提供该注册资料的协助义务;网络服务提供者无正当理由拒绝提供的,应当承担相应的侵权责任;当著作权人向网络服务提供者提出警告或索要注册资料,只要他提供了法律规定的资料,网络服务提供者就应该采取相关的措施,反之,如果不符合上述形式要件,则视为未提出警告或索要请求;网络服务提供者应著作权人的要求采取移除等措施制止侵权行为,是维护著作权人合法权益的合法行为,不应为此向被控侵权人承担违约责任;如果著作权人指控的侵权不成立,而网络服务提供者采取措施给被控侵权人造成损失的,网络服务提供者不必为此承担赔偿责任,该责任应由提出不当警告的著作权人承担。

(四) 国际公约对网络服务提供者的版权侵权责任的规范

1. 世界知识产权组织

《世界知识产权组织版权条约》正文本身虽没有对 ISP 的版权责任做出规定,但在其所附的解释版权人的网络传播权的声明中指出:仅提供传播物资设备的行为本身不构成版权侵权。据此,可以推出结论:提供传输存储设施的 ISP 对他人提供的侵权信息不负侵权责任。

2. 欧盟

可以说欧盟在网络信息传播以及电子商务的发展上仅次于美国,所以欧盟非常注重依法规范网络上的版权侵权以及电子商务。

欧盟在 1997 年底形成的《关于协调信息社会版权和有关权规则指令的建议》中指出,某些技术性的、没有独立经济价值的复制被排除在版权人复制权范围之外。1999 年 5 月,欧盟委员会公布的《版权指令草案》也规定,如果在网络服务提供者系统或者网络中自动形成的中介性的、暂时性的复制件属于技术性的没有独立经济价值的复制,就不受版权人的控制。从这个意义上说,作为传输管道,网络服务提供者至少不必承担侵犯版权人复制权的责任。

1998 年底,欧盟委员会公布的《与电子商务有关的法律问题的指令的建议草案》中特别提到了如果网络服务提供者不是信息的初始发送者,不选择信息的接收者,也不选择所传输的信息内容,就不为其所传输的信息和访问的通信网络的行为承担侵权责任。该建议草案还特别指出,被传送的信息仅仅由于执行传输的缘故而产生的自动的、中介性的和暂时性的存储,享受上述责任豁免的待遇。根据这一建议草案,网络服务提供者作为信息的传输渠道就不必承担版权侵权的责任了。

综上所述,对于网络服务提供者的版权侵权归责原则,大致上存在三种不同的模式。一是严格责任原则。要求 ISP 在提供中介服务过程中,对其系统或网络中传输、存储或缓存的信息负审核监督义务,一旦其系统或网络被他人用作实施侵权或违法行为的工具时,不管 ISP 是否有过错,都要追究其法律责任。二是过错责任原则。该原则不要求 ISP 在提供中介服务时履行审核监控义务,在他人利用 ISP 的系统或网络实施侵权或违法行为时,只有 ISP 知道该侵权或违法行为发生而不予阻止时才负责任。三是折中责任原则,即要求 ISP 在提供中介服务时履行合理注意或常规监察义务,但遗憾的是何谓"合理注意"或"常规监察",其标准是什么,ISP 违反该义务时应负何种责任等问题仍模糊不清,导致这一原则在实践中很难操作。

总之,在规范网络服务提供者侵权责任时,应尽量注意平衡版权人和网络服务提供者之间的利益。所以,我们应该明确网络服务提供者对著作权侵权的过错责任,不使其轻易承担过重的责任,以保护和促进新兴的网络产业的健康发展;同时也对其行为做出约束,明确其在何种情况下应当承担侵权责任,以促使网络服务提供者进行自我约束和自我保护,维护著作权人的合法权益。

二、数据库法律保护问题

在网络时代,电子数据库存储、处理和传播着大量的信息,人们的生活和工作已经离不开这样的信息工具。有人认为,目前人类正经历着以信息高速公路为基础,以数字式技术、网络技术和多媒体技术为代表的有史以来的第五次信息传播的革命,人类社会即将进入信息社会,社会经济也将转变成为信息经济、网络经济。因此,促进和保护数据库领域的投资不仅对信息产业,而且对整个社会的进步,都具有重要的意义。法律应该给予数据库的投资者以有效的保护,制止不劳而获的"搭便车"的行为,维护数据库市场正常的秩序,这已经成为一个不争的事实,目前的问题就在于怎样来对数据库进行保护。

(一)数据库法律保护问题的产生

数据库本来是计算机行业的一个术语,是指在计算机存储设备中按一定的方式存储在一起的、相互关联的、为用户共同关心的全部数据的集合。在英文中,与数据库相对应的词是 database,其中,data 源于拉丁文"LatDatum",意指资料、信息,database 实指资料库、信息库。法律意义上的数据库,主要是指以系统和有序的方式编排并通过电子或其他方式逐个查阅的独立作品、数据或其他资料的汇集。显然,它比较接近于著作权法上汇编作品。按照欧盟《数据库保护指令》第一条第二款的规定,数据库是指经系统或有序安排,并可通过电子或其他手段单独加以访问的独立的作品、数据或其他材料的集合。按照美国国会法案的定义,数据库是指经系统或有序安排的、现有的或将来开发的任何形式或介质体现出来的作品、数据或其他材料的集合、汇集或汇编。世界知识产权组织关于数据库的知识产权公约则几乎照搬了欧盟指令的定义。

其实,关于数据库的法律保护不是一个全新的问题。传统形式上的数据库,如百科全书、电话号码簿等,法律上主要通过著作权有关保护一般编辑作品的形式加以保护。但是由于计算机技术的迅速发展以及其在社会生活各个方面的广泛应用,信息被大量地数字化,而电子数据库具有存储信息量大,检索快速、方便,便于传播和资源共享等特点,所以引起了全球对电子数据库保护的重视。

如果想要将电子数据库按照汇编作品来保护,就必须具有原创性这一基本要求。也就是说,选择、编辑数据库的行为必须符合著作权法要求的原创性,该电子数据库才会获得有限的著作权保护,且这种保护仅限于该数据库作为编辑作品本身,不延及数据和事实本身。这样就会使得大量非原创性的数据库被排除在保护范围之外。

给予数据库以法律保护非常重要而且具有现实的意义。数据库的制作者要投入大量的人力、物力和财力去搜集整理原始数据,并对其进行编纂、加工、整理,最终以适当的方式向社会提供。而数据库又极其容易被人复制、剽窃,并可以广为流传。数字化复制成本与开发成本相比几乎可以忽略不计,竞争者的搭便车的行为使得开发者的竞争优势非常薄弱,权益特别容易受到侵害。如果任其发展,则会挫伤人们对数据库开发的热情,社会需要的信息将会供不应求。因此,今天对于数据库的法律保护已经被世界上绝大多数国家所接受,但是问题在于怎样进行保护,才能在两个彼此冲突的价值目标即保护信息搜集者的劳动以促进其做出更多的贡献和保证公众获得这些信息的价值目标之间进行平衡。

(二)各国对数据库保护的立法和实践

纵观世界各国对数据库的保护,主要存在着三种方式:采用著作权法保护、不正当竞争法保护和赋予数据库以特殊权利来加以保护。

1. 美国

1976 年的美国版权法规定,是否给予汇编作品以版权法保护,要看汇编的"选择、协调和编排"是否具有原创性,即所谓的"额头出汗"原则。该原则对于原创性的要求非常低,只要汇编作品并非抄袭他人,而且付出了实质性的投资(包括经济、时间、精力等的投入),就可以得到版权保护。

美国也曾试图赋予数据库以特殊权利来加以保护。1996 年,在国内数据库产业界的努力下,"法院与知识产权小组委员会"主席向国会提交了《1996 年数据库投资和反知识产权侵权法法案》,即所谓的 H. R. 3135 法案。该法案对数据库采取特殊权利保护的方式,但是由于美国教学、科研、图书馆等非营利性机构以及消费者权益保护组织的激烈批评,该法案没有得到国会支持。1997 年美国众议员 Howard Coble 提出禁止盗版信息集合体法,即

H. R. 2652 法案。该法案避免使用较为敏感的"数据库"一词,而是使用了不为人所注意的"信息集合体"一词,但其内容仍然是关于数据库的特殊权利保护的。虽然该法案对于数据库的保护范围没有像 H. R. 3135 那样广泛,但公众仍对其持有怀疑,所以也没有得到国会通过。目前,美国国内对于是否采取特殊权利的形式保护数据库尚无定论,各个利益方仍然在进行较量。随着欧盟《数据库指令》的出台及实施,相信美国也会很快有所表示。

1997 年的"摩托罗拉"案件中,美国法院依据反不正当竞争法驳回了原告 NBA 不正当竞争、侵犯版权的起诉,认为摩托罗拉通过自己的网络汇集、整理、传输信息,独立完成数据库的制作,没有搭 NBA 的便车。这样的判决避免了像 NBA 那样强大的体育组织垄断信息,制约新的信息产品和服务的开发,进而损害公众利益。

2. 德国

德国著作权法对作品独创性的要求非常高,但是存在一个特例,就是"小钱币"原则。该原则认为,目录、价目表、电话号码簿、食谱等,只要在材料的汇编上有最低程度的创作高度,就可以受到著作权保护。但是,该原则只适用于汇集事实性材料的数据库,对于其他类型的数据库则难以适用。由于德国是欧盟的成员国,而《欧盟数据库指令》中没有创作高度的要求,因此,对数据库的要求标准有可能大大降低。但总的来说,在德国,为数据库提供著作权保护是较为困难的。

另外,德国《反不正当竞争法》(1987 年修订)规定,任何人在工商活动中为了竞争的目的实施与诚实的习惯做法相悖的行为,均应被禁止和责令支付赔偿,并在下文中列举了种种具体的不正当竞争的行为。尽管德国的这种"概括加列举"的方式并没有将窃取数据库制作者劳动成果明确地列举为不正当竞争行为,但是这种行为违反了诚实的习惯做法,因此也属于不正当竞争之列。

3. 瑞典、丹麦等国

瑞典的著作权法规定:汇编了大量信息条目的目录、表格或与之类似者,自其出版之日起十年内,他人未经其制作者的许可不得复制。丹麦、芬兰、挪威和冰岛的规定与瑞典基本相似。显然,此规则实现了对不具有独创性的数据库的保护,唯一的条件就是受保护的数据库必须含有大量的信息,并且只享有 10 年至 15 年的保护期。

4. 中国

目前,我国涉及数据库著作权保护的法律法规主要有:《中华人民共和国著作权法》《计算机软件保护条例》《实施国际著作权条约的规定》等国内立法,还有我国参加的一些国际公约,如《伯尔尼公约》《世界版权公约》等。

汇编若干作品、作品片段或者不构成作品的数据或者其他材料,对其内容的选择或者编排体现独创性的作品,为汇编作品。其著作权由汇编人享有,但行使著作权时,不得侵犯原作品的著作权。虽然我国有关编辑作品的规定可以适用于数据库,但是并非所有的数据库都是编辑作品,选择或者编排必须体现独创性。因此,在我国数据库必须具备独创性才能作为编辑作品受到保护,不具备独创性的数据库不能受到著作权法的保护。

"阳光公司诉霸才公司"案是我国第一起关于电子数据库制作者维护自己在采集、整理、传播信息中所付出投资的案例,最后二审法院根据《中华人民共和国反不正当竞争法》判决霸才公司败诉,从而有力地保护了阳光公司的权利。这一判决说明,电子数据库的制作者可以根据法律的规定要求法院保护自己在数据库上的投资,制止他人窃取数据库制作者劳动成果的搭便车行为。这种运用法律来保护自己权利的方法,对于那些无法获取版权保护的数据库制作者来讲意义尤其重大。

(三)国际社会对数据库保护的立法

1. 欧盟

欧盟关于数据库保护最为突出的一点,就是通过了《关于数据库的法律保护的指令》(以下简称《指令》)。

《指令》为数据库提供了著作权和特殊权利两种并行的保护方式。赋予数据库著作权保护主要体现于《指令》第三条第一款的规定:依据本指令的规定,凡在内容的选择或编排方面体现了作者自己的智力创作的数据库,均可据以获得著作权保护;本规定是判定一个数据库能否获得著作权保护的唯一标准。《指令》第七条是有关赋予数据库特殊权利保护的规定,其第一款规定:各成员国应为在数据库内容的获取、检验核实或选用方面,经定性或定量证明,做出实质性投资的数据库制作者规定一种权利,即防止对数据库内容或经定性或定量证明为实质部分进行提取与或反复利用的权利。按照这种机制,在内容上或者编排上具有独创性,在数据库内容的搜集、整理上有实质性投资的数据库均可以受到著作权和特殊权利的双重保护。另外,《指令》还规定给予数据库特殊保护的期限是十五年。

可以说,欧盟的《指令》对于数据库法律保护进行了有益的探索,但是也遭到了很多欧盟之外的国家的非议,认为《指令》过多地关注数据库权利人的权利,而忽视了社会公众的利益。

2. 世界知识产权组织

《伯尔尼公约》规定了对汇编作品的保护问题,但是这种保护能否给予选择和编排"不受著作权保护的资料"而形成的数据库尚存在争议。所以,在1991年世界知识产权组织召开了一次专家会议,会议的备忘录中肯定了汇编作品包括以印刷形式和计算机存储形式存在的数据库。

《世界知识产权组织版权公约》在第五条的标题"数据汇编"之后于括号中加注了"数据库"字样,至此,数据库在著作权国际条约中的地位最终得到了确认。该条规定:数据库或者其他资料的汇编,无论采取何种形式,只要内容的选择和编排构成智力创作,其本身即受到保护。这种保护不延及数据或资料本身,亦不损害汇编中的数据或资料已经存在的任何著作权。

世界知识产权组织于1996年在日内瓦召开了"关于著作权与邻接权问题"的外交会议,会议上提出了《关于数据库知识产权条约》遗憾的是该条约没有获得通过。之后,世界知识产权组织又多次召开关于数据库知识产权保护的信息会议,力图形成一种有关数据库特别保护的制度,但是由于各方争议较大,所以未能形成统一决议。

3. 世界贸易组织

TRIPs第十条第二款规定:数据或其他内容的汇编,无论是采用机器可读的方式或者其他方式,只要其内容的选取或编排上构成了智力创造,就应对其本身提供保护。这样的保护不应扩展到数据或内容本身,不应影响对数据或内容本身所获得的任何著作权。此处的

"数据或其他内容的汇编",应从广义上加以理解,不仅仅包括文学艺术作品的汇编,还应该包括文艺作品之外的其他材料的汇编。

(四)总结

数据库通行的三种保护方式各有弊端。

数据库作为作品数据或其他材料的集合,由其制作者通过对作品、数据或其他材料进行选择、编排而成。这一过程与版权法上的汇编作品创作过程是相近的。利用版权法对数据库提供法律保护无疑成为一些国家的首选方式。据世界知识产权组织统计,全世界大约有一百三十多个国家为数据库提供版权保护。但是,如果数据库要获得版权保护,就必须具有原创性,而且只保护内容的选择和编排,不保护数据库的内容。所以,如果只能采用版权保护,则会阻碍数据库的发展。数据库的主要目的是针对各个领域的不同需要,尽可能多地收集相关数据,同时按照减少储存空间、方便检索、数据准确等商业原则来编排这些数据,以实现数据库的功用。大多数数据库都有其特定的用户群体,数据库必须迎合这些用户群体的使用习惯和检索目标,数据库的这些功能性要求使得数据库的制作者只能在有限的自由空间去从容地进行个性化设计开发,如在数据库的编排上多采用为相关公众所熟悉和接受的某一显著特征的序列进行结构设计,数据库的表达形式就不可避免地同其内容相混同。

采用反不正当竞争法的方式来保护数据库权利人的权利,保护的范围和保护的标准都将极为不确定,这使数据库制作者很难预见自己是否能够受到反不正当竞争法的保护,在执法和司法上也难以保证正当竞争者的权利得到维护。

采用数据库特殊权利保护,目前只有欧盟有这方面的相关规定,在欧盟之外很难得到实施。这是因为数据库特殊保护权利体系只注重保护数据库制作者的利益,而很少或基本上没有考虑到信息社会中的公共利益。授予数据库制作者对数据库的内容享有权利,必将限制信息的自由流通,公共领域的事实信息"私有化",对社会公正性造成消极的影响。而且数据库特殊权利是针对数据库的内容而存在的权利,而数据库制作者只不过是将内容"复制"到数据库中而已,并非制作者的劳动产物,如此一来,制作者享有的特殊权利就会与他人对数据库的内容的已有权利产生冲突,数据库将对这些已存在的权利构成严重阻碍。

第七章　知识产权法视阈中的合成生物开源模式

第一节　合成生物知识产权保护概述

一、合成生物学简介

(一)合成生物学概念

生物技术、信息工程技术等技术的迅速发展,促成了合成生物学的产生、发展。合成生物学的产生和发展,是人类探究生命密码乃至创造生命,实现从"读"到"写"的必然结果。自20世纪合成生物学已初露端倪,进入21世纪以来,合成生物学更是得到迅速的发展,取得了丰富的科研成果,开启了生命科学的新纪元。

目前,对合成生物学并没有统一的定义。就其生物技术内涵而言,合成生物学同基因工程一样属于在分子水平上对基因进行设计和改造,后者是前者的基础,前者又是后者的延伸,二者最显著的区别是合成生物学更侧重重新设计自然界中不存在的生命体;就其工程学内涵而言,合成生物学主要包含运用自上而下的工程策略,使用抽提和解耦的方法将复杂的生物系统凝练成工程化的标准模块,进而运用自下而上的策略,利用标准化模块,构建具有期望功能的生物体的工程内容;就其科学内涵而言,合成生物学与自上而下的生物工程相辅相成,旨在从"合成"的理念和策略出发,突破生命科学传统研究从整体到局部的"还原论"策略,通过"从创造到理解"的方式,探究生命的规律,开启理解生命本质的新途径,建立生命科学研究的新范式。尽管很难对合成生物学作出统一的共识性的定义,就其技术基础和研究内容而言,我们可以这么理解——其是一门立足于分子生物学、信息科学、计算机科学和工程学等学科基础,以"改造"甚至"创造"生物体为主要内容,探究生命规律、造福人类的新兴生命工程学科,其研究内容主要有:(1)工程化的功能模块,包括生物分子的合成和模块化、生物合成基因网络等;(2)接口,包括调整、修改输入一输出过程,调整不同亚细胞组件间的层次化相互作用使得模块具有可拆装性;(3)开发平台,包括优化生物或非生物载体,达到提高工程系统效率及其对环境的兼容性等目的;(4)调控和通信系统,包括生物部件的反馈、前馈机制,以及行为和通信方式的模块化;(5)各种模块的仿真、预测算法和相应软件等。具有显著的工程化特质,合成生物学研究者期望通过工程化的方法将工程化的概念引入合成生物学领域,使该研究呈现标准化、模块化和系统化,以推进细胞工厂和人造生命等科研进程。

(二)合成生物学技术基础

作为一门跨学科的新兴"会聚性"科学,合成生物学的产生和发展离不开学科的融合和其他学科领域的技术支持。合成生物学旨在于分子细胞层面,运用基因编辑技术、重构生物元件,并设计共用线路将生物元件进行连接,以实现工程目的。相应的,生物学领地的基因工程技术、计算机领域的线路设计技术和信息学领域的数据分析技术等基础技术构成了合成生物学的技术基础。

1. 基因工程技术

基因工程包括基因编辑技术和 DNA 重组技术。合成生物学的产生离不开传统生物学特别是分子生物领域基因工程技术的支持。合成生物学在生物领域表现为运用基因编辑技术和基因组改组(重组)技术达到合成新的 DNA,构建全新的生物元件,并利用标准化生物元件对现有的基因线路进行改造,这也是合成生物技术与传统生物技术的显著区别。合成生物学与基因工程位于基因层面生物技术研究的两个阶段,而基因工程构成了合成生物学的技术基础。

2. 计算机线路设计技术

电子计算机给人类生活带来了深刻的影响,电子计算机的核心技术是各种逻辑之间的电路运算。参照计算机电路逻辑运算的思想,合成生物学家努力构建以各种 RNA、蛋白质和修饰的 DNA 调节器等生物元件组合而成的遗传装置,来控制基因的表达,实现对生命遗传"代码"的重新编程进而使该装置执行特定功能以达到期望的目的。基因线路改造生物工程的方法具有重大的潜力,将对人类日常生活的众多领域产生重大影响。

3. 信息工程数据分析技术

21 世纪为信息大爆炸的时代,生物信息亦如是。随着人类基因组计划(Human Genome Project,HGP)的完成,人类获取并利用各种生物数据和信息的能力迅速发展。如何从浩瀚的信息中挖掘、筛选、利用有用的信息,是生物科学领域的重要课题。由此,参照信息科学中的数据分析技术,也催生了生物信息学。生物信息学主要是基于已有的生物数据,获取有用的"知识",发现并识别功能基因,以为人类所用。合成生物学不局限于"解释"生命,更旨在"改造"生命,因此需要运用数学模型和信息处理技术来模拟、预测和优化生物模块的性能,信息分析技术与生物信息技术的发展很大程度上会推动合成生物学的发展和技术革新。

(三)合成生物学应用前景

合成生物学通过对生物分子系统和细胞功能进行工程化的改造,在医疗卫生、环境治理、化学工业等诸多与人类生命健康、生存环境和生产生活密切相关的产业领域显露出自好的应用前景。

1. 维护人类健康

在工程化设计思想的指导下,利用人工合成的生物体进行疾病的诊疗、药物的生产,已经取得了令人瞩目的成就。例如:在疾病的诊疗方面,通过人工改造蝙蝠状病毒,帮助人们理解了 SARS 病毒如何获得了感染人类的向性(亲和性),促进了人们对 SARS 病毒的研究和预防。在药物的生产方面,利用工程微生物发酵生产青蒿素前提,通过化学法合成青蒿素,避免了从植物青蒿中提取青蒿素的不确定性,起到了稳定供应、降低成本,增强了药品可及性。随着合成生物学研究的深入,其或将在疾病的诊疗和药物的研发方面发挥更广泛的作用。

2. 推进环境治理

伴随工业化进程的推进，环境污染问题愈来愈突出，环境问题的治理愈来愈引起技术领域和政策制定者的注意。针对有毒化学品释放到环境中引发的环境污染，可以运用合成生物学技术构建生物传感器以实现对有毒有害物质进行快速评估和检测，以便于高效地、有针对性地消除有毒有害物质。同时，运用合成生物学制造"工程微生物"，还可以进行生物修复，实现环境治理的目标。

3. 生产生物绿色能源

当前，人类使用的能源主要由化石燃料提供。化石燃料具有不可再生性，而且其大量使用也会引发环境污染问题。对清洁能源的探索，也是合成生物学领域的重要课题。生物能源本身也是具有广阔发展前景的研究方向。其中，乙醇、高级醇和生物柴油是生物能源中的代表，利用合成生物学技术可以高效率、高质量地完成这些清洁绿色能源的生产。或可以预见，合成生物学在生物绿色能源领域的应用，将会越来越广泛而深入，其自身的发展可能会缓解资源紧张的现象。

当前，尽管合成生物学还有待发展，合成生物技术还有待进一步研究，但基于合成生物学理论和技术设计，合成生物学技术及其产品在医药、化工和能源等与人类健康和生产生活密切相关的领域或将释放突出的效能，给经济社会发展和人类生产生活造成重大而深刻的影响。

二、合成生物知识产权保护现状

通过阅读文献可以发现，合成生物学相关的知识成果涉及专利、商业秘密、著作权和商标权等四种知识产权保护方式。对于合成生物学知识产权保护，主要表现为对合成生物技术的专利保护。谢华玲等作者通过专利检索，借助 Derwent Data Analyzer(DDA) 软件，从专利申请时间、国家与地区、专利所属技术领域等方面对上述合成生物学相关专利进行详细分析，对于了解合成生物学知识产权保护具有很大的帮助。通过该文章，我们可以发现，合成生物学知识产权保护主要经历了三个时期。

（一）缓慢发展期（1974—1993 年）

1993 年之前，为该技术领域专利技术发展的萌芽期。该时期内，合成生物学领域专利申请量比较少，申请专利的技术以基因合成研究为主，代表性专利包括美国吉利德科学公司申请的用于检测靶分子的特异结合 DNA 化配子的专利。美国凯斯西储大学申请的外源基因编码蛋白转染人骨髓间充质干细胞专利，日本三菱化工株式会社申请的用于植物抗病虫害的新型蛋白基因和载体的专利。

（二）快速增长期（1994—2003 年）

得益于同时期基因组学的快速发展，合成生物学自 20 世纪 90 年代起得到了迅速的发展，该时期为专利技术发展的快速增长期。这个时期的合成生物学领域专利申请量显现出非常明显的增长趋势，该领域内许多大型企业已经逐步成长起来并建立了自身的技术竞争优势,如荷兰阿菲马克斯技术公司在定向分子进化方面申请了大量专利,代表性专利包括通过随机片段化和重组进行的 DNA 诱变等专利。美国斯克利普斯研究所和美国马克西根公司也在这个时期开展了合成生物学研究并迅速崛起,多项专利技术被其他机构大量引用。

(三)平稳发展期(2004 年)

随着人类基因组序列测定项目的完成,各类组学技术也相对成熟,生命科学领域研究进入了稳步发展时期,合成生物学也逐步走向成熟。本时期内,进入合成生物学领域的机构多为中国机构,由于合成生物学伦理与生物安全的争论等原因,本时期专利申请量呈波动上升的态势,该技术领域的专利技术以应用为主,代表性专利技术主要涉及重组可变抗体和培养用于生产可再生柴油或喷气燃料的微生物种群等。

事实上,考虑到不同国家和地区的合成生物学发展程度的不同,各国各地区对合成生物学知识产权保护的态度可能存在差异。当前,美国、中国以及日本在合成生物学领域的研究居于世界前列。作为技术强国,美国对于合成生物学的知识产权保护,特别是对于合成生物技术的专利保护,可能是大力支持的,并确立了人造微生物的专利适格性和人工合成基因的可能具备专利适格性。这对生命科学领域特别是合成生物学领域相关技术知识产权保护具有启示作用。就整体而言,尽管涉及生命的合成生物学领域之研究存在广泛的、激烈的科技哲学和伦理学上的讨论,基于现有知识产权法律制度,对于具备知识产权法律特征,特别是对于符合专利法所规定的授权客体、满足专利授权条件的合成生物学相关技术特别是"制造"非自然存在的"基因"等延伸并应用于分子层面的合成生物技术,给予专利法上的知识产权保护已经比较寻常,实际上,尽管关于合成生物学研究模式和保护模式在学术界和产业界可能存在激烈讨论,越来越多的合成生物学研究机构和人员已经越来越注重为自己的研发成果寻求知识产权保护。

三、合成生物知识产权保护分析

(一)专利保护促进创新论

受功利主义法学派的影响,知识产权制度特别是专利制度一直以来被当作促进技术创新的工具。不可否认,尽管专利不可能脱离"专权擅势"的狭隘,但其在一定程度上也发挥了促进技术创新和激励发明创造的功能。

专利制度可以保障和促进技术创新的主要论据有以下几种。

1. 可以补偿技术创作人员的必要付出

特定领域技术的发展是由特定的人群完成的,这些人在推动技术革新上支付了知识成本,付出了大量的时间并为了这项技术的生成付出了大量的辛苦和劳动,其智力成本,时间成本和经济成本都需要知识产权制度给予法律上的保障和补偿。

2. 可以奖励知识生产者、技术创作人员的知识增益

科学知识生产者、科学技术创造者进行知识生产极大地推进了社会生产力的革新与社会生产的发展,对人类的生产生活做出了突出的智力贡献。相关知识生产者、技术创作人员的付出与贡献应该得到鼓励与肯定,他们对人类社会的知识增益亦应得到法律上的确认和激励。这种确认与激励既应有精神上的鼓励,亦应有物质上的保障,给予知识产权保护即是一种确认与激励。

3.通过"领头羊效应",带动其他人的发明创造热情

"羊群效应"是指管理学上一些企业的市场行为的一种常见现象,其在科研领域也能得到体现。通常,技术的革新需要相关领域知识人的创造性贡献,他们不仅是技术领域的追风人,更是技术上的领风者,通过法律制度对这样的先进创作者给予确认和保障,一定程度上既可以鼓励其自身在科研创作上的热情,又能鼓励其他人员进行科学技术创新。

4.促进知识成果转化为产业发展的效能

有了技术创新更需要有促进科学技术成果转化为生产生活产品进而使之转化为推动经济社会发展效能的机制。专利保护体系可以实现技术与智力成果高效率地流通,专利制度不仅注重保护知识生产者、技术创造者的利益。还明确了专利权可以转让、许可与变更,促进其他主体的利益实现——其他主体只要同专利权人达成协议,就可以获得专利的使用权或所有权并将之用于生产生活谋求更大的经济利益。由此,通过技术方案的实施与知识产品的流通实现知识成果的社会经济效益。

5.专利充分公开使得发明创造更有针对性

申请专利权需要专利申请人将自己的技术方案充分公开,即以公开换保护。知识生产者、技术创造者之间若不能及时互知有无、互通有无,就很容易造成重复科研与重复创造,造成了社会资源的浪费,还必然会降低知识生产、技术创造的效率,专利制度则可以克服这些问题;专利制度要求专利申请人充分公开自己所申请专利的技术方案,可以使该技术领域其他发明创造者们知所行止,避免重复地"劳动",使社会整体的人力资源与智力资源得到更优的配置,进而促进社会整体的创新效率,并强化社会整体的创新能力。

创新是国家兴旺发达的不竭动力,合成生物学领域的创新越来越成为引领生命科学的风口。就合成生物学研究而言,其相较于传统的生物技术的研究,所消耗的成本会更大,因此给予相关研发人员知识产权制度上的保障特别是专利权的保护是必要的。对于个人或小的研发团体而言,"模仿"技术的成本可能较低,而"创造"这项技术却需要很大的智力、时间和经济等成本,专利制度即是通过给予专利权人以法定的特定期限内的垄断权实现对私人利益的保障,并促进知识成果的流通实现知识成果效益社会化。支持知识产权制度的论者认为,专利制度可以协调平衡科学技术的发明创造者,技术方案的使用者与知识产品的享用者等多方主体之间相互交织甚至冲突的利益关系。

同时,针对知识产权制度的不足,支持知识产权制度的论者认为尽管知识产权制度将设置技术壁垒提高后续研发的成本、提高公众获享知识的成本,但从长远来看给予知识生产者、技术发明创造者知识产权专有保护可以减少模仿、激励创新、促进技术革新,最终降低公众使用技术的成本并可以使公众获益。知识产权支持者基于良善的动机,忽视了知识产权制度特别是专利制度在确认、保障知识产权权利人对应权利的同时,更可能会造成知识传播和知识成果使用的"障碍",希望通过对私有权利的保护实现公共利益最大化可能显得一厢情愿。随着知识产权保护的强化,知识产权制度的弊端也愈发凸显,特别是权利簿上容易滋生躺在权利上睡觉的人。就技术领域专利保护而言容易滋生"专利蟑螂",造成权利人满足于现有技术的垄断利益,甚至失去再创新的动力。另一方面,权利造成的壁垒与藩篱,也会使本领域相近或下游技术人员因顾忌侵权、担心动辄得咎而放弃后续创新,反而造成了在阻滞技术革新的同时,束缚了知识成果的流通、利用与转化。

(二)专利保护阻碍创新论

专利制度犹如一把双刃剑,无可否认,专利制度通过对私有权利的保护可以激发技术人员进行知识生产与发明创造的动力,在一定程度上可以起到激励创新的作用。但是,专利制度也具有阻碍创新的风险,诸如过度的专利保护容易使技术领域"强者愈强、弱者愈弱"、形成"专利壁垒"、产生"专利丛林"等,这些都会造成对技术创新的阻滞。

认为专利制度可能会阻滞技术创新的主要论点有以下几种。

1. 基础技术被授予专利,阻碍下游创新

知识成果的取得往往有其知识基础。知识产权法,特别是专利法,也在法律规范中将科学发现和智力活动的规则与方法等排除在专利法的保护范围之外。相较于科学发现和知识规则与方法,建立在基础知识之上的基础技术,或许不能依照专利法排除。然而,如果授予这些比较基础的技术以专利保护,可能会阻碍这些必要的基础知识成果被应用于更为复杂、有用的技术研发之中。

2. 形成"专利丛林",阻碍技术革新

"专利丛林"往往出现在新技术领域,在电子通信技术领域与生物技术领域"专利丛林"现象尤为突出。在这些新技术领域,一项基础技术就可能包含众多琐碎的技术特征,该领域容易形成交错重叠,相互关联的权利束,即形成"专利丛林"。后续研究者、下游研发者若想利用这些基础技术再创新就需要穿过"灌木丛"般的分散、重叠、繁密的"专利丛林",逐项逐件寻求专利权人的许可,频繁而琐碎的授权及较为沉重的许可使用费用可能会抑制后续创新活动的开展。

3. "专利壁垒"阻碍技术革新

知识产权在国际贸易中的地位愈来愈凸显。某些技术强国在国际贸易中,时常铸造贸易壁垒、以保护知识产权之名行贸易保护之实。在商事活动中,贸易壁垒在知识产权领域内的体现即为知识产权壁垒。知识产权壁垒是指,在国际贸易中,某些国家在保护知识产权的名义下,对含有知识产权的商品如专利产品、贴有合法商标的商品以及享有著作权的书籍、唱片、计算机软件等实行进口限制或者凭借拥有的知识产权优势,滥用权利、设陷布阵限制别国的产业发展以搜取高额垄断利益的"绝缘"现象。其中,专利壁垒是指发达国家的政府或企业依靠其技术垄断优势,以保护专利等知识产权的名义利用甚至滥用专利制度的法律保护,实施各种不合理障碍措施限制其他国家的产品生产和贸易的做法。这种现象在包括生命科学领域的新技术领域比较凸显。这种技术强国或者技术比较先进的市场主体设置的"壁垒"严重影响了技术的革新和人类同等发展权。

4. 知识产权制度并不能起到"激励"创新和"平衡"利益的功能

有论者从哲学的视角否定基于自由主义经济学私权理论而产生的"知识产权制度"。论者谈到,支持自由经济的学者通常认为,只有确立了人们对于其劳动成果的专属权利,人们才可能加倍努力地创造财富。在每个人寻求自我利益最大化的同时,社会的资源得到了

最佳配置,社会整体的利益也实现了最大化。这对其他社会资源的配置而言可能有一定的道理。但是对于创新性的知识成果自由市场理论却不完全正确。并认为,以法律形式确认基于并不具有"独占性"知识原材料而生成的知识成果,有害于知识成果占有的"非排他性"和"共享共益"属性,并不利于知识的传播和惠及公众。同时,以法律形式保障"一己之私",只会使权利人愈发追逐"私利"而并不能实现"个人利益"与"公共福祉"的协调。为了促进技术革新和知识成果的惠及公众,论者提出了"基金激励"以实现"智识共享"和更好推动技术和知识成果的革新。

(三)合成生物知识产权保护的局限

专利保护被普遍认为是科技创新的基石,在过去几十年中随着知识产权保护的强化,专利制度得到了极大的加强。美国前总统林肯所言"专利制度就是给天才之火添加利益之油"常被支持专利保护者引为经典论据,经验地看专利制度对机械、化学等技术领域知识成果的保护或许促进了相应技术的发展与产业的繁荣。然而,随着以信息技术、生物技术为代表的新兴技术的兴起,新技术领域越来越依赖于更加复杂和互补的技术,越来越多的人担心过度的专利保护可能会使专利权人阻止其他公司将其依赖该专利的新产品商业化,并因此阻碍创新。合成生物学涉及生物技术与信息技术,合成生物技术领域密集的专利形成的"专利丛林"可能更容易造成合成生物科研领域的"反公地悲剧",进而可能会对合成生物研发和合成生物技术创新造成阻碍。

1."专利丛林"引发"反公地悲剧"

科学技术的发展离不开前人的智力成果的基础,科学大厦的形成不可能由无到有陡然而立,科技发明往往是建立在前人智力成果基础之上的累积式创新的产物。知识的更新、科技的创新不可能在贫瘠的公共领域中产出,现今的知识成果通常是基于前人知识成果再创新的结果,而过度的知识产权保护反而会抑制创新的力量。诚然,专利制度犹如"天然的双刃剑",其通过对私权的保障在一定程度上也许会激励人们的知识创作动机,但在特定技术领域广泛存在的专利权则可能会阻碍创新活动。特别是在包括半导体、生物技术、计算机软件和互联网等几个关键领域,专利体系正在创造一个"专利丛林"——相互关联、交互重叠的专利权,并造成创新活动受到束缚。合成生物技术领域"专利丛林"现象尤为明显,在一定程度上造成了对合成物学的束缚与合成生物技术发展的困境。

近年来,计算机信息工程技术和生物技术领域的专利显著增加,前文中亦述及合成生物技术专利申请量经过迅速发展后进入平稳增长期。合成生物技术领域专利的增长引发了人们对获取相关发明的严重担忧,更是引起了产业界的忧虑,因为专利的增长可能会导致"专利丛林"阻碍对现有申请技术的使用,最终导致"反公地悲剧"。"反公地悲剧"理论是针对"公地悲剧"理论提出来的,哈丁与黑勒分别以公共领域资源为例提炼出了"公地悲剧"与"反公地悲剧"理论,这两种理论模型也常被知识产权学界引为主张明晰产权和整合产权的理论依据。前者阐释的是未明晰产权的公共资源被过度开采后造成公地荒芜的悲剧,而后者阐释的则是烦琐的产权保护导致公共资源未被充分利用在闲置中被荒废。基于"反公地悲剧"的理论模型可知,烦琐的知识产权将会阻碍知识产品的自由流通、降低进行后续研发的效率。就生命科学而言,生命的基本单位为细胞,归根结底为受遗传物质调控的生命元件,生命体即依赖于各独立元件组成的生命装置、系统的运行以实现生命代谢活动,单个的基因不可能独立地发挥其功能,单个生命元件也不可能独立实现维持生命的代谢活动,合成生物学领域合成生物也由生物元件构成,在一个合成生物产品中可能需要几百个甚至更多生物元件,生物元件也构成了合成生物的基本单元并依赖同其他元件组成的遗传回路发挥功能。在合成生物技术领域,这些元件可能被申请专利并由不同的人持有,大量的专利存在,特别是大量基础技术与使能技术受到专利保护,势必会影响下游研发活动的高效率地开展——下游研发者需取得多方专利持有人的许可方得避免专利侵权,可能使下游研究受到阻碍而难以开展,最终阻碍合成生物研发进程与合成生物技术创新。即"专利丛林"必将导致知识产品被闲置最终引发"反公地悲剧",这也有违知识产权制度通过赋予知识成果以专有保护进而促进技术创新的初衷。因此,为避免合成生物技术领域"反公地悲剧"的发生并促进合成生物的研发和合成生物技术创新,应采取有效的研发模式和产权模式促进合成生物元件的有效高效使用。

2. 专利池的不可行

针对"专利丛林"现象,有学者提出专利池的应对策略。专利池又被称为专利联盟、专利联营、专利联合授权等,关于专利池的定义有不同表述,学者朱雪忠教授将专利池定义为两个或两个以上的专利权人达成协议,相互间交叉许可或共同向第三方许可其专利的联营性组织,或者是指这种安排之下的专利集合体。专利池通常是由某一技术领域内多方持有专利技术的主体通过协议联合组成,进入"专利池"的主体可以使用"池"内的全部专利从事研究和商业活动而不需要就"池"中的每个专利寻求单独的许可,也不需要向权利人支付许可使用费,而"池"外的专利技术使用者则可以通过一个统一的许可证较为便利地使用"池"中的专利。依据是否对"池"外主体开放可以将专利池区分为开放式专利池与封闭式专利池,而依据专利池是否营利可以划分为营利性专利池与公益性专利池,生物技术领域的专利池往往具有公益性。由于公益性专利池在本质上与开源模式较为相近,故本部分仅以营利性专利池作为讨论对象。专利池在商业活动中应对"专利丛林"可能有一定的作用,然而其自身也存在弊端,而且其可能并不能满足合成生物学领域合成生物的研发需要。

专利池可以使同一技术领域的主体可以较为顺利地使用相互关联的技术,消除相互之间的"钳制"并在制度设计的立意上可能有利于第三方以较低成本获取专利技术,然而专利池本质上是多个权利人本着追求自身利益最大化而形成的专利联盟,拥有专利的主体联合起来对外谋求经济利益,这更容易形成市场支配地位、造成强势主体滥用专利权。专利池中专利权人"强强联合"更易造成对技术需求方在商事谈判中的被动,要么使技术需求方被迫支付高额许可费用,要么使技术需求方放弃使用专利技术,并不能使专利技术有效转化为生产力、无益于"专利丛林"的克服与"反公地悲剧"的避免,生物技术领域专利池同样可能会造成垄断机构反而更不利于技术的交流与创新。另外,专利池在多大程度上可以被用于基因技术领域以及其是否能达到预期的效果仍是不确定的问题。首先,生物技术往往具有公益性,而生物技术领域的专利池通常也不以营利为目的,其目的为不主张专利权的开放式创新而非通过"一揽子许可"的集中授权追求经济利益,并且有经济学家认为商事主体的密切关系和商业活动的均质性是专利持有人形成专利池的重要指征,而生物技术产业可能缺少这种密切关系也不具备均质性,因此于生物技术领域构建专利池可能会存在一定的困难,再者,专利池往往被应用于标准必要专利领域,即专利池的构建通常为互操作性的标准化的专利技术,而基因层面的生物技术领域仍缺少明确的技术标准,生物技术领域也极少有行之有效的专利池。

专利池是科技进步和专利制度结合的产物,在开放式创新环境下,克服"专利丛林"对技术创新的束缚与实施产业技术标准的需求催生了现代专利池的发展。然而专利池自身的易形成垄断以及生物技术的公益性、生物技术领域标准的不确定等多种原因则宣告了以通过"一揽子许可"使技术需求者便宜获取专利技术使用权并实现专利权人经济利益为目的的生物技术领域专利池难以形成。再者,合成生物学是一门多学科高度交叉融合的复杂性科学,合成生物技术领域的技术也具有突出的"会聚性"。会聚性技术领域的技术研发具有研究主体庞杂、投资强度大、需要昂贵且复杂的实验设备、多学科交叉融合、研究目标宏大等客观需求与特点,这也决定了合成生物技术领域需要开放式创新的知识生产方式,而以专利池形式的封闭式创新不能适应该技术领域的知识生产的需要与该领域科学界对开放式创新的期望。因此,试图建立专利池以实现合成生物技术的高效率创新与合成生物的高效率研发的设想既难以实现,其也不能满足科学界对自由使用生物元件进行下游创新的期望和产业界需要。

第二节　合成生物开源的知识产权法理与知识生产

自原始社会始,经由经济社会形态的更迭至当今社会,人类社会发展进程中形成了一系列的经验、知识。人类社会经这些知识成果或物化为生产工具直接推动或间接驱动而实现自身的发展,并在漫长的历史演进中逐渐确立、接续调整了对应的作为上层建筑部分的法律制度——基于原始自然占有、体力劳动而形成的着眼于有体物的财产权、物权制度。随着知识要素在社会生产和经济活动中的作用日益提高和"企业家"群体的崛起,着眼于知识利益的知识产权理论逐步建立。历史地看,无论以有体物为客体还是以无体物为客体的产权法律制度,都是生产活动所涉及的经济利益在法律制度上的体现。就知识产权制度而言,自其被创设之初即与经济、科技有着特殊的联系,于知识要素在社会生产活动中作用愈发突出的知识经济时代,这种联系更加明显。回顾产权制度与知识产权制度的历史,可以发现产权制度的确立特别是知识产权制度的确立,在科技创新和经济发展中发挥了重要的作用,而更需要注意的是,产权制度特别是知识产权制度的发展往往是由技术革新所推动的,针对不同类型的科学技术,考虑技术特性及知识生产方式的不同,知识产权制度则采取了区别的保护模式。相较于经过漫长历史演进的有体物的比较成熟稳定的产权制度,由于知识产权制度的发展比较晚以及知识产品更新的频繁,知识产权制度则更多地体现出随着新的科技成果及其生产方式的创新而更具灵活性、开放性与动态调整性,以真正实现知识产权制度保障知识生产者受偿合理对价、激励技术创新和促进知识总量最大化、共同智慧最大化的知识社会的进步。随着计算机技术的发展以及知识产权专有保护弊端的凸显,催生了软件代码开源模式的产生与发展,开源模式作为自由开放的研发模式、共享的产权模式也逐渐引起产业界和产权学界的关注。

一、合成生物开源实例

长期以来,人们普遍认为技术创新最好是由政府资助或类似产权的激励措施(如专利保护或著作权保护)来推动。然而,随着开源模式在软件领域取得的成功,以及新技术领域对用户、开放协作创新模式的深刻理解和个别领域技术巨头对开放共享模式的支持及其背后商业模式的远见,在新技术领域已经揭示了一种替代传统的严格知识产权保护的新型模式,以促进相关研究的顺利开展。事实上,开源模式也逐渐被考虑由软件领域引入到其他领域,合成生物学领域的开源模式的探索,既是重要的一例。

(一)开源模式

开源(open source),本指计算机软件的"开放源代码",而后逐渐演变为一种以合作、自由、开放与共享等理念为主导的知识生产方式,形成区别于封闭式创作、研发模式与专有保护的产权模式的新的研发模式与新的产权模式。开源是一种建立在政治经济学基础上的实验,即尝试建立一种可持续的价值创造体系和一套管理机制:这种管理机制将制作者群体凝聚在一起,而该机制有悖于人们经验的、直觉的财产发布权,这种政治经济学与人类的主要动机相关并有赖于一套富有创意和变化的组织结构来协调人们的行为。作为社会实践的开源运动或作为生产方式的开源模式自始即具有明显的意识形态色彩:相较于经典知识产权对"革新者""创作"动机的"保护"和"激励",开源运动与开源模式中人们或许比较注重自己所希望的政治策略的实现——即一种自由意志和自我价值的实现,一种完美的引领风尚,一种颂扬物质极大丰富而非紧缺的乌托邦天才文化,一种共产主义理想,一种旨在用更适合信息时代的"新"的"生产关系"替代落后的、"剥削式的"资本主义生产方式的政治运动。相较于纯粹观念形态对知识产权制度的批判,开源模式以更具有可行的现实基础与调整后的温和的产权模式实现了对知识产权制度的修正,同时也实现了对自身的修正,开源软件运动也日益壮大。

(二)合成生物开源——以生物砖基金会为例

开源模式在软件领域取得了成功,其他领域也注意到开源模式而尝试突破封闭式创新的藩篱以实现高效率的创新。硬件开源与专利开源在电子信息技术领域、电动汽车制造领域也初露端倪,硬件开源运动是开源理念向软件之外领域的延伸,在硬件开源模式中,硬件设计以及基于此设计的产品同样通过开源许可协议实现自由使用与分享,不同的是硬件领域所开放的"源"不仅是软件的"源代码",更是硬件的"设计来源的信息"。随着分子层面生物科学与技术的发展,特别是依赖基因组学与生物信息学的发展,生物技术领域同样存在着以开源理念为导向的探索新的实验性的研发模式、新的创新机制的运动,开源模式现在正被应用于合成生物学领域合成生物的研发。

生物砖基金会是一个由麻省理工学院、哈佛大学和加州大学旧金山分校的工程师和科学家创立的非营利组织,该基金会致力于推进合成生物学领域技术发展并使该知识成果惠及人类利益和全球公共利益。生物砖基金会运用开源的理念,通过构建开源平台使来自世界各地的关注合成生物学发展的人员均可参与到合成生物研发的过程中,并制定了第一个管理合成生物开源模式中所涉及知识成果的开源协议。在生物砖基金会运行下的合成生物开源模式中,参与到合成生物研发的主体之间通过开源协议约定、保障合成生物技术领域的生物材料、技术方案与数据信息等可以被自由使用,生物元件的贡献者承诺不向签署用户协议的使用者主张已有或将来可能申请的知识产权。合成生物开源模式以其自由、开放的研发模式成为克服分子层面生物技术领域"专利丛林"现象、避免"反公地悲剧"发生的一种选择,其以区别于封闭式研发模式个体生产的知识生产方式实现了合成生物高效率研发,并通过开源协议对相关知识成果的产权模式进行了规定。生物砖基金会运行的合成生物开源模式也成为分析合成生物开源模式知识产权问题较为成熟的案例。

二、开源的知识产权法理基础

前文在叙述开源模式的发展历程时已提及开源模式起初的反知识产权专有保护的意识形态色彩,然而,开源模式同知识产权专有保护、私有保护并非非此即彼、泾渭分明。开源模式尽管在产权保护强度上同知识产权专有保护、私有保护存在区别,但其在一些价值追求以及实现该价值的功能上同知识产权保护则具有一致性、互补性,即开源模式并非对知识产权制度的全然否定,而是与知识产权保护相互补充、共同促进知识产权法所确立的价值的实现门。"知识产权法学就是一个饱含理论论辩,进而也是一个蕴含法理富矿、充满法理思辨魅力的研究领域",关于知识产权正当性、功能意义与价值取向的经典讨论也体现了知识产权学界对知识产权学理的核心关切及知识产权学理的基本要义。其中,法的价值是法理学的基本范畴之一,其蕴含着基于理想与现实,应然与实然对立的深刻思辨,知识产权法的价值作为知识产权法的基本范畴之一,既具有一般法的价值构成要素,也具有特别法的特殊法理。法的价值即法于主体的有用性,是价值这一哲学范畴在法律层面的体现。知识产权法价值是价值理性与工具理性的统一体,法的核心价值即是正义,知识产权法的核心价值同样为知识产权权利人、知识产品的使用者和社会公众背后利益问题协调平衡的正义,同时知识产权法的产业政策工具属性使知识产权法更注重效率和创新,高效率的创新构成了知识产权法价值的灵魂。然而,知识产权价值实现仍受到文化差异、地域发展不平衡以及知识产权保护过度等问题的限制,在知识产权保护体系中,权利滥用以及知识产权壁垒可能会限制知识产品高效率地创新,权利藩篱也可能会损及公众对知识信息的获取、使用、获享知识发展成果的权利,而不利于公共利益角度正义价值的实现。知识共享或可克服权力垄断造成的价值难以实现的障碍,开源模式作为知识产权专有保护,私有保护的补充,或更有利于知识产品高效率的创新和公共利益的实现,开源模式同知识产权专有保护在高效率创新以及正义等价值追求上具有一致性。一致的价值追求使开源模式与知识产权保护具有协调、共同发挥作用的可能性,高效率创新与公平正义也构成了开源模式的知识产权法理基础。

(一)开源模式促进创新

哲学意义的创新是新质替代旧质、新事物替代旧物的过程,哲学范畴内的创新在知识产权法领域法律化后的价值则表现为知识产品的更新。通常认为知识产权法的功能在于激励创造、鼓励创新,即作为激励法的知识产权法具有鼓励文学艺术创作、科学技术发明创造的法律功能和目的,创新也构成知识产权法的主导性价值。漫长的人类历史在知识产权缺位的情况下仍不乏在创造中推动知识的进步和知识产品的更新,文学艺术与技术的创新有物质利益的需求,也有创作者、创造者自我价值的实现、赢得社会认可等精神需求,权利的确认并非鼓励创新的唯一路径。并且,过度的知识产权保护也可能阻碍创新,这种现象最突出的表现就是专利壁垒以及"专利丛林"对后续创新的阻碍。创新,特别是技术领域的创新通常具有连续性与累积性,后续研发需要建立在现有的技术基础上,合成生物技术领域突出的"专利丛林"现象将会阻碍后续创新活动,这就需要新的研发模式排除"专利丛林"的障碍,开源模式就是一种选择。开源模式不仅可以破除"专利丛林",其本身就可能比封闭式个体生产具有更高的效率。

开源模式促进高效率创新,与知识产权法的创新价值追求具有一致性,且开源模式可以实现高效率创新,与知识产权法鼓励创新的功能实现上具有互补性。开源模式的知识生产方式具有社会化大生产的性质,即群力群策共同参与到知识生产中。哈佛大学法学院的Yochai Benkler教授使用"peer production"来描述开源软件的知识生产方式,即系统阐述了开源模式知识生产的特点。"peer production",有学者译为"同侪生产",突出参与生产的主体的职业一致性,地位平等性;有学者译为"并行生产",体现主体参与知识生产的同时性;该词还有大众生产的意思,有学者使用"大众生产",以阐释众多分散的知识生产者通过网络平台协作、分享知识成果进行知识创新的知识生产方式。使用词语的不同,侧重的内容也有区别,软件开源模式中,知识生产主体的职业可能比较单一,即软件开源模式中的知识生产主体为具备相关知识的软件爱好者,表现为"同侪生产"及"并行生产""对等生产"的特征。随着新技术领域的出现,知识生产模式的演进以及知识产权对私权利的过度保护不能更好地顾及公共利益、对创新的阻滞等弊端的凸显,越来越多的领域如环境保护、农业和能源等引入并发展了始于软件领域的"peer production"。相较于"同侪生产","大众生产"最突出的特征即是为适应学科融合的需要不断扩充了参与知识生产的主体,体现了众人众智进行知识生产的特点,如Future Earth("未来地球计划"),Generation Challenge Progamme("全球挑战计划")。通过实例可以发现,随着学科融合和人类共同关切的环境保护、能源资源和生命健康等公共议题的异军突起,"peer production"在原有"同侪生产""并行生产""对等生产"的意涵上,又发展成为跨学科、跨领域、跨界域的"大众生产"方式,本书采用"大众生产",用以表述开源模式的知识生产方式。在科学技术知识生产中,通常需要不断试错,合成生物学领域同样如此。无可否认个人天资禀赋在知识生产上的作用,然而,随着学科交融和大科学的形成,相较于依靠个体较为封闭的知识生产,依靠集群式的知识成果的分享、大众合作可以更高效率地促进知识成果的改善、更新、推动科学技术的创新。同时,在开源模式中,知识产品可以高效率地自由流通,这也可以使下游研发者可能克服"专利丛林"的阻碍,促进后续创新活动的开展。而相较于个体承担巨额的研发成本,开源模式中参与知识生产的主体可以一起分担研发成本,使成本分散,从而鼓励更多的主体参与到开源模式中,鼓励知识产品的创新。

可见,无论是开源模式知识生产方式本身,还是其宽松的产权模式均能起到鼓励知识创新的功能,并且也可以于实践层面使创新活动高效率地开展,知识产权法创新价值可以在开源模式中更好地实现。开源模式对知识创新活动的促进、对高效率创新的保障也使其具有知识产权法的法理支持。

(二) 开源模式保障正义

法学是关于公平正义的学科,正义为法学的核心价值,法律人亦以公平正义为学术和法律职业的依归。哲学范畴的正义主要是一种道德判断和伦理追求,常常见仁见智、莫衷一是,具有极大主观性、随意性和不确定性,而正义作为法律价值则具体化为权利与义务以及利益关系。然而,知识产权特别是专利权这一法定垄断权也可能侵害公共利益,生命科学领域广泛专利的存在增加了公众享受技术成果的成本,专利制度以其固有的政治性决定着它的设定和修正绝不仅仅是基于法律的精确性,科学的事实或是经济计算,政治因素几乎绕不开的议题,在生命科学领域更是如此,其中最突出的即是公共福祉与全球正义——技术成果使公众受益。包括合成生物学的生命科学领域知识产权专有保护、私有保护可能更不利于公共利益,而开源模式则可以降低公众使用终端知识产品的成本,更有利于公共利益的保护和社会公正的实现。

开源模式可以矫正知识产权被滥用对公共利益的侵犯,通过维护公共利益,从而实现公众获享技术发展成果的社会公正,就对社会公正的保障而言,开源模式同知识产权保护的目的具有一致性,知识产权法不仅是激励法还是利益平衡法。作为私法的知识产权法以对私人的关注和私权的保护为逻辑起点,同时作为对涉及具有公共属性与商业属性二重性的知识产品背后公共利益与私人利益进行调整的制度,知识产权法也承担着对知识产权背后不同利益主体之间的利益进行平衡协调的功能,即知识产权法以实现公共利益与私人利益之间的平衡与协调为归宿。知识产权法体系中,著作权、专利权以及商标权均涉及多方利益,各方利益冲突之中最激烈的冲突即表现为知识信息的私人占有同公众对知识信息利用、文化发展成果的独占与垄断,同文化发展成果的共同享受与公平分享等权利形态的利益冲突。协调平衡个体与公众、技术发达方同技术发展方的利益即是知识产权制度的内在要求,利益平衡理论也构成了现代知识产权法的基石——知识产权法律"赋权"与"限权"的制度设置、知识产权国际条约基于对产权与人权的考量而对不同发展程度的国家和地区作出的制度区别安排、知识产权理论界对私权占有领域与公有领域的理论辨析均可体现利益平衡的考虑。利益平衡不仅限于知识产权制度内部,作为对专有保护的修正与补充,以"自由、开放、共享"为理念的开源模式也尝试在专有保护和共享之间寻求联结点,以实现个体利益与公共利益的平衡。基于社区意思自治的开源协议在开源模式的产权管理上发挥着重要法律功能,作为开源社区内自治性的法律文件,其在实现知识民主运动的有序进行及保有公有领域、实现个体利益与公共利益平衡方面发挥着作用。在生物开源模式中,如生物 BIOS 协议,也有效地保障了生物技术领域知识产品、知识成果在尊重知识产权的同时,为着人类健康、农业生产和环境资源的人类共同利益而在开源社区内最大范围内自由流动,以实现操作自由与合作自由进而实现知识成果惠及公众。

知识产权专有保护本身并不是设立知识产权的目的,设定知识产权只是为实现所有人获享知识发展成果的一种手段,即通过对个体权利的保障鼓励创新使知识成果惠及更广泛的公众,实现公共利益,然而,知识产权专有保护,特别是生命科学领域专利保护则往往使发达国家以及拥有专利权的个体获益,很难惠及公众和全球,开源模式则可以矫正此不足,降低知识研发的成本、更有利于保障公共利益,促进社会公正和全球福祉,公共利益的实现与公正价值的实现则也为开源模式提供了法理支持。

三、开源的合成生物学知识生产分析

以往人类历史的演进得益于知识生产力的推动并贯穿知识的生成,在生产生活中形成了一系列制度。作为经济社会生产关系的产权关系,受生产力的影响,连同影响它的生产力构成生产方式影响着作为上层建筑的产权法律关系。

理论源于实践并指导实践,可以发现合成生物学知识成果的形成,基于其自身的"会聚"(covergence)特征,关注本领域的人群更倾向于表现为模块化的分工协作方式和网络化的组织协调形式的"开源模式",这种开源模式,是"基于公共资源的大众生产理论"(Commons-based peer production,CBPP)的实践模式,与"大众生产"(peer production)相契合。由于合成生物开源实践具有主体大众化、动机多元化、组织网络化、任务模块化的特征,本部分尝试以 CBPP 理论解析合成生物开源实践的知识生产方式。

(一)基于公共资源的大众生产理论

基于对互联网信息通信技术领域 ICT 的自由与开源软件(Free and open source-software,FOSS)现象的分析,哈佛大学法学院 Banker 教授发展了基于公共资源的大众生产理论 CBPP。CBPP 代表着一种源于自由与开源软件实践的大众生产模式的理论化,这种大众生产模式的理论形式区别于基于自由市场(私有)和国家干预(公有)的知识生产系统,或可能成为市场与国家二分法的生产理论模式的替代方案。CBPP 理论实践中,以 peer to peer 为主要特点的大众生产,尽管在学界存在激烈讨论,事实上其也尚不能完全脱离资本主义生产方式的桎梏,但前者逻辑与后者完全矛盾,大众生产愈发表现出对传统生产模式下组织、生产、分配与经营等活动的突破与超越,随之而来的可能是区别于私有与公有的第三种产权模式。CBPP 理论及 P2P 大众生产实践,为本书讨论合成生物的知识生产模式具有启示性指引。

Commons-based peer production,有不同的翻译用法,使用译名的不同,表现出不同学者对于 CBPP 理解和观察的角度不同,其中,"commons"有公共用地、共有物和公共资源的意思。哈丁所著 Tragedy of the Commons 往往以"公地悲剧"的译名为关注公共资源的经济学者和知识产权法学者所知,而 CBPP 发展历程中的重要人物奥斯特罗姆所著 Governing the commons 则以"公共事务的治理之道"见知……历史地看,早期软件领域,为了产生、共享信息与知识,同行以社区为平台进行合作,平台汇集了许多自愿参与到软件开放开发活动中贡献的知识信息,这些知识信息具有公共资源的性质,平台则表现出公共的特征。软件知识信息大众生产的本质是利用公共资源形成公共团体,在公共平台进行公共事务的生产,而软件领域这种生产模式对知识产权专有保护的合理对抗甚至超越,促使了知识生产领域 CBPP 理论的形成,也启示了 CBPP 可以成功超越知识信息生产并被扩展到了硬件设计和制造领域。这种生产模式应用领域的拓展,由知识信息到应用知识的机械领域,无不因应知识的累积,使 CBPP 理论模式更适用于非物质产品领域。美国科学社会者默顿指出,科学知识更需要共产主义的生产与分配方式。这些论断在一定程度上说明了知识要素的公共性和知识生产的累积性,也揭示了与知识直接或者间接相关的生产活动大都立足知识原材料公共属性的本质,由此可知,在一些特定知识领域兴起的 CBPP 模式,可能解释为基于公共资源的大众生产更为准确,本书也以此为理论基础展开讨论。

CBPP 知识生产方式形成了知识的公有领域,并对以版权和专利保护知识成果名义的知识资本扩张形成了有效对抗,为解决过度、过强的知识产权保护对知识扩散和知识成果惠益分享形成知识壁垒和知识产权弊端提供了可替代方案。事实上,CBPP 的知识社会生产理论模式因其更容易发挥集体智慧的低成本和高效率而越来越引起更广泛的注意,却也因自身不能脱离于资本的束缚等局限而受到市场激励论者的批评。不可否认,它足够震撼。却尚不足以变革整个社会生产方式,而是与资本市场相互依存;它不是放之四海而皆准的法宝,而是在特定领域发挥功能,影响着特定领域产权模式的生产模式。目前 CBPP 理论中的大众生产实践有从无形物质与软件信息领域而向物质生产领域拓展的趋势,事实上物质生产领域也需要合作与分工,而即便是关于物质生产领域的大规模协作其本质也主要是知识层面的协作,其应用和作用领域主要是在特定知识生产领域。

通过对软件领域知识信息生产模式观察到的大众生产具有 P2P 的技术特征,即权能去中心化、任务模块化、组织网络化、互联任意化的,大众生产也常与 P2P 模式通用。P2F 突出了 CBPP 的主体特点——自愿、平等、分工协作、群力群策,这区别于市场主导下的自由分散又有别于威权体制中的定于一尊。CBPP 将这种生产模式理论化为模块化、最小粒度和可低成本汇集三个结构属性。模块化立足于知识的异质性,使知识生产能够超越时空的限制高效率地开展。模块化的目的是使一项繁杂的项目得以精细化,这使得每个模块的生产者面临的成本和困难相对较低,进而使生产者能够更好地完成所负责的任务。CBPF 的核心是"合并",即模块化后的粒度应可以汇集起来,使各种个人努力以相当低的成本整合在一起,使模块(组件)集成到一个完整的最终产品中。

CBPP 知识生产理论的形成不是特殊到一般的归纳,也不是由一般到特殊的演绎,不是描述性的,也不是规范性的,而更像是一种"原型"实践模式的写照,是一种类比。去中心化的权能、模块化的分工、网络化的组织和可分享的知识要素等基础设施与科学家内在的、非金钱的动机以及所涉及的志愿者精神使得以 CBPP 理论对具备相似特征的科学知识生产活动进行分析成为合乎逻辑的行动。

(二)合成生物大众生产的可行性

立足生物遗传信息的公共属性和合成生物学知识的异质性与会聚性特征,着眼于应对知识产权保护弊端的合成生物开源实践,本部分,将比照 CBPP 的核心组织要素即模块化、最小粒度和社区、公共资源等几个方面,尝试提出基于 CBPP 的合成生物学知识生产方式,同时论证合成生物开源模式的可行性。

1. 原材料的公共属性

合成生物学或工程生物学是一个快速发展的领域,它包含并推动了设计和构建不同规模生命系统的最新技术,主要通过编辑遗传信息实现学科目的。其研究对象主要面向分子层面的遗传信息,籍身于遗传资源材料的遗传信息也是依靠工程化技术手段研发合成生物的原始材料,即合成生物学研究的原材料为遗传信息。

合成生物学研究的原材料即为遗传信息,多表现为存储于计算系统的数据信息,这也使脱离生物体遗传资源材料合成新的基因序列成为可能。人类基因组计划的实现使人类遗传信息得以被"解读"并被公开为研究人员可得,基因测序技术的发展也助推了人类破解生物系统遗传信息。这些遗传信息应属于人类共同财富,即其应具有公共性。尽管存在遗传信息公开的实例和遗传信息共享的实践,不可否认,这种公共性往往因生物安全和国家利益的需要而有条件限制,但这种限制只是保障生物安全的需要和国际社会博弈的砝码,出于人类共同利益的正当目的,遗传信息的公共性则不存在限制。事实上,生物知识信息甚至于技术层面的开放流动也在公约和国家立法中有所体现。就遗传信息甚至延伸至人类遗传信息而言,在遵守主权国家国内法和国际公约的情况下,国际社会与国家倡导保障国家安全、为了人类健康和公共利益,就生物信息、生物技术展开国内与国际层面的交流与合作。这些遗传信息开放共享的主张和共享实践的存在,即是生物遗传信息公共属性的写照。

2. 知识生产的模块化

模块化是大众生产的三个必要条件之一,知识的可模块化也决定了知识生产的可模块化,并使得大众生产可行。知识层面的模块化也触发了知识生产方式的模块化,即作为知识成果的产品的模块化导致了产业分工继而触发了生产的模块化。将合成生物学领域比照软件程序编码的遗传信息编码、参照计算机工程领域模块化的部件,形成了合成生物学生物部件的模块化理论和本领域知识生产模块化的理论。

作为概念,模块化最早由美国 Herbert Alexander Simon 教授于 1962 年提出,其后 Star 提出模块生产的概念,Stureeon 提出了模块化生产网络的组织形式,这为经济管理层面模块化理论的形成奠定了基础。模块化并不是简单地将整体分割为若干部分,而是在保证部件完整功能和系统整体功能的情况下,将整体细化、分离。模块化后的部件应具有独立性、通用性和可替代性的特点。独立的模块起到了联结下游使用者或用户和同一模块合作伙伴的纽带作用,进而提升了自己及合作伙伴在产品开发过程中的知识、信息交互效率。在保证生产效率的同时,模块化使同一模块可以被不同生产者在不同地点同时进行生产,并通过信息交互使得模块质量更优化。而不同模块之间则构成网络产品,使产品构造整体上体现出网络化的特点,也使产品整体上的生产体现出网络化的特征。模块化是工业经济时代的产物,在电子信息和汽车等产业领域起兴,其使复杂产品设计得以简化,降低了知识的研发成本与产品的制造成本,提高了生产效率,促进了产业革新与发展,并被扩展于信息产业和机械产业以外的领域,合成生物学领域模块化理念的提出即是一例。

合成生物学知识层面的模块化分为基因元件的模块化和基因线路的模块化。生命系统的本质可以理解为生命物质(蛋白质)的新陈代谢。细胞可以被看作是蛋白质、DNA 和参与信号、物质和能量传递的代谢物之间相互作用的网络。高等生物通过细胞器的划分将代谢途径切分成不同的模块,而循环生物通过微生物联合体达到同样的目的。合成生物学的核心是将工程的基本原理应用于基本生物系统,基于这些生命本质和生物体特征,合成生物学研究研发合成生物的过程中,运用工程化理念,使用模块化和循环电路元素的网络模式,试图通过使用抽象、简化的代谢和调节模块以及其他可以自由组合成新途径或有机体的标准化组件来设计新的生物系统。这些将遗传成分组织成可交换模块的网络化模式符合代谢工程应用的要求,模块化的基因元件也可以促进人工代谢途径的应用。知识层面基因元件的模块化也形成了生产实践的模块化。

知识的异质性产生了知识生产分工的需要,学科的会聚性使知识的融合成为必然与可能,这种知识特征也为合成生物学知识生产模块化理论的基础。而知识与知识生产的模块化是当前合成生物学领域开源实践可行性的知识和生产方式基础,使合成生物开源模式的大众生产方式在生产实践中可行。

3. 协作粒度

粒度原是计算机软件设计领域的术语,指系统内扩展增量的最小值。软件开源模式中程序模块化为若干部分,以实现编码的高效生产,每一最小任务单位即是任务粒度。粒度设计的基础是模块化,基于模块化后的产品设定最小粒度,以寻求最有效的生产单位。在工作分配中,分工协作要适当,而不是越细越好。粗粒度使任务不够精细而影响生产的效率,细粒度同样会因粒度碎化消耗整合的成本。基于对软件程序模块化任务分工粒度设计的观察,学者于生产模式领域引入粒度的概念阐述生产活动中产品生产任务的聚合程度。简单来讲,任务粒度即是产品构造的映射,任务粒度反映了产品的基本构造和协作生产的组织规模。在大众生产中,这种任务粒度又表征为协作粒度。协作粒度是基于知识异质性的实物模块化在生产分工上的体现,是组织间知识生产分工的体现,其本质是一种知识粒度,决定着知识生产与创新的多样性与效率。

4. 低成本集成

低成本集成意指将各模块部件集成到成品中所耗成本较低。一个成功的大众生产模式应具备可以低成本集成的机制——将模块产品以低成本集成到整个最终产品中,集成同时还应保证对模块化产品的质量控制。互联网技术的发展为低成本集成提供了网络平台。在互联网平台上,大众生产的主体可以自由且无需额外成本地参与到模块的优化和模块的整合。在CBPP应用最普遍的软件开源模式中,由于程序员个人知识的差别,软件程序编码的质量参差不齐,甚至还存在错误,这就需要对程序进行调试以查找程序的错误、保证程序得以正确高速地运行。基于互联网平台的开源社区的形成为实现高效率、低成本的调试与集成提供了组织机制。开源社区是软件开源模式的组织形式,在社区中,通过同行评议或用户的反馈使软件程序质量能够得到高效率的提升,同时在调试环节的大众生产也使大众分担调试、集成成本使个体成本降低,而纠错,整合活动在互联网开源社区中得以自由的开展,无需额外的成本。互联网也为软件之外的知识、信息等非传统物质产品的集成提供了平台。

在合成生物学知识的生产实践中,模块化的产品集成相比软件模块集成更为复杂,基因序列的不确定性、基因表达的不确定性以及基因线路的不明确的物理特性,需要大量的测试以获取高质量的基因元件、验证能正确表达的线路设计。合成生物学的知识复杂性使作为知识成果的合成生物元件、器件、系统及生物均需要高效率、低成本、多循环地完成"设计-构建测试-学习"的闭环,并通过这一闭环,掌握基因线路的设计原理,积累大批优质元件,从而让合成生物学的基因线路设计变得更加直接和可预测,提高研究效率。互联网为实现这样大规模参与、异地参与、高效率低成本参与的研发模式提供了基础设施支持。

标准化基础上的模块化使生物部件在生物技术上可以实现整合。而互联网平台和社区则为生物部件整合到产品中提供了可操作性的空间,基于互联网形成的开放共享的合成生物工程化研发平台如中国国家级的合成生物技术创新中心和跨国的 BioBricks. org 开源社区,加强了科学共同体及对应用户间的互联互动,促进了产品质量的优化,督促产品符合大众道德伦理的要求。立足合成生物学的会聚性知识特征,结合合成生物学研究活动中开放共享平台和开源社区的生产实践,通过与 CBPP 理论对比,本书认为作为合成生物学知识成果的合成生物客观上需要、其开源实践也印证了基于 CBPP 理论的知识生产方式,CBPP 理论也为合成生物开源实践的可行性提供了理论支持。

第三节　合成生物开源模式的完善思考

合成生物开源模式通过创设开源社区这一科学共同体共同参与合成生物研发的"公共领域",并在此社区内形成了开源模式中合成生物智力成果的"公有领域",实现了智力成果的共享和自由使用,促进了合成生物技术的发展和智力成果服务于公共利益。然而,正如前文已经分析现有合成生物开源模式在开源社区的构建、开源协议的制定两个方面尚仍存在有待商榷甚至不足之处,反而不利于开源模式的长久、稳定发展。

开源模式以其开放性成为破除专有保护壁垒和技术壁垒进行技术创新的可行选择,基于开源模式大众生产方式也产生了私有保护、国家所有之外的另一种产权模式——社区内公有。然而,开放也意味着防御体系的弱化与风险的增加,同时,无边界的开源社区、无保护或缺乏有效保护策略的社区公有模式容易导致开源社区这一"公共领域"内建立的"公有领域"受到专有保护的侵占。开源模式中大众生产本质是开放的,这种开放性容易受到恶作剧者、专有竞争者、搭便车者恶意攻击,不受保护的公有领域的财产也容易被侵占。当前的开源模式与知识产权法律框架下,开放性与安全性、"公有领域"与"专有领域"两对冲突似乎是绕不开的问题。在软件开源模式中,代码的安全问题似乎没有引起业界过多的担忧,软件开源模式的支持者也相信通过开源模式中参与者的自我排查可以排除病毒式代码实现自我修复,繁多灵活的软件开源协议也提供了多种灵活的产权保护方式。而在生物技术领域,生物安全问题随着生物实验室安全、生物技术滥用和生物武器、生物恐怖主义等议题的产生愈发引起国际社会的关注,合成生物技术的治理显得日益紧迫。与对其他新兴科技领域的治理一样,对合成生物技术领域的治理旨在处理多元价值观念与平衡多方利益,即既要使其发展尊重不同地域、不同文化传统下的道德观念和其他中心价值观,又要促进科学技术自由和进步,为科学技术的研究、发展、创新创造自由开放的条件并平衡由此产生的利益、化解相应的风险,生物砖基金会运行的合成生物开源模式中,开放式创新与生物安全、对公有领域缺乏有效的产权保护与专有保护对公有领域财产的侵占两对基本冲突构成了前文所述开源模式不足的本质,从开源社区、开源协议两个方面完善合成生物开源模式从根本上讲也主要是为了解决这两个基本冲突。

一、开源社区的完善——保障安全

软件开源模式中,开源社区以其高度的开放性使位于全球不同地区的软件爱好者可以超越时间与空间,共同促进了代码繁荣。在生物技术领域以及合成生物技术领域,面向全球、超越地域限制的生物黑客,生物开源运动在"自由、开放、共享"的开源理念影响下也克服了知识产权过度保护对技术创新的阻碍并促进生物技术、合成生物技术的高效率创新。合成生物技术的发展事关人类健康、资源与环境等人类共同关注的利益,合成生物研究也应脱离地区、国家的限制,在开放中实现创新。然而,相较于软件开源中代码安全问题,生物开源中安全问题更加严重,为避免"流氓国家"、恐怖分子对生物技术的滥用引发的安保问题,生物技术领域的开源模式或许不宜采取软件开源社区那样无边界不受限制的社区模式。为实现合成生物技术高效率的创新与保障生物安全,建立有边界、受监管的开源社区、引入具有强制力的监管成了必然选择。

(一)建立有边界的开源社区

开源社区意味着知识生产从封闭的专业化领地向技术和知识自由流动的开放性社区转变,其在促进高效率创新和降低生产成本上具有积极作用,但不受限制的高度开放也有着更高的风险。针对合成生物开源模式,既不能因为安全问题否认其开放的必要性和正当性及其积极价值,也不能寄希望于如软件开源模式中依靠"众人之眼"的漏洞修复方式仅通过技术手段自身保障生物安全。为了克服在生物技术领域的低门槛和无边界引发的风险,建立有边界的开源社区成为一种可行方案。

合成生物开源社区本质是一个区别于封闭空间的公共领域,无论是社区内合成生物知识成果的产权还是合成生物技术自身的安全问题都需要有效的治理,奥斯特罗姆提出的公共事务治理之道的边界规则为合成生物开源社区提供了可行的参考。关于公共事务治理一直是于全球学界备受关注的难题,奥斯特罗姆针对公共事务治理以公共池塘资源的治理为例提出了自主治理和多中心治理的范式,并将明晰公共领域的边界作为公共领域内公共事务的首要原则。明晰公共领域边界一是要明晰公共领域空间的边界;二是要明晰哪些人拥有何种权利。当然,奥斯特罗姆更多的是从对公共资源的公有产权的保护出发讨论对公共领域的治理,未论及安全问题。在合成生物开源社区内,加以边界的限制除了可以保护公有领域内的产权外,也可以避免生物技术被恐怖分子等非法组织利用进而降低生物安全风险。同时,生物安全是国家安全的重要组成部分,尽管合成生物技术创新越来越需要加强国际社会的合作,但国际社会生物技术的合作仍需加强政府的监管,总之,无论是从实现对开源社区内公共资源的保护还是出于生物安全,国家安全的需要,合成生物开源社区应当而且可以划定明确的地域与权利边界。

源于软件领域的开源社区更侧重面向全球、无障碍地向所有人开放,然而一些软件开源社区却筑起藩篱不向个别国家开放,这种违背开源理念中无歧视、平等的原则的界限设置是不可取的。而对合成生物开源社区设定边界并非意味着重回封闭、重塑壁垒,而是基于生物安全、国家利益和社区内共有资源被用于公共利益的考虑,建立面向我国国内的合成生物开源社区,并通过国家参与到国际科学技术的交流之中。我国《中华人民共和国生物安全法》中也明确了国家鼓励生物技术创新,明确了国家加强生物安全领域的国际合作,履行我国缔结或者参加的国际条约规定的义务,支持参与生物科技学术交流合作等国际责任。

(二)强化政府参与

软件开源模式中开源社区更多地表现为软件爱好者自组织形式,通常由企业主导、基金会主导和非营利组织主导,而缺乏官方机构的介入。然而,有关生命健康、医疗、能源、国际关系等某些重大项目的开源社区的构建则通常由国家主导。现行合成生物开源模式主要依靠基金会主导下的运行模式,缺乏有力的安全监管、完善的基础设施支撑和有效的知识产权保护策略的支持,政府在合成生物开源模式中角色和作用不应被排除、忽视,在合成生物开源社区中应引入政府角色,使其在生物安全监管、基础设施支撑和知识产权保护策略支持上保障合成生物开源模式的有效运行。

二、开源协议的完善——保护公有领域

合成生物开源模式形成了合成生物学知识生产的开源社区这一"公共领域",并通过开源协议以区别于完全排除适用知识产权保护的"公有领域策略"维护开源社区内合成生物知识成果的"公有领域"。前文已经分析,当前合成生物开源模式的主要的法律工具——生物砖公共协议,由于未设定防御性保护条款如未设定互惠条款或类似于软件开源中普遍存在的返授条款、对未申请知识产权的贡献到社区内的生物元件缺乏有效保护,使开源社区这一"公共空间"内合成生物"公有领域"容易遭到专有保护者的侵占,损害社区内贡献者贡献生物元件的积极性,造成开源社区内公有"公地悲剧"。为避免开源社区内合成生物产权的"公地悲剧",进而保障合成生物开源模式的稳定、长久运行及其所追求的利用合成生物技术为人类和全球共同利益宣言的实现,以及保障合成生物技术的创新不违背利用合成生物技术改善公共健康和人类福祉的伦理原则,需要对合成生物开源模式的法律工具进行修订、完善,形成受到有效保护的"公有领域",软件开源模式的 GNU 通用公共许可证与生物技术开源模式的 BIOS 协议的防御性策略及对用户利用上游代码或元件进行研发所得衍生代码或产品的返授要求方案值得借鉴、参考,可以以生物砖公共协议为基础,设定防御性条款并制定具有约束力的强制性责任条款对合成生物开源协议进行修订和完善。

(一)增设互惠条款

生物砖基金会通过生物砖公共协议构筑的"公有领域"可以使贡献到社区内的生物砖自由流动、自由分享,克服封闭式创新模式下繁杂的基础技术、使能技术被授予专利权滋生的合成生物技术领域的"专利丛林",实现对社区内生物砖高效率的修改、调试并促进下游技术的创新。当前,合成生物技术领域的问题或许不是是否要开源的问题,而是如何保证开源的问题。为了避免社区内生物砖"公有领域"的"公地悲剧",可以采取互惠条款要求用户将使用社区内生物砖改进后的生物砖投放到社区内,使开源模式中的"公有领域"得到回赠而不致颓废,进而实现合成生物技术创新的公益宗旨。

开源本意味着互惠,较之倾向于商业化、专有保护的宽松型许可证而言,互惠许可证或许是开放生态中最佳许可证。开源协议中互惠规定旨在"使用自由",侧重权利的互惠而非财产利益的分享,其通常要求利用贡献者贡献到社区内的公有物进行改善或者基于该公有物进行下游研发的用户同样将自己的产品贡献到社区内。在软件开源模式中,著作权许可

证即属于互惠型许可证,其采取利用著作权保护的方式来实现对著作权专有保护的突破,并促进了不断扩展着的代码共享空间——公有领域的形成,主要的著作权许可证为 GNU 通用公共许可证。GNU 通用公共许可协议的突出特点即体现为互惠性:该协议规定了具有"传染性"的"病毒条款",即存在互惠的返授条款,要求 GNU 通用公共许可协议框架下的开发成果对社区内成员同样不主张知识产权。在 GNU 通用公共许可协议通过条文约定了在该协议框架下进行软件开发应避免开发成果的商业化,同时避免专有化的知识产权保护,并采取知识产权保护的方式保证社区内软件的自由使用,反对寻求知识产权的专有化、私有化产权形式。在软件开源模式中,知识产权在软件生产的任何阶段都相对不重要,它们之所以被需要主要是因为它们给了贡献者杠杆作用。对于软件领域的软件开发者,他们愿意将自己的源代码贡献出来并期望得到同样的贡献,通常不会寻求知识产权专有保护,但为避免将自己的代码作品完全投放到公有领域反而容易被寻求私利者剽窃、据为己有,于是他们便采取了保留部分著作权、分享自己源代码、允许他人在尊重开源协议约定的情况下自由使用。这种基于知识产权保护又超越知识产权保护、弱化开发者知识产权的私有控制,注重使用者对代码的使用、修改、创新和软件公益性的互惠型开源许可证保证了开源模式中软件公有领域的扩展。

互惠条款有效保障了软件公有领域的扩展,促进了软件行业的发展。一些技术领域为了实现技术的创新和使技术应用于公共利益,也逐渐采取开源模式并采取 GNU 通用许可协议的互惠策略,特别是在高技术领域的技术开源,专利开源愈发受到行业的青睐。马斯克曾宣布对外开放所有专利,并声明该公司不会对善意使用公司技术的人主张专利权,即是将开源理念引入电动车技术领域,通过保留专利权及对非善意使用的侵权诉讼权利实现新能源汽车的行业发展并减轻全球环境问题。特斯拉的专利开源也许离不开马斯克的个人意愿,而生物技术领域的开源则是建立在行业期许基础上的。在生物技术领域,BIOS 协议同样采取了基于知识产权保护框架的互惠条款对被许可人使用许可方贡献到"受保护的公地"内的技术专利、材料和数据进行"改进"后的专利、组合、材料以及未申请专利保护的技术的返授要求,即要求被许可方授予许可方使用被许可方基于许可方之许可而进行的衍生技术创新的权利。BIOS 协议旨在建立一个"受保护的公有领域"公开某些生物研究的技术、材料和数据:其在知识产权保护的框架下发挥作用,该协议并不反对被许可之用户就使用"公有领域"内的材料、技术以及数据进行改进所得之衍生材料、技术和数据申请知识产权保护,但其目的更侧重保护公众对前述材料、技术和数据本身的使用权。经许可之用户可能会对利用社区内基本工具进行改进或修改并申请专利保护,从而使基本工具的使用受到阻碍。因此,BIOS 协议考虑采取反向许可方式的互惠条款(返授/回授条款)要求用户将下游研究衍生技术、材料和数据贡献到"受保护的公地"内以便贡献者以及后续加入社区的其他用户自由使用。然而,这种互惠条款引起一些学者对专利权滥用的担忧——将贡献者的原有权利延伸及衍生技术领域,这种担忧其实是不必要的。专利权滥用是不正当地使用专利之行为并造成一定的损害结果,其具有违背权利保护及其激励创新之立法目的、超越正当权利之边界而损害他人权利或社会公共利益的本质。而生物技术领域开源协议中对用户使用社区内工具进行改进或修改所得之工具的返授要求恰恰是为了公众的使用、避免"公地悲剧",使生物技术应用于社会公共利益。在合成生物开源社区内,由于生物砖开源协议侧重贡献者贡献生物砖之义务而未对用户使用社区内生物砖进行改进所得生物砖缺乏返授之义务规定,可能反而容易造成社区中"公有领域"被私有化而造成"公地悲剧"。故应对贡献者贡献到社区内的生物砖进行知识产权保护或潜在的知识产权保护,并在协议中明确利用社区内生物砖进行改进所得之衍生物应对社区内其他成员同样授予使用权,以促进合成生物技术领域的操作自由进而实现生物技术的高效率创新和公益化。

(二)增设技术秘密保护条款

在合成生物开源模式中,贡献者贡献到社区内的生物砖材料、技术有的申请了专利保护,也存在未申请专利保护的生物砖材料、技术,对申请专利保护的生物砖于开源模式之外可以得到专利制度保护,然而对于未申请专利保护的投放到社区内的生物砖仍缺乏保护措施。社区内未受到专利保护的生物砖更容易遭到寻求专有保护者的侵占,为避免其被下游研发者改进后申请私有保护及因其向第三方泄露技术被第三方侵占,可以采取技术秘密保护的方式对其进行保护进而保护社区内生物砖"公有领域"。

技术秘密属于商业秘密的一种并属于知识产权的一种形式。技术秘密是未采取工业产权法律保护、不为公众所知悉、具有实用性和经济价值并被采取秘密措施保护而处于秘密状态的技术方案、技术信息、技术知识或技术诀窍,其与专有技术、非专利技术通常替换使用。在技术财产权领域,采取技术秘密保护与专利保护共同构成了对技术方案的专有保护体系。随着专有保护对技术创新阻碍的凸显,持有专有知识的代理集团也尝试通过专有技术联合、共享的开放性合作实现高效率创新。通常在尊重专有保护的基础上可以实现专有技术的开放共享,对技术成果的开放共享也并非要排除专有保护,贡献到社区内的采取专利保护的生物材料、技术和数据与未采取专利保护的生物材料、技术和数据并非投放到一般意义的公有领域而任意使用,而是在开源社区内这一"公共领域"内允许社区内成员为着公益的目的自由使用。

开源模式意味着通过贡献者自愿让渡部分权利减少大众使用知识成果的壁垒,而非完全破除专有保护。在生物砖基金会运行的开源模式中,贡献者将自己拥有的生物砖贡献到社区内并非意味着向社会公众或本领域普通技术人员公开,该技术并非属于现有技术,在生物砖贡献者协议中也明确规定生物砖的贡献者可以就自己贡献的未申请专利保护的生物砖申请知识产权保护。为社区内成员所知悉并不意味着"为公众所知悉",并不构成"普遍知悉",其采取协议约定的方式授、受也不意味着"容易获得"生物砖公共协议属于贡献者与用户之间签署的合同,为了减少用户同众多贡献者签署合同的复杂性,生物砖公共协议规定共享者通过贡献者协议向所有签署用户协议的用户不可撤销地放弃主张知识产权,用户只要签署用户协议即可获得使用社区内所有贡献者贡献的生物砖,即采取多对多的合同形式实现生物砖相关的材料、技术等知识成果社区内的自由流动。通过生物砖公共协议参与到社区内的用户属于技术材料、技术方案和技术数据的接触者,为防止其将社区内未申请专利的材料、技术和数据等信息泄露给协议外的第三方,可以采取技术秘密的方法对前述信息加以保护。我国对技术秘密通常以合同约定双方保密义务的方式并依据反不正当竞争法中规定的商业秘密形式进行保护,尽管在开源模式中,并非为商业利益进行技术研发和技术共享,但该技术于社区外仍存在商业价值、可能投入商业使用,为了防止未签署协议的第三方对社区内技术信息的独占和商业化使用，可以以技术作为防御手段对社区内的相关信息加以保护。为此，可以在生物砖公共协议中增设保密条款，使用户对社区内未采取专利保护的材料、方案和承担保密义务进而防止社区内技术信息的流失以及被第三方独占或商业化使用。

（三）增设违约责任条款

由于生物砖公共协议只侧重贡献者向社区内用户不可撤销地承诺不主张其拥有或将来的知识产权的义务，就用户的义务而言，除了规定其应遵守国际公约和各国法律的消极义务外未作其他要求，依据合同的相对性，用户也不得擅自将社区内的生物砖转让、披露给第三方。事实上，由于现有协议对用户义务的宽松规定，第三方也完全可以在同意、签署用户协议后取得对社区内的生物砖的使用权。即现有生物砖公共协议未规定也无必要规定违约责任。前面已经论及以生物砖公共协议为基础的开源协议完善建议，对用户提出了互惠性的回馈义务和保护技术秘密的义务，为了使用户能够积极、完全履行前述义务，宜增设违约责任条款在协议中明确违反协议后具体的责任形式。

"无救济则无权利"，有了对权利的救济方能保证权利的实现，因此应设定明确的法律责任来保证权利的实现与义务的履行。法律责任是当事人不履行或不完全履行法律规定或合同约定之义务而应承担的法律后果，当事人不履行或不完全履行法律规定或合同约定的义务是承担法律责任的前提，法律责任是使当事人能完全履行义务的保障措施。依据合同法理论与现仍有效的《合同法》规定，违约责任的承担不以违约条款的存在为前提，即当事人在合同中未约定违约责任条款并不意味当事人无违约责任。目前文中已经论及开源协议是具有强制执行力的合同，违反开源协议可能构成侵权也可能构成违约，开源协议以保留知识产权的方式可以通过行使法定权利使侵权者或违约者承担相应的法律后果，就开源协议而言，宜依据法律、根据合同的目的设定明确的法律后果，明确当事人违约应承担责任的具体形式以起到警示作用、保障合同目的的实现。

参 考 文 献

[1] 李西娟,郝家宝.基于法学人才培养的课程思政教学改革与创新:以《知识产权法》为例[J].石家庄学院学报,2023,25(2):24-29.

[2] 王肃."知识产权学"的学科体系建构[J].知识产权,2023(1):18-30.

[3] 张志成.新时代知识产权法治保障若干问题初探[J].知识产权,2022(12):3-22.

[4] 唐文慧.论知识经济与知识产权法之间的关系[J].科技经济市场,2022(12):27-29.

[5] 孙梦姣."利益平衡"在知识产权法中的适用[J].法制博览,2022(34):79-81.

[6] 鲁竝序阳.知识产权惩罚性赔偿制度的适用与完善:基于体系化的视角[J].苏州大学学报(法学版),2022,9(4):103-114.

[7] 武志孝.论知识产权法典化[J].广西社会科学,2022(10):106-113.

[8] 文立彬,罗西楠,邹瑛.知识产权法课程思政与智慧课堂相融合的研究与实践[J].民族高等教育研究,2022,10(6):60-64.

[9] 刘磊.知识产权法课程思政教学探讨[J].中学政治教学参考,2022(36):105.

[10] 郑敏慧.网络时代下如何有效保护个人知识产权:评《知识产权法的经济结构》[J].科技管理研究,2022,42(18):226.

[11] 贺文奕.新闻的双重结构及其知识产权法保护[J].电子知识产权,2022(9):27-36.

[12] 马一德,黄运康.反思数字化:知识产权法上"修复权"的正当性与制度构建[J].苏州大学学报(哲学社会科学版),2022,43(5):60-72.

[13] 韩昆霖.知识产权法相关文献的文献计量分析研究[J].中国发明与专利,2022,19(9):35-41.

[14] 雷朝霞,李念桐.论《民法典》绿色原则在知识产权法中的适用[J].西藏民族大学学报(哲学社会科学版),2022,43(5):130-135.

[15] 黄骥,靳文婷.完善数字经济知识产权法治的意义、取向与路径[J].中国市场监管研究,2022(9):25-29.

[16] 万勇.公共健康危机的知识产权法应对[J].中国法学,2022(5):44-62.

[17] 侯志强.环境权知识产权法保护的理论证明与规范构造[J].法学,2022(8):177-192.

[18] 杨守晶.知识产权法哲学视角下人工智能及其生成物初探[J].理论界,2022(8):59-66.

[19] 来小鹏,贺文奕.数据财产权益知识产权法保护的难题与对策[J].中国市场监管研究,2022(7):41-45.

[20] 何松威.论领域法的私法研究范式:以《个人信息保护法》研究为例[J].当代法学,2022,36(4):92-104.

[21] 高莉.论数字时代知识产权法中的利益平衡[J].浙江学刊,2022(4):59-69.

[22] 杜爱霞,冯晓青.论侵害知识产权法中公有领域的民事责任[J].中南大学学报(社会科学版),2022,28(3):56-67.

[23] 吴凡文,赵景怡."以学生为中心"的线上教学设计研究:基于《知识产权法》课程教学实践[J].数据,2022(5):168-170.

[24] 车云峰.知识产权法视阈下辞书中商标使用问题刍议[J].科技与出版,2022(3):127-133.

[25] 初萌.知识产权法的人本主义伦理转向:以建构主义的技术观为视角[J].科学学研究,2022,40(8):1345-1352.

[26] 林威宇.论民法典时代《知识产权法通则》的制定[J].重庆广播电视大学学报,2022,34(1):41-53.

[27] 庞克道,林维.知识产权法课程思政教学实践探索[J].河南财政税务高等专科学校学报,2022,36(1):66-68.

[28] 王传辉.知识产权法"利益平衡说"之反思:自然法与功利主义之比较[J].交大法学,2022(1):111-125.

[29] 黄炜杰.知识产权法学课程教学改革的思考:评《知识产权法学》[J].教育发展研究,2022,42(1):85.

[30] 朱志红.我国《知识产权法》的修补与完善:以惩罚性赔偿的落实为例[J].法制博览,2022(1):59-61.

[31] 李扬.知识产权法政策学视点下司法角色的构造[J].社会科学研究,2022(1):77-91.

[32] 何承斌.知识产权法"课程思政"教学改革的困境与出路[J].牡丹江大学学报,2021,30(12):119-124.

[33] 杨娜娜.知识产权制度创新的前沿与热点分析:基于CiteSpace知识图谱分析[J].内蒙古科技与经济,2021(23):45-47.

[34] 沈伟.知识产权法益体系化保护路径之建构[J].科技与法律(中英文),2021(6):103-111.

[35] 刘强.《民法典》技术合同章立法研究:兼论与知识产权法的互动[J].科技与法律(中英文),2021(6):1-8.

[36] 王玮.地方高校知识产权法实验教学的困境与出路研究:以黄冈师范学院为例[J].现代商贸工业,2021,42(34):152-153.

[37] 杨云霞,高翔.知识产权法课程如何开展课程思政[J].中国高等教育,2021(22):39-40.

[38] 吴玉萍.知识产权法课程实践案例库建设及应用研究[J].法制博览,2021(31):182-184.

[39] 杨淑霞.融入式课程思政的探索与成效:以"知识产权法学"课程为例[J].教育教学论坛,2021(44):102-105.

[40] 张晓艳.知识产权法实践教学改革方向探索[J].江西电力职业技术学院学报,2021,34(10):113-114.

[41] 谢佩华.基于《民法典》视角分析《知识产权法》的适用特点[J].法制博览,2021

(29):83-84.

[42] 曾玲.知识产权法与反不正当竞争法的法律适用问题研究[J].市场周刊,2021,34
(10):157-159.

[43] 李宗辉.历史视野下人工智能流派与知识产权法的关系[J].重庆邮电大学学报(社
会科学版),2021,33(5):35-44.

[44] 刘迪.论维修权与知识产权之协调[J].政治与法律,2021(9):145-160.

[45] 周斌.后民法典时代知识产权法保护与利益平衡机制研究[J].法制博览,2021(25):
55-56.

[46] 刘冬梅,李雨.基于课程思政的"知识产权法学"课程教学改革与实践[J].黑龙江教
育(高教研究与评估),2021(9):87-89.

[47] 李珮璘,黄国群.文化创意知识产权保护机制局限性及其突破多元进路[J].科技创
业月刊,2021,34(8):88-93.